GIANLUIGI NUZZI
Alles muss ans Licht

Lesen erleben

Buch

Am 3. August 2013 – nur fünf Monate nach seiner Wahl, trifft Papst Franziskus sich mit einer Experten-Kommission. Der Auftrag des Pontifex kommt einer Revolution gleich: Sie sollen die Wirtschafts- und Finanzorganisation des Heiligen Stuhls untersuchen und Vorschläge für grundlegende Reformen machen. Was davon letztlich umgesetzt wird, entscheidet allein der Papst.

Laut Sitzungsprotokoll findet der Papst deutliche Worte: »*Die Wurzel unserer Probleme liegt darin, dass wir uns wie Neureiche verhalten, die ihr Geld wahllos ausgeben. ... Unsere Probleme gründen in unserer Organisationskultur und in fehlendem Verantwortungsbewusstsein. Alles ist außer Kontrolle.*«

Der italienische Starjournalist Gianluigi Nuzzi hatte Zugang zu Tausenden von Dokumenten, die eigentlich höchster Geheimhaltung unterlagen: Sitzungsprotokolle des Rates für Wirtschaftsfragen, Berichte internationaler Rechnungsprüfer, Interna der Verwaltung. Die gesichteten Dokumente lassen vermuten, dass Bestechung, Geldwäsche, Veruntreuung, Spionage und andere unlautere Geschäfte im Vatikan offenbar zur Tagesordnung gehören. Uneingeschränkte Aufklärung und Transparenz lautet jetzt die revolutionäre Devise im Vatikan.

Autor

Gianluigi Nuzzi, geboren 1969, ist einer der bekanntesten Journalisten Italiens. Er ist für Zeitungen und Magazine wie »Panorama«, »Corriere della Sera« und »Il Giornale« tätig. Seit 1994 verfolgt er die Polit- und Finanzskandale Italiens. Wiederholt erhielt er Zugang zu vertraulichen Dokumenten aus dem Vatikan. Mit der Veröffentlichung löste er die sogenannte Vatileaks-Affäre aus.

Von Gianluigi Nuzzi ist im Goldmann Verlag außerdem erschienen:

Vatikan AG

Gianluigi Nuzzi

Alles muss ans Licht

Das geheime Dossier
über den Kreuzweg
des Papstes

Aus dem Italienischen
von Christine Ammann, Walter Jori
und Achim Wurm

GOLDMANN

Die italienische Originalausgabe erschien 2015 unter dem Titel
»Via Crucis« bei Chiaralettere, Mailand.

Einleitung, Kapitel 1, 2, 8 und Epilog übersetzte Christine Ammann.
Kapitel 3, 4, 7 und 9 übersetzte Achim Wurm.
Kapitel 4, 6 und 10 übersetzte Walter Jori.
Fachlektorat und Recherche: Katja Klement

Der Verlag weist ausdrücklich darauf hin, dass im Text
enthaltene externe Links vom Verlag nur bis zum Zeitpunkt
der Buchveröffentlichung eingesehen werden konnten.
Auf spätere Veränderungen hat der Verlag keinerlei Einfluss.
Eine Haftung des Verlags ist daher ausgeschlossen.

Verlagsgruppe Random House FSC® N001967

2. Auflage
Taschenbuchausgabe Dezember 2016
Wilhelm Goldmann Verlag, München,
in der Verlagsgruppe Random House GmbH,
Neumarkter Str. 28, 81673 München
Copyright © 2015 der Originalausgabe by Gianluigi Nuzzi
Copyright © 2014 der deutschsprachigen Ausgabe
by Ecowin Verlag bei Benevento Publishing,
eine Marke der Red Bull Media House GmbH, Wals bei Salzburg
Umschlaggestaltung: UNO Werbeagentur, München, in Anlehnung
an die Gestaltung der Hardcover-Ausgabe (Sabine Pfitsch, probsteibooks)
Umschlagabbildung: Vienna Paint
KF · Herstellung: Str.
Druck und Einband: GGP Media GmbH, Pößneck
Printed in Germany
ISBN: 978-3-442-15912-3
www.goldmann-verlag.de

Besuchen Sie den Goldmann Verlag im Netz

Inhaltsverzeichnis

Über dieses Buch 11
   Die Wundmale des Vatikan 11
   Die Recherche 13
   Vertrauliche Unterlagen,
   die noch nie veröffentlicht wurden 14

1. **Papst Franziskus erhebt schockierende Vorwürfe** 17
   Das vertrauliche Meeting 17
   Die Worte des Papstes 22
   Der Vorwurf des Papstes:
   »Sämtliche Kosten sind außer Kontrolle« 26
   Ein schlechtes Zeugnis 28
   Die Vorwürfe der Revisoren 31
   Man kann nicht mehr so tun, als ob nichts wäre 35

2. **Die Heiligenfabrik** 37
   Eine radikale Kehrtwende 37
   Die Kommission 40
   Aufgabe Nummer eins: Wohin gehen die Gelder
   für die Heiligen und die Seligen? 42
   Die Heiligenfabrik, die keiner kennt 45
   Gesperrte Girokonten 47
   Panik bei der Vatikanbank 51
   Werden Freimaurer die Reformen unterwandern? ... 56

3. **Die Geheimnisse des Peterspfennigs** 61
   Der Luxus der Kardinäle und
   ihre mietfreien Residenzen 61

Wohin fließt das Geld für die Armen?	65
»Was sie uns nicht sagen wollen«	70
Die desaströse Finanzlage der Kurie	74
13 Fragen ohne Antwort	76
Die Geisterkonten der Päpste	79

4. Im Vatikan klicken die Handschellen 81
    Ein Kardinal, der Waffen sammelt 81
    Der unglaubliche Fall des Monsignore Scarano 86
    Die Vatikanbank betreibt Geldwäsche 89
    Dunkle Machenschaften in zweiter Generation? 91
    94 Millionen,
    die nicht in den Büchern auftauchen 98
    Zehn Milliarden auf der Kippe 100

5. Sünden und Laster in der Kurie 105
    Lebensmittel, Kleidung und Medikamente
    im Wert von 1,6 Millionen Euro verschwinden 105
    Ein Steuerparadies, in dem kein Mensch
    Steuern zahlt 111
    »Die Läden im Vatikan sollten geschlossen werden,
    sie beschädigen den Auftrag der Kirche.« 116
    Ein Geheimvertrag mit Philip Morris liegt bereit 119
    »Behindert nicht die Mission des Papstes« 123

**6. Das gewaltige Immobilienvermögen
   des Vatikan** 129
    Einbruch durch die Wand 129
    Das schwarze Loch des Immobilienvermögens 135
    Hundert Quadratmeter für 20,67 Euro im Jahr 140
    Anstiftungen aus der Kurie gegen
    die Freunde von Papst Franziskus 149
    Die Farm der Tiere 153
    Die Dependancen des Vatikan in Europa 160

7. **Das Rentenloch** **163**
   Katholiken leben länger 163
   Der Chef der Präfektur Versaldi:
   »Der Vatikan riskiert den Untergang« 170
   Ein 800-Millionen-Loch in der vatikanischen
   Rentenkasse 174

8. **Angriff auf die Reform** **179**
   Einbruch ins Geheimarchiv der Kommission 179
   Sindonas Briefe:
   eine Drohung an Papst Franziskus 184
   Der geräuschvolle Abgang Bertones 189
   Die Revolution macht Angst: weniger Macht
   den Kurienkardinälen, mehr Raum für Laien 194

9. **Krieg im Vatikan, erster Akt:**
   Blockierte Budgets und Störfeuer aus der Kurie **201**
   Als wäre nichts geschehen 201
   Eine Haushaltssperre als Ultima Ratio 206
   Radio Vatikan mit Defizit auf Dauersendung 214
   Gegenschlag aus der Kurienverwaltung 218
   Kardinalspurpur für Parolin, Rotstift für die Kurie ... 224

10. **Krieg im Vatikan, zweiter Akt: Die Revolution von**
    Papst Franziskus und der Aufstieg von Kardinal Pell ... **231**
    Die Revolution von Papst Franziskus 231
    Die Schaffung des Wirtschaftssekretariats und
    des Wirtschaftsrats 234
    Ein außergewöhnliches Geheimdokument 235
    Die Auseinandersetzung zwischen Pell, Parolin und
    den Kurienkardinälen hinter verschlossenen Türen .. 238
    Die Genehmigung der Haushaltspläne 244
    Pells Aufstieg nach überstandenen
    Missbrauchsskandalen 249

Die Kosten der Kommission	252
Gezielte Unterstellungen und offene Anfeindungen	254
Das Aufräumen	255
»Jessica« und die anderen	258

Epilog: Wird auch Papst Franziskus zurücktreten? 263
    Eine unvollendete Revolution 263
    Widerstand, Sabotage und falsche Wanzen 267
    Divide et impera 270
    Wird der Papst den Kampf gewinnen? 273

Chronologie 275

Die Macht im Vatikan 279

Die Dokumente und ihre deutsche Übersetzung 281

Anmerkungen 351

Register 379

*Für Edoardo, Giada, Giovanni,
Margherita und Matteo,
die Generation von morgen*

Über dieses Buch

Die Wundmale des Vatikan

Es ist der 12. September 1978, nachmittags. Papst Johannes Paul I. erfährt nach gerade einmal 18 Tagen seines Pontifikats, dass sich im Herzen der Kurie eine mächtige Freimaurerloge tummelt, mit 121 Mitgliedern. Die Nachricht ist erschütternd. Kardinäle, Bischöfe und Priester halten sich nicht an die Worte des Evangeliums, sondern an den Eid der Loge. Ein unerträglicher Zustand. Am 19. September beginnt der neue Papst daher, Pläne für eine radikale Reform der Kurie zu schmieden.

Am Spätnachmittag des 28. September bestellt er den mächtigen Kardinalstaatssekretär Jean-Marie Villot zu sich und informiert ihn über die geplanten Veränderungen. Der Papst hat eine Liste mit hohen Würdenträgern vorbereitet, die aus ihrem Amt entfernt werden sollen. Eine wahre Revolution. Ganz oben auf der Liste stehen Paul Casimir Marcinkus, der Leiter des IOR,[1] der Vatikanbank, und dessen engste Mitarbeiter Luigi Mennini und Pellegrino de Strobel. Auch der Sekretär der Bank, Prälat Donato De Bonis, muss gehen. Sie alle pflegen zu enge Beziehungen zu den umstrittenen Bankiers Michele Sindona und Roberto Calvi; deshalb sollen sie abgesetzt werden und die Kurie gleich am nächsten Tag verlassen.

Auch weitere prominente Persönlichkeiten wie der Erzbischof von Chicago, Kardinal John Patrick Cody, oder der Vikar von Rom, Kardinal Ugo Poletti, sollen abgelöst werden. Selbst Kardinal Villot muss gehen. Alle diese Namen stehen auf der Liste, die der Papst am 12. September erhalten hat und die ihn um Fassung ringen ließ. Das Gespräch mit dem Staatssekretär dauert mehr als zwei Stunden; es endet um 19.30 Uhr. Am nächsten Morgen findet Schwester Vincenza Taffarel den Papst leblos in seinem Bett. Johannes Paul I. hinterlässt auf seinem Schreibtisch seine letzte Rede. Er hätte sie vor den Prokuratoren der Gesellschaft Jesu, des Jesuitenordens, halten sollen, die für den nächsten Tag, den 30. September, zur Audienz erwartet wurden.

Es ist der 3. Juli 2013, das Fest des heiligen Apostels Thomas. Papst Franziskus erwacht bei Tagesanbruch, wie jeden Morgen, in Zimmer 201, einer der wenigen Suiten im Gästehaus Santa Marta, wo er seit seiner Wahl zum Papst beschlossen hat zu wohnen; er weigert sich, in die prachtvollen päpstlichen Gemächer umzuziehen, und hat damit von Anfang an mit Gewohnheiten und dem Protokoll gebrochen. Alles scheint wie immer: Gebete, die Messe, die der Papst in der Kapelle des Gästehauses feiert und in der er eine starke Metapher gebraucht: »Jesus erwartet von uns, dass wir mit unseren Werken der Barmherzigkeit das tun, wozu er auch den Heiligen Thomas aufgefordert hatte: den Finger in die Wunde zu legen.« Dann ein bescheidenes Frühstück. Aber es wird kein Tag wie jeder andere werden. Fast vier Monate nach dem Konklave ist die Stunde gekommen, um das Werk der großen Reformen zu beginnen, das den Katholiken in aller Welt versprochen wurde.

Mit diesem Tag beginnt ein Krieg. Ein Krieg im Vatikan, der bis heute andauert und in den Hinterzimmern der vatikanischen Paläste geführt wird. Dieses Buch erzählt die Geschichte dieses Krieges: mit bislang noch nie veröffentlichten Dokumenten und mit den Beweisen für die gigantischen und scheinbar nicht aufzuhaltenden kriminellen Machenschaften, denen der Papst mit Mut und beispielloser Entschlossenheit den Kampf ansagt.

Papst Franziskus wird auf der Sitzung zur Erörterung des Jahresabschlusses des Heiligen Stuhls erwartet. An der vertraulichen Sitzung nehmen, wie sonst auch, die Kardinale des Rates zur Untersuchung der organisatorischen und wirtschaftlichen Angelegenheiten des Heiligen Stuhls teil, deren Vorsitz der Kardinalstaatssekretär Tarcisio Bertone innehat. Die Anwesenheit des Papstes ist nicht zwingend vorgeschrieben, doch Papst Franziskus möchte teilnehmen. Er hat der Elite der katholischen Kirche, die dort vollständig versammelt ist, etwas Wichtiges mitzuteilen. Franziskus wird in dieser Sitzung den Finger in die Wunden des Vatikan legen und in nie dagewesener Weise mit alten Gewohnheiten brechen. Es sollte ein Bruch mit unabsehbaren Folgen sein.

Die Recherche

Ich habe die Worte gehört, die der Papst bei diesem vertraulichen Treffen gesprochen hat. Noch nie hat es das zuvor gegeben: Ein Journalist besitzt die Live-Aufnahme eines internen Meetings im Vatikan, an dem auch der Papst teilgenommen hat. Und mit diesem Treffen beginnt auch die Aufdeckerreise, die ich mit diesem Buch zu den neuesten und unerhörtesten Geheimnissen des Heiligen Stuhls unternehme. Station für Station folge ich dem Kreuzweg, den der Papst, der Jesuit aus Argentinien, still weitergeht. Bis heute. Es geht um einen erbitterten Kampf zwischen Gut und Böse: Auf der einen Seite stehen die Männer des Papstes und auf der anderen seine Feinde, die den Status quo verteidigen und jede Veränderung bekämpfen.

Mit Papst Franziskus am Tisch sitzen die 15 Kardinäle des Rates für Wirtschaftsfragen und außerdem die Führungsspitzen jener Strukturen, die die Finanzen des Heiligen Stuhls kontrollieren: die APSA [die Güterverwaltung des Heiligen Stuhls],[2] praktisch die Zentralbank des Vatikan, die unter anderem das gewaltige Immobilienvermögen der heiligen römisch-katholischen Kirche verwaltet; das Governatorat, jene Organisation, der die Museen, die kommerziellen Dienstleistungen, die Auftragsvergabe für die ordentliche und außerordentliche Instandhaltung von Gebäuden und Einrichtungen, das Vatikanische Postamt und die Telefondienste unterstellt sind; die Präfektur für die wirtschaftlichen Angelegenheiten des Heiligen Stuhls, der die Aufsicht über alle Körperschaften des Vatikan zukommt, und das IOR, die Bank, die für die Verwaltung der für die religiösen und karitativen Werke bestimmten Mittel zuständig ist. Es sind also alle da, auf die es ankommt.

Das belegen der Mitschnitt der Wortmeldungen und die unmittelbaren Aussagen einiger Teilnehmer. Aus ihren Erzählungen konnte ich einen bildlichen Eindruck von Gesichtern und Mimik, Spannungen und Irritationen gewinnen. Die Live-Aufnahme erlaubt mir, das entschiedene Auftreten des Papstes hautnah mitzuerleben. Der Papst mag in der Öffentlichkeit sanft und liebenswürdig erscheinen, doch gegenüber seinen engsten Mitarbeitern tritt er fest und entschieden auf. Der Papst mit seinem breiten Lächeln und seiner einprägsamen Stimme beweist Entschlossenheit, wenn es um bestimmte Ziele geht, und zeigt sich ungehalten gegenüber »jenem menschlichen Streben nach Macht« in der Kurie, das schon sein Vorgänger Papst Benedikt XVI. heftig kritisiert hatte. Seine Wortmeldungen zeugen von einer ganz anderen Wahrheit als jener, die wir durch die nüchternen Presseverlautbarungen oder die gefällige Tagespresse kennen. Eine unsägliche, dramatische Wahrheit, die wie eine uneingestandene Schuld in den heiligen Palästen verborgen bleiben sollte.

Vertrauliche Unterlagen, die noch nie veröffentlicht wurden

Ich hatte zudem Zugang zu Tausenden von Dokumenten. Die bedeutendsten finden sich in diesem Buch. Sie zeugen von einer unglaublichen Geldverschwendung durch die Kirchenführung bis hin zu echten kriminellen Handlungen, die selbst vor den Praktiken des religiösen Lebens, etwa den Selig- und Heiligsprechungsverfahren – einem wahrhaft millionenschweren Markt – oder dem Peterspfennig nicht haltmachen, den Geldern also, die aus allen Bistümern der Welt nach Rom fließen und eigentlich zur Linderung der Not der Ärmsten der Armen gedacht sind, um so dem pastoralen Auftrag der Kirche gerecht zu werden. Und stattdessen? Wo landen die Spenden wirklich? Dieses Buch ist dem nachgegangen und rekonstruiert ungeschönt, was damit passiert.

Dieses Material wurde mir von Leuten zur Verfügung gestellt, die unter der tief verwurzelten Heuchelei jener leiden, die genau Bescheid wissen, was im Vatikan vor sich geht, es aber nicht zugeben wollen, sondern lieber gute Miene zum bösen Spiel machen. Von Leuten also, die tagtäglich den unüberbrückbaren Widerspruch erleben und sehen, wie viel Papst Franziskus versprochen, und wie wenig davon eingehalten wird, mit dem Ziel, seine Reformen im Sand verlaufen zu lassen und die Glaubwürdigkeit des argentinischen Oberhirten zu untergraben.

Nachdem die Bücher *Vatikan AG* und *Seine Heiligkeit* erstmals das Gesetz des Schweigens und die Mauer der Stille durchbrochen haben, die die katholische Kirche seit Jahrhunderten schützt, möchte ich mit diesem Buch den Weg auf der Suche nach der Wahrheit im Vatikan weitergehen. Ich möchte einen Beitrag dazu leisten, diejenigen aufzuspüren und anzuklagen, die sich der Revolution von Papst Franziskus widersetzen, einer Revolution, die wohlgemerkt mit der beispiellosen Rücktrittsgeste von Benedikt XVI. ihren Anfang nahm.

Dieses Buch ist keine Streitschrift für den Papst, sondern eine journalistische Analyse der schwerwiegenden Probleme, unter denen die katholische Kirche leidet. Die Ursachen dafür liegen in einer kirchlichen Nomenklatura und in Machtzentren, die jeder Veränderung ablehnend gegenüberstehen. Ich möchte mit diesem Buch auch mehr Transparenz in ein Machtgebilde bringen, das durch häufig illegale, jedenfalls aber fern von den Prinzipien des Evangeliums gelegene Einzelinteressen undurchsichtig geworden ist. Wie schon zuvor ist meine Intention nicht die, der Kirche zu schaden, sondern alle Welt, nicht nur die Katholiken, die Widersprüche dieser Kirche erkennen zu lassen. Einer Kirche, die Papst

Franziskus tiefgreifend reformieren möchte, damit sie endlich zu einem offenen Haus für die Armen und für diejenigen wird, die ihrer am meisten bedürfen, statt weiterhin an Privilegien zu kleben und eifersüchtig über ihre unantastbare Macht zu wachen.

Verschiedene Teile der Kurie haben auf die Veröffentlichung von *Seine Heiligkeit* im März 2012 mit dem Versuch reagiert, sich noch stärker abzuschotten. Es begann eine Jagd auf meine Quellen, und schon bald wurde unter großem Getöse Paolo Gabriele verhaftet, der Kammerdiener von Joseph Ratzinger. Später sollte er seinen Freunden von einer Zelle berichten, in der er nicht einmal die Arme ausstrecken konnte. Gabriele wurde dann im Schnellverfahren wegen Diebstahls verurteilt. Die Weitergabe von Dokumentenkopien an einen Journalisten, um Vorfälle öffentlich zu machen, die verheimlicht statt angezeigt werden, sollte eigentlich als ein gutes Werk angesehen werden. Doch im Vatikan gilt dies als Straftat.

Paolo Gabriele verlor seine Arbeit und musste aus der Wohnung ausziehen, in der er mit seiner Familie lebte. Er wollte die unglaublichen Probleme und Schwierigkeiten, denen sich der Heilige Vater tagtäglich gegenübersah, öffentlich machen. Und just diese Probleme bewogen den Papst kaum ein Jahr später zum Rücktritt. Benedikt XVI. hat seinem Kammerdiener verziehen. Er erkundigt sich häufig nach seinem Gesundheitszustand, ob er arbeitet, und danach, wie es seinen Kindern in der Schule ergeht. Zu Weihnachten und anderen Anlässen lässt er der Familie Geschenke überbringen. Doch die damalige Herausgabe von Papieren und Unterlagen liegt noch immer wie ein bedrohlicher Schatten über den Kardinälen und anderen hohen Würdenträgern im Vatikan.

1. Papst Franziskus erhebt schockierende Vorwürfe

Das vertrauliche Meeting

Wenige Stunden nach seinen gewohnten religiösen Verpflichtungen bereitet sich der Papst auf den Tag im Apostolischen Palast vor. Wie immer überprüft er seinen Terminkalender persönlich. »Das habe ich immer so gemacht. Ich trage ihn bei mir, in meiner schwarzen Aktentasche. Da drinnen sind der Rasierer, mein Gebetbuch, der Terminkalender und ein Buch zum Lesen.«[1] Am Vormittag steht eine Audienz mit Erzbischof Jean-Louis Bruguès an, dem Bibliothekar und Archivar des Heiligen Stuhls. Doch der wichtigste Termin ist erst für zwölf Uhr angesetzt.

Eigentlich wird der Papst schon erwartet, doch in einem der unzugänglichsten und eindrucksvollsten Räume des Palastes geht er noch einmal aufmerksam seine Notizen durch. Der Saal, mit Stuckarbeiten und Gobelins von unschätzbarem Wert, liegt im dritten Stock, zwischen den päpstlichen Gemächern, die seit dem Auszug Benedikts XVI. leer stehen, und dem Staatssekretariat. Die Kardinäle stehen derweil wartend in Grüppchen zusammen und unterhalten sich gedämpft. Spannung liegt in der Luft.

Sie sind in der angrenzenden Sala Bologna versammelt. Der beeindruckende päpstliche Speisesaal wurde von Gregor XIII. (1502–1585) in Auftrag gegeben: Fresken mit riesigen Welt- und Himmelskarten sollten den ehrgeizigen Plänen des Papstes Ausdruck verleihen. Es handelt sich nicht um irgendein Zimmer. Dieser Saal beherbergte die dramatischsten Zusammenkünfte der jüngeren Kirchengeschichte: Hier fand im April 2002 das von

Papst Johannes Paul II. geforderte Treffen mit den amerikanischen Kardinälen zum Missbrauchsskandal statt, und hier versammelten sich die bestürzten Kurienkardinäle unmittelbar nach dem Tod des polnischen Papstes.

Die Dekorationen gehen auf das Heilige Jahr 1575 zurück, scheinen aber heute aktueller denn je. Denn sie passen gut zu dem Programm von Papst Franziskus, das ehrgeizig und zugleich voll von Ungewissheiten ist, und zu seinem wichtigsten Anliegen: den undurchsichtigen Geschäften und Privilegien im Inneren der Kurie den Kampf anzusagen und die Kirche in die Welt hinauszutragen. Seine Revolution ist eine sanfte, aber entschlossene, doch sie hat schon jetzt einen Krieg entfesselt, der keine Regeln und Grenzen kennt. Franziskus' Feinde sind mächtige Heuchler, die ein doppeltes Spiel spielen.

Dann betritt der Papst die Szenerie, die ein halbes Konklave scheint: Da ist Kardinal Giuseppe Versaldi, der die Präfektur für die wirtschaftlichen Angelegenheiten des Heiligen Stuhls leitet. Und dort, etwas abseits, Kardinal Giuseppe Bertello, ein eiserner Anhänger Bertones, der dem Governatorat vorsteht. Auch Kardinal Domenico Calcagno, Präfekt der vatikanischen Güterverwaltung APSA, ist anwesend. Kurzum: alle hohen Tiere der Finanz- und Vermögensverwaltung des Vatikan.

Offiziell steht die Bestätigung des Jahresabschlusses für 2012 auf der Tagesordnung, doch alle wissen, eigentlich geht es um anderes. Von Anfang an hat Papst Franziskus keinen Hehl daraus gemacht, dass er die Kurie reformieren will. Schon im April 2013, genau einen Monat nach seiner Wahl, rief er eine neue Kommission ins Leben, die ihn bei der Führung der Kirche unterstützen soll: ein Beratungsgremium, dem acht Kardinäle aus fünf Kontinenten angehören und das die zentrale Machtstellung der im Vatikan lebenden Amtsträger brechen soll.[2]

Und im Juni 2013, nur wenige Tage vor der vertraulichen Besprechung des Jahresabschlusses des Heiligen Stuhls, schuf der Papst die Päpstliche Kommission zur Berichterstattung über das

IOR: eine Maßnahme, mit der die von zahlreichen Skandalen erschütterte Vatikanbank erstmals in ihrer Geschichte unter Aufsicht gestellt wurde. Die bisherige Aufsichtskommission der Bank, der damals Bertone vorstand, reichte dem Papst nicht. »Die Kommission hat die Aufgabe«, so die Pressemitteilung des Vatikan, »Informationen über das Gebaren des IOR zu sammeln und die Ergebnisse dem Heiligen Vater vorzulegen.« Papst Franziskus möchte klarer sehen und Informationen von einem neuen, unabhängigen Organ erhalten, das direkt an ihn berichtet.[3]

Brisante Neuigkeiten also für die Kurie. Doch bislang weiß noch niemand so recht, welche Tragweite die Veränderungen haben werden. Will Papst Franziskus sich nur vordergründig und öffentlichkeitswirksam mit wortreichen Presseankündigungen zu Wort melden oder die Probleme tatsächlich an der Wurzel packen, die Machtzentren zerschlagen und die Seilschaften bekämpfen? Und wie viel weiß er von den Geheimnissen, die sich hinter den gewaltigen Geldströmen im Vatikan verbergen?

Auf der Sitzung vom 3. Juli 2013 bekommen die anwesenden Kardinäle eine unmittelbare Antwort auf all ihre Fragen. Als sie das namentlich gekennzeichnete, streng vertrauliche Dossier öffnen, das man jedem von ihnen aushändigt, befindet sich unter den Papieren ein zweiseitiges Schreiben, das der Papst eine Woche zuvor, am 27. Juni, von den fünf internationalen Revisoren der Präfektur erhalten hatte. Das Dokument ist dem Papst außerhalb jeden Protokolls zugegangen. Wie sich noch zeigen wird, waren es vor allem zwei Kardinäle, die die Bedenken der Revisoren zur vatikanischen Finanzverwaltung ernst nahmen und dem Papst die Papiere zukommen ließen: der getreue Santos Abril y Castelló und der Chef der Präfektur, Giuseppe Versaldi. Das Schreiben ist für die anwesenden Kardinäle ein Schock. Es listet alle Notfallmaßnahmen auf, die sofort ergriffen werden müssen, um den Bankrott der vatikanischen Finanzen abzuwenden. In dem Schreiben, das noch nie veröffentlicht wurde, heißt es:

Heiliger Vater,
[...] Der Rechnungslegung des Heiligen Stuhls und des Governatorats mangelt es an jeglicher Transparenz. Die fehlende Transparenz macht es unmöglich, eine Aussage über die tatsächliche finanzielle Situation sowohl des Vatikan insgesamt als auch seiner einzelnen Teile zu treffen. Das impliziert auch, dass niemand wirklich die Verantwortung für die Finanzverwaltung übernehmen kann. [...] Wir wissen lediglich, dass die von uns geprüften Zahlen eine sehr ungünstige Entwicklung erkennen lassen, und hegen den starken Verdacht, dass der Vatikan als Ganzes ein ernsthaftes, strukturelles Defizit aufweist. [...]
Die allgemeine Finanzverwaltung im Vatikan kann man bestenfalls als dürftig bezeichnen. Vor allem die Prozesse für Budgetplanung und Budgetfestlegung sind sowohl für den Heiligen Stuhl als auch im Governatorat vollkommen willkürlich, obwohl die geltenden internen Richtlinien klar definierte Mindestanforderungen enthalten.[4] [...] Diese Gegebenheiten legen die Vermutung nahe, dass zumindest in Teilen des Vatikan die Einstellung »Die Regeln betreffen uns nicht« vorherrscht. Die Kosten sind außer Kontrolle geraten. Das gilt insbesondere für die Personalkosten, aber auch für andere Kosten. In vielen Fällen gibt es Überschneidungen, wo eine Zusammenlegung zu erheblichen Einsparungen führen und die Problembehandlung verbessern könnte.[5] [...]
Was die Kapitalanlagen betrifft, ist es uns nicht gelungen, klare Richtlinien auszumachen, nach denen dabei vorgegangen wird. [...]
Dies ist ein schwerer Mangel, der den Anlageverwaltern zu viel Raum lässt, willkürlich zu entscheiden, und so dafür sorgt, dass sich das allgemeine Risiko noch erhöht. Diese Situation betrifft gleichermaßen die Kapitalanlagen des Heiligen Stuhls, des Governatorats, des Pensionsfonds, des Gesundheitsfonds und weitere Geldmittel, die von autonomen Körperschaften verwaltet werden, und bedarf daher dringend einer Verbesserung. [...] Die Finanzverwalter der verschiedenen Ämter und Körperschaften müssen

eindeutig dafür verantwortlich sein, ein realistisches, leistungsfähiges Budget zu erstellen und einzuhalten. [...]
Wir sind uns dessen bewusst, dass unsere Anregungen und Empfehlungen hart und manchmal sehr weitreichend sind. Wir hoffen aber von ganzem Herzen, dass Eure Heiligkeit verstehen möge, dass unser Handeln von unserer Liebe zur Kirche und dem aufrechten Wunsch getragen ist, zu helfen und die weltliche Seite des Vatikan zu verbessern. [...] Wir erbitten für uns und unsere Familien Euren päpstlichen Segen und versichern Eure Heiligkeit unsere tiefste Ehrerbietung und Ergebenheit.

Agostino Vallini, von Benedikt XVI. zum Kardinal ernannt und seit 2008 Nachfolger von Camillo Ruini als Kardinalvikar des Bistums Rom, erbleicht. Er hat die Sprengkraft dieser Unterlagen sofort erkannt. Und erinnert an die Vertraulichkeit: Diese Papiere »fallen unter das *Segreto pontificio*«, die höchste päpstliche Geheimhaltungsstufe, beeilt er sich, an den Papst gewandt zu betonen. »... Hoffentlich wird es bewahrt ... nicht, dass wir ... aber Ihr wisst schon ...« Vallini befürchtet also vor allem, dass etwas durch die Mauern nach draußen durchsickern könnte. Er weiß nur zu gut, wie die öffentliche Meinung solche Nachrichten aufnimmt. Der betagte Kardinal wendet sich langsam den anderen Anwesenden zu und begegnet: nervösem Schweigen. Man bewahrt Haltung, aber Anspannung, Bestürzung und Befremden lassen sich kaum verbergen.

Die beunruhigende wirtschaftliche Gesamtsituation war den Kardinälen im Detail nicht bekannt. Während der Kongregationen für das Konklave im März desselben Jahres hatte man ihnen Daten, Berichte und Zahlen vorgelegt, die jedoch fragmentarisch und zusammenhanglos geblieben waren. Und es waren gerade die für die einzelnen Dikasterien verantwortlichen Kardinäle gewesen, die beruhigende Nachrichten verbreiteten.

Zudem ist keiner der Kurienkardinäle an eine solche verpflichtende Informationsweitergabe gewöhnt. Was Papst Franziskus vor sich sieht, hat er daher vermutlich genau so erwartet. Und als guter Jesuit wird er die alarmierenden Daten der Revisoren dazu nutzen, um allen klar zu machen, dass von nun an nichts mehr so sein wird wie vorher.

Und dann ergreift der Heilige Vater das Wort. Ein Akt der Anklage, der sich 16 endlos lange Minuten hinzieht. Noch nie hat ein Papst auf einer Sitzung so harsche Worte geäußert. Und solche Worte müssen unbedingt geheim bleiben, weil sie zu schwer wiegen und weil alle, die diesen Saal betreten haben, absolutes Stillschweigen gelobt haben. Doch es sollte anders kommen. Jemand ahnte, auf welche Hindernisse der völlig neue Stil des Papstes stoßen würde – Sabotage, Manipulation, Diebstahl, Einbruch und Kriminalisierung der Reformanhänger – und schnitt die Vorwürfe des Papstes Wort für Wort mit.

Die Worte des Papstes

Im Saal herrscht absolute Stille. Das Aufnahmegerät schaltet sich ein, ohne dass jemand etwas bemerkt. Der Ton ist perfekt, die Stimme von Papst Franziskus unverkennbar. Der Papst spricht ruhig und sachlich, aber mit Nachdruck und Entschiedenheit. Sein Gesicht verrät Bestürzung und Missbilligung und dann wieder Entschlossenheit und Unnachgiebigkeit. Er spricht als Bischof von Rom, auf Italienisch, ein wenig zögerlich zunächst, aber stets klar und deutlich. Zwischen den einzelnen Anklagepunkten macht er lange Pausen.

Die Pausen machen seine Worte noch dramatischer. Der Papst möchte, dass wirklich jeder der Kardinäle, selbst wenn er jahrelang alles stillschweigend hingenommen hat, nun begreift, dass der Moment gekommen ist, sich für eine Seite zu entscheiden.

Wir müssen Licht in die Finanzen des Vatikan bringen und sie transparenter machen. Das, was ich jetzt sagen werde, soll eine

Hilfe sein; ich möchte ein paar Dinge festhalten, die Euch sicher zum Nachdenken anregen werden.
Erster Punkt: Wir haben in den Generalkongregationen anlässlich des Konklaves übereinstimmend festgestellt, dass die Zahl der Beschäftigten im Vatikan viel zu groß geworden ist. Dieser Umstand führt zu einer gewaltigen Geldverschwendung, die vermieden werden kann. Kardinal Calcagno[6] sagte mir, dass die Personalkosten in den letzten fünf Jahren um 30 Prozent gestiegen sind. Da stimmt doch etwas nicht! Wir müssen dieses Problem in Angriff nehmen.

Der Papst weiß bereits, dass ein Großteil dieser Personaleinstellungen auf Günstlingswirtschaft beruht. Die Leute werden für neue Projekte mit zweifelhaftem Ausgang oder auf Vorschlag oder Empfehlung von jemandem eingestellt. Nicht zufällig gibt es im Kirchenstaat nicht ein Personalbüro, wie in allen privaten Unternehmen, die mehr als Zehntausende Beschäftigte haben, sondern sage und schreibe 14, entsprechend den Machtzentren des Heiligen Stuhls. Der Ton von Papst Franziskus wird zunehmend schärfer, als er auf die alarmierendsten Punkte hinweist:

Zweiter Punkt: Das Problem der fehlenden Transparenz besteht nach wie vor. Bei manchen Kosten lässt sich nicht nachvollziehen, wie sie zustande gekommen sind. Das sieht man, wie mir meine Gesprächspartner [die Rechnungsprüfer, auf die diese Vorwürfe zurückgehen, und einige Kardinäle] sagen, in den Bilanzen. Zusammenhängend damit glaube ich, dass man bei unserer Aufgabe, Licht in die Ursachen der Ausgaben und in die Art der Zahlung zu bringen, noch einen Schritt weiter gehen muss. Es müssen daher sowohl über die Voranschläge als auch für den letzten Schritt, die Zahlung, genaue Aufzeichnungen geführt werden. Diese Aufzeichnungen müssen sehr diszipliniert geführt werden. Einer der Verantwortlichen meinte zu mir: ›Ja, aber dann bringen sie uns einfach die Rechnung und dann müssen wir sie bezahlen …‹ Nein, müssen wir nicht. Wenn eine Sache ohne Kostenvoranschlag und

ohne Genehmigung durchgeführt wurde, dann wird nicht bezahlt. Aber wer soll das dann bezahlen? Wir nicht. Da muss man hart bleiben, angefangen bei den Aufzeichnungen. Auch wenn es für den armen Sachbearbeiter peinlich ist: Wir zahlen nicht! Der Herr möge uns verzeihen, aber wir zahlen nicht.
T-r-a-n-s-p-a-r-e-n-z. Das macht man in der einfachsten Firma so und das müssen wir auch machen. Die Aufzeichnungen für den Beginn einer Arbeit müssen auch die Aufzeichnungen für deren Bezahlung sein. Vor jeder Anschaffung und vor jeglichen Bauarbeiten müssen mindestens drei verschiedene Angebote eingeholt werden, um das günstigste auswählen zu können. Ich nenne ein Beispiel: die Bibliothek. Der Kostenvoranschlag lautete auf 100 und bezahlt haben wir schließlich 200. Was ist passiert? Ein bisschen mehr? Na gut, aber stand das im Kostenvoranschlag oder nicht? Aber wir müssen das doch zahlen! Nein, das müssen wir nicht. Das sollen sie selbst zahlen. Wir zahlen jedenfalls nicht! Das ist wichtig für mich. Disziplin, bitte!

Papst Franziskus beschreibt einen Zustand, der von völliger Sorglosigkeit in wirtschaftlichen Angelegenheiten geprägt ist. Ein unvorstellbares Szenario. Der Papst ist wütend. Siebenmal wiederholt er »Wir zahlen nicht«. Zu lange schon wurden Millionen bedenkenlos und mit schier unglaublicher Leichtfertigkeit aus dem Fenster geworfen, zur Bezahlung von Arbeiten, für die es weder Kostenvoranschläge noch die erforderlichen Überprüfungen gab, jedoch bis zur Unglaubwürdigkeit aufgeblasene Rechnungen. Viele profitierten davon und steckten das Geld der Gläubigen ein, die Spenden, die eigentlich für die Bedürftigsten gedacht waren. Der Papst wendet sich damit an jene Kardinäle, die den Dikasterien vorstehen und die mit dem Geld der Kirche jahrelang zu sorglos umgegangen und ihren Aufsichtspflichten nicht nachgekommen sind. Es ist eine deutliche Anklage, hart, direkt und unverblümt und durchaus demütigend für die Purpurträger: Der Papst hebt Dinge hervor, die jeder Verwalter, auch der bescheidensten Unternehmen, kennt und bestens versteht.

Dann blickt der Papst Staatssekretär Tarcisio Bertone an. Lange und direkt. Wer in der Nähe des Papstes sitzt, kann darin nichts von der Freundschaft und der Nachsicht erkennen, die Ratzinger mit dem italienischen Kardinal verband, so sehr, dass er seinen alten Weggefährten zu sich an die Spitze der Macht im Vatikan holte. Es ist ein eiskalter Blick: der mahnende Blick eines Jesuiten, der vom »Ende der Welt« nach Rom gekommen ist. Nachdem sich der Papst in den ersten Monaten seines Pontifikats noch zurückgehalten hat, klagt er Bertone nun an, ehe er ihn dann später entlässt.[7] Die Verwaltung der Ressourcen und die Regierungsgeschäfte obliegen dem Staatssekretariat, das unter dem vorigen Papst und gerade unter der Führung von Bertone eine bis dahin beispiellose Macht auf sich vereinigen konnte. Es war noch mächtiger geworden als schon zur Zeit von Papst Wojtyla, mit dem einflussreichen venezulischen Kardinal José Castillo Lara an der Spitze der APSA und Kardinal Angelo Sodano als Staatssekretär. Genau jene Jahre, die ich anhand der Geheimdokumente von Monsignore Renato Dardozzi in meinem Buch *Vatikan AG* rekonstruiert habe.

In der unangenehmen Stille des Saales setzt Papst Franziskus nun zum letzten Schlag an und nennt die schwerwiegendsten Probleme beim Namen:

Ohne Übertreibung kann man sagen, dass ein großer Teil der Kosten außer Kontrolle geraten sind. Das ist eine Tatsache. Wir müssen größtes Augenmerk darauf legen, dass die Rechtsnatur und die Unmissverständlichkeit unserer Verträge überprüft werden. Verträge haben so viele Fallen, nicht wahr? Der Vertrag ist eindeutig, doch dann findet sich in den Fußnoten, am Ende der Seite, im Kleingedruckten – so sagt man doch? – eine Falle. Prüft genau! Unsere Lieferanten dürfen nur Unternehmen sein, die Ehrlichkeit garantieren und einen fairen, marktüblichen Preis anbieten – das gilt sowohl für Waren als auch für Dienstleistungen. Und einige garantieren das nicht.

Der Vorwurf des Papstes: »Sämtliche Kosten sind außer Kontrolle«

Die wirtschaftliche Lage, die die Revisoren beschreiben und die Papst Franziskus von Ratzinger geerbt hat, ist ausweglos und kommt einer Insolvenz nahe. Auf der einen Seite herrscht völlige Anarchie bei der Verwaltung von Ressourcen und Ausgaben, die unkontrolliert wachsen, auf der anderen Seite lähmen undurchsichtige Finanzgeschäfte und Günstlingswirtschaft jede Veränderung und ersticken im Keim die Entscheidungen, die bereits der frühere Papst aus Deutschland getroffen hatte. Und das war vielleicht auch der unausgesprochene Grund, warum Ratzinger sich zum Rücktritt entschloss: Er wollte das Ruder des Schiffs Petri einem anderen anvertrauen, der besser als er in der Lage wäre, die Nahtstellen der Macht aufzubrechen und den Sturm zu überstehen, in dem das wirtschaftliche Schicksal der Kirche und damit auch die Zukunft ihrer Heilsbotschaft, auf dem Spiel stehen. Papst Franziskus setzt in seiner Anklage nicht zufällig bei den dramatischen Tagen vor dem Konklave an und bei den Unregelmäßigkeiten und Befürchtungen, die in den Versammlungen vor der Papstwahl deutlich wurden. Unregelmäßigkeiten und Befürchtungen, die ihn letztlich vielleicht dazu bewogen haben, als erster Papst überhaupt den Namen des heiligen Franz von Assisi, des Heiligen der Armen, anzunehmen.

Die Kosten sind also »außer Kontrolle«, die Verträge voller »Fallen«, die Lieferanten unehrlich und ihre Waren übertuert. Bis gestern war es unvorstellbar, dass ein Papst eine solche Aussage trifft. Doch das ist noch nicht alles. Die Ausgabenseite mag zu missbilligen sein, aber die Verwaltung der Einnahmen, das heißt der Spenden und der Erbschaften, die die Gläubigen der Kirche hinterlassen, stellt für den Heiligen Vater das vielleicht noch viel größere Problem dar. Es fehle jegliche »Aufsicht über unsere Geldanlagen«. Und hier stellt sich, wie das nächste Kapitel noch zeigen wird, eine ganz einfache Frage: Enden die von den Gläubigen überlassenen Gelder in wohltätigen Werken, oder werden sie von den schwarzen Löchern der verschwendungssüchtigen Verwaltung des Heiligen Stuhls verschlungen? Diese Frage ist entscheidend und auf sie wird noch näher einzugehen sein.

Der Papst ist höchst besorgt und stellt noch einen anderen beunruhigenden Bezug her. Die Situation, die die Revisoren zeichnen, erinnere ihn, so sagt er, an die dunklen Jahre der argentinischen Militärdiktatur und der *desparecidos*, der Verschwundenen, als die Kirche in Buenos Aires geradezu frevelhafte Investitionen tätigte:

Als ich Provinzial war,[8] sprach der Generalökonom mit uns darüber, wie wir uns bei Investitionen verhalten sollten. Er erzählte uns, dass die Provinz der Jesuiten im Land zahlreiche Seminare unterhielt und ihre Gelder bei einer seriösen und ehrlichen Bank anlegte. Dann kam ein neuer Ökonom und suchte die Bank für eine Kontrolle auf. Er erkundigte sich, wo das Geld angelegt worden sei, und musste feststellen, dass über 60 Prozent in die Waffenproduktion geflossen waren!
Augen auf beim Anlegen von Geldern, schaut auf Moral und Risiko, wenn es heißt: Hier gibt es hohe Zinsen, also was soll's ... Verlasst euch nicht darauf! Wir brauchen hierfür geschulte Berater. Wir brauchen klare Richtlinien darüber, wie und worin wir unser Geld anlegen dürfen. Alle Investitionen müssen mit Besonnenheit, Weitsicht und größtem Bewusstsein für die damit verbundenen Risiken getätigt werden. Jemand von Euch hat mich daran erinnert, dass wir in der Schweiz 10 Millionen Euro verloren haben, weil das Geld schlecht angelegt war, und jetzt ist es weg. Außerdem kursiert das Gerücht, es gäbe Parallelverwaltungen, Geld, das nicht in den Bilanzen auftaucht. Und es gibt

Dikasterien, die Gelder auf eigene Rechnung innehaben und privat verwalten:
Die Kasse wird nicht ordnungsgemäß geführt; wir müssen die Kasse in Ordnung bringen. Ich könnte noch mehr Beispiele nennen, die uns ebenso viel Sorgen machen, aber wir sind hier, meine Brüder, um diese Probleme zu lösen. Zum Wohle der Kirche. Mir kommt dazu in den Sinn, was einmal ein alter, weiser Priester in Buenos Aires sagte, der in finanziellen Dingen sehr umsichtig war: ›Wenn wir nicht einmal auf unser Geld aufpassen können, das man sehen kann, wie sollen wir dann die Seelen der Gläubigen hüten, die man nicht sehen kann?‹«

Ein schlechtes Zeugnis

Es ist ein denkbar schlechtes Zeugnis, das den Finanzverwaltern der Kirche ausgestellt wird. Der Papst beschuldigt zwar niemanden namentlich, nimmt aber die Warnungen der internationalen Revisoren offenbar 100-prozentig ernst. Außerdem ist ihm zu Ohren gekommen, welch desaströses Ende die Gelder gefunden haben, die UBS, BlackRock und Goldman Sachs über die Jahre anvertraut wurden: 95 Millionen Euro sind auf die Hälfte ihres Wertes zusammengeschmolzen.

Unruhe und Ängste wachsen noch, als der Papst – als Monarch und somit höchste geistliche und weltliche Macht im Kirchenstaat – ankündigt, den Problemen auf den Grund gehen zu wollen, Körperschaft für Körperschaft, Spende für Spende, Ausgabe für Ausgabe. Zu diesem Zweck soll in Kürze eine neue Kommission geschaffen werden, die alle Konten durchforsten soll, um die »Wundmale« aufzuspüren und den Vatikanstaat neu zu gestalten:[9]

Ich bin davon überzeugt, dass wir alle gemeinsam mit dieser Arbeit weiterkommen möchten, mit der Ihr ja schon einige Zeit

beschäftigt seid. Ich habe mich darum entschlossen, eine Sonderkommission einzusetzen, die Euch beim Fortgang Eurer Arbeiten unterstützt und nach Lösungen für unsere Probleme sucht. Die Kommission wird ein ähnliches Profil haben wie jene, die für das IOR geschaffen wurden. [...] Einer von Euch wird Koordinator oder Sekretär oder Präsident dieser Kommission sein, um mitzuhelfen, dass dieser Prozess zu meiner Zufriedenheit weitergeht. Ich wünsche mir, dass dieser Prozess fortschreitet. Aber wir werden einige Anstrengungen unternehmen müssen, um ihn zu Ende zu bringen, und alles klar ansprechen müssen.
Jeder von uns will nur das Beste, aber der Herr verlangt von uns auch eine verantwortungsvolle Verwaltung zum Wohle der Kirche und unserer apostolischen Arbeit. [...] Ich schlage darum vor, dass zu diesen Besprechungen zumindest einmal, und sei es nur für einen halben Tag, der Rat der Revisoren eingeladen wird. So kann man sich austauschen, über Ergebnisse, Befürchtungen und die laufende Arbeit. [...] Wenn Ihr Anregungen habt, sind diese sehr willkommen. Das ist alles, was ich Euch momentan anbieten kann, und ich danke Euch vielmals. Noch Fragen oder Anmerkungen?

Wieder ist es Kardinal Vallini, der als Erster das Schweigen bricht. Er möchte die angespannte Atmosphäre auflockern. Um sich von jeder Verantwortung freizusprechen, weist er zunächst darauf hin, dass er keine Finanzposition bekleidet, und übt sich dann in Optimismus: »Wir arbeiten bereits auf Reformen hin«, sagt er, »und die Verantwortlichen arbeiten erfolgreich an der Umstrukturierung der Verwaltung, um eine korrekte Vermögensverwaltung zu erreichen.« Damit behauptet er genau das Gegenteil dessen, was in den Unterlagen der Revisoren steht und von Papst Franziskus weitergegeben wurde. Wer hat nun recht?

Die internationalen Revisoren haben – so Vallini – aus ihrer Sicht recht, aber sie betrachten die Dinge rein wirtschaftlich. Sie ma-

chen Vorschläge und äußern provokante Thesen, die sinnvoll und wichtig sind und für die wir ihnen danken. Aber es ist doch auch so, dass das Problem oder die Missstände dadurch bedingt sind, dass uns eine Verwaltungskultur fehlt, die wir auf diesem Gebiet nicht haben. Ich glaube nicht, dass Unredlichkeit im Spiel ist, in einzelnen Fällen vielleicht, aber generell nicht. [...] Nun gut, es gibt Schattenbuchhaltungen und die muss man bekämpfen. Hieran müssen wir arbeiten, wir müssen eine neue Verwaltungskultur einführen. Aber ich kann sagen, dass die Anstrengungen der letzten Zeit und der letzten Jahre bereits genau in diese Richtung gehen. Und ich hoffe auch, dass wir dem Papst ein wenig Trost spenden können, noch mehr als bisher.

Nach Ansicht von Kardinal Vallini leiden die Kirchenoberen also an einem Mangel an Verwaltungskultur. Daraus seien die Fehler, die wirtschaftlichen Verluste und dass der eine oder andere einen Vorteil daraus schlägt, zu erklären. Der Papst antwortet postwendend: »Was Vallini sagt, ist richtig, die Kultur ... Wir haben wohl irgendwie unsere ganz eigene Art. In Argentinien ist es dasselbe: Wir machen es ein bisschen auf unsere Art, ohne die Kultur der Transparenz, der Aufzeichnungen, der Methode ...«

Momentan hält es der Papst für besser, nicht näher auf einzelne heikle Fragen einzugehen. Er will die Kardinäle nicht allzu sehr aufschrecken. Denn das könnte kontraproduktiv sein. Es wird Aufgabe der neuen Kommission sein, in die noch unerforschten Abgründe der Konten und Jahresabschlüsse vorzudringen, und der Papst weiß sehr wohl, dass das Schreiben der Wirtschaftsprüfer nur die Spitze des Eisbergs ist.

Die Vorwürfe der Revisoren

Die schwierige Rechnungsprüfung aller Konten und Abschlüsse der Dikasterien, die mit der vatikanischen Finanzverwaltung befasst sind, kam seit jeher dem Rat der Revisoren zu. Er besteht aus fünf Laien unterschiedlicher europäischer Länder[10] und tritt jedes halbe Jahr, gemeinsam mit weiteren acht Mitgliedern der Präfektur, im Vatikan zusammen. Praktisch die gesamte Hierarchieleiter dieses Dikasteriums: vom Präsidenten Giuseppe Versaldi über den Sekretär Prälat Lucio Ángel Valleja Balda bis zum Büroleiter Prälat Alfredo Abbondi.

Die Treffen sind streng vertraulich. Außer den Beteiligten sind nur noch zwei Dolmetscher und eine Protokollführerin anwesend, die die Protokolle mit den Wortmeldungen vorbereitet. Man muss nur die Protokolle von 2010 bis heute lesen, um zu begreifen, dass Probleme wie Verschwendung, Misswirtschaft, Unregelmäßigkeiten und Ineffizienz von der Gruppe der Revisoren stets aufgezeigt wurden, mit zahlreichen konkreten Vorschlägen zur Verbesserung dieser Zustände. Doch sie stießen über Jahre auf taube Ohren: Nicht die geringste Veränderung wurde auf den Weg gebracht. Die Finanzexperten wurden zunehmend entmutigt und frustriert, da ihre Kritik und ihre konstruktiven Vorschläge ohne Wirkung blieben.

Schon am 22. Dezember 2010 hatte der Rat der Revisoren, um sich irgendwie Gehör zu verschaffen, einen gesalzenen Brief an Benedikt XVI. geschickt. In diesem wurden die wichtigsten Kritikpunkte hervorgehoben, die ein sofortiges Eingreifen erfordern. Das Schreiben läuft ins Leere. So wie auch andere Vorschläge, die bloß auf dem Papier bestehen bleiben. Dass die Revisoren sich nun erneut schriftlich an den Papst wenden, ist von erheblicher Bedeutung: Sie spüren, dass der neue Papst entschlossener und zügiger vorgehen kann.

Papst Franziskus hatte die Revisoren nicht um diese Anklageschrift gebeten. Doch den Wirtschaftsprüfern war einige Wochen zuvor selbst klar geworden, dass man nicht mehr zögern darf: Der Papst muss über alle Details der finanziellen Lage Bescheid wissen. Denn diese sieht ganz anders aus, als aus den geschönten, gefilterten und dürftigen Informationen hervorgeht, die Papst Franziskus präsentiert bekommt. Von genau demjenigen, der ein enormes Interesse daran hat, die Wirklichkeit rosiger erscheinen zu lassen, als sie ist, und sich so seiner Verantwortung zu entziehen. Immerhin war er unter Ratzinger Leiter der Verwaltung.

Am 18. Juni, zwei Wochen vor der vertraulichen Besprechung, nehmen die für die Präfektur tätigen Revisoren – von einer aufrichtigen, tiefen Liebe zur katholischen Kirche getragene Laien, wie sie in ihrem privaten Schreiben an den Papst betonen – an der Frühmesse teil, die der Heilige Vater im Gästehaus Santa Marta feiert. Um neun Uhr finden sich alle zu einer der halbjährlichen Sitzungen ein, die der Überprüfung des Jahresabschlusses des Heiligen Stuhls und des Governatorats gewidmet sind.

Das Treffen wird wie gewöhnlich von Kardinal Versaldi geleitet. Wie aus dem Protokoll hervorgeht, das ich einsehen konnte, kommt es zu lebhaften Diskussionen. Die pessimistischen Töne überwiegen. Die Revisoren hatten sich auch früher schon besorgt geäußert, doch dieses Mal fahren sie schwere Geschütze auf. Die Kritik kommt dabei ausschließlich von der Gruppe der Laien im Gremium (10 von 13 Mitgliedern). Die Truppe der realitätsnahen, pragmatischen Fachleute wird den Eindruck nicht los, dass alle ihre Versuche der vergangenen Jahre, Verbesserungsvorschläge zu machen, dazu bestimmt sind, Schiffbruch zu erleiden. Besonders entschlossen zeigen sich dabei der Wirtschaftsfachmann Joseph Zahra aus Malta, der deutsche ehemalige McKinsey-Mann Jochen Messemer, Josep M. Cullell aus Barcelona, der italienische Steuerberater Maurizio Prato und der Kanadier John F. Kyle, wie aus den Unterlagen in meinem Besitz hervorgeht.

Kyle bringt die bittere Situation auf den Punkt: »Seit 25 Jahren unternehmen wir die verschiedensten Anstrengungen, aber das Ergebnis ist praktisch gleich Null.« Der Kanadier befürwortet »eine Gruppe, die näher an den Papst angebunden ist. Sie müsste entschlossen agieren und gegen jeden Maßnahmen ergreifen können, der sich nicht an die Weisungen hält.« Papst Franziskus hatte die Sitzungsmitglieder – Leute der Zahlen, aber auch des Glaubens – in der Predigt schließlich – wörtlich – daran erinnert, dass »die Kirche arm sein muss, wenn sie glaubwürdig sein will«, und die »Präfektur als Kontrollorgan die Bilanzprobleme mutiger angehen muss«. Eine ausdrückliche Aufforderung also, zu handeln und aus dem Schatten herauszutreten.

Der oberste Rechnungsführer der Präfektur, Stefano Fralleoni, sieht die Ursache des Problems darin, dass einige Verwaltungen »nicht im Entferntesten wissen, wie man ein Budget aufstellt. Häufig ist die Budgetplanung unrealistisch, und die Schätzungen sind nicht nachvollziehbar«.[11] Es klingt geradezu paradox, wenn er feststellt, dass man in der Präfektur, die die Konten der anderen Körperschaften prüfen soll, nicht einmal weiß, welche Verwaltungen genau geprüft werden müssen. »Die Aufstellung der Körperschaften, die dem Heiligen Stuhl unterstehen«, so der Buchhalter, »muss vervollständigt und laufend aktualisiert werden: Nur so kann eine vollständige Prüfung aller Einheiten und ihrer Abläufe durchgeführt werden.«

Die abgeschlossenen Rechnungsprüfungen würden zeigen, dass die von Papst Benedikt XVI. und Papst Franziskus eingeführten Regeln zur Erhöhung von Transparenz und Effizienz nicht eingehalten werden. Das gilt im Kleinen wie im Großen. Salvatore Colitta, Wirtschaftsprüfer bei RB Audit Italia, nennt als Beispiel die Preislisten für im Vatikan verkaufte Artikel: »Seit zwei Jahren wird ein Kugelschreiber für 50 Cent verkauft, obwohl er heute 1,20 Euro wert ist«, so der Berater, »und 70 Prozent aller Beschaffungsvorgänge in der APSA erfolgen nicht unter Einhaltung des gewöhnlichen Prozedere, sondern im Eilverfahren. Dieses Phänomen lässt sich nur schwer kontrollieren.« »Die Nichtbefolgung der geltenden Richtlinien«, wirft Fralleoni ein,

»ist ein weiterer kritischer Punkt. Aus Bequemlichkeit geht man stets nach denselben eingefahrenen Abläufen vor. Die Buchhaltung der Körperschaften des Heiligen Stuhls ist uneinheitlich, obwohl vom Heiligen Vater genehmigte Rechnungslegungsvorschriften existieren.« Ein weiteres Beispiel? Kürzlich sind neue Rechnungslegungsvorschriften eingeführt worden, aber »einige Körperschaften haben geheime Reserven, die sie auf eigene Rechnung verwalten, und verbuchen somit nicht alle Einnahmen.« Dies ist einer der Punkte, die der Papst den Kardinälen zu den Parallelverwaltungen unterbreiten wird. Ursache dafür sei, dass manche Ämter »häufig eigenmächtig handeln, obwohl sie zu derselben Institution gehören«.

Wenn die Präfektur Kontrollen durchführe, bestehe die Gefahr, dass »diese wie eine Zwangsmaßnahme empfunden werden«. Doch Kontrollen sind unverzichtbar. »Allein durch eine Intensivierung der Kontrollen könnte man viel Ineffizienz beseitigen«, schließt Messemer. Doch stattdessen geht die Entwicklung in Richtung Anarchie. Ein Blick auf den Immobilienbereich zeigt: »Neben den bereits bekannten Zahlungsrückständen«, so Colitta, »gibt es eigenmächtige Mietminderungen. So ermäßigte sich das Auditorium della Conciliazione die eigene Miete um rund 50.000 Euro im Monat. Aber der Vatikan zahlt weiterhin Steuern nach dem alten Vertrag.« Dann seien da noch die »strategischen Investitionen«, die in Wirklichkeit zu Fässern ohne Boden und wahren Schuldenbergen wurden, wie etwa die Investition des Governatorats in Aktien einer italienischen Bank, der Banca Popolare di Sondrio, die innerhalb kürzester Zeit zu einem Verlust von 1.929.000 Euro geführt hat.[12]

Man kann nicht mehr so tun, als ob nichts wäre

Eine der schärfsten Analysen stammt von Josep M. Cullell:

Richtig, die Präfektur kann sich Gutmenschentum und Naivität nicht länger erlauben, sondern muss Prioritäten festlegen und dafür sorgen, dass die Vorschriften eingehalten werden. [...] Der Abschluss ist mittlerweile unvertretbar geworden: ein einziges Chaos. Wenn es um die Bestimmung einer konkreten Institution geht, die Macht auf sich vereint, regiert und Prioritäten festlegt, war der Vatikan schon immer – und nicht nur in wirtschaftlichen Belangen – durch eine gewisse Zweideutigkeit, ähnlich dem Taifa-Reich,[13] gekennzeichnet. [...]
Ob in Barcelona oder in den römischen Vororten, es gibt überall viel Armut, unter der auch die Kinder leiden: ein besorgniserregendes Anzeichen für eine Rezession. Man kann nicht mehr so tun, als ob nichts wäre, und weiterhin Denkmäler sanieren. Ich halte die Zahlen, die mir vorgelegt wurden, für falsch. Die Realwirtschaft entspricht nicht diesen Zahlen. Ich zweifle die Gewinne, die aus Kapitalanlagen stammen, an.
Im Vatikan lassen sich verschiedene lückenhafte Aspekte erkennen: Das Governatorat hat vor einem Jahr nicht mal ein Budget erstellt; L'Osservatore Romano und Radio Vatikan schreiben rote Zahlen, auch wenn die Verluste eine gewisse Zeit durch »Finanzakrobatik« verdeckt werden konnten; das IOR könnte genauso gut geschlossen und durch die APSA ersetzt werden. Die Bank bietet kaum Vorteile und könnte durch eine andere Institution ersetzt werden. Durch die Schließung der Bank würde man viele Probleme lösen, die der Papst und die katholische Kirche heute haben.

Der Malteser Zahra erkennt, dass Papst Franziskus gewarnt werden muss. Um die Wende zu schaffen, möchte Zahra die Dinge endlich beschleunigen:

Nach einer langen Zeit des Status quo ist es nun an der Zeit, etwas zu ändern. Es ist so, als stünde man an einer Kreuzung: Man muss eine Entscheidung treffen. Der Ton, den man anschlagen muss, ist jener des Papstes: entschlossen und mutig, und das Ziel ist [die Erreichung von] mehr Transparenz, Integrität und Sachlichkeit. Wir müssen uns zunutze machen, dass diese Richtung jetzt von dem Papst vorgegeben wird. Mentalitäten ändern sich nicht von einem Tag auf den anderen, aber was der Papst sagt, kann man jetzt in konkrete Fakten gießen, um die vorgegebenen Ziele schrittweise zu erreichen.

Am Ende des Treffens beschließen Zahra, Messemer, Cullell, Kyle und Prato: Der Papst muss sofort verständigt werden. Sie sind es auch, die den schockierenden Brief an den Papst unterzeichnen.

Fünf Tage später, am 23. Juni, kommt schließlich noch der spanische Kardinal Santos Abril y Castelló ins Spiel, einer der wenigen engen Vertrauten und Freunde des Papstes. Er ist Erzpriester an der päpstlichen Basilika Santa Maria Maggiore, und in seine beeindruckende Kirche zog sich Jorge Bergoglio gern zum Gebet zurück, wenn er sich, noch als Kardinal, in Rom aufhielt. Abril y Castelló ist ein spröder, ernster und korrekter Mann. Die Ausflüchte der Kurie sind ihm fremd. Er hat sich nach und nach das Vertrauen des Papstes erworben, weil er ihn auf Fehlbeträge, Unregelmäßigkeiten und Machtspiele hinwies wie etwa die mutmaßlichen Unregelmäßigkeiten bei den Renovierungsarbeiten an der Basilika, deren Erzpriester er ist.[14] Und Abril y Castelló informiert den Papst über die alarmierenden Hinweise der Revisoren. Sie sind fünf Laien. Sie wollen vom Heiligen Vater nicht missverstanden oder in eine bestimmte Ecke abgeschoben werden. Wie es zu oft in der Vergangenheit passiert ist. Dieses Mal wird es anders sein, denn die Lunte brennt.

2. Die Heiligenfabrik

Eine radikale Kehrtwende

Mit überraschenden Angriffen aus der Kurie kennt Papst Franziskus sich aus. Er weiß, sie können für Reformen tödlich sein, und er will vermeiden, dass das Eigeninteresse weniger und die Trägheit vieler im Vatikan alle Hoffnungen im Keim ersticken. Die Hoffnungen auf Veränderungen in der Kurie. Die Hoffnungen von Nonnen, Mönchen, Priestern und anderen demütigen Dienern der Kirche, die angesichts des weißen Rauchs, der am 13. März 2013 aufstieg, ebenso freudig wie besorgt auf den Namen des neuen Papstes warteten. Als Jorge Bergoglio sich erstmals am Petersplatz zeigte, trug er keinen Ornat und öffnete mit einem einzigen Satz die Herzen von Millionen von Gläubigen: »Guten Abend, betet für mich«, betet für den Hirten, der »vom Ende der Welt« kommt.

Darum ernennt der Papst nur wenige Tage nach der dramatischen Sitzung vom 3. Juli eine neue Kommission, die die vatikanischen Finanzen untersuchen soll. Sie hat die Aufgabe, Informationen über die Wirtschaftsführung der Kurie zu sammeln, und soll direkt an den Papst berichten. Eine absolute Neuerung: Zwar wird der Kardinalsrat der 15 Kardinäle unter Vorsitz von Kardinal Bertone nicht abgesetzt, aber die etablierten Mächte werden offen infrage gestellt. Sie müssen nun Rechenschaft ablegen. Und damit setzt Franziskus alle unter Druck, die den Heiligen Stuhl unter Benedikt XVI. und davor unter Johannes Paul II. verwaltet haben.

Der Papst wählt die Mitglieder der Taskforce aus, die vom Assessor im Staatssekretariat, Peter Brian Wells,[1] sondiert und informiert werden. Präsident der neuen Kommission ist der Malteser Joseph Zahra.[2] Er gehört zu den internationalen Revisoren und Unterzeichnern des »Anklageschreibens«, das dem Papst Ende Juni zusammen mit umfangreichen Unterlagen übermittelt worden war. Er ist der richtige Mann zur richtigen Zeit, mit guten Beziehungen zu internationalen Wirtschafts- und Finanzkreisen. Und er ist ein Vertrauensmann: für den Papst der entscheidende Punkt. Die Wahl Zahras ist ein deutliches Warnsignal an die Kurie. Offensichtlich schätzt und belohnt der Papst diejenigen, die den Mut aufbringen, üble Machenschaften und undurchsichtige Interessen, die dem pastoralen Auftrag der Kirche zuwiderlaufen, offenzulegen.

Nach dem Pontifikat von Benedikt XVI. bedeutet dies eine radikale Kehrtwende. Erst gestern noch, so scheint es im Vatikan, informierte der Generalsekretär des Governatorats, Erzbischof Carlo Maria Viganò, den Papst über wahnwitzige Ausgaben wie etwa eine halbe Million Euro für den Weihnachtsbaum auf dem Petersplatz und wurde daraufhin erst isoliert und diskreditiert und später dann abgesetzt und als päpstlicher Nuntius in die USA ins Exil geschickt. Vor allem die aufsehenerregende Versetzung von Viganò hatte den damaligen Kammerdiener von Benedikt XVI., Paolo Gabriele, bewogen, mich zu kontaktieren und mir den regen Briefwechsel des Erzbischofs mit dem Kardinalsstaatssekretär Tarcisio Bertone und dem Heiligen Vater auszuhändigen. Die Briefe, die von Verschwendung, Korruption und Unrecht im Vatikan zeugen, stehen im Mittelpunkt meines vorigen Buches *Seine Heiligkeit*.

Das Mandat kommt für Zahra überraschend. Er fühlt die Aufbruchstimmung. Als Laie hat er in nur wenigen Jahren einen gewaltigen Karrieresprung innerhalb der Kurie gemacht. Von diesem Moment an soll er sich nur mehr auf die Angelegenheiten des Vatikan konzentrieren. Zahra kehrt in seine schöne Wohnung in Balzan, einem 4000-Seelen-Dorf im Herzen Maltas, zurück, schließt alle noch anhängigen Fälle ab und liest noch einmal die halbjährlichen Sitzungsprotokolle der internationalen Revisoren durch. Nach den vielen Hinweisen, die bei Benedikt XVI. auf taube Ohren gestoßen waren, hat es nun den Anschein, dass Papst Franziskus diejenigen belohnt, die Unregelmäßigkeiten aufdecken. So wird neben Zahra noch ein weiterer Revisor, der deutsche Jochen Messemer,[3] Mitglied der päpstlichen Kommission.

In Zahras Finanzberatungsbüro im ersten Stock des Fino Building, Notabile Road in Mriehel, Malta, kümmert sich indessen seine Assistentin Marthese Spiteri-Gonzi darum, dass er sich in Richtung Gästehaus Santa Marta, wo Papst Franziskus wohnt, aufmachen kann.

Am 18. Juli unterzeichnet der Heilige Vater den Formalakt zur Gründung der Untersuchungskommission.[4] Die Kommission trägt den Namen Cosea, ein Akronym, das für ehrgeizige Ziele steht: »Päpstliche Kommission zur Untersuchung der Wirtschafts- und Finanzorganisation des Heiligen Stuhls«[5]. Die Aufgaben der neuen Kommission werden im offiziellen Gründungsdokument in sieben Punkten zusammengefasst. In Punkt drei spricht der Papst Klartext: Die geprüften Verwaltungen »sind angehalten, konstruktiv mit der Kommission zusammenzuarbeiten. Das Amtsgeheimnis und allfällige andere Beschränkungen, die unsere Rechtsordnung vorsieht, hindern oder beschränken nicht den Zugang der Kommission zu Dokumenten, Daten und Informationen, die sie für die Erfüllung der ihr anvertrauten Aufgaben benötigt.« Kurz gesagt ist die Kommission autonom und hat völlig freie Hand bei ihren Ermittlungen. Jede Frage ist zu beantworten. Hinter dem Amtsgeheimnis kann sich niemand mehr verstecken.

Neben Zahra arbeiten in der Kommission sieben weitere Mitglieder: der Koordinator und, so die Gründungsurkunde, sieben »vom Papst ernannte Experten aus den Bereichen Recht, Wirtschaft, Finanzen und Organisation«. Die Koordination und Verbindung zur kirchlichen Welt liegt in den Händen des Sekretärs der Präfektur: des Opus-Dei-Priesters Lucio Àngel Vallejo Balda,[6] der Papst Franziskus' Vertrauen gewinnen konnte. Der Papst weiß, dass er ein gefährliches Spiel spielt, wenn er die verkrusteten Machtstrukturen im Vatikan aufbrechen will: »Die Lage ist unvorstellbar ernst«, wird er später zu seinen engsten Mitarbeitern sagen. Viele Unregelmäßigkeiten im Inneren der kirchlichen Institutionen »haben ihre Wurzeln in ihrer Selbstbezogenheit, in einer Art theologischem Narzissmus«. Das Grundproblem besteht darin, dass eine selbstbezogene Kirche »krank wird«.[7]

Die Kommission

Fast alle Kommissionsmitglieder sind Europäer. Nur der Finanzexperte George Yeo[8] stammt aus Singapur, wo er lange Jahre Minister war. Der in Ostasien bekannte und geschätzte Yeo begann seine Karriere beim Militär und war Mitte der achtziger Jahre Generalstabschef der Luftwaffe. Im Vatikan besitzt Yeo einen einflussreichen Bewunderer: den australischen Kardinal George Pell,[9] der in der sich andeutenden Erneuerungsphase unter Papst Franziskus eine Rolle spielen möchte und die Schritte des Papstes genau verfolgt.

Nur ein Mitglied der Kommission kommt aus Italien, eine Frau, zudem das jüngste Mitglied. Francesca Chaouqui ist 30 Jahre alt, stammt aus einem kleinen Dorf in der Provinz Cosenza, ihre Mutter ist Italienerin, ihr Vater Franzose mit marokkanischen Wurzeln. Bei Ernst & Young war sie für Öffentlichkeitsarbeit und Kommunikation zuständig, und ihre ersten Sporen verdiente sie sich in der einflussreichen Rechtsanwaltskanzlei Orrick, Herrington & Sutcliffe Italia. Verheiratet ist sie mit einem Informatiker, der lange in der Vatikanstadt gearbeitet hat. Sie soll sich um den Aufbau einer neuen Abteilung kümmern, der die gesamte Kommunikation im Vatikan untersteht, vom Pressezentrum bis zum *Osservatore Romano*.

Zur Kommission gehört zudem Jean-Baptiste de Franssu, ein französischer Manager mit Schwerpunkt Strategieberatung. Bertone hatte ihn in den Vatikan geholt und für verschiedene Aufgaben vorgeschlagen: In nur einem Jahr machte er im Vatikan eine steile Karriere.[10]

Dann ist da noch der Spanier Enrique Llano, früher bei KPMG und persönlicher Freund von John Scott, dem Vizepräsidenten der weltweit führenden Unternehmensberatung KPMG International. Und Jean Videlain-Sevestre, das älteste Kommissionsmitglied. Er stammt aus Frankreich, hat eine beeindruckende Karriere bei Citroën und Michelin hinter sich und ist Experte für Unternehmens- und Anlageberatung. Videlain-Sevestre verdeutlicht seinen Kollegen umgehend, wie die Untersuchung aussehen sollte: »Unsere Kommission sollte mustergültig, unabhängig und kompetent arbeiten«, schreibt er am Vorabend der ersten Sitzung. Man müsse den Papst in dem unterstützen, was er bereits als argentinischer Erzbischof gewollt habe: »Der neue Papst sollte in der Lage sein, die römische Kurie gründlich aufzuräumen«, hatte Bergoglio vor Gläubigen der Schönstattbewegung gesagt.[11]

Als Büro wählt die Truppe einen bescheidenen Raum im Gästehaus Santa Marta. Zimmer 127 im ersten Stock: ein paar Stufen, ein Korridor und schon ist man beim Papst. Nach der Quersumme der Zimmernummer erhält das Büro den Spitznamen »Area 10«. Den treffendsten Namen findet allerdings der Kommissionssekretär Nicola Maio: »Zimmer des heiligen Michael«, nach dem Erzengel Michael, dem Schutzpatron für heikle Unterfangen. Eine nicht ganz zufällige Wahl: Man verehrt den geflügelten Erzengel Michael mit Rüstung und Schwert, weil er den Glauben an Gott gegen die Horden des Satans verteidigt hat.

Doch am beliebtesten unter den Kommissionsmitgliedern ist ein Satz auf Spanisch, der Sprache Bergoglios: »*Aquí la gracia de dios es mucha, pero el demonio está en persona ...*« Die Gnade Gottes mag groß sein, doch der Teufel kommt leibhaftig.

Um die sensiblen Informationen zu schützen, die die Kommission nach und nach sammeln wird, werden Vorsicht und Diskretion großgeschrieben. Die Revolution hat gerade erst begonnen, und die Leute des Papstes wissen, wo die Gefahren lauern. Der Kommissionspräsident schließt umgehend einen Vertrag mit Vodafone, damit die Kommissionsmitglieder nicht abgehört werden können: Jeder in der Kommission bekommt eine maltesische Telefonnummer und ein iPhone 5; das »weiße Telefon« wird es von den Kommissionsmitgliedern wegen seiner weißen Hülle genannt. Darüber werden alle Passwörter verschickt, die dann den Zugang zu verschlüsselten, per E-Mail weitergeleiteten Dokumenten erlauben. Der Kommission steht zudem, für 100.000 Euro, ein exklusiver Server zur Verfügung, auf den nur die Computer der Cosea-Kommission Zugriff haben. Und für die geheimsten Unterlagen fordert Prälat Alfredo Abbondi, Büroleiter der Präfektur, einen Panzerschrank bei der für Anschaffungen des Heiligen Stuhls zuständigen Governatoratsabteilung an. Die Kommissionsmitglieder sehen ihrer neuen Aufgabe gespannt und hochmotiviert entgegen. Sie fühlen sich durch die Sicherheitsmaßnahmen geschützt. Noch wissen sie nicht, dass sich alle ihre Vorkehrungen als vergeblich herausstellen werden.

Aufgabe Nummer eins: Wohin gehen die Gelder für die Heiligen und die Seligen?

Schon vier Tage nach der offiziellen Gründung geht die Cosea-Kommission ans Werk. Vor ihr liegt eine schwierige und gewaltige Aufgabe. Im vorläufigen Dokument[12] heißt es: »Der Heilige Vater hat sieben zu evaluierende Schlüsselbereiche für den Apostolischen Stuhl festgelegt.« Dazu gehören die »unverhältnismäßige Zunahme des Personalbestands«, die »mangelnde Transparenz bei Ausgaben und Abläufen« oder die »ungenügende Kontrolle von Lieferanten und ihren Verträgen«. »Anzahl, Zustand und Mieteinnahmen bestimmter unklarer Immobilien« sollen ebenso geklärt werden wie die Einnahmenseite, um »der mangelhaften Aufsicht über die Kapitalanlagen in puncto Risiken und ethischer Standards« entgegenzuwirken. Auch sollen die »Parallelverwaltungen« streng geprüft werden, über die manche Dikasterien Gelder und Finanztransaktionen eigenmächtig führen.

Am 22. Juli wendet sich Prälat Vallejo Balda, der verantwortliche Koordinator für die Kommunikation zwischen den Mitgliedern der Kommission und den Vertretern der Kurie, an seinen direkten Vorgesetzten und Leiter der Präfektur, Kardinal Versaldi. Im Namen von Kommissionspräsident Zahra bittet er um Unterstützung beim Versand der ersten Anfrage an alle Körperschaften innerhalb des Vatikan. Wenige Stunden später verschickt Versaldi die Anfrage der Kommission an die Organisationen des Heiligen Stuhls. Angefordert werden zahlreiche Unterlagen: die Abschlüsse der letzten fünf Jahre, Personallisten und Listen externer Mitarbeiter samt Lebensläufen, sämtliche Lohn-, Gehalts- und Honorarzahlungen und schließlich alle seit 1. Januar 2013 abgeschlossenen Dienstleistungs- und Lieferverträge.

Doch besonders der vorletzte Absatz des umfangreichen Schreibens, das Versaldi versendet, alarmiert die Machtzirkel der Kurie. Seine konkrete, zielgerichtete Nachfrage berührt einen äußerst heiklen Punkt, weil er Millionen von Gläubigen am Herzen liegt: die Schutzheiligen, die mit ihren Werken Beispiele der Tugend und der universellen Liebe gesetzt haben. Und die für viele Katholiken zum Gegenstand religiöser Verehrung geworden sind. Die Kommission wünscht umgehend Bilanzen, Umsätze, Absätze sowie Bankunterlagen »der wirtschaftlichen Einheiten, die im Zusammenhang mit den Postulatoren von Selig- und Heiligsprechungen stehen«. Hier wird der Kongregation für die Selig- und Heiligsprechungsprozesse der Streit verkündet. Sie ist für das komplexe Verfahren verantwortlich, das zur Heilig- oder Seligsprechung eines Menschen führt, wenn er sich durch herausragende und bedeutende Werke der Tugend ausgezeichnet hat. Jeder Fall wird von einem »Postulator« betreut und vorgetragen. Dieser leitet das Verfahren ein, bereitet die diözesane Untersuchung vor, sammelt die Ergebnisse und trägt über die Jahre in seinem Bericht alle Zeugnisse und Aussagen zusammen, die letztlich zur erhofften Heilig- oder Seligsprechung des Auserwählten führen werden. Aktuell sind 2500 Fälle anhängig, die von 450 Postulatoren vorgetragen werden.

An der Spitze der Kongregation steht ein weiterer enger Vertrauter Bertones: Kardinal Angelo Amato wurde 1938 in Molfetta, Apulien, geboren und übernahm im Jahr 2002 seinen Posten direkt von Bertone: Er wurde Joseph Ratzingers Stellvertreter in der Glaubenskongregation, ehe dieser dann im April 2005 zum Nachfolger Petri gewählt wurde. Seit 2008 ist Amato für die Heiligen und Seligen zuständig.

Der mächtige Kardinal kann sich die Anfrage, die er über Versaldi erhält, nur auf eine Weise erklären: Der Papst weiß genau, wo er suchen muss, und ist über die geheimen Pfründe der Mächtigen und ihre undurchsichtigen Eigeninteressen bestens informiert. Und der Papst handelt rasch. Die Kommission lässt ihm nur wenig Zeit, um die Unterlagen zusammenzusammeln: »Trotz des ungünstigen Zeitpunkts erwarten wir, dass die angeforderten Unterlagen bis zum 31. Juli vorliegen.« Während die Kurie sonst ruhige, arbeitsarme Sommermonate gewohnt ist, weil der Papst in Castel Gandolfo der sommerlichen Schwüle entflieht, sind die Unterlagen nun in acht Tagen beizubringen.

Für die Eile gibt es mehrere Erklärungen. Vor allem will man verhindern, dass Daten verändert oder manipuliert werden. Je weniger Zeit bleibt, um böse Absichten umzusetzen, desto besser. Außerdem steht ein wichtiger Termin bevor. Am 3. August werden die Kommissionsmitglieder zur Eröffnungssitzung im Gästehaus Santa Marta zusammenkommen. Sie werden sich in dem kleinen Saal vor der Sakristei genau jener Kapelle treffen, in der der Papst nur wenige Wochen zuvor Zahra und die Revisoren der Präfektur ermuntert hatte, mutig zu sein und anzuprangern, was zu ändern ist.

Die Heiligenfabrik, die keiner kennt

Die Eröffnungssitzung ist für zwölf Uhr anberaumt. Auch der Papst wird daran teilnehmen. Er bleibt schließlich 50 Minuten und ergreift mehrfach das Wort. Er tritt entschlossen auf und versucht, die Anwesenden zu ermutigen. Wie das Sitzungsprotokoll in meinem Besitz belegt, findet der Papst deutliche Worte:

›*Wir müssen an die Dinge anders und frischer herangehen, als wir es bisher getan haben. Die Wurzel unserer Probleme liegt darin, dass wir uns wie Neureiche verhalten, die ihr Geld wahllos ausgeben. Doch dabei verlieren wir aus dem Blick, wozu wir eigentlich da sind: Wir sollen mit dem Geld den Armen und Elenden helfen. Unsere Probleme gründen in unserer Organisationskultur und in fehlendem Verantwortungsbewusstsein.*‹ *Der Papst vertraut darauf, dass die Kommission diese Reformen wird vorlegen können, macht aber bewusst, dass Besonnenheit notwendig ist, wenn die Arbeitsplätze und der Lebensunterhalt der Laien, die im Vatikan arbeiten, berührt wird. Er betont nachdrücklich, dass die Kommission bei der Erstattung ihrer Empfehlungen mutig sein soll und nicht zurückblicken darf. Vor der Durchführung von Veränderungen möchte er sich stets mit der Kommission beraten, aber diese ist kein Kollegialorgan. Wenn der Papst mit unseren Vorschlägen nicht einverstanden ist, wird er diese mit uns diskutieren, aber entscheiden wird er. Aber die letzte Entscheidung behalte er sich vor.*[13]

Ohne Reformen wird das Pontifikat scheitern. Als Papst Franziskus die Sitzung verlässt, legen die Mitglieder der Cosea-Kommission ihre Agenda fest. Mit sechs Prioritäten:

1) *die APSA: Schwerpunkt: Außerordentliche Abteilung – notwendig sind sowohl eine strategische Überprüfung als auch eine Mikroanalyse ihrer Transaktionen, auch Real Estate*

2) *die Führung der Konten durch die Postulatoren, die unter der Kongregation für die Selig- und Heiligsprechungsprozesse arbeiten*
3) *Geschäftstätigkeiten (Supermarkt, Apotheke etc.) innerhalb der Mauern des Vatikan*
4) *die Krankenhausverwaltung*
5) *die Bewertung der Kunstwerke*
6) *Pensionen*

Die Kommission bittet nach und nach namhafte Unternehmensberatungen um Unterstützung: von KPMG bis McKinsey, von Ernst & Young bis zur US-amerikanischen Promotory Financial Group. Eine Taskforce aus 70 externen Fachleuten soll für den Vatikan arbeiten. Viele Abteilungen im Vatikan reagieren postwendend auf die Anfrage nach Unterlagen, schicken Dokumente und bieten ihre Mitarbeit an. Aber nicht alle. Ausgerechnet von der Kongregation für Selig- und Heiligsprechungsprozesse kommt die enttäuschendste Antwort. »Die Kongregation«, lautet die engelsgleiche Antwort der Organisation unter Leitung von Kardinal Amato, »hat mit der Verwaltung der Postulatoren[14] nichts zu tun und ist somit nicht im Besitz der gewünschten Unterlagen.«

Kurzum, die Unterlagen sind nicht da. Rechnungs- und Buchungsbelege für Abermillionen Euro fehlen oder sind in der Kongregation zumindest nicht vorhanden. Dabei handelt es sich um gigantische Summen, für die die Richtlinien des Vatikan eine akkurate Rechnungslegung vorschreiben. Allein zur Einleitung eines Seligsprechungsprozesses sind 50.000 Euro erforderlich, zu denen noch laufende Kosten in Höhe von mindestens 15.000 Euro kommen. Der Betrag beinhaltet die Gebühren des Heiligen Stuhls und die beträchtlichen Vergütungen, die an die beigezogenen Experten fließen: die Theologen, die Ärzte und die Bischöfe, die die Fälle untersuchen. Eine Summe, die jedenfalls die Tendenz hat, höher zu werden, durch Nachforschungen, durch die Erstellung der *Positio* des Kandidaten – einer Art Lebenslauf mit allen seinen Werken – und schließlich durch die Koordinierung durch den Postulator. Im Durchschnitt erreichen die Kosten etwa eine halbe Million Euro. Und darin noch nicht inbegriffen sind die »Danksagungen« für all die Prälaten, die sich zu Werken und Wundern des künftigen Heiligen oder Seligen äußern sollen und zu allen entscheidenden Festen und Feiertagen eingeladen werden. Einige Fälle kosteten gar rekordverdächtige 750.000 Euro, wie etwa das Seligsprechungsverfahren von Antonio Rosmini 2007.

Die »Heiligenfabrik« hat unter Johannes Paul II. in 147 feierlichen Riten die astronomische Zahl von 1338 Seligen und in 51 Heiligsprechungsriten 482 Heilige produziert. Mehr als in der gesamten Kirchengeschichte zuvor. Karol Wojtyla verfügte daher schon 1983, dass die Finanzen der Verfahren von den Postulatoren zu verwalten seien und diese »zu einer aktuellen regelmäßigen Rechnungslegung verpflichtet sind, die für jedes einzelne Verfahren Auskunft über Kapitalvermögen, Wertbestände, Zinsen und Bargeld gibt«.[15] Mit anderen Worten: Die Postulatoren arbeiten im Auftrag, und ihre Arbeit ist daher unbedingt zu beaufsichtigen. Aber wie es scheint, hat niemand auch nur irgendetwas beaufsichtigt.

Gesperrte Girokonten

Amatos Antwort ist ein Debakel: Er räumt indirekt ein, dass die Finanzen in diesem Bereich außer Kontrolle geraten sind. Die Kommission reagiert mit aller Härte. Nach Rücksprache mit dem Papst fällt Zahra noch am 3. August eine bislang undenkbare Entscheidung. Er fordert Versaldi auf, alle Girokonten bei der APSA und Vatikanbank sperren zu lassen, die einen Bezug zu Postulatoren oder Heilig- und Seligsprechungsprozessen haben.

Die Postulatoren handeln bei ihrer Arbeit eindeutig »im Auftrag« einer vorgesetzten Behörde und nicht selbstständig. Daher haben sie dieser zu berichten und gegenüber dieser Rechenschaft abzulegen. Wenn der »Fall an den Heiligen Stuhl übergeben wurde, ist es Aufgabe der Kongregation, diesen zu beaufsichtigen«. Und da diese Aufsicht der des Bischofs während der diözesanen Phase des Prozesses gleichkommt, halten wir es für angebracht, in Absprache mit der Präfektur die Verhängung von einstweiligen Verfügungen zu erwägen, um die zuständige Kongregation in die Lage zu versetzen, die ihr anvertraute Aufgabe auch auszuführen. Wir fordern Sie daher auf, mit sofortiger Wirkung die vorläufige Sperre der Konten der Postulatoren und der einzelnen Causen anzuordnen, auf wen auch immer diese laufen.

Zahra verrät auch, was die Kommission letztendlich alarmiert hat. Es geht um die Armen. Die Regeln des Vatikan verlangen, dass:

[...] die Postulatoren für jeden Fall, der vor die Heilige Kongregation gebracht wird, einen Beitrag in den Fonds für Verfahren armer Diözesen einzahlen. Nach Seligsprechung eines Dieners Gottes sind, nach Abzug der für das Verfahren notwendigerweise anfallenden Kosten, 20 Prozent der von den Gläubigen für dieses Verfahren aufgebrachten Spendengelder dem Fonds für arme Diözesen zuzuwenden. Nach der Heiligsprechung ist der Heilige Stuhl berechtigt, über die verbleibenden Spendengelder zu verfügen, von denen jedoch ein von Fall zu Fall festzulegender Teil dem Fonds für Verfahren armer Diözesen zugewiesen wird. Wie jedoch die Überprüfung der von der Kongregation in den letzten Jahren vorgelegten Bilanzen des Fonds für Verfahren armer Diözesen zeigt, scheinen diese Zuweisungen nicht erfolgt zu sein. Der genannte Fonds zeigt in der Tat nur einen sehr geringen Wertzuwachs.

Der Wert des Fonds, ohne dessen Hilfe ärmere Diözesen keine Anträge auf Heilig- und Seligsprechungen einbringen können, wird nicht mehr steigen. Das weckt das Misstrauen der Kommission. Zahra verlangt, sofort alle Einlagen einzufrieren und sämtliche Unterlagen, Postulator für Postulator und Fall für Fall, beizubringen. Die Untersuchungen dauern bis Februar 2014 an. Was die Cosea-Kommission in den ersten Monaten entdeckt, ist erschütternd. In den Büros der Postulatoren treffen offenbar erhebliche Bargeldbeträge ein, die nicht ordnungsgemäß verbucht werden. Wie die Kommission nach sechs Untersuchungsmonaten feststellt, »fehlt es bei den Bargeldbeständen für die Heiligsprechungen an einer angemessenen Kontrolle«[16].

Das Augenmerk der Kommission richtet sich vor allem auf »zwei Postulatoren aus dem Laienstand [Andrea Ambrosi und Silvia Correale], die für etliche Fälle zuständig sind und hohe Gebühren verlangen. Jeder von ihnen ist – bei insgesamt 2500 Fällen und 450 Postulatoren – für je 90 Fälle verantwortlich.«[17]

Jeder Postulator ist also durchschnittlich für fünf bis sechs Fälle zuständig, doch zwei Postulatoren betreuen exzessiv viele Fälle. Genauer gesagt, 180. Eine Art Monopol. Drei Fälle fallen bei der Untersuchung durch die Cosea-Kommission besonders auf:

– *Von 2008 bis 2013 wurden 43.000 Euro für ein Heiligsprechungsverfahren ausgegeben, bei dem es offenbar weder Fortschritte noch eine entsprechende Rechnungslegung oder Berichterstattung über die Mittelverwendung gibt.*
– *Ein Laien-Postulator bot an, noch vor Eröffnung des Kanonisationsverfahrens Nachforschungen anzustellen, und forderte dafür 40.000 Euro.*
– *Die Druckerei, die einem der genannten Postulatoren [Andrea Ambrosi] zugeordnet werden kann, scheint eine der drei Druckereien zu sein, die den Postulatoren von der Kongregation empfohlen werden.*[18]

Ein weiteres Dossier auf dem Prüfstand der Kommission betrifft »die Kanonisation eines spanischen Falls, für den von 2008 bis

2013 ein berufsmäßiger Postulator zuständig war«.[19] Das Honorar für die Postulation belief sich auf »28.000 Euro, sowie 16.000 für einen Mitarbeiter, 1.000 Euro für Druckkosten und weitere Ausgaben für Verschiedenes, wodurch die Kosten auf insgesamt 46.000 Euro anwuchsen«, wie es in der Mitteilung vom Februar 2014 an den Kardinalsrat und den Papst heißt.[20]

Am Montag, dem 5. August 2013 versendet der Leiter der Präfektur Versaldi – nachdem von der Kongregation für die Selig- und Heiligsprechungsprozesse keine Unterlagen gekommen sind und er von Zahra ausdrücklich dazu aufgefordert wurde – vier Schreiben, um zu erwirken, dass die Girokonten bei der Vatikanbank und der APSA entsprechend eingefroren werden. Die Empfänger der Schreiben sind Kardinal Domenico Calcagno, der Präsident der APSA, und der Jurist Ernst von Freyberg an der Spitze der Vatikanbank. Die Schreiben gehen zur Kenntnisnahme zudem an Kardinal Raffaele Farina, den Leiter der Päpstlichen Kommission zur Berichterstattung über die Vatikanbank, die auf Initiative von Papst Franziskus im Juni 2013 eingerichtet worden war, sowie an den Koordinator dieser Kommission, Bischof Juan Ignacio Arrieta.

Die außergewöhnliche Kontensperrung, angeordnet von von Freyberg, tritt bei der Vatikanbank um 10.11 Uhr desselben Tages in Kraft und versetzt die Angestellten in helle Aufruhr. Sie brauchen einen ganzen Tag, um die vielen Konten zu sperren. Über 400 Girokonten. Einen Vorgang diesen Ausmaßes hatte es in der neueren Bankgeschichte noch nicht gegeben. Um 18 Uhr kann schließlich keiner mehr auch nur einen Euro von einem Konto abheben, das mit Heilig- und Seligsprechungsverfahren im Zusammenhang steht. Insgesamt sind bei der Vatikanbank fast 40 Millionen Euro eingefroren.[21]

Panik bei der Vatikanbank

Am folgenden Tag, Dienstag, den 6. August, ist die Lage noch angespannter. Im *Visa-POS*-Büro der Vatikanbank, das für Geldautomaten- und Kreditkartentransaktionen zuständig ist, zögert der Bedienstete Stefano De Felici. Er möchte eine schriftliche Bestätigung, dass die Karten mehrerer Kunden mit einflussreichem Namen tatsächlich gesperrt werden sollen, und legt dem damaligen Vizegeneraldirektor der Bank, Rolando Marranci, neun Namen vor. Die wichtigsten hebt er fett hervor:

Guten Morgen,
laut mehrerer in meinem Büro eingegangener Mitteilungen sollen folgende Karten, die zu Konten natürlicher Personen gehören, gesperrt werden. Die betreffenden Personen sind:

Kunde	Name
19878	Ambrosi Andrea
15395	Batelja Hochwürden Juraj
29913	**Gänswein S. E. Erzbischof Georg**
24002	Kasteel Prälat Karel
10673	Marrazzo Pater Antonio
27831	Murphy Prälat Joseph
29343	Nemeth Prälat Laszlo Imre
18635	**Paglia S. E. Erzbischof Vincenzo**
18625	Tisler Hochwürden Piotr

Ich bitte um Bestätigung, dass diese Karten zu sperren sind.

Die Verfügung betrifft demnach auch die Girokonten von Erzbischof Georg Gänswein, dem ehemaligen Privatsekretär von Benedikt XVI. und nun Präfekt des Päpstlichen Hauses, von Pater

Antonio Marrazzo, dem Postulator für die Seligsprechung von Papst Paul VI., Giovanni Battista Montini, und von Erzbischof Vincenzo Paglia, dem Präsidenten des Päpstlichen Rates für die Familie. Bereits nach ihren ersten Schritten riskiert die Kommission einen diplomatischen Zwischenfall. Der oberste Rechnungsführer der Präfektur, Stefano Fralleoni, der auch an den Sitzungen der internationalen Revisoren teilnahm und nun die Cosea-Kommission bei ihren Untersuchungen unterstützt, möchte das verhindern und schreibt daher direkt an von Freyberg:

Die Maßnahme einer vorläufigen Sperre der Konten der Postulatoren und der einzelnen Heiligsprechungsverfahren bei IOR und APSA findet bei Privatkonten von geistlichen Postulatoren und Angestellten des Heiligen Stuhls keine Anwendung, wenn sie die Eignungsvoraussetzungen für den Besitz eines Girokontos erfüllen.

Beinahe alle Postulatoren sind Geistliche, mit Ausnahme der bereits genannten Laien Andrea Ambrosi und Silvia Correale. Da strittig war, ob diese rechtmäßige Inhaber von Konten beim IOR oder bei der APSA sein können, wurde die Sperre auch auf deren private Spareinlagen ausgedehnt. Die Einzigen, die sich retten können, sind Geistliche und Angestellte, die die Voraussetzungen erfüllen und Anspruch auf ein Konto haben. Aus den von mir gesichteten Unterlagen geht leider nicht hervor, für welche dieser 400 Konten die Sperre sofort wieder aufgehoben wurde. Höchstwahrscheinlich für das von Erzbischof Gänswein, dem ehemaligen Sekretär von Ratzinger. Mit Sicherheit handelt es sich um eine noch nie dagewesene Situation.

Die Anweisung dazu richtet Fralleoni direkt an Vizedirektor Marranci:[22]

Die Konten von Andrea Ambrosi und Silvia Correale[23] *scheinen nicht den Anforderungen zu entsprechen, die für Geistliche oder*

Personal des Heiligen Stuhls gelten. Wir bitten Sie daher, aus dem Titel der einstweiligen Vorkehrung und bis das Institut selbst die weitere Vorgehensweise und die Herkunft der Guthaben auf diesen Konten geklärt hat, die vorläufige Sperre der Guthaben auch auf die privaten Konten der vorgenannten Kontoinhaber auszudehnen, und zwar zu denselben Bedingungen wie sie für die auf die Causen lautenden Konten gelten.

Auf den Girokonten von Rechtsanwalt Ambrosi, die bei der Vatikanbank gesperrt werden, befinden sich Einlagen in Höhe von insgesamt 1 Million Euro. Die Präfektur und die Cosea-Kommission verlangen eine Erklärung. Ambrosi verteidigt sich und erläutert am 20. August in einem Schreiben an Marranci:

Nachdem der Unterzeichnete seine Tätigkeit als Postulator aufgenommen hatte,[24] erhielt er um das Jahr 1985 auf Empfehlung von Kardinal Salvatore Pappalardo die Erlaubnis, persönliche Konten zu eröffnen: die Konten mit den Nummern 19878001/2/3. Im Laufe der letzten dreißig Jahre flossen auf diese Konten hauptsächlich Zahlungen, die von den Antragstellern der diversen Heilig- und Seligsprechungsfälle stammen. Hinzu kamen noch einige Schenkungen, die von den Eltern des Unterzeichneten und dessen Gattin gewährt wurden. Der Unterzeichnete möchte ferner darauf aufmerksam machen, dass er in Italien niemals eine Berufstätigkeit ausgeübt hat und keine Umsatzsteuernummer besitzt. Ferner hat er seiner Steuererklärung stets eine Erklärung der Kongregation für die Selig- und Heiligsprechungsprozesse beigefügt, aus der hervorging, dass er ausschließlich für dieses Dikasterium tätig ist. In nunmehr beinahe vierzig Jahren hatte der italienische Fiskus dagegen nie etwas einzuwenden. Voller Vertrauen, aber auch Sorge hofft der Unterzeichnete daher, dass die Kontosperre für seine drei Privatkonten in Kürze aufgehoben wird, und bittet zudem darum, umgehend über 80.000 Euro verfügen zu dürfen, die er für bereits getätigte Geschäfte benötigt.

Ambrosi ist weltweit der vielleicht bedeutendste Postulator. Seit vierzig Jahren betreut er mit seiner Tochter Angelica sowie Mitarbeitern aus aller Welt Selig- und Heiligsprechungsverfahren: von Papst Johannes XXIII. (Angelo Roncalli) bis zum Habsburgerkaiser Karl I. Ein weiteres Betätigungsfeld der Familie Ambrosi ist eine Druckerei, in der die Drucksorten eines Großteils der Verfahren gedruckt werden: die *Nova Res* an der Piazza di Porta Maggiore in Rom. Die Druckerei hat eine Art Monopolstellung, obwohl der Vatikan eine moderne Druckerei besitzt, die die kostbaren Bände problemlos drucken könnte. Die Druckerei Nova Res gehört der Familie Ambrosi und somit dem bedeutendsten Postulator und ist noch dazu eine der vom Vatikan offiziell empfohlenen drei Druckereien.

Auch Silvia Correale hat einiges klarzustellen. Sie bittet daher um ein Treffen mit Fralleoni. Die Begegnung verläuft in angespannter Atmosphäre. Die Dame wünscht, dass die Sperre ihres Kontos sofort aufgehoben wird, und liefert zudem interessante Hintergrundinformationen über die aktuellen Geschehnisse in der von Kardinal Amato geleiteten Kongregation für die Selig- und Heiligsprechungsprozesse. Fralleoni höchstpersönlich fertigt für Prälat Vallejo Balda ein Protokoll an, ein vertrauliches Dokument, das ich lesen konnte:

Auf ihrem Konto befinden sich 10.000 Euro, und sie gibt an, keine weiteren italienischen Konten zu besitzen. Dies sei ihre einzige Einkommensquelle. Sie bittet darum, die Kontosperrung sofort aufzuheben, sie kenne den Papst, habe für ihn gearbeitet, er kenne und schätze sie … Vor allem aber musste ich erfahren, dass die Kongregation für die Selig- und Heiligsprechungsprozesse BISHER NOCH KEINEN INFORMIERT UND NOCH KEINEN POSTULATOR AUFGEFORDERT HAT, DIE ABSCHLÜSSE DER LETZTEN FÜNF JAHRE VORZULEGEN! Sie machen also praktisch nichts. Besorgniserregend ist das auch deshalb, weil aus dem Gespräch mit der Postulatorin Silvia Correale her-

vorging, dass es gar keine Rechnungslegung gibt ... Möglicherweise hofft der Präfekt,[25] *der im Juni 75 Jahre alt geworden ist, das Problem an andere weitergeben zu können ... Informieren Sie mich bitte darüber, ob die Kontensperre aufgehoben werden kann. Die Postulatorin schien mir aufrichtig und ehrlich, und ich denke, sie kann uns vielleicht auch in Zukunft nützlich sein und uns viele interessante Informationen darüber geben, wie die Verfahren ablaufen. Im Übrigen werden auch die diversen Berater und andere, die auf ihr Geld warten, langsam ungehalten. [...] Die Postulatorin sagt, sie habe vor einiger Zeit eine Schlussabrechnung gemacht, die die Kongregation aber nicht habe abstempeln wollen. Daher habe sie dann keine mehr angefertigt ... und im Nachhinein bräuchte man jetzt Monate dafür.*

Prälat Vallejo Balda ist fassungslos:

Das ist alles ziemlich unerfreulich, wie können keine Bilanzen vorhanden sein? Diese Frau führt über 100 Verfahren ... wie kann das sein? Da haben wir ein Problem. Gegen ihr privates Konto können wir nichts sagen, aber wie kann sie überhaupt ein Konto bei der Vatikanbank haben? ... Ich traue der Sache nicht ... Sprechen wir morgen darüber.

Hinsichtlich des Privatkontos bei der Vatikanbank wird der Prälat umgehend von Fralleoni gebremst:

Ihr Konto bei der Vatikanbank ist offenbar eine heikle Angelegenheit. Die Postulatorin verwies auf offene rechtliche Fragen, wonach sie Beschäftigten des Heiligen Stuhls gleichgestellt sei, da sie kontinuierlich und ausschließlich für den Heiligen Stuhl arbeite. Und für ihre Leistung erhält sie ungefähr 4.000 Euro pro Monat (mehr als ich ...). Um das abschließend beurteilen zu können, müsste ich mir das Reglement der Kongregation genauer anschauen.

Im Dezember 2013 verfügt die Cosea-Kommission, dass die Sperre von 114 der 409 eingefrorenen Konten aufzuheben sei. Die Gelder von Anwalt Ambrosi bleiben noch länger gesperrt. Der Postulator erhält einen monatlichen Betrag, damit er und seine Lieben angemessen leben können. Indessen kommt von den Unternehmensberatungen die Empfehlung, die Finanztätigkeiten der Kongregation sowie die Abwicklung der Heilig- und Seligsprechungsverfahren transparenter zu gestalten. Doch der Filz bleibt, und bis heute werden die Grundsätze einer ordentlichen Rechnungslegung nicht konsistent angewendet. Die Situation scheint im Wesentlichen unverändert.

Werden Freimaurer die Reformen unterwandern?

Die Rechnungsprüfung der Selig- und Heiligsprechungsverfahren führt in der Kurie derweil zu Ärger und Unmut. So spielt eine anonyme Quelle dem katholischen Journalisten Antonio Socci Anfang September 2013 das mit heißer Feder verfasste Schreiben von Cosea-Präsident Zahra zu, mit dem dieser Kardinal Versaldi am 3. August aufforderte, die Konten sperren zu lassen. Ein Foto des Schreibens wird am 6. September in der Tageszeitung *Libero* veröffentlicht – im Rahmen einer zweiseitigen Story.

Wer hat das Schreiben an die Presse weitergegeben? Jemand wollte offensichtlich die Zuverlässigkeit und die Verschwiegenheit der Cosea-Mitglieder in Misskredit bringen. Papst Franziskus befürchtet weitere unangenehme Überraschungen. Und bittet seinen Privatsekretär, den Malteser Alfred Xuereb, ein klärendes Gespräch mit Zahra zu führen. Der Papst ist »sehr besorgt«, wie Zahra nach dem Treffen berichtet. Franziskus liegt viel an den Untersuchungen der Kommission, denn er weiß, ohne ein umfassendes Bild der finanziellen Situation kann es im Vatikan keine Reformen geben.

Es gibt jedoch auch Zeichen des Vertrauens: Am Morgen des 14. September, einem Samstag, empfängt der Papst die Kommissionsmitglieder in der Kapelle von Santa Marta zur Heiligen Messe. Später am Tag wird die Kommission dann das zweite Mal tagen. Die Einladung zur Teilnahme an der Messe war von Prälat Abbondi ausgegangen, dem Büroleiter der Präfektur. Er war allerdings unsicher, ob er in den wenigen Tagen die Erlaubnis hierfür bekommen würde. In allerletzter Minute, nur vier Tage vor der Messe, kam schließlich das Okay von Monsignore Xuereb. Die Heilige Messe in der Residenz des Papstes hat stets einen familiären Charakter; nur wenige können daran teilnehmen. Mit der Einladung bekräftigt Papst Franziskus also, dass er den Mitgliedern der Kommission große Aufmerksamkeit und Wertschätzung entgegenbringt. Und das ermutigt Zahra, am darauffolgenden Montag, dem 16. September, zwei vertrauliche Schreiben an den Papst zu senden. Im ersten unterrichtet er den Papst in knappen Worten über den Fortgang der Untersuchungen. Das zweite Schreiben hingegen ist heikler. Der Kommissionspräsident spricht die an die Presse gelangten Dokumente an. Er möchte den Papst ausdrücklich beruhigen, weist ihn gleichzeitig allerdings auf eine mögliche Sicherheitslücke hin:

Heiliger Vater,
hiermit möchte ich auf Ihre Sorgen bezüglich der Geheimhaltung und Sicherheit von Dokumenten zurückkommen. Ich versichere Ihnen, dass wir bei der Weiterleitung von Dokumenten alle notwendigen Vorsichtsmaßnahmen ergreifen: Wir haben etwa ein eigenes Mobilfunknetz und einen eigenen Server für die Übermittlung von elektronischer Post und Passwörtern. Dass der Libero *am 6. September unglücklicherweise ein [...] von uns unterzeichnetes Schreiben veröffentlichen konnte, ist vermutlich darauf zurückzuführen, dass dieses in bester Absicht als Anhang zu einem Schreiben von Kardinal Amato an alle Postulatoren der Heiligsprechungsprozesse weltweit versendet wurde. Dies erhöht das Risiko einer unerlaubten Verbreitung dieses Dokuments. Wir möchten uns vielmals dafür entschuldigen, dass wir Ihnen Anlass zur Sorge gegeben haben. Wir werden die Sicherheit des Postver-*

sands unserer Kommission noch weiter verbessern und die Empfänger zudem explizit auf die gebotene allerstrengste Geheimhaltung hinweisen.
Euer gehorsamer Diener, Zahra

Am 12. Oktober 2013 wird bei einem Treffen eine sofortige Gegenmaßnahme getroffen. Man gründet eine »Kommunikations-Taskforce«,[26] die drei ehrgeizige Ziele verfolgt. Als Erstes will sie die Beziehungen zwischen der Kommission und den Medien in ihrem Sinne lenken. Dies wird allerdings nie umgesetzt, da die beschlossenen Maßnahmen zu heikel sind. Dann möchte sie »die derzeitigen Kommunikationsstrukturen im Vatikan umfassend analysieren«, um sie anschließend grundlegend umzubauen, weil nach dem Vatileaks-Skandal, durch den zahlreiche Geheimdokumente in die Medien gelangten und in meinem Buch *Seine Heiligkeit* veröffentlicht wurden, nicht nur immer wieder Vertrauliches nach außen dringt, sondern die weltweite Presse gegenüber dem Vatikan auch ein teils völlig neues Verhalten zeigt. Und schließlich will die Taskforce »dem Heiligen Vater geeignete Empfehlungen vorlegen, mit denen die interne und externe vatikanische Kommunikation effizienter und wirksamer gestalten werden kann«.

Gerade die Medien sind unberechenbar. Die »Feinde« nisten sich überall ein. So urteilte zumindest ein anderes Kommissionsmitglied, der Franzose Jean Videlain-Sevestre, einen Monat zuvor. Er warnte seine Kollegen, die Vertrauten des Papstes, in einer E-Mail von besorgniserregendem Ton:

Unsere Maßnahmen werden Mängel im Rechnungswesen und in der Verwaltung aufzeigen, auf die die Feinde der Kirche nur warten. Ich meine hier manche Regierungen und Politiker und den Großteil der Medien. Wir müssen darum beispielsweise um jeden Preis verhindern, dass sich die Freimaurer hier herumtreiben oder gar unsere Aktionspläne untermauern.

Die Kommission fühlt sich umzingelt, wie aus Sevestres Worten deutlich wird. Sie muss nicht nur gegen innere Widerstände ankämpfen, die sich zunehmend gegen die Reformen des Papstes regen. Sie muss sich auch vor den Freimaurerlogen in Acht nehmen. Die Freimaurer verfolgen die wirtschaftlichen Aktivitäten des Vatikan mit größter Aufmerksamkeit und manchmal mit offener Feindseligkeit. Die Logenbrüder könnten sogar die operativen Pläne untermauern, wie das Kommissionsmitglied befürchtet, um deren Ausführung zu sabotieren und die Verwirklichung der Ziele zu vereiteln.

Auch die große Vorsicht bei der Auswahl von Beratern und Experten, die die Untersuchungskommission unterstützen sollen, deutet auf solche Befürchtungen hin. So legt der internationale Agenturgigant Roland Berger nach einem Treffen mit Videlain-Sevestre am 14. September 2013 in Paris sein Beraterangebot vor und verweist darin auf keineswegs nebensächliche Aspekte:

Insbesondere möchten wir noch einmal unsere enge Verbundenheit mit der katholischen Kirche unterstreichen. [...] Seien Sie versichert, dass die Unterzeichneten nicht nur allerhöchste Diskretion wahren werden, sondern auch katholischen Glaubens sind und keiner der katholischen Kirche feindlich gesinnten Organisation, ob Freimaurer oder anderen, angehören.

Die spürbaren Befürchtungen sind erste Vorboten. Sie künden von dem Kampf und den Sabotageaktionen, die die Ermittlungen der Männer des Papstes schon bald auf immer dramatischere Weise begleiten werden. So dauerten die Untersuchungen zur Heiligenfabrik Monate, bis heute aber ist kaum erkennbar, welche konkreten Folgen Franziskus' Reformen für die Kongregation haben.

Möglicherweise will man abwarten, bis Kardinal Amato in einigen Monaten in den Ruhestand geht. Aber wird der Nachfolger, der das Amt im Herbst übernimmt, dann wirklich besser sein?

3. Die Geheimnisse des Peterspfennigs

Der Luxus der Kardinäle und
ihre mietfreien Residenzen

Im Herzen der Kirche klafft ein schwarzes Loch von Desinformation, Misswirtschaft, Verschleierung und Betrug. Sogar für den Papst ist es schwierig, sich ein Bild über die Verhältnisse zu machen. Nur dank der Taskforce, die dieser in einem in der Geschichte der Kurie beispiellosen Handstreich zur Klärung der Finanzverhältnisse des Vatikan ins Leben gerufen hat, erfährt der Papst schließlich, dass für die Ausgaben der römischen Kurie Mittel verwendet werden, die eigentlich für die Bedürftigen bestimmt sind. Ein Skandal: Geld, das Katholiken aus der ganzen Welt nach Rom schicken, um damit karitative Aufgaben zu finanzieren, gelangt nicht zu den Armen, sondern wird benutzt, um die Finanzlöcher der Kurie zu stopfen. Und für diese Löcher sind Kardinäle und Männer an der Spitze des Verwaltungsapparates des Vatikan verantwortlich.

Als Jorge Bergoglio als Papst den Namen Franziskus wählte, wollte er damit zum Ausdruck bringen, dass seine Kirche den gleichen Auftrag zu erfüllen hat, wie ihn der heilige Franz von Assisi vorgelebt hat: den Armen und Notleidenden zu helfen! Schon als er unmittelbar nach seiner Wahl vor die auf dem Petersplatz versammelten Gläubigen tritt, verzichtet Franziskus auf den üblichen Ornat. Der Papst aus Südamerika trägt verschlissene Soutanen, lädt Obdachlose in die Sixtinische Kapelle ein und fordert die Verantwortlichen kirchlicher Einrichtungen auf, leer stehende Gebäude den Bedürftigen zur Verfügung zu stellen: Paläste, Konvikte und die Schlafsäle der großen Priesterseminare, die der Nachwuchsmangel verwaisen lässt.

Neben Disziplin und Transparenz sind Armut und Nächstenliebe die Kernanliegen in Verkündigung und Amtsführung des neuen Papstes. Vor allem die Priester und Ordensleute sind dazu aufgerufen, seinem Vorbild zu folgen. Angefangen bei den kleinen alltäglichen Dingen, zum Beispiel welches Auto man fährt. Im Juli 2013 bemerkt Papst Franziskus zu diesem Thema: »Es tut mir weh, wenn ich einen Priester oder eine Ordensschwester mit einem brandneuen Automodell sehe: Aber das geht doch nicht! ... Man braucht natürlich ein Auto, um die viele Arbeit zu schaffen und um von A nach B zu kommen – aber bitte: Nehmt ein bescheidenes Modell. Wer ein schönes Auto will, soll an die Kinder denken, die vor Hunger umkommen ... Zu Recht widert es euch an, wenn ihr Priester oder eine Schwester seht, die nicht im Einklang mit ihrer Berufung leben.«[1] Und Franziskus geht mit gutem Beispiel voran. Bei seinem Besuch auf Lampedusa, wo er Flüchtlinge aus Afrika mit offenen Armen empfängt, fährt er in einem alten Geländewagen, den ein Inselbewohner zur Verfügung gestellt hat. In Assisi sieht man ihn aus einem Fiat Panda steigen »und als ihm ein Priester aus Verona einen Renault R-4 schenken will, lehnt er ihn zwar nicht ab, delegiert den Wagen aber an die Automobilsammlung der Vatikanischen Museen«.[2]

Ein Papst, der so redet und handelt, ist für viele im Vatikan gewöhnungsbedürftig. Viele Mitglieder der römischen Kurie zeigen sich zunächst konsterniert, schwenken dann aber rasch auf die neue Linie ein. Doch was nach außen wie ein Bekenntnis zum neuen Geist im Vatikan wirkt, ist oft nur gute Miene zum bösen Spiel. Die Fahrer der kurialen Herrschaften bringen die Stimmung auch mit spitzer Zunge auf den Punkt: »Die Staatskarossen und Limousinen stehen jetzt in der Garage. Man fährt lieber Kleinwagen, einen Fiat Panda oder Cinquecento. Aber gewohnt wird in denselben Palästen wie vorher.«

Ein Blick auf die Adresse der Kardinäle an der Spitze der Kurie genügt, um das zu bestätigen – und um herauszufinden, wo die Gelder landen, die eigentlich für karitative Aufgaben bestimmt sind. Luxuswohnungen im Herzen der Ewigen Stadt, von denen der Durchschnittskatholik nur träumen kann und die selbst Hollywoodstars vor Neid erblassen lassen.

Schlagzeilen machte der Fall von Kardinal Tarcisio Bertone, der zwei Wohnungen im Obergeschoss des Palazzo San Carlo im Vatikan zu einer zusammenlegen ließ und nun eine Residenz von 700 Quadratmeter[3] bewohnt. Und das ist keine Ausnahme, sondern die Regel. Kurienkardinäle wohnen in geradezu fürstlichen Behausungen mit 400, 500, manchmal 600 Quadratmeter Nutzfläche. Und zwar allein, bestenfalls mit zwei oder drei Missionsschwestern, bevorzugt aus Entwicklungsländern, die ihnen den Haushalt führen, für sie kochen, putzen oder als Hilfspersonal fungieren. Ein solches Domizil verfügt über Räumlichkeiten zu jedem Zweck: Warteräume, Fernseh- und Badezimmer, Empfangsräume und Teezimmer, Bibliotheken und Zimmer für Privatsekretäre, Zimmer für Haushaltshilfen, fürs Archiv und fürs Gebet. Oft sind diese Wohnungen in regelrechten Palästen untergebracht, wie dem prachtvollen Palazzo del Sant'Uffizio gleich hinter den Kolonnaden von St. Peter, errichtet im 16. Jahrhundert und einstmals Sitz der Inquisition.

Eine der größeren Bleiben, satte 445 Quadratmeter, bewohnt dort Kardinal Velasio De Paolis, ein eingeschworener Ratzinger-Anhänger, Jahrgang 1935, ehemaliger Leiter der Präfektur für die wirtschaftlichen Angelegenheiten des Heiligen Stuhls. Gleich darauf folgt mit 409 Quadratmeter der slowenische Kardinal Franc Rodé, 81 Jahre, ehemals Erzbischof von Ljubljana und enger Freund von Marcial Maciel, dem wegen schwerstem sexuellen Missbrauch von Kindern vom Amt suspendierten Gründer der Legionäre Christi;[4] Rodé gehört unter anderem dem Päpstlichen Kulturrat an. Mit nur 356 Quadratmeter muss sich dagegen der Kurienkardinal und Kardinalspräsident des Päpstlichen Rates zur Förderung der Einheit der Christen, Kurt Koch, begnügen.[5]

Eine weitere Schwadron Kardinäle hat ihre Zelte schräg gegenüber in der Via Rusticucci aufgeschlagen, einer Querstraße der Via della Conciliazione im Herzen der Ewigen Stadt. Auf knapp 500 Quadratmeter lebt dort der Kanadier Marc Ouellet, Jahrgang 1944, Präfekt der Bischofskongregation und Präsident der Päpstlichen Kommission für Lateinamerika. Sein Amtsbruder Sergio Sebastiani, 84 Jahre, auch er Mitglied unter anderem der Bischofskongregation sowie der Kongregation für die Heiligsprechungen, residiert auf 424 Quadratmeter. Zur Erinnerung: Kardinäle über 80 Jahre nehmen nicht mehr an der Wahl eines neuen Papstes teil und spielen in der Regel keine aktive Rolle im Kurienbetrieb mehr.

Der US-Kardinal Raymond Leo Burke, Kardinalpatron des Malteserordens, fühlt sich auf 417 Quadratmeter wohl, der Pole Zenon Grocholewski, Jahrgang 1939, bis März vergangenen Jahres Präfekt der Kongregation für das Katholische Bildungswesen, bringt es auf 405 Quadratmeter. Ein paar Schritte weiter, im Borgo Pio, dem historischen Viertel vor den Toren des Vatikan, residiert auf fürstlichen 524 Quadratmeter Kardinal William Joseph Levada, geboren 1936 im kalifornischen Long Beach und einer der engsten Getreuen Joseph Ratzingers, welcher den Amerikaner 2005 zu seinem Nachfolger an der Spitze der Glaubenskongregation berief. 2006 musste Levada in San Francisco im Prozess um die Missbrauchsvorwürfe gegen Priester der Erzdiözese Portland aussagen, deren Bischof er von 1986 bis 1995 war. Die Priester, deren zuständiger Oberer er damals war, wurden schuldig gesprochen.

Angesichts solcher Wohnverhältnisse scheint das Zimmer mit der Nummer 201 im Gästehaus Santa Marta, das Papst Franziskus seit seiner Wahl bewohnt, mit kaum 50 Quadratmeter eher wie eine Hütte. Doch damit nicht genug, die Kardinäle wohnen nicht nur wie Fürsten, sondern auch umsonst – keine Miete, keine Nebenkosten. Ihre Sonderstellung gegenüber anderen Kirchenmännern und erst recht gegenüber einfachen Bürgern rührt einzig und allein aus ihrer Position an der Spitze der kirchlichen Hierarchie, ganz gleich, ob sie diese Positionen aktuell bekleiden oder wie viele die Achtzig bereits überschritten haben und nur mehr Ehrenämter und -funktionen innehaben.

Denn es sind die Kurienkardinäle, die den wichtigsten Gremien der Kirchenleitung vorstehen und das Machtzentrum der Weltkirche unter ihrer Kontrolle haben. Von hier sollten – nach den klaren Anordnungen von Papst Franziskus – der Geist des Evangeliums und gerade die Werke der Nächstenliebe ausgehen und überallhin ausstrahlen. Sollten – wohlgemerkt, denn die Wirklichkeit sieht anders aus.

Wohin fließt das Geld für die Armen?

Das ungeheuerlichste Beispiel liefert der Peterspfennig. Wie sich auf der Webseite des Vatikan nachlesen lässt, handelt es sich dabei um »die wirtschaftlichen Zuwendungen, welche die Gläubigen zum Zeichen ihrer Verbundenheit mit den vielfältigen Aufgaben des Nachfolgers Petri leisten, um dessen Sorge um die Erfordernisse der universalen Kirche und um den Liebesdienst an den Bedürftigen zu unterstützen«.[6] Weiter heißt es dort: »Die Spenden der Gläubigen für den Heiligen Vater werden in den kirchlichen Hilfswerken und für humanitäre Aufgaben der sozialen Förderung sowie zum Teil auch zur Unterstützung einiger Aktivitäten des Heiligen Stuhls verwendet. Als Oberhirte der Gesamtkirche nimmt sich der Heilige Vater auch der materiellen Notlagen armer Diözesen oder in ernste Schwierigkeiten geratener Ordensgemeinschaften und Einzelpersonen an (Arme, Kinder, Alte, Menschen am Rande der Gesellschaft, Opfer von Kriegen und Naturkatastrophen, Förderung und Erhaltung der sozialen Kommunikationsmittel, besondere Hilfszahlungen an in Not befindliche Bischöfe oder Diözesen, ökumenische und interreligiöse Aktivitäten, katholische Erziehung, Hilfe für Flüchtlinge und Migranten usw.).«[7]

Auch in der Vergangenheit haben die Päpste immer wieder auf den karitativen Charakter dieser Einrichtung hingewiesen und die Gläubigen zu Spenden aufgerufen. Benedikt XVI. etwa betonte, der Peterspfennig sei »der bezeichnendste Ausdruck der Teilhabe aller Gläubigen an den wohltätigen Initiativen des Bischofs von Rom für die Weltkirche.«[8] Die zentrale Stellung der Caritas für den Glauben geht auch aus der Enzyklika *Deus caritas est* von 2006 hervor. Papst Benedikt mahnt dort: »Von der Übung der Liebestätigkeit als gemeinschaftlich geordneter Aktivität der Gläubigen kann die Kirche nie dispensiert werden, und es wird andererseits auch nie eine Situation geben, in der man der praktischen Nächstenliebe jedes einzelnen Christen nicht bedürfte, weil der Mensch über die Gerechtigkeit hinaus immer Liebe braucht und brauchen wird.«[9]

Wer aber einen Blick in die Bilanzen und Kontobücher des Vatikan wirft – wie es mir unmittelbar möglich war – wird feststellen, dass die Art und Weise, wie der Peterspfennig verwaltet wird, ein echtes Mysterium darstellt, gehüllt in einen Mantel undurchdringlichen Schweigens. Zwar wird jedes Jahr die Gesamtsumme der eingegangenen Spendengelder veröffentlicht, aber es bleibt völlig im Dunkeln, wie diese Gelder verwaltet und verwendet werden. Mit anderen Worten, man sagt, wie viel Geld von den Gläubigen kommt, aber nicht, wofür es ausgegeben wird. Mehr noch, hierüber wurde stets das allergrößte Stillschweigen bewahrt.

Und genau hier setzt die Taskforce des neuen Papstes mit ihren Ermittlungen an. Die Mitglieder der Cosea-Kommission wollen in dieser Sache Klarheit schaffen, denn sie ahnen, dass hier ein Spiel gespielt wird, von dessen Ausgang auch ihre eigene Zukunft abhängt. Dass etwas nicht stimmen kann, wird den Cosea-Mitgliedern spätestens klar, als auf das Schreiben vom Juli 2013, in dem der Leiter der Präfektur für wirtschaftliche Angelegenheiten, Kardinal Versaldi, von allen Körperschaften des Vatikan Bilanzen, Zahlen und Belege angefordert hatte und über den Peterspfennig keinerlei Antwort erhielt. Weder bis zu dem von Kardinal Versaldi gesetzten Termin noch später. Lediglich einige informell gemachte, ausweichende Andeutungen, aber nichts Schriftliches, keine belastbaren, offiziellen Unterlagen, nichts.

Will da jemand die Sache aussitzen und warten, bis Gras über eine unangenehme Angelegenheit gewachsen ist? In solchen Fällen erteilt man im Vatikan traditionell lieber keine eindeutig negative Antwort. Man begnügt sich lieber mit Andeutungen, vermengt die Sache mit anderen Fragen, tut so, als verstünde man nicht, worum es geht, oder behauptet, die fraglichen Unterlagen seien leider nicht mehr auffindbar. Zunächst scheint sich dahinter kein Plan zu verbergen, doch schließlich werden die Mitglieder der Cosea-Kommission und die von ihnen beauftragten Finanzfachleute von McKinsey, KPMG und der Promontory Financial Group misstrauisch. Die Frage sorgt für diplomatische Verstimmung innerhalb der Kurie. Sie gehört aufgedeckt, um zu zeigen, in welchem Klima der Feindseligkeit Papst Franziskus handelt. Gestützt auf mir vorliegende Unterlagen bin ich nun in der Lage, die Angelegenheit Schritt für Schritt zu rekonstruieren.

Alles beginnt im Dezember 2013, als sich zeigt, dass Staatssekretariat und APSA völlig unbefriedigend mit der von Papst Franziskus eingesetzten Kommission zusammenarbeiten. In einem Schreiben vom 2. Dezember an den Privatsekretär des Papstes bittet die Cosea-Kommission schließlich darum, dass dieser persönlich einschreiten möge:

Hochwürdigster Monsignore Xuereb,
zu unseren drängenden Aufgaben gehört unter anderem die Überprüfung der Rolle und der Aktivitäten des Staatssekretariats auf finanziellem und administrativem Gebiet. Hierüber haben wir uns bereits mündlich gegenüber dem Kardinalstaatssekretär geäußert [Nach dem Rücktritt von Kardinalstaatssekretär Tarcisio Bertone wegen Erreichung der Altersgrenze wurde von Papst Franziskus Kardinal Pietro Parolin ernannt, der am 15. Oktober

2013 sein Amt antrat]. Nach allem, was sich aus diesem Gespräch ergeben hat, scheint uns ein päpstliches Schreiben zweckmäßig, welches explizit und formell unmissverständlich klarstellt, dass es sich hierbei um eine Entscheidung von höchster Stelle handelt. Mag dies auch angesichts des eindeutigen Auftrags, der im päpstlichen Einsetzungsschreiben unserer Kommission [Das offizielle Einsetzungsschreiben der Cosea-Kommission, aus dem hervorgeht, dass sämtliche Tätigkeiten der Kommission im Einklang mit den Wünschen und Vorgaben des Papstes ausgeführt werden] zum Ausdruck kommt, eigentlich unnötig erscheinen, dürfte ein solches Einschreiten dennoch zu einer raschen, spannungsfreien und fruchtbaren Ausführung unserer Arbeiten beitragen.
Ich danke Ihnen für Ihre Bemühungen in dieser Angelegenheit [...] und möchte bei dieser Gelegenheit unsere besondere Dankbarkeit für die ergebenen und treuen Dienste aussprechen, die Sie dem Heiligen Vater und damit auch dem Wohle der gesamten Kirche leisten.

Die Kommission befürchtet also, dass Trägheit und Widerstände in der Kurie die Ermittlungen lähmen könnten. Doch der Brief zeitigt nicht die erhoffte Wirkung, und nichts geschieht. Am 18. Dezember unternimmt Filippo Sciorilli Borrelli von der Agentur McKinsey in Zürich, externer Berater der Cosea-Kommission, einen weiteren Vorstoß, um Klarheit zu gewinnen. Und es gelingt ihm auch, für den nächsten Vormittag um zehn Uhr einen Termin mit Monsignore Alberto Perlasca zu vereinbaren, der im Staatssekretariat für die Verwaltung des Peterspfennigs zuständig ist. Um zu verhindern, dass die Sache wieder auf die lange Bank geschoben wird, schickt er Perlasca vorsorglich eine E-Mail, in der er Punkt für Punkt auflistet, welche Informationen und Unterlagen zu Konten und Bilanzposten des Peterspfennigs vorzulegen sind. Die E-Mail verlässt Borrellis Büro um 14.09 Uhr, um 14.16 Uhr geht die Antwort ein. Gerade einmal zwei Zeilen, knapp in der Wortwahl und eisig im Ton:

Einverstanden; besser um 9.30 Uhr. Was Ihre Fragen angeht, muss sich zeigen, ob und wie sie zu beantworten sind.
Mit freundlichen Grüßen […]

Tags darauf, am 19. Dezember 2013, erscheint ein Expertenteam bestehend aus Ulrich Schlickewei von McKinsey, Claudia Ciocca von KPMG und Carlo Comporti von Promontory bei Monsignore Perlasca im Vatikan. Man erhofft sich Antworten darauf, was mit den Spendengeldern der Gläubigen geschieht. Das Zusammentreffen verläuft höflich und die drei Laien stellen dem Monsignore Fragen – aussagekräftige Antworten erhalten sie keine. Die Spannung wächst von Minute zu Minute, als sie das Büro verlassen, blicken sie sich verwundert und enttäuscht an. Eine Mauer des Schweigens, durch die kein Durchkommen möglich scheint. Also beschließen die drei Experten, kaum dass die ergebnislos verlaufene Begegnung vorüber ist, den Vorsitzenden der Cosea-Kommission, Joseph Zahra, in Kenntnis zu setzen:

Liebe Kollegen,
heute hatten wir einen Termin mit Monsignore Perlasca, um ein besseres Verständnis der Verwendung des Peterspfennigs zu erhalten. Die Begegnung verlief in freundlicher Atmosphäre, brachte aber keine neuen Erkenntnisse. Es hieß lediglich, ein Teil des Peterspfennigs werde zur Begleichung des Defizits der Kurie aufgewendet, der Rest für die Aufgaben des Heiligen Vaters, jedoch nicht zur Bildung von Rücklagen. Auf weitere Nachfrage war man nicht gewillt, näher einzugehen.

Warum diese Geheimniskrämerei? Ohne die erbetenen Angaben drohen die Untersuchungen über die Finanzen des Vatikan ins Leere zu laufen, Untersuchungen, die der Papst persönlich angeordnet hat! Die Befürchtungen wachsen. Noch einmal wenden sie sich an Joseph Zahra und weisen auf neue Unstimmigkeiten hin:

Ein erster Bereich, der fehlt, ist zweifelsohne der Peterspfennig; hier hat man uns keinen Zugang zu vollständigen Informationen über die gesammelten Spenden und die Verwendung der Mittel gewährt (wir reden hier von mindestens 30 bis 40 Millionen Euro, das entspricht in etwa den gesamten Nettoeinnahmen abzüglich der Finanzierungskosten für Staatssekretariat und APSA). Ein zweiter Bereich, der fehlt, ist schlicht gesagt das, was sie uns nicht sagen. Wir wissen also nicht, ob, abgesehen vom Peterspfennig, noch andere Gelder und Vermögenswerte aus den Bilanzen des Staatssekretariats herausgehalten werden.

»Was sie uns nicht sagen wollen«

Fünf Monate sind vergangen, und die Kommission ist keinen Schritt weiter. Noch immer ist unklar, ob im Vatikan Gelder fließen, die in den offiziellen Bilanzen nicht auftauchen. Am 3. Januar 2014 schließlich wird der oberste Verantwortliche der Kurie um Auskunft ersucht. In einem nachdrücklich formulierten Schreiben ergeht die Bitte um Aufklärung nun unmittelbar an den neuen Kardinalstaatssekretär Pietro Parolin. Zweimal in nur sechs Zeilen beruft sich Monsignore Vallejo Balda, Koordinator der Cosea-Kommission und ihr Vertreter gegenüber der Kurie, unmittelbar auf den Heiligen Vater und seinen Auftrag:

Hochwürdigste Exzellenz,
seit einiger Zeit führt, in Erfüllung der ihr vom Heiligen Vater übertragenen Aufgaben, die Päpstliche Kommission, der ich angehöre, eine breit gefächerte, vor Ort durchgeführte Revisionstätigkeit bei denjenigen leitenden Körperschaften des Heiligen Stuhls durch, deren Tätigkeitsfelder auf ökonomischer und administrativer Ebene liegen. Erfreulicherweise durften wir dabei in den allermeisten Fällen als Ausdruck großen Pflichtbewusstseins und tiefer Ergebenheit gegenüber den Wünschen Seiner Heilig-

keit auf freundliche Aufnahme und tätige Unterstützung bei der Erfüllung unserer Aufgabe rechnen. Diese unsere Aufgabe betrifft notwendigerweise auch die von Ihnen geleitete Abteilung. Im Gehorsam gegenüber den durch päpstliches Chirograph festgelegten Obliegenheiten unserer Kommission möchte ich Sie daher höflichst darum bitten, Anweisung zu erteilen, dass unseren Mitarbeitern Einsicht in sämtliche Unterlagen, sei es in Papierform oder digital, gewährt werden möge, welche in der beiliegenden Auflistung aufgeführt sind. Wie Ihnen bekannt sein dürfte, ist uns für unsere Arbeit ein enger Zeitrahmen gesteckt, deshalb möchten wir Sie ersuchen, die genannten Unterlagen bis zum 10. Januar des laufenden Jahres zugänglich zu machen.
Für Ihre Belange stehen wir jederzeit zur Verfügung und danken für die bisher erwiesene freundliche Zusammenarbeit.
Ihr ergebenster Diener, Monsignore Vallejo Balda

Im Anhang dieses Schreibens erhält Kardinalstaatssekretär Parolin eine Liste mit nicht weniger als 25 Kurienbehörden, von denen der Kommission bisher keine Unterlagen vorliegen.[10]

Vor allem aber interessieren die Taskforce des Papstes Antworten auf die letzten zwei Punkte:

Nicht zur Verfügung gestellt wurde uns bisher: eine Auflistung der Bankkonten, Wertpapiere und Vergleichbarem (oder jedwede andere Finanztätigkeit) auf den Namen oder in der Verwaltung des Staatssekretariats sowie eine vollständige Übersicht über die Verwendung (Ausgaben, Anlagen usw.) sämtlicher Spendeneinnahmen des Peterspfennigs und anderer Einnahmequellen.

Dem Vorsitzenden der Cosea-Kommission Joseph Zahra ist klar, dass die bisher gemachten Angaben unzureichend sind, und er wartet ungeduldig auf Antwort aus dem Staatssekretariat. Ohne diese Zahlen lässt sich unmöglich ein Gesamtbild der Finanzlage der Kurie erstellen, überzeugende Reformvorschläge sind so kaum möglich. Weiter harrt Zahra vergeblich auf Antwort. Schließlich wendet er sich in einem Schreiben an Papst Franziskus:

Sehr verehrter Heiliger Vater,
mit Bedauern muss ich Ihnen mitteilen, dass angesichts des Fehlens der hierzu notwendigen Angaben die von Ihnen eingesetzte Kommission nicht in der Lage sein wird, eine belastbare Schätzung der Finanzsituation des Heiligen Stuhls abzugeben. Bei Monsignore Parolin haben wir um eine Aufstellung der Konten des Staatssekretariats, der Investitionen in Anleihen, Investmentfonds und Aktien ersucht sowie um Angaben bezüglich anderer Kontenstellen wie dem Peterspfennig; diese sind jedoch nie bei uns eingegangen. Es ist uns durchaus bewusst, dass nicht sämtliche Konten offengelegt werden können. Das Staatssekretariat ist jedoch augenscheinlich in keinerlei Form bereit, Angaben über seine Konten zu machen.
Ohne eine vollständige Übersicht über die Finanzlage des Heiligen Stuhls sieht sich die Kommission außerstande, die aus der Finanzverwaltung des Heiligen Stuhls resultierenden Risiken einzuschätzen. Dies stellt jedoch eine der wesentlichen Aufgaben der Kommission dar, und ihre Mitglieder sind ohne eine solche Risikobewertung nicht in der Lage, ihre Aufgaben zu erfüllen. Wir wären Ihnen daher sehr verbunden, in dieser Frage weitere Anweisungen zu erhalten, da wir in diesem so wichtigen Bereich unserer Mission Eure Heiligkeit nicht enttäuschen wollen.
Mit Bitte um den Segen Eurer Heiligkeit ...

Ob auf direkte Intervention des Heiligen Vaters hin oder weil der Druck der Cosea-Kommission bei Kardinal Parolin und Xuereb endlich Wirkung zeigt – am 30. Januar 2014 geht schließlich eine Antwort aus dem Staatssekretariat ein. Ein 29-seitiges Dossier mit der vielsagenden Überschrift »Ehrwürdige Bilanz«. Im ersten der vertraulichen Dokumente, in die ich Einblick nehmen konnte, heißt es:

Der Peterspfennig speist sich aus der in allen Diözesen weltweit am Hochfest Peter und Paul gehaltenen Kollekte sowie aus den Spendengeldern, welche die unmittelbaren Mitarbeiter des Heiligen Vaters bei ihren Messen erhalten oder welche diesem direkt zugehen. Die Gelder werden von einer eigenen Stelle der Abteilung für Allgemeine Angelegenheiten im Staatssekretariat verwaltet, welche mit der Durchführung der Spendensammlung für die karitativen Aufgaben des Heiligen Vaters und für den Heiligen Stuhl betraut ist. [...]

Im Anschluss weist das Staatssekretariat nachdrücklich darauf hin, dass die genauen Zahlen strengster Geheimhaltung unterliegen:

Über die Einnahmen des Peterspfennigs wird zwar ein detaillierter Jahresbericht veröffentlicht, dennoch wurde bisher mit Rücksicht auf Anweisung von höherer Stelle absolutes Stillschweigen über die Mittelverwendung gewahrt, da diese in der konsolidierten Bilanz des Heiligen Stuhls nicht enthalten ist.

Faktisch bilden die Angaben zur Verwendung des für karitative Zwecke bestimmten Peterspfennigs bis heute ein großes schwarzes Loch in den Vermögensangaben des Vatikan. Kein Wort wird darüber verlautet, was mit diesen Geldern geschieht, lediglich ein »Einnahmebericht« wird veröffentlicht, in der offiziellen Gesamtbilanz des Heiligen Stuhls tauchen sie nicht auf. Geschieht dies, wie es in dem Schreiben heißt, auf Anweisung »von höherer Stelle«? Oder des Kardinalstaatssekretärs? Oder des Vorgängers von Papst Franziskus? Wozu die Geheimniskrämerei? Was passiert mit dem Geld? Hier die Antwort, nicht sehr detailliert, dafür aber sehr aufschlussreich:

Die Spendengelder werden für karitative Tätigkeiten und/oder besondere vom Heiligen Vater benannte Projekte verwendet

(14,1 Millionen), als Spende für besondere Zwecke (6,9 Millionen) und für den Unterhalt der römischen Kurie (28,9 Millionen). Außerdem werden 6,3 Millionen für den Fonds des Peterspfennigs zurückgestellt.

Mit anderen Worten: Mehr als die Hälfte des Geldes, das die Gläubigen aus aller Welt dem Heiligen Vater spenden und das den Armen zugute kommen sollte, landet in den Kassen der Kurie. Um genau zu sein, 58 Prozent, Rückstellungen nicht einbezogen. Eine recht ansehnliche Summe, die bei genauer Berechnung sogar noch größer ausfallen dürfte.

Nimmt man nämlich die Auflistung der Zuwendungen des Heiligen Vaters genauer unter die Lupe, stellt sich schnell heraus, dass zur Sanierung der desaströsen Finanzen der Kurie ein größerer Anteil verwendet wurde als für karitative Aufgaben. Aus den Unterlagen des Staatssekretariats, die mir vorliegen, ergibt sich, dass unter Benedikt XVI. von den erwähnten 14,1 Millionen Euro 5,5 an die Druckerei des Vatikan geflossen sind, 1 Million an die Vatikanische Bibliothek und 309.000 an päpstliche Stiftungen. Geld also, das sämtlich innerhalb der Mauern des Vatikanstaates investiert wurde. Grob gesagt wurden von den im Rechnungsjahr 2012 eingenommenen 53,3 Millionen Euro des Peterspfennigs, zuzüglich 3 Millionen Euro Zinsen, gut 35,7 Millionen (67 Prozent) für die Kurie ausgegeben; weitere 6,3 Millionen (12,4 Prozent) wurden einbehalten und als Rücklage für den Fonds des Peterspfennigs verwendet.

Die desaströse Finanzlage der Kurie

Von jedem Euro, der an den Heiligen Vater geht, fließen also gerade einmal 20 Cent in konkrete Hilfsprojekte für Bedürftige. Grund dafür ist die außer Kontrolle geratene, geradezu desaströse Finanzlage der Kurie. Fast alle Einrichtungen, an deren Spitze unter Papst Benedikt auf Betreiben des ehemaligen Kardinalstaatssekretärs Bertone diesem ergebene italienische Kardinäle berufen wurden, schreiben rote Zahlen:

Aus der Bilanzübersicht geht hervor, dass das Jahr 2012 mit einem Defizit in Höhe von 28,9 Millionen Euro abgeschlossen hat, welches sich aus der Differenz der Einnahmen in Höhe von 92,8 Millionen Euro und Ausgaben in Höhe von 121,7 Millionen Euro ergibt. Die Ausgaben setzen sich zusammen aus dem Bilanzdefizit der APSA [resultierend aus der Immobilienverwaltung] in Höhe von 66 Millionen Euro, 25 Millionen Defizit bei Radio Vatikan, 25,4 Millionen für den Unterhalt der diplomatischen Vertretungen des Heiligen Stuhls sowie 5,3 für den laufenden Betrieb und die Ausgaben des Staatssekretariats. Angesichts der oben genannten Einnahmelage nimmt das Staatssekretariat monatlich und im Voraus einen Ausgleich des APSA-Defizits sowie im weiteren Sinne des Defizits der Kurie in ihrer Gesamtheit vor, da diese aus eigenen Mitteln nicht in der Lage ist, wie angestrebt zu einer ausgeglichenen Bilanz zu gelangen.

Das Staatssekretariat ist demnach jedes Jahr aufs Neue gezwungen, gewaltige Geldmittel für den Unterhalt der Kurie aufzutreiben. Und es entnimmt diese Mittel unmittelbar aus den Spenden der Gläubigen für den Heiligen Vater:

Das Staatssekretariat muss also alljährlich auf die Mittel des Peterspfennigs zurückgreifen und einen beachtlichen Anteil davon für den Unterhalt der römischen Kurie abzweigen, insbesondere für die Personalkosten der dort Beschäftigten, die den größten Posten in seiner Bilanz ausmachen. [...] Das Staatssekretariat hat im Laufe der Zeit damit faktisch und von den Umständen veranlasst die Rolle einer Finanzierungskörperschaft übernommen. Diese Rolle erfüllt sie durch den »sachfremden« Einsatz des Peterspfennigs, wobei dessen Vereinnahmung wie auch die anderer

Mittel durch die Vertretungen des Heiligen Stuhls geschieht, welche als Verbindungsglied zu den örtlichen Bischofskonferenzen und Diözesen weltweit fungieren.

Eine niederschmetternde Nachricht für einen Papst, der sich mit Franz von Assisi den Heiligen der Armen als Patron für sein Pontifikat gewählt hat.

Warum wird das Geld nicht in konkrete Projekte investiert und stattdessen zur Bildung von Reserven verwendet? Unseren Recherchen zufolge betragen die Rücklagen des Peterspfennigs 377,9 Millionen Euro, verteilt auf Girokonten bei insgesamt zwölf verschiedenen Finanzinstituten. Die größte Summe liegt auf einem Konto des IOR (89,5 Mio.) sowie bei der Fineco-Bank der Unicreditgruppe (78,5 Mio.); in den Tresoren der Investmentbank Merril Lynch schlummern gut 58 Millionen Euro, bei Credit Suisse sind 46,5 Millionen gebunkert. Der Zinsertrag, den dieses Geld 2011 und 2012 erbracht hat, dagegen fällt sehr überschaubar aus: gerade einmal 2.979.015 Euro, was einem Zinssatz von nicht einmal 1 Prozent entspricht. Das ist wenig, beinahe lächerlich wenig. Warum nicht mehr, fragt man sich da, vor allem aber: Weshalb liegen diese Summen auf der Bank und werden nicht zu dem Zweck ausgegeben, für den sie eigentlich bestimmt sind?

13 Fragen ohne Antwort

Das Schreiben aus dem Staatssekretariat verschlägt den Angehörigen der Cosea-Kommission die Sprache. Als ihre Finanzfachleute dann noch die Zahlen überprüfen, stoßen sie zusätzlich auf etliche Ungereimtheiten, offensichtliche Fehler und Unstimmigkeiten. Die sorgfältige Überprüfung des Berichts nimmt einige Tage in Anspruch, dann ergreift der McKinsey-Fachmann Filippo Sciorilli Borrelli das Heft des Handelns, setzt eine Liste von 13

Fragen zu den Konten des Staatssekretariats auf und schickt sie an Joseph Zahra, den Leiter der Sonderkommission. Punkt für Punkt benennt Borrelli die Konten, Ausgabenposten und Vorgänge um den Peterspfennig, die es zu klären gilt. Allen voran warum die daraus erzielten Rücklagenzinsen so niedrig sind, wie kann das sein? Die Nachprüfungen des Finanzfachmanns von McKinsey lassen keinen Zweifel:

In dem Schriftstück heißt es, der für 2012 von der Vatikanbank gewährte Zinssatz für die Einlagen des Peterspfennigs entspreche im jährlichen Mittel 3 Millionen Euro. 2012 waren 89,5 Millionen bei der Vatikanbank angelegt, der Zinssatz betrug also 3 Prozent – sehe ich das richtig?

Wenn das stimmt – und es besteht kein Grund, diese Angabe in Zweifel zu ziehen –, lässt sich nicht nachvollziehen, wie Sciorilli Borrelli weiter ausführt, »dass es auf den übrigen bekannten Konten (z. B. für die 58 Mio. Euro bei Merrill Lynch) keine Zinsen gab. Wenn aber nicht, wie erklärt sich dann, dass der Gesamtzinssatz für sämtliche Einlagen kaum 1 Prozent beträgt (2012 also 3 Mio. Zinsen bei einem Kapital von 377,9 Mio. Euro)?«

Der Finanzexperte der päpstlichen Sonderkommission geht noch weiter: Weshalb erscheint der Betrag, den der Heilige Vater alljährlich dem *Osservatore Romano* überweist (5,3 Millionen Euro im Jahr 2011, 5,6 Millionen im Jahr 2012), wie er schreibt, »obwohl im Haushalt der Kurie als Fehlbetrag zu verbuchen, in der Gesamtbilanz nicht unter der Rubrik Defizitausgleich?« Und noch etwas bemängelt der Mann von McKinsey: »Worauf bezieht sich der Posten ›Peterspfennig, c) Zuwendungen‹ in Höhe von 7,3 Millionen Euro im Jahr 2012 und 2,1 Millionen im Jahr 2011?« Noch ein weiterer Punkt weckt das Misstrauen des Experten: Hält man nach, bei welchem Geldinstitut und in welcher Höhe die insgesamt 371,6 Millionen, die in der Aufstellung des Staatssekretariats als Gesamtrücklagen des Peterspfennigs ausgewiesen sind, im Einzelnen angelegt wurden, kommt man auf eine Gesamtsumme von 353,4 Millionen. »Dies«, so Sciorilli Borrelli, »entspricht einer Differenz von 18,2 Millionen Euro. Wie erklärt sich dieser Fehlbetrag?«[11] Wo also sind die 18 Millionen geblieben?

Auf keine dieser Fragen hat es je eine Antwort gegeben. Und es wird auch nie eine Antwort geben, denn die von der Cosea-Kommission einvernehmlich formulierte 13-Punkte-Liste erreichte nie den Status einer offiziellen Anfrage. Sie verließ nicht einmal die Runde der zehn engsten Mitarbeiter der päpstlichen Sonderkommission. Man begnügte sich vielmehr mit bruchstückhaften und manchmal sogar irreführenden Informationen. Schwer zu sagen, wo die genauen Gründe hierfür zu suchen sind. Manch einer im Vatikan geht davon aus, dass man sowohl an der Spitze der Kommission als auch im Staatssekretariat einer Parole folgt, die noch stets die Richtung vorgab, wenn es galt, Angelegenheiten mit unsicherem Ausgang im Sande verlaufen zu lassen. Hier werde, so heißt es dann, Laien zu viel Kompetenz eingeräumt. Die Auskunftswünsche und der Beratungsimpetus der Finanzfachleute überschritten bei Weitem den ihnen von der Kommission erteilten Auftrag. Mit anderen Worten, man könne es auch übertreiben, Schluss mit der lästigen Fragerei!

So war es auch Ettore Gotti Tedeschi, dem ehemaligen Leiter der Vatikanbank, ergangen. Um den Vatikan auf die Weiße Liste der Staaten zu bringen, die die Standards im Kampf gegen Geldwäsche einhalten, wollte Gotti Tedeschi einige der renommiertesten Experten in Sachen Geldwäschebekämpfung von der Banca d'Italia mit ins Boot holen. Doch den Gefolgsleuten Kardinal Bertones gelang es, Papst Benedikt davon zu überzeugen, dies würde die Finanzen des Kirchenstaats einer gefährlichen Einmischung seitens der Zentralbank eines fremden Staates aussetzen. Gotti Tedeschi wurde ins Abseits manövriert. Schon immer galt an der Kurie der Grundsatz, dass Gewicht und Einfluss eines Laien unendlich weniger wiegen als der eines Klerikers. Ob ranghoher Prälat oder ein einfacher Geistlicher, es genügt, wenn der Betreffende halbwegs mit Buchführung und Bilanzwesen zurechtkommt. Und manchmal nicht einmal das.

Die Geisterkonten der Päpste

Die Bilanzen des Staatssekretariats schreiben nämlich nicht nur rote Zahlen, sie sind streckenweise auch kaum nachvollziehbar. Etwa das verwickelte Geflecht von Konten und Guthaben bei verschiedenen Bankinstituten. Die für die Feierlichkeiten des Heiligen Jahres 2000 eröffneten Konten etwa bestehen bis heute. Zwei laufen auf Namen der APSA, allein acht auf das Staatssekretariat. Von diesen wiederum verzeichnet eines unter der Kontobezeichnung »Radio Vatikan, slowakische Redaktion« ein Guthaben von immerhin 134.000 US-Dollar.

Und der Papst, hat der Papst ein eigenes Konto? Jahrzehntelang herrschte Rätselraten in dieser Frage. Vage Vermutungen wurden kolportiert, es folgten halbherzige Dementis und noch abstrusere Theorien. Erst die Unterlagen, die Paolo Gabriele, der Kammerdiener Benedikts XVI., abgelichtet hat und die 2012 in meinem Buch *Seine Heiligkeit* der Öffentlichkeit zugänglich gemacht wurden, schufen endlich Klarheit. Demnach ordnete Joseph Ratzinger am 10. Oktober 2007 die Eröffnung eines Kontos mit der Nummer 39887 beim IOR an, hierhin überweist seitdem eine Gesellschaft[12] 50 Prozent der Tantiemen aus den über 130 Buchveröffentlichungen des Theologen auf dem Stuhl Petri. Im Laufe der Jahre kam einiges zusammen, etwa die 2,4 Millionen Euro, die dem Kontoinhaber im März 2010 von der Joseph Ratzinger Benedikt XVI.-Stiftung gutgeschrieben wurden.

Die bisher unveröffentlichten Unterlagen, die das Staatssekretariat Anfang 2014 der Cosea-Kommission zu Bilanzprüfungszwecken übermittelt hat, belegen nun endgültig: Jeder Papst hat ein Privatkonto. Ein Konto, das manchmal sogar lange nach dem Tod des Amtsinhabers weiterläuft, mit Guthaben, die natürlich längst auf Eurobeträge umgestellt sind. Besonders mysteriös etwa ein Konto auf den Inhaber »Seine Heiligkeit Johannes Paul I.«, Albino Luciani also. Die Kontonummer lautet 25400-018, das Guthaben beträgt 110.864 Euro – aber wer führt dieses Konto?

Auch auf den Namen Pauls VI. existiert bei der Vatikanbank ein laufendes Konto, obwohl Giovanni Battista Montini seit 37 Jahren tot ist und vor Kurzem seliggesprochen wurde. In der Aufstellung, in die ich Einsicht nehmen konnte, findet sich unter der Nummer 26400-042 ein »Privatkonto Paul VI.« mit einem Guthaben von 125.310 Euro sowie ein weiteres (Kontonummer 26400-035), auf dem sich 296.151 US-Dollar befinden. Offenbar zog Montini es vor, sein Geld in unterschiedlichen Währungen anzulegen, um gegen eventuelle Kursschwankungen und Finanzkrisen gewappnet zu sein.

Geisterkonten wie diese und andere Ungereimtheiten mehr werfen Fragen auf. Fragen, auf die es bisher keine glaubwürdigen Antworten gibt. Wenn diese Konten wirklich Verstorbenen gehören, müssten sie geschlossen werden. Das aber ist nicht geschehen, teilweise auch nach Jahrzehnten nicht. Warum? Sind diese Konten noch aktiv? Verschiebt jemand Geldbeträge darauf? Auf wessen Namen und mit welcher Befugnis? Vielleicht ein Erbe? Aber wie kommt jemand in den Genuss eines Kontos beim IOR, wenn man bedenkt, dass bei der Bank keine Konten von Laien zugelassen sind? Berechtigte Fragen. Fragen, die Monsignore Peter Brian Wells, dem stellvertretenden Leiter des Innenressorts beim Staatssekretariat, indessen nie gestellt wurden. Fragen, die Wells im Vatikan auch niemand stellen wird, und noch viel weniger Wells Vorgesetztem, Kurienerzbischof Angelo Becciu, der als eines der letzten Bollwerke der alten Garde gilt.

4. Im Vatikan klicken die Handschellen

Ein Kardinal, der Waffen sammelt

Die Verwendung des Peterspfennigs ist nicht das einzige besorgniserregende schwarze Loch in den Bilanzen des Heiligen Stuhls. Genährt von stets halben und lückenhaften Informationen, das Material, das der Cosea-Kommission über das Finanzgebaren der vatikanischen Stellen zugeht, weist Lücken auf, Schattenbereiche, mit oft nur schwer nachvollziehbaren und überprüfbaren Zahlen. Die von Papst Franziskus eingesetzte Taskforce steckt in einer heiklen Lage. Was sie auch unternimmt, so geschickt und zügig sie auch vorgeht – überall trifft sie auf eine genau berechnete, fintenreiche Verdunklungsstrategie. Mit Naivität hat das nichts zu tun. Die für die vatikanischen Finanzen verantwortlich zeichnenden Eminenzen wissen sehr genau, was sie tun. Warum sonst sollten sie entscheidende Unterlagen zurückhalten und sich hinter einer Mauer des Schweigens verbergen?

Den Männern an der Spitze der römischen Kurie wird manchmal zugute gehalten, sie würden nicht aus böser Absicht, sondern schlicht aus Unkenntnis und mangelnder Vertrautheit mit der Welt des Geldes als schlechte Verwalter agieren (so geschehen bei der bereits erwähnten Sitzung am 3. Juli 2013, in deren Verlauf Kardinal Agostino Vallini den Heiligen Vater eindringlich darum bat, mehr Nachsicht mit seinen Amtsbrüdern walten zu lassen). Wenn es jedoch darum geht, die von Papst Franziskus beauftragten Ermittler auszumanövrieren, erweisen sich die Herren der Kurie als ausgesprochen schlaue Taktiker. Mit dem Ergebnis, dass auch mehr als sechs Monate nach Einsetzung der Cosea-Kommission dem Papst keine vollständige und genaue Gesamtsicht der vatikanischen Finanzen vorliegt, nichts, aus der er mit Sicherheit schließen könnte, welche Mittel er nun tatsächlich der Nächstenliebe, der Mission und der Unterstützung der Armen und Bedürftigen widmen kann, die das Herzstück seines Pontifikats ausmachen. Es klingt paradox, aber in einem theokratischen System wie dem Vatikan fehlen dem Mann auf dem Stuhl Petri die Informationen.

Oft ist der Papst sogar der Letzte, der etwas erfährt. Vor allem in Geldangelegenheiten. Es bleibt schwierig für ihn, in Erfahrung zu bringen, wie viel Geld hereinkommt und woher es stammt, oder in Erfahrung zu bringen, wie viel ausgegeben wird, wofür und von wem. Tag für Tag widmet Papst Franziskus sich mit allen Kräften seinem Reformwerk, begleitet von den Hoffnungen der Gläubigen in aller Welt. Alles ist wie betäubt und steht still. Eine Nebeldecke von Desinformation aber nicht nur, die Oberflächlichkeit, Trägheit, Eigeninteressen und Korruption schützt. Nur so lässt der Wandel sich wirksam bremsen. Ohne genaue Kenntnis der Konten ist es aber nicht möglich, Problemfelder und kritische Bereiche auszumachen und effektive Lösungsansätze zu entwickeln. Ein Angehen der Reformen ist undenkbar.

Doch die Taskforce, die im Auftrag und im Sinne des Papstes agiert, gibt sich nicht so leicht geschlagen. Die päpstliche Kommission lässt es nicht bei den Ermittlungen zu Peterspfennig und der Heiligenfabrik bewenden. Weitere Bereiche werden unter die Lupe genommen, und dabei tritt manch Überraschendes zutage. Das besondere Augenmerk der Cosea-Kommission gilt der APSA, jener Körperschaft, die die Vermögenswerte, Wertpapiere und Liegenschaften verwaltet und die auch die Münzen prägt. An der Spitze der APSA steht wiederum ein italienischer Kardinal, Kardinal Domenico Calcagno, von Benedikt XVI. im Juli 2011 zu deren Leiter bestellt. Wie es heißt, ist Calcagno ein enger Vertrauter Kardinal Bertones, und ganz sicher ist er kein unumstrittener Diener der Kirche. Im Gefolge eines Beitrags von

Paolo Trincia für das kritische TV-Magazin »Le Iene« im italienischen Fernsehen geriet der Kardinal in die Schlagzeilen. Calcagno soll in den Jahren 2002 und 2003 als damaliger Bischof von Savona in Ligurien etliche Fälle von sexueller Gewalt an Minderjährigen, begangen durch einen pädophilen Priester, totgeschwiegen haben. Die Kirchenoberen waren demnach über das problematische Verhalten des Priesters schon seit 1980 auf dem Laufenden, als der Priester von einer Mittelschule in Valleggia in der Provinz Savona entfernt wurde, nachdem er einen kleinen Jungen betatscht hatte. Man versetzte ihn kurzerhand in das gerade einmal zehn Kilometer entfernte Spotorno, wo ihm wiederum gestattet wurde, die örtlichen Jungschargruppen mit Kindern und Jugendlichen zu leiten. Im Anschluss an neuerliche Hinweise versetzte ihn der neue Bischof, Dante Lanfranconi, heute Bischof von Cremona, abermals in ein nur wenige Kilometer entferntes Dorf, nach Feglino, wo dem Priester die Eröffnung eines Heims für Minderjährige aus schwierigen Verhältnissen gestattet wurde.

2002 wurde Domenico Calcagno Bischof von Savona. Wie Don Carlo Rebagliati, ehemals Kämmerer der Diözese, kurz vor seinem Tod erzählte, habe er Calcagno damals auf die Gefahr hingewiesen, die der pädophile Priester für die Minderjährigen, mit denen er tagtäglich in Berührung kam, darstellte. Calcagno, so Don Rebagliati, reagierte mit einem beschwichtigenden, ausweichenden »Es könnten ja auch nur Gerüchte sein«. Doch nicht nur Rebagliati, auch eines der Missbrauchsopfer setzte den damaligen Bischof und heutigen Kurienkardinal von den Umtrieben in Kenntnis. Francesco Zanardi gab als Zeuge zu Protokoll: »Calcagno ... meinte, ich sollte nicht zur Staatsanwaltschaft gehen, denn der Priester sei sehr labil und könnte sich am Ende das Leben nehmen und dann hätte ich ihn auf dem Gewissen.«

Erst ein Jahr später nahm sich der Bischof und heutige Kardinal und Präfekt der APSA der Sache an. Calcagno wandte sich in einem Schreiben an den damaligen Präfekten der Glaubenskongregation, Joseph Ratzinger, mit der Bitte um Rat, wie man sich »in der Sache verhalten« solle. Dem Schreiben fügte Calcagno ein Dokument aus den Personalakten seiner Diözese bei, verfasst von Generalvikar Monsignore Andrea Giusto. Es handelt sich um ein kurz gefasstes Dossier, das sämtliche Fälle »fragwürdigen Verhaltens« des Priesters auflistet. Es reicht vom ersten Auffälligwerden des Priesters im Jahr 1980 bis hin zu jüngst eingegangenen Beschwerden seitens verschiedener Sozialarbeiter der Gegend, in der der Priester damals, gut 22 Jahre später immer noch tätig war. Mit anderen Worten, ein offenes Eingeständnis, schwarz auf weiß, in dem die Diözese gegenüber der Glaubenskongregation selbst eingesteht, den Priester bewusst fast ein Viertel Jahrhundert lang von einer Pfarrei in die andere versetzt zu haben. Das Dossier des Generalvikars schließt indes mit einer beruhigenden Feststellung: »Es ist nie etwas in die Presse gelangt und es gibt auch keine laufenden Ermittlungen.«

Ratzingers Reaktion auf Calcagnos Schreiben ist nicht bekannt. Bekannt ist nur, dass der Priester im Gefolge dieses Schreibens nach Portio Magnone – zwölf Kilometer von Feglino entfernt – versetzt wurde. Nur um 2005 erneut in einem Pfadfinderlager in der Gegend aufzutauchen; wieder zeigte ihn ein Jugendlicher aus diesem Lager wegen sexueller Belästigung an. Er blieb so lange Priester, bis er selbst 2010 – dreißig Jahre nach der ersten Missbrauchsanzeige – in einem eigenhändigen Schreiben um seine Versetzung in den Laienstand ersuchte.

Die Fernsehreportage, in der fünf Betroffene davon erzählen, wie sie in den Jahren von 1980 bis 2005 missbraucht worden waren, warf kein gutes Licht auf Calcagno. Seiner glänzenden Karriere tat das allerdings keinen Abbruch. Als der damalige Kardinal Jorge Bergoglio nur vier Tage vor seiner Wahl zum Papst von Journalisten mit Fragen bedrängt wurde, was er von der Teilnahme eines Kirchenmannes wie Calcagno am Konklave halte, blieb dieser eine Antwort lieber schuldig.

Der Präfekt der APSA verdankt seine zweifelhafte Bekanntheit indes noch einer weiteren – für einen Kirchenmann nicht eben alltäglichen – Marotte: Er liebt Schusswaffen. Der Journalist Mario Molinari, der für die *Savonanews* schreibt, berichtet von einer ansehnlichen Privatsammlung im Haus des Kardinals. Sie enthält verschiedene Revolver, eine Magnum Smith & Wesson Kaliber 357, ein Präzisionsgewehr Modell Remington 7400 und eine Pumpgun der Marke Hatsan Modell Escort, um nur einige Stücke aus dem reichen Arsenal des Kardinals zu nennen, das antike Feuerwaffen ebenso wie moderne Schusswaffen umfasst. Alles angemeldet und mit Waffenschein, versteht sich, und zum Schießen geht Eminenz in den heimatlichen Schützenverein, bei dem er seit 2003 eingetragenes Mitglied ist. Gefragt, was es denn mit dieser seltsamen Leidenschaft auf sich habe, soll Calcagno im Tonfall eines gutmütigen Landpfarrers geantwortet haben: »Keine Sorge, steht alles gut verschlossen im Waffenschrank!«

Zwischen Papst Franziskus und einem Mann wie Calcagno herrscht nur nach außen gutes Einvernehmen. Denn der Papst aus Südamerika misstraut den Mitgliedern der alten Garde, die die Konten der Kurie auf so undurchsichtige Art und Weise verwalten.

Kaum einer weiß, dass der Vatikan neben dem IOR noch über eine zweite Bank verfügt. Auch die APSA – die kaum einer kennt, obwohl sie eine wichtige wirtschaftliche Schaltstelle im Geflecht der vatikanischen Finanzen darstellt – wird in der internationalen Finanzwelt ganz selbstverständlich als Zentralbank des Vatikanstaates anerkannt. Vor allem die Sonderabteilung der APSA erfüllt eine ebenso delikate wie wichtige Funktion, befasst sie sich doch mit Investitionen in Wertpapieren und Anleihen, verwaltet Girokonten und Einlagen. Faktisch ist die APSA also für die Verwaltung der liquiden Mittel des Heiligen Stuhls zuständig. Bis zum November 2013 lag die Leitung der Sonderabteilung in den Händen von Paolo Mennini. Dessen Vater Luigi Mennini war rechte Hand von Erzbischof Paul Casimir Marcinkus, des Mannes also, den man getrost als den umstrittensten Prälaten der neueren Kirchengeschichte bezeichnen kann. Marcinkus nämlich gilt als einer der Hauptakteure des Skandals um den Zusammenbruch des Banco Ambrosiano, der mit dem Tod von Roberto Calvi (auch als »Bankier Gottes« bekannt) seinen traurigen Höhepunkt erreichte.[1]

Auch die APSA sollte sich als Quelle erheblicher Probleme für das Pontifikat des neuen Papstes erweisen.

Der unglaubliche Fall des Monsignore Scarano

Im März 2013, noch vor der Wahl Jorge Bergoglios zum Papst, wurde bei den Staatsanwaltschaften in Rom und im süditalienischen Salerno Ermittlungen zu den Finanztätigkeiten des Monsignore Nunzio Scarano, des Leiters der Finanzbuchhaltung der Sonderabteilung der APSA, eingeleitet. Aus Sicht der Staatsanwälte belegten die gesammelten Beweise, darunter auch mehrere Telefonüberwachungen (einige aus spannungsreichen Tagen um den Rücktritt Benedikts XVI. und der Vorbereitung auf das Konklave), mehrere Fälle von Geldwäsche. Außerdem soll Scarano versucht haben, große Summen aus dem Ausland illegal auf vatikanische Konten zu transferieren. Konkret, so die Staatsanwaltschaft, soll der Geistliche über sein Konto bei der Vatikanbank in Rom ein simples System zur Geldwäsche eingerichtet haben. Der Prälat bot Barschecks über mehrere Hunderttausend Euro im Tausch gegen Koffer voller 500-Euro-Scheine an. Letzteres soll dem Kirchenmann den Spitznamen »Monsignore Cinquecento« eingetragen haben.

Der aus dem süditalienischen Salerno nahe Neapel stammende Scarano war, bevor er Geistlicher wurde, Bankkaufmann. Dem Luxus zugeneigt, verkehrte der 1987 zum Priester Geweihte in den Jetsetkreisen der Welt des Kinos und des Fernsehens und zählte bekannte italienische Showgrößen wie Michelle Hunziker zu seinen Freunden. Aber Scaranos eigentliche Leidenschaft galt immer schon dem Geld, dem Geld und Immobilien. In Salerno kauft und renoviert er eine Villa mit 700 Quadratmeter und gründet zahlreiche Immobiliengesellschaften, in Rom lebt er in einem der APSA gehörenden 110-Quadratmeter-Appartment in der Via Sant'Agostino, unweit von Piazza Navona und Senat, im Herzen der Altstadt. Doch anders als die anderen erlauchten Purpurträger, die das 80. Lebensjahr bereits überschritten haben, muss Scarano Miete zahlen: 740 Euro im Monat – vergleichbare Wohnungen in dieser Lage kosten leicht das Dreifache.

Unmittelbar nach der Wahl Jorge Bergoglios zum Papst machen in dessen unmittelbarem Umfeld und anderen Vatikankreisen beunruhigende Indiskretionen über die Ermittlungen gegen den Monsignore die Runde. Papst Franziskus begreift schnell, dass er in dieser Sache auf der Hut sein muss. Nachdem am 29. Mai Don Luigi Noli, jahrzehntelanger Vertrauter Francesco Scaranos, vernommen wird, überstürzen sich die Ereignisse. Der Geistliche bestätigt, dass Scarano auch über Nolis eigene Konten uneingeschränkt verfügen konnte. Für die Ermittler schließt sich die Indizienkette, eine Verhaftung Scaranos wird immer wahrscheinlicher. Doch dazu benötigen die italienischen Staatsanwälte zunächst das Einverständnis der vatikanischen Behörden. Denn als oberster Buchhalter der vatikanischen Güterverwaltung genießt Scarano eine Art Immunität, wie sie den Angehörigen der wichtigsten Einrichtungen des Heiligen Stuhls in den 1929 von Kardinalstaatssekretär Pietro Gasparri und dem damaligen Ministerpräsidenten Italiens, Benito Mussolini, unterzeichneten Lateranverträgen zugebilligt werden. Mit äußerster Diskretion unternehmen deshalb die zuständigen italienischen Stellen die notwendigen Schritte, um auf diplomatischem Weg einen Haftbefehl gegen Scarano zu erwirken.

Den Papst bringt das in Entscheidungsnöte. Vor dieselbe Entscheidung sah sich mehr als 25 Jahre zuvor bereits sein Vorvorgänger Karol Wojtyla gestellt. Schon 1987 hatte die wegen Beihilfe zum betrügerischen Bankrott ermittelnde Mailänder Staatsanwaltschaft einen Haftbefehl gegen den Leiter der Vatikanbank, Kurienerzbischof Paul Casimir Marcinkus, sowie dessen Mitarbeiter Luigi Mennini und Pellegrino de Strobel beantragt, war aber an der Ablehnung durch das italienische Tribunal gescheitert. Der Kassationshof bestätigte in seiner Entscheidung das Fehlen der inländischen Gerichtsbarkeit der italienischen Gerichte für strafbare Handlungen von Angehörigen des Vatikan. Die drei Männer wurden damit faktisch als Angehörige der Zentralbehörde eines ausländischen Staates erachtet. Und das bedeutete, ohne das Nihil obstat der Kurie keine Verhaftung. Eine Ermächtigung, die niemals erteilt werden wird. Nach zähen, kontrovers geführten Verhandlungen kamen Marcinkus, Mennini und Strobel ohne Haft davon.

Schon in den ersten Wochen seines Pontifikats sieht Papst Franziskus sich also mit einer Affäre konfrontiert, die verdächtig an den Skandal um den Banco Ambrosiano erinnert, dessen Direktor Roberto Calvi 1982 unter der Blackfriars Bridge in London erhängt aufgefunden wurde – ein Albtraum für die Kirchenleitung.

Der neue Papst muss über die Freiheit eines Kirchenmannes entscheiden. Im Staatssekretariat, aber auch bei informellen Gesprächen von Kardinälen auf den Wegen der prächtigen Vatikanischen Gärten werden unterschiedliche Stimmen laut. Einige empfehlen, das Ersuchen der italienischen Behörden wie in der Vergangenheit abzulehnen, denn eine Verhaftung der Drei würde einen gefährlichen Präzedenzfall in den Beziehungen zwischen Italien und dem Vatikanstaat schaffen, eine schwere Hypothek für zukünftige Fälle.

Papst Franziskus hört zu und schweigt. Wie man es bei dem neuen Mann auf dem Stuhl Petri noch oft beobachten wird, hat Bergoglio jedoch auch in dieser delikaten Angelegenheit von Anfang an eine klare Meinung. Er beschließt, neue Maßstäbe zu setzen, sanft, aber entschieden, ein deutliches Zeichen für den Bruch mit der Vergangenheit.

Am frühen Morgen des 28. Juni endet Monsignore Scarano in Handschellen. Der Papst weilt außerhalb des Vatikan, ist auf dem Rückweg von seiner Brasilienreise. Er wirkt angespannt, doch als ihn einer der an Bord des Flugzeuges mitreisenden Journalisten um ein Statement bittet, ist er um eine Antwort nicht verlegen: »Ja glauben Sie denn, dass Scarano im Knast sitzt, weil er so fromm war wie die Selige Imelda?« Man höre und staune: Der Heilige Vater zitiert nicht ohne Ironie das Mädchen aus Bologna des 14. Jahrhunderts, das in Ekstase starb, nachdem es die heilige Kommunion empfangen hatte – deutlicher könnte Franziskus nicht machen, wie groß der Graben zwischen ihm und der intriganten Welt der Kurie mit ihrem undurchsichtigen Finanzgebaren ist.

Die Vatikanbank betreibt Geldwäsche

Die Ermittlungen gegen Scarano und seine schließliche Verhaftung machen weltweit Schlagzeilen, von den USA bis Japan. Was danach in den Hinterzimmern des Vatikan geschah, wusste man bis heute nicht. In den heiligen Hallen werden die Spannungen zwischen alter und neuer Garde immer größer. Nur fünf Tage nach der Verhaftung, am 3. Juli, findet das vertrauliche Treffen der Kardinäle statt, bei welchem Franziskus die Einsetzung der Cosea-Kommission ankündigt. Bei diesem macht der neue Direktor des IOR, Ernst von Freyberg, den Purpurträgern und dem Papst unmissverständlich klar, welche Risikolage sich aus den Konten bei der Vatikanbank ergibt und dass sich diese auch noch ausweiten könnte:

Worin besteht das Problem? Insbesondere sind es natürliche Personen, die ihre Konten für illegale Transaktionen und richtiggehende Geldwäsche nutzen, dabei kann es sich um Angehörige des Klerus handeln oder um Laien. Es gibt kein festes Muster, wo die größeren Risiken liegen.

Wahrscheinlich das erste Mal überhaupt, dass ein Leiter der Vatikanbank Geldwäsche durch sein Institut einräumt. Oder genauer gesagt erfahren wir zum ersten Mal, dass man innerhalb des Vatikan über die illegalen Aktivitäten des IOR bestens Bescheid weiß. Ein verblüffendes Eingeständnis, das die vielen nach den Skandalen der achtziger Jahre bis heute genährten Verdachtsmomente bestätigt. Verdächtigungen, die in den offiziellen Pressemitteilungen stets dementiert wurden. Jahrzehntelang wollte der Vatikan nicht einmal einräumen, dass es sich beim IOR überhaupt um eine Bank handelt.

Das Treffen findet freilich hinter verschlossenen Türen statt. Von Freyberg ist davon überzeugt, dass seine Worte niemals diesen Raum verlassen werden, sondern von den Kardinälen und den anderen anwesenden Mitgliedern der Führungsriege wie unaussprechliche Geheimnisse behütet würden. Indessen dringt diese unglaubliche Wortmeldung nach außen und wird nun öffentlich. Von Freyberg geht aber noch weiter. Er macht den Anwesenden klar, wie schwierig es ist, die für die Geldwäsche Verantwortlichen dingfest zu machen, unabhängig davon, ob Geistliche oder Laien die Inhaber der jeweiligen Konten sind. Faktisch ist also jedes Konto verdächtig:

Ich denke, es handelt sich nicht um sehr viele Fälle; die, von denen in der Presse berichtet wurde, habe ich persönlich am ersten Tag im Computer überprüft, und es gab sie nicht. [...] Es stimmt, es gab dieses Konto von Scarano, das aus heutiger Sicht schon seit zehn Jahren Unregelmäßigkeiten aufweist, aber Scarano ist ein professioneller Geldwäscher ... das war nicht in Ordnung. [...] Unser Problem ist folgendes: Wir befinden uns in einem Dreieck aus zutreffenden Fakten wie beim Skandal um den Banco Ambrosiano und Scarano, aus falschen Gerüchten wie bei Osama bin Laden [der angeblich ein Konto bei der Vatikanbank unterhalten haben soll] und einem völligen Schweigen unsererseits.

Harte Worte über einen Kurienbeamten, der noch wenige Wochen zuvor eine einflussreiche Rolle in der Finanzverwaltung des Vatikan spielte. Wie konnte Scarano so lange ungestört agieren? Wer waren seine Mitwisser und Helfershelfer?

Dunkle Machenschaften in zweiter Generation?

Zehn Jahre lang ging Monsignore Scarano seinen undurchsichtigen Geschäften nach, und zwar augenscheinlich unbehelligt. Ungeachtet dessen, was der gegen ihn zurzeit anhängige Prozess ergeben wird, stellt sich die Frage, wer Scarano gedeckt hat. Und so rückt eine Persönlichkeit ins Blickfeld, deren Werdegang nicht weniger erstaunlich scheint.

Denn der Mann, der unter »dem dreisten Monsignore« in seiner Zeit im Vatikan gearbeitet hat, ist nicht irgendein Bankier. Rein zufällig handelt es sich dabei nämlich um Paolo Mennini, dessen Vater Luigi Mennini – wir erinnern uns – als rechte Hand von Kurienerzbischof Marcinkus agierte und 1987 nur um Haaresbreite der Verhaftung und Auslieferung an Italien entkommen war. Nun können Söhne nicht für die mutmaßlichen Vergehen ihrer Väter verantwortlich gemacht werden und Mennini junior taucht in den Ermittlungsakten von heute auch gar nicht auf. Aber ein Verdacht bleibt, erst recht nach der Verhaftung Monsignore Scaranos. Und so sehen es offenbar auch die neuen, von Papst Franziskus kreierten Kardinäle, die mit den Vorgängen in den Amtsstuben und der jüngeren Finanzgeschichte noch wenig vertraut sind.

Seit 2002 leitet Mennini die Sonderabteilung der APSA, bei der es sich, wie wir gesehen haben, faktisch um eine Art Bank handelt, die die liquiden Mittel des Heiligen Stuhls verwaltet, Mennini gehört also zu den Mächtigen im Kirchenstaat. Der Bankier wohnt an der Via di Porta Angelica, wenige Schritte von der Porta Sant'Anna, einem der Haupteingänge des Vatikan, entfernt, in einem schönen Palazzo – wenn auch zu bescheidenen

Konditionen. Mit gerade einmal 843 Euro monatlich liegt die Miete weit unter den marktüblichen Vergleichszahlen. Im Finanzgeflecht des Vatikan nimmt Mennini eine entscheidende Stellung ein, er koordiniert die Verwaltung des Immobilienbesitzes des Heiligen Stuhls im Ausland (der einem Gesamtwert von 591 Millionen Euro entspricht) und er verwaltet die laufenden Konten.

Und genau hier setzt die Sonderkommission des Papstes an, um sich Klarheit zu verschaffen. Als die vom Europarat eingerichtete Expertenkommission zur Bewertung der Maßnahmen gegen Geldwäsche Moneyval mit den Kontrollen im Vatikanstaat begann, enthielt die Liste der laufenden Konten insgesamt 102 Positionen. 31 Konten, die auf nicht näher ausgewiesene oder zur Führung eines Kontos nicht berechtigte Einzelpersonen, Körperschaften oder Gesellschaften lauteten, wurden seitdem in aller Eile geschlossen. Übrig bleiben zum jetzigen Zeitpunkt noch 71 Konten. Diese lassen sich eindeutig zuordnen, sechs gehören kirchlichen Einrichtungen, namentlich der Associazione SS. Pietro e Paulo und dem Circolo San Pietro (zwei vatikanischen Freiwilligenorganisationen), dem Ritterorden vom Heiligen Grab, dem Kinderkrankenhaus Bambino Gesù in Rom, der Fédération Internationale des Associations des Médecins Catholiques und der International Association for Catholic Hospitals; zwei laufen auf den Namen von Tochtergesellschaften zur Verwaltung von Immobilien in Frankreich und der Schweiz: der Sopridex AG in Paris und der Profima SA Société Immobilière et de Participations, einer Immobilien- und Beteiligungsgesellschaft mit Sitz in Genf. Ein weiteres Konto gehört Kardinal Giovanni Lajolo, dem ehemaligen Leiter des Governatorats. Zu allen übrigen Konten wurden keine Angaben gemacht.

Wie man hört, halten genauere Analysen der Kontenaufstellung wohl noch einige Überraschungen bereit. So wies der Finanzexperte Jean-Baptiste de Franssu bei einem Treffen am 8. November 2013 in Paris seine Kollegen auf Folgendes hin:

Es wurden insgesamt 89 Konten ermittelt; gegenüber den 74 anfangs aufgelisteten sind also 15 weitere hinzugekommen, weil die APSA in deren unmittelbar bevorstehende Schließung involviert war. Hiervon sind 43 Einrichtungen dem Heiligen Stuhl zuzuordnen und tauchen entsprechend in dessen Gesamtbilanz auf, 46 weitere sind dagegen keiner Einrichtung zuzuordnen. Außerdem gibt es ein Konto auf den Namen S. O. (Sonderabteilung der APSA), dessen Natur und Funktion noch näher untersucht werden muss.

Das Verhältnis von Papst Franziskus und seinen Mitarbeitern zu Mennini junior ist gespannt, und was aus den Ermittlungen im Fall Scarano an die Öffentlichkeit dringt, trägt nicht gerade zur Entspannung bei. So enthüllte die Journalistin Maria Antonietta Calabrò einige brisante Details, die Scarano bei einem Verhör am 8. Juli gegenüber den Ermittlern zu Protokoll gegeben hatte. In einem Artikel für den *Corriere della Sera* vom 24. November 2013 schreibt sie:

Scarano ließ sich, wie aus dem bis Oktober unter Verschluss gehaltenen Verhörprotokoll hervorgeht, auch über Mennini aus sowie über das, was seiner Ansicht nach mit den Aktien der Finanzgesellschaft Finnat geschehen ist. Dabei ging Scarano in seinen Behauptungen so weit, dass die Ermittler wissen wollten, ob er sich darüber im Klaren sei, dass er damit die These aufstelle, die Aktien einer Bank in unserem Land seien künstlich in die Höhe getrieben worden. Geschäftsführer der Finnat-Treuhandgesellschaft ist Paulo Menninis Sohn Luigi (gleichen Namens wie sein Großvater). Scaranos Aussagen betrafen auch Kardinal Attilio Nicora, dessen Nachfolger Domenico Calcagno sowie den Büroleiter bei der APSA.

Von solchen Negativschlagzeilen unbeeindruckt, fährt Mennini unterdessen fort, große Mengen von ausländischen Valuten zu kaufen, von 20 bis 25 Millionen US-Dollar ist die Rede. So teilt er am Abend des 24. Oktober 2013 seinem Vorgesetzten, Kardinal Calcagno, zufrieden mit, er habe nun endlich den richtigen Kanal gefunden. So zumindest geht es aus einem bis dato unveröffentlichten Schreiben hervor:

Hochwürdigste Eminenz,
es freut mich, Ihnen mitteilen zu können, dass mit einem unserer Schweizer Geschäftspartner die Bereitstellung ausländischer Valuta in Form von Banknoten in Höhe von 20 bis 25 Millionen US-Dollar vereinbart werden konnte. Der erstgenannte Preis waren 0,50 % des angeforderten Betrages. In diesem ist alles enthalten (Transportkosten, Übergabe in unserem Büro und Versicherung). Es ist mir jedoch gelungen, eine Ermäßigung auf 0,4 % auszuhandeln und ich werde versuchen, im Laufe der weiteren Verhandlungen zusätzliche Abschläge zu erwirken. Angesichts der hohen Transportkosten empfiehlt es sich, nur Transaktionen mit relevanten Beträgen durchzuführen.
Mit herzlichen Grüßen Ihr ergebener ...

Paolo Menninis zweite und letzte fünfjährige Amtszeit an der Spitze der Sonderabteilung der APSA endet am 11. November 2013, doch noch in den letzten Tagen, bevor er sein Büro verließ, agiert der Vatikanbankier in einer Art und Weise, die dem Leiter der päpstlichen Sonderkommission Zahra wie eine Kriegserklärung erscheinen muss. Alles beginnt mit einer Mitteilung, die Mennini auf Kardinal Calcagnos Schreibtisch hinterlässt. Mennini hatte zuvor mit Timothy Fogarty, dem Senior Vice President des Central Bank and International Account Services der Federal Reserve Bank in New York, telefoniert. In dem anderthalb Seiten umfassenden Schriftstück weist Mennini darauf hin, dass Fogarty in der Frage der Bereitstellung von Banknoten mit der APSA lieber direkt in Verhandlungen treten würde, ohne die Berater der Agentur Promontory, die der Zentralbank des Vatikan damals an die Seite gestellt worden waren, miteinzubeziehen. In Menninis Schreiben heißt es:

Signor Fogarty war froh, mit mir persönlich sprechen zu können. Er bestätigte den Empfang der Swiftorder seitens der APSA vom 5. November 2013. Hinsichtlich unserer Bitte um Bereitstellung stabiler ausländischer Valuta bestätigte er, dass die Federal Reserve zwar einigen Zentralbanken auch Bargeld zur Verfügung stellt, dies jedoch nach Möglichkeit nur, falls diese Schwierigkeiten haben, sich bei Geschäftsbanken und anderen Finanzinstituten mit Bargeld zu versorgen. Dies sei jedoch allein als Notfallmaßnahme vorgesehen. Fogarty teilte mir mit, dass er in dieser Frage lieber mit der APSA direkt sprechen würde und darüber hinaus auch nicht ganz nachvollziehen könne, wie und warum Promontory in diesem speziellen Falle als Vermittlungsinstanz fungieren müsse. Schließlich handle es sich bei der APSA in seinen Augen um eine Zentralbank, die über langjährige Geschäftsbeziehungen zur Federal Reserve verfüge. [...] In Hinblick auf die Bargeldfrage fügte Signor Fogarty mir gegenüber hinzu, [...] er werde Signora Mc-Caul [Elizabeth McCaul von Promontory] telefonisch davon in Kenntnis setzen, dass er es vorziehe, Angelegenheiten wie diese unmittelbar mit der APSA zu regeln. Außerdem präzisierte er seine Ausführungen dahingehend, dass die physische Übergabe der Banknoten in ihrem Tresorraum erfolgt, sodass es Sache der APSA sein wird, für den Transport in den Vatikanstaat zu sorgen. Die hierzu nötigen Kontakte werden sich zweifelsohne besorgen lassen. Zum Abschluss unseres Gesprächs erwähnte Signor Fogarty, wie sehr ihm sein Besuch in Rom vor einigen Jahren gefallen hat, insbesondere der Besuch in den Vatikanischen Museen und Gärten.
Paolo Mennini

Die mir vorliegenden Unterlagen lassen erkennen, dass Zahra Menninis Initiative als eindeutigen Versuch betrachtet, die Reform der APSA zu lähmen, die Arbeit von Promontory zu behindern und den Anspruch der Cosea-Kommission zu untergraben. An den Koordinator der päpstlichen Sonderkommission Vallejo Balda schreibt Zahra deshalb:

Lieber Don Lucio,
Mennini setzt auf Krieg. […] Wir sollten heute noch persönlich darüber sprechen. Aber der Mann muss sofort ersetzt werden. Joe

Denselben Tenor lassen die Zeilen eines weiteren Mitglieds der Kommission erkennen. Jean-Baptiste de Franssu schreibt an Zahra und Elizabeth McCaul:

Eine ungute Situation, und ich vermute, wir müssen mit noch mehr Raketenbeschuss durch Mennini rechnen, solange er im Amt ist. Je früher wir es mit seinem Nachfolger zu tun haben, desto besser. Was sollen wir tun, Joe? Wie können wir den Prozess beschleunigen? Was die beiden Punkte angeht, von denen die Rede war, denke ich, wir sollten uns keinen Deut von unserer Strategie abbringen lassen, die wir persönlich mit der FED, mit Euch und mit Promontory vereinbart haben. […]

Mennini geht weiter jeden Tag in sein Büro bei der APSA. Am 20. des Monats weisen die Berater von McKinsey, darunter Ulrich Schlickewei, Zahra auf diesen Umstand hin:

Signor Mennini ist in diesen Tagen weiterhin regelmäßig im Büro erschienen, um die Übergabe der Geschäfte an Monsignore Mistò vorzubereiten. Bisher wurde kein offizieller Nachfolger für ihn ernannt, trotzdem sollte ein verbindliches Datum für das Ausscheiden von Signor Mennini festgelegt werden.

Am 22. November wird das letzte Kapitel in dieser heiklen Angelegenheit geschrieben. An diesem Tag teilt Kardinal Calcagno der

FED in Person von Timothy Fogarty schriftlich mit, dass Menninis Amtszeit nunmehr beendet sei. In einem kurz darauf eintreffenden Antwortschreiben bemüht Fogarty sich denn auch, die Sache zu bereinigen:

Seit über siebzig Jahren erfreut sich die Federal Reserve Bank fruchtbarer Beziehungen zur APSA, insbesondere hatte ich das Vergnügen einer Zusammenarbeit mit Dott. Giorgio Stoppa und Dott. Mennini bezüglich Ihrer Konten bei unserem Institut. Ich freue mich deshalb sehr, unsere Geschäftsbeziehungen auch in Zukunft weiterführen und ausbauen und in der jetzigen Übergangsphase mit den Verantwortlichen der APSA effektiv zusammenarbeiten zu können. [...] Ich hoffe, dass mein in dieser Übergangsphase gepflegter Austausch mit ihm für Sie, verehrter Herr Kardinal, oder für die APSA keinerlei Anlass zu Problemen bereitet hat. Die nötige Korrespondenz mit der APSA zwecks Bereitstellung von Bargeld in US-Dollar-Noten befindet sich in Vorbereitung, bitte teilen Sie mir mit, an welchen Ansprechpartner bei der APSA ich diese richten soll.

Menninis Aktivitäten bleiben auch in den kommenden Monaten nicht unbeobachtet, denn nach wie vor bekleidet der ehemalige Leiter der Sonderabteilung der APSA noch wichtige Funktionen bei den Immobiliengesellschaften der APSA. Vor diesem Hintergrund sieht Jean-Baptiste de Franssu sich veranlasst, mit Schreiben vom 22. Januar 2014 bei Kardinal Calcagno auf Menninis Ausscheiden auch aus diesen Positionen zu drängen. Ein Anliegen, das, wie der französische Finanzfachmann formuliert, »angesichts des drohenden Reputationsverlustes nach unserem Dafürhalten mit einer gewissen Dringlichkeit behandelt werden sollte«.[2]

94 Millionen, die nicht in den Büchern auftauchen

Zur selben Zeit nimmt die päpstliche Sonderkommission die Buchführung des Heiligen Stuhls und seiner Körperschaften genauestens unter die Lupe. Nicht erst seit gestern betrachtet man die Bilanzen des Vatikan in der internationalen Finanz- und Bankenwelt und bei Antikorruptionsagenturen wie Moneyval mit einer gewissen Skepsis. Schon im ersten Evaluationsbericht vom Juli 2012 hatte Moneyval auf zahlreiche Lücken im Finanzgebaren des Heiligen Stuhls aufmerksam gemacht. Die Regeln gegen Geldwäsche, wie sie mittlerweile in den meisten modernen Staaten Anwendung finden, stießen hinter den Mauern des Vatikan auf zähen Widerstand. Wer sich für Transparenz einsetzte, fiel in Ungnade, wie Erzbischof Carlo Maria Viganò, dessen Bemühungen um mehr Transparenz in Finanzdingen sich, wie schon erwähnt, der Torpedierung durch höchste Kurienkreise ausgesetzt sah, Aufsehen erregte der Fall des Leiters der Vatikanbank, Ettore Gotti Tedeschi, der am 24. Mai 2012 zurücktrat.

Im ersten Jahr seines Pontifikats setzt sich auch im Umfeld des neuen Papstes die Einsicht durch, dass die Bilanzen des Heiligen Stuhls etablierten Regeln moderner Buchführung und transparenter Finanzverwaltung kaum gerecht werden. Von den päpstlichen Finanzfachleuten auf den Prüfstand gestellt, tritt nach und nach eine immer besorgniserregendere Lage zutage, mit der niemand gerechnet hatte. In den mir vorliegenden Unterlagen, die im Februar 2014 den zuständigen Kardinälen zugingen, ist von »Geldbeträgen und Eigentum und anderen Wirtschaftsgütern in erheblichem Umfang« die Rede, die, so heißt es dort weiter, »in den Jahresabschlüssen des Heiligen Stuhls nicht verzeichnet sind«.[3] Mit anderen Worten: »Es existiert eine nicht zu beziffernde Geldsumme, die auf den Bankkonten nicht erfasst ist.«

Hier wird ein System beim Namen genannt, das seit den Zeiten von Monsignore Marcinkus und den Skandalen um die Vatikanbank in den achtziger Jahren operiert. Um Reformen aus dem Weg zu gehen, wird dieses System zwar eilig verschleiert, sobald es kritisch wird, aber kaum ist Gras über die Sache gewachsen, tritt es wieder in Aktion. Geld, das auf Konten von nichtexistierenden wohltätigen Stiftungen verschoben wird; Vermögenswerte, die in keiner Bilanz auftauchen; Wertpapiere, die an der Buchführung vorbei irgendwo geparkt werden, um sie für undurchsichtige Zwecke auszugeben usw. Alarmierende Hinweise auf solche Praktiken gab es schon früher, mehrfach hatten die zurate gezogenen, internationalen Revisoren auf die Existenz von geheimen Reserven und Buchhaltungen bei einigen vatikanischen Körperschaften hingewiesen. Und ihre Hinweise verfehlten auch nicht ihr Ziel, Papst Franziskus ordnete sogar eine genauere Prüfung der Verdachtsmomente an. Aber was man in den geheimen Unterlagen für den internen Gebrauch lesen kann, gibt Anlass zu erheblicher Besorgnis. Das Phänomen ist offenbar weiter verbreitet und größer als erwartet:

Die Überprüfung von vier stichprobenartig ausgesuchten vatikanischen Körperschaften hat einen Betrag von wenigstens 94 Millionen Euro ergeben, die in den Jahresabschlüssen des Heiligen Stuhls zum 31. Dezember 2012 nicht erfasst sind. Davon entfallen auf die Kongregation für die Ostkirchen 43 Millionen, 37 auf die päpstlichen Nuntiaturen, 13 auf die Propaganda Fide und 1 Million auf die Kongregation für die Heiligsprechungsprozesse. Grund ist das völlige Fehlen von Kontrollen der Budgets aufgrund der Tatsache, dass die einzelnen Kongregationen und Räte [...] über keine Informationsgrundlage verfügen, wie viel sie ausgeben und welche Art von Ausgaben sie tätigen dürfen. Weiter ist davon auszugehen, dass beträchtliche Vermögenswerte vom Staatssekretariat verwaltet werden, die in keiner Bilanz auftauchen und auch nicht von einer externen Wirtschaftsprüfung kontrolliert werden. Völlige Intransparenz besteht hinsichtlich der Verwaltung des restlichen Peterspfennigs.[4]

Zehn Milliarden auf der Kippe

Noch etwas wollen der neue Papst und seine Taskforce wissen: Was geschieht mit den immensen Summen, die jedes Jahr aus Erträgen, Spenden, Erbschaften und Kirchensteuern in die Truhen des Heiligen Stuhls fließen? Wird das Geld gewinnbringend investiert? Wo und nach welchen Kriterien? Die Investitionen stellen eine der Haupteinnahmequellen des Vatikan dar, aus ihren Erträgen werden die laufenden Kosten der Kurie bestritten und der Auftrag des Evangeliums erfüllt. Doch diese Geldanlagen sind offenbar beachtlichen Risiken ausgesetzt, wie sich aus der Finanzprüfung mehrerer vatikanischer Körperschaften ergibt, allen voran der APSA:

Verschiedene Einrichtungen des Vatikan verwalten Vermögenswerte des Heiligen Stuhls im Umfang von circa 4 Milliarden Euro sowie Dritter in Höhe von 6 Milliarden, insgesamt also 10 Milliarden Euro. Davon sind 9 Milliarden in Wertpapieren und 1 Milliarde in Immobilien angelegt. In Governance, Anlageverfahren und Verteilung dieser Mittel wurden erhebliche Mängel festgestellt. Ein Beispiel bietet die Anlageverteilung im Finanzportfolio der APSA im Umfang von 1,1 Milliarden Euro, Stand September 2013. Die Einlagen der APSA-Kunden sind auf vier oder weniger Anlageoptionen beschränkt. Bei 35 von 60 Kunden der APSA (Gesamtanlagevermögen 1,1 Milliarden Euro) besteht ein erhöhtes Wertverlustrisiko durch mangelnde Diversifikation.
Ein einschlägiges Beispiel stellt auch die Konzentration von Einlagezertifikaten (CD) der APSA bei den ausgebenden Banken dar. Von 255 Millionen Euro sind 80 % allein bei der Banca Prossima investiert, was zu eklatanten Ausfallrisiken führt. Bei der APSA handelt es sich um eine hybride Einrichtung, die zu viele Funktionen erfüllt: Vermögensverwaltung, Abwicklung von Zahlungsverkehr im Sinne einer Geschäftsbank, Bereitstellung von Liqui-

dität in oberster Instanz und darüber hinaus Dienstleistungen (Personal, IT-Ressourcen, Versorgung) für andere Einrichtungen des Heiligen Stuhls.

In Zeiten krisenhafter Konjunktur unter negativen Vorzeichen ist die Anlagekonzentrierung von stolzen 80 Prozent bei einer einzigen Bank und in nur wenigen Investitionsoptionen nicht auf die leichte Schulter zu nehmen. Aus den Unterlagen, in die ich Einblick nehmen konnte, ist nicht ersichtlich, was die Kurienfunktionäre dazu bewogen hat, das ihnen anvertraute Vermögen ausgerechnet bei der Banca Prossima anzulegen. Sicher ist jedoch, dass sie damit den Sparer – in diesem Falle also den Heiligen Stuhl – großen Risiken aussetzten. Im Fall der APSA gehen aus den Prüfberichten von Promontory allein 92 Beanstandungspunkte hervor, die verschiedenen »Risikotypen« zugeordnet werden können. Hier nur die wichtigsten:

1. *Reputation: Auf mehreren Konten wurden verdächtige Aktivitäten ausgemacht, sodass die Finanzaufsichtsbehörde AIF eingeschaltet werden musste.*
2. *Einkommensverluste: schwache Verfahren in der Verwaltung des Immobilienvermögens, unzureichende Wertpapierperformance.*
3. *Vermögensverwaltung: Der Investitionsausschuss ist ineffizient.*
4. *Geschäftsabwicklung: Auftragserfassung weiterhin in Papierform.*

Eine Nichtbehebung der von uns ausgemachten Risiken könnte erhebliche finanzielle Verluste für den Heiligen Stuhl mit sich bringen sowie die Aufdeckung verdächtiger Transaktionen verhindern und zu Schwierigkeiten bei der Bereitstellung liquider Mittel für den Heiligen Stuhl führen.

Angesichts dieser Situation, dies ergeben die von mir gesammelten Informationen, entschließt sich der Papst nun, das Tempo seiner Reformen anzuziehen und die wichtigsten Punkte unverzüglich in Angriff zu nehmen. Um kein negatives Aufsehen zu erregen, werden die Kardinäle der alten Garde allerdings nicht einfach ihrer Aufgaben enthoben, sondern vielmehr »unter Aufsicht gestellt«. So geschehen mit Kardinal Versaldi, dem Präsidenten der Präfektur, dem Monsignore Vallejo Balda aus der Cosea-Kommission zur Seite gestellt wird, oder mit Kardinal Calcagno, der praktisch unter Quarantäne gestellt wurde.

Aber der Papst geht noch weiter, der nächste Befreiungsschritt ist schon in Vorbereitung: Die gesamte Wirtschaftsstruktur des Heiligen Stuhls wird neu gestaltet, das Staatssekretariat wird aufgespalten, um dessen bisherige Übermacht zu beschneiden. Kardinal Parolin und seinem Stellvertreter Giovanni Angelo Becciu bleibt lediglich die Leitung der Diplomatie des Apostolischen Stuhls sowie der inneren Angelegenheiten des Vatikanstaates. Was hingegen die finanziellen Belange angeht, studiert Papst Franziskus die Vorschriften, um ein neues Organ zu schaffen, das de facto die Machtzentren aushöhlen soll, deren Auflösung bisher noch nicht gelungen ist.

Zu diesem Zweck hat Papst Franziskus im Februar 2014 eine neue Koordinierungsstelle für die wirtschaftlichen und administrativen Angelegenheiten des Heiligen Stuhls errichtet. Dieses vatikanische »Superwirtschaftsministerium« ist zweigeteilt und besteht aus einem Wirtschaftssekretariat unter der Leitung von Kardinal George Pell und einem Wirtschaftsrat, der mit acht Kardinälen und sieben Laien verschiedener Nationalität, sämtlich ausgewiesene Wirtschaftsfachleute, besetzt ist; dazu ein unmittelbar vom Papst ernannter Generalrevisor, und eben dieser neue Revisor wird der Wachhund über die neugeschaffenen Machtstrukturen sein. So lässt sich zumindest aus dem Kommuniqué folgern, mit dem der Sprecher des Heiligen Stuhls vor die Presse tritt: »Die Präfektur für die wirtschaftlichen Angelegenheiten des Heiligen Stuhls, derzeit geleitet von Kardinal Giuseppe Versaldi«, so Pater Lombardi im gewohnt sachlich-verbindlichen Ton vatikanischer Verlautbarungen, »wird eine enge Verbindung zum Revisor haben.«

Auch die gewöhnlichen Tätigkeiten der APSA werden faktisch beschnitten, denn von nun an fallen Immobilien- und Personalverwaltung des Heiligen Stuhls in den Zuständigkeitsbereich der neuen Kurienbehörde. Diese, wie von offizieller Seite betont wird, »auf Empfehlung der Cosea-Kommission« eingeleiteten, umwälzenden Reformen werden uns in den folgenden Kapiteln näher beschäftigen. Die Agenda des Papstes ist indes noch nicht erschöpft, ein Schritt folgt auf den nächsten, Franziskus und seine Mitstreiter haben keine Zeit zu verlieren.

Neue Probleme und längst überfällige Aufgaben warten an anderen Fronten: eine Reform des Governatorats, jener Körperschaft, die sich um die Geschäftstätigkeiten (Museen, Verkaufsstellen usw.) sowie um die bezogenen Versorgungsleistungen des Vatikan wie Energie und Telekommunikation kümmert und außerdem für Baumaßnahmen und Ausschreibungen verantwortlich zeichnet. Auch hier sind beträchtliche Summen im Spiel. Franziskus lässt nicht locker. Unterstützt von seinen Getreuen sucht er in- und außerhalb des Kirchenstaats nach Verbündeten, um den Bruch mit der Vergangenheit unwiderruflich zu besiegeln.

5. Sünden und Laster in der Kurie

Lebensmittel, Kleidung und Medikamente im Wert von 1,6 Millionen Euro verschwinden

Geschäftstätigkeiten wie Museen und Läden, Bauaufträge und Warenlieferungen sind ein Riesengeschäft: eine weitere höchst delikate Front, die schwer zu handhaben ist und bereits im Herbst 2013 ins Visier der Taskforce des Papstes gerät. Franziskus' Mitarbeiter stoßen sofort auf ein Problem: Der Umfang der Untersuchungen ist enorm. Zu viele Geldtransaktionen zu analysieren, zu viele Verträge in Millionenhöhe zu prüfen. Unmöglich, das alles in wenigen Monaten abzuschließen und Papst Franziskus klare, durchdachte Vorgaben für die Gestaltung seiner Reformen zu liefern.

Es ist ein Wettlauf gegen die Zeit. Ein ungleicher Kampf, der wohl schwer zu gewinnen ist, wie die Vergangenheit gezeigt hat. Alle Versuche einer inneren Reform, die die Päpste ab Mitte des 20. Jahrhunderts unternommen haben, sind kläglich gescheitert. Die Kurie ist wie ein Schwamm, der alle Bemühungen um eine Veränderung aufsaugt und verschluckt. Und sie hat ein hohes Beharrungsvermögen: »Die Päpste wechseln, wir bleiben«, ist auch heute noch der Wahlspruch jener, denen jedes Mittel Recht ist, hinter scheinbarer Hilfsbereitschaft Reformen zu verzögern oder zum Stillstand zu bringen. Aber Papst Franziskus' Haltung war stets eindeutig: »Der Kardinal tritt in die Kirche Roms ein, nicht in einen Hofstaat. Vermeiden wir alle höfische Gewohnheiten und Verhaltensweisen wie Intrigen, Tratsch, Seilschaften und Günstlingswirtschaft.«[1]

Lauter kritische Punkte, die Prälat Alfred Xuereb, der Privatsekretär von Papst Franziskus, im Herbst 2013 sorgfältig abwägt. Er hat die Aufgabe, die Pläne des Heiligen Vaters vor Sabotage zu bewahren. Xuereb holt Rat ein, vor allem bei Monsignore Paolo Nicolini, den Leiter der Vatikanischen Museen. Nicolini kennt die Vorgänge der Vergangenheit aus erster Hand. Detailgenau weiß er von den aufwendigen und lückenhaften Erneuerungsprozessen zu erzählen, die zunächst unter Johannes Paul II. und später unter Benedikt XVI. in die Wege geleitet wurden. Es gab viele Ideen, große Hoffnungen, doch das Ergebnis war häufig ein und dasselbe: kein Fortschritt, begleitet von bitterer Enttäuschung.

Xuereb bittet Nicolini um einen schriftlichen Bericht über das bisherige Geschehen. Das dreiseitige Dokument vom Januar 2014 behandelt vor allem das 1999 angestoßene Projekt zur Standardisierung der Verwaltungsabläufe. Das neue System war unter Papst Wojtyla eingeführt worden, als Angelo Sodano Kardinalstaatssekretär war. Es galt aber von Anfang an als überholt und wenig transparent, weil es Vorzugsbehandlungen zuließ und unfaire und unehrliche Vorgangsweisen tolerierte. Jeder Versuch, die Verhältnisse zu verändern, endete vor allem mit gesalzenen Honorarrechnungen von Prälaten, die diskreditiert wurden, weil sie versucht hatten aufzuräumen. So geschehen bei Bischof Carlo Maria Viganò, dem früheren Sekretär des Governatorats. In einem Zeitraum von drei Jahren ließ sich etwa die Gesellschaft Cap Gemini Ernst & Young geradezu astronomische Beträge bezahlen: rund 10 Milliarden Lire (5,6 Millionen Euro) für eine Beratung zum vatikanischen Buchhaltungssystem. Der Ansatz war gewiss richtig, aber zu teuer bezahlt, und er hatte die Probleme nicht gelöst. Nicolini verschweigt nichts von der damaligen Begeisterung und der anschließenden Enttäuschung:

Es war eine belastungsreiche Zeit, aber man machte sich auch viele Gedanken über eine Struktur, die aus organisatorischer und betriebswirtschaftlicher Sicht an der Schwelle zum 21. Jahrhun-

dert ungeeignet und unfähig schien, mit der Zeit Schritt zu halten und den Ansprüchen gerecht zu werden, nicht nur unter dem Blickwinkel der Effizienz, sondern auch und vor allem der Gerechtigkeit und Transparenz.[2]

Es folgten weitere ehrgeizige Modernisierungspläne. Unter Papst Benedikt XVI. brachte Tarcisio Bertone im April 2008 das sogenannte Project One (P1) auf den Weg, das weiterhin Bestand hat: die Entwicklung einer einheitlichen IT-Plattform für buchhalterische und betriebswirtschaftliche Daten. Ein System also, das für alle Teilorganisationen, die derselben Körperschaft unterstehen, dieselben Rechnungslegungskriterien und eine einheitliche Verwaltung vorsieht. Dank Project One ist zum Beispiel das Eintrittskartensystem der Vatikanischen Museen inzwischen vollständig auf EDV umgestellt.

Dennoch gilt das System bereits als überholt. So sieht es keine Schnittstellen zu anderen Dikasterien des Heiligen Stuhls vor: zur Präfektur, zur APSA, zum IOR, zum Staatssekretariat. Project One mag eine wichtige Investition sein, läuft aber Gefahr, zum Selbstzweck zu verkommen.[3] Die sündhaft teuren Datenverarbeitungssysteme sollten einen Überblick über die gesamte Verwaltung des Heiligen Stuhls ermöglichen. Doch viele wollen diesen Überblick nicht zulassen, wie die Prüfer der päpstlichen Kommission entdecken werden, als sie sich die Situation im Governatorat vornehmen. Schon in den Jahren 2009 bis 2010 hatte eine vertrauliche Untersuchung zum Rechnungswesen des Governatorats durch die Beratungsfirma McKinsey ein katastrophales Ergebnis zutage gefördert. Verschiedene Kostenstellen wie etwa Instandhaltungen wiesen um 200 bis 400 Prozent höhere Kosten auf als marktüblich. Der damalige Präsident des Governatorats, Kardinal Giovanni Lajolo, bat den Bankier Ettore Gotti Tedeschi um Hilfe, um die Bilanz in Ordnung zu bringen. Gotti Tedeschi verlangte die echten Zahlen des Dikasteriums und ein Pro-bono-Gutachten der Analysten von McKinsey. Die alarmierende Darstellung des Aderlasses landete auf dem Schreibtisch von Bischof Viganò, den Benedikt XVI. zum Aufräumen eingesetzt hatte. Viganò nahm sich das Problem vor, sobald er aber die Interessen der im Vatikan gut eingeführten Firmen und Gruppen berührte, geriet er in den Mittelpunkt einer Medienkampagne, die seine Glaubwürdigkeit beschädigte. Ratzinger versetzte ihn daraufhin nach Washington und im Governatorat blieb jahrelang alles wie gehabt.

Diese Körperschaft verwaltet erhebliche Geldmengen. Transaktionen, Verträge und Lieferungen müssen rasch geprüft werden. Um dies schnell und wirkungsvoll tun zu können, wendet man sich an die Strategieanalytiker von Ernst & Young, die schon 14 Jahre zuvor für das Governatorat tätig geworden waren. Aber dieses Mal kommen die Fachleute von Ernst & Young Spanien. Sie haben dem Vatikan in der Vergangenheit zwar gewaltige Honorarnoten gelegt, verfügen aber bereits über die unerlässlichen Hintergrundinformationen. Am 12. und 13. November 2013 findet in Madrid eine Marathonsitzung mit einem Team von zwölf strategischen Analysten statt, die sich schon ein paar Tage später in Rom an die Arbeit machen. Die gesamte Buchführung ist unter die Lupe zu nehmen, die Konten und die Verwaltung im wirtschaftlichen Herzen des kleinen Vatikanstaates.[4] So entsteht das vierte operative Team, nach jenen zu den Bilanzen, zum Peterspfennig und zu den Kosten der Selig- und Heiligsprechungen.

Nun rückt die Tätigkeit des Governatorats in den Fokus. Die Behörde mit 1900 Beschäftigten stellt die Exekutive im Vatikanstaat dar. Sie spielt für die Wirtschaft des Vatikan eine bedeutende Rolle, da sie für die »Koordinierung der für das Funktionieren des Staates notwendigen Aktivitäten« zuständig ist. Sie überwacht die kommerziellen und kulturellen Aktivitäten, die Erhaltung der Bausubstanz und damit die Bauaufträge, den Fuhrpark und die Beschaffungsvorgänge: von der Energie über Telefondienste und Tabak bis zu den Computern für die Büros. Dem Governatorat unterstehen auch jene Einrichtungen, die dank der

Gewinne aus Läden, Museen und anderen kommerziellen Tätigkeiten beträchtliche Geldmittel in die Kassen des Heiligen Stuhls spülen. Wie vielleicht nur wenige wissen, gibt es im Vatikan ein richtiges Vertriebsnetz mit Supermarkt, zwei der sieben vatikanischen Tankstellen,[5] Bekleidungsgeschäft, Parfümerie, Tabakladen und einem Laden für Unterhaltungselektronik.

Auch von dieser Front erreichen den Papst Hinweise, die ihn stutzig machen, sodass er sofort nach genaueren und detaillierteren Informationen verlangt. Schon als die Kommission Ende Juli ein erstes Mal Unterlagen und Daten angefordert hatte, waren weder der Leiter des Governatorats, Kardinal Giuseppe Bertello, noch der Generalsekretär, Bischof Giuseppe Sacca, in der Lage gewesen, zufriedenstellende und erschöpfende Antworten zu liefern. Am 31. Juli 2013 hatten beide an den Leiter der Präfektur, Kardinal Versaldi, geschrieben:

Eminenz,
[...] Ich möchte Ihnen zur Kenntnis bringen, dass das Governatorat im Rahmen seiner institutionellen Aufgaben im laufenden Jahr 18.850 Aufträge zur Anschaffung von Waren und/oder Dienstleistungen erteilt hat (einige davon in Erfüllung laufender Verträge). Die in früheren Geschäftsjahren ausgelösten und von den Lieferanten bisher noch nicht vollständig erfüllten Aufträge belaufen sich hingegen auf 4649, sodass es um insgesamt 23.499 Bestellungen geht (wovon etwa 60 % Waren betreffen, die für den Wiederverkauf bestimmt sind). Über diese Geschäftsvorgänge gibt es keine Aufzeichnungen und wir erwarten diesbezügliche Anweisungen.

Zwei Monate später beginnt eine flächendeckende Kontrolle, die kein Büro verschont. Man setzt bei den Inventuren der Lager an, um herauszubekommen, ob die in der Bilanz ausgewiesenen Waren mit dem tatsächlichen Bestand übereinstimmen. Dies betrifft auch die von Bertello in seinem Schreiben genannten Waren. Das

Ergebnis ist unglaublich: »Beim Abzählen der Bestände wurden Waren nicht gefunden«, heißt es in dem vertraulichen Bericht an die Kardinäle.[6] Es fehlen also etliche Waren, die in den Geschäftsbilanzen aber ausgewiesen sind. Die Situation ist alarmierend und betrifft beinahe alle Läden: »In den beiden vergangenen Jahren«, so heißt es in dem Dokument, »gab es Verluste in Höhe von 1,6 Millionen Euro aufgrund von Lagerbestandsabweichungen.«

Da fragt man sich, wo all diese Ware geblieben sein mag. Wurde nicht richtig gezählt? Oder hat jemand Waren veruntreut? Wäre dies der Fall, könnte das bedeuten, dass es einen Schwarzmarkt mit Verkäufen unter der Hand gibt. Eine andere Vermutung löst hinter den Mauern des Vatikan noch größere Beunruhigung aus. Man fragt sich, ob diese fehlenden Waren überhaupt je ein Lager gesehen haben. Vielleicht hat es sie gar nie gegeben. Womöglich wurden sie in die Lagerbücher nur auf dem Papier eingetragen, um Ausgänge zu rechtfertigen, die für etwas anderes bestimmt sind.

Die Möglichkeit einer schlampigen Bestandserfassung wird von vornherein ausgeschlossen. Man zählt nach und die Ergebnisse stimmen mit denen der ersten Kontrolle überein. In den Berichten, die den Prüfern von Franziskus vorgelegt wurden und die ich einsehen konnte, ist zu lesen: Die »Verluste aufgrund von Bestandsabweichungen« betreffen einen Fehlbetrag von 700.000 Euro im Supermarkt; eine halbe Million Euro fehlt in den Warenlagern für Bekleidung, 300.000 Euro an Salben und Arzneien in der Apotheke, und schließlich 100.000 Euro an Tabakwaren. Es handelt sich um ausgedehnte Unregelmäßigkeiten, die die einzelnen Geschäfte betreffen. Insgesamt haben sich 1,6 Millionen Euro auf geheimnisvolle Weise in Luft aufgelöst. Oder sie wurden einfach nur gebucht, es hat sie aber nie wirklich gegeben.

Nun rücken auch jene Produkte ins Blickfeld der Inspektoren, die man in den Museen sowie an den zahlreichen Verkaufsstellen für Gadgets, Souvenirs und Bücher kaufen kann. Wieder gibt es

Unregelmäßigkeiten. Den Berechnungen nach fehlen über 10.000 Bildbände. Es handelt sich dabei vorwiegend um Reiseführer, die als Besucherleitfaden in Museen und im Petersdom an Touristen verkauft werden. Sie sind nirgendwo aufzufinden, weder in den Verkaufsstellen noch in den Lagern oder in den Büros. Sie sind verschwunden. Die Experten der Kommission fragen sich: Wurden diese Führer von einem treulosen Mitarbeiter entwendet? Oder steckt hinter dem Fall eine andere, schlimmere Wahrheit?

Ein Steuerparadies, in dem kein Mensch Steuern zahlt

Man befürchtet, dass sich hinter diesen Fehlbeständen ein enormer Finanzbetrug verbirgt. Dazu muss man Folgendes wissen: Das Governatorat stellt kaum bekannte »persönliche Umsatzsteuerbefreiungen« aus. Mit einem solchen Papier können Staatsbürger und Bedienstete des Vatikan Waren oder Dienstleistungen außerhalb des Vatikan zu deutlich niedrigeren Preisen erwerben, weil die Mehrwertsteuer entfällt, die es in 63 Ländern der Welt gibt. Um in den Genuss dieser steuerbefreiten, günstigen Einkäufe zu kommen, ist es erforderlich, dass diese »innerhalb des Vatikanstaates oder von Bewohnern des Vatikan« konsumiert werden.

Die Steuervergünstigung ebnet aber einem möglichen Betrug den Weg. Es könnte jemand vortäuschen, die Waren en gros für den Vatikan zu kaufen (umsatzsteuerfrei), um sie dann einzeln außerhalb des Vatikan zu verkaufen und damit auch den Betrag in die eigene Tasche zu stecken, der gewöhnlich an den Fiskus geht.

Bei den 10.000 verschwundenen Bildbänden könnte es so gelaufen sein, aber möglicherweise ist eine solche Praxis weiter verbreitet. Zum besseren Verständnis spielen wir ein einfaches Beispiel durch: Ein Herr mit »persönlicher Steuerbefreiung« erwirbt im Großhandel 20 Computer, von denen er behauptet, sie seien für die vatikanischen Ämter bestimmt, und zahlt folglich nur den Nettopreis, ohne Umsatzsteuer. Der Herr liefert die Ware aber nicht im Vatikan ab, sondern verkauft sie zum vollen Preis in Italien oder in einem anderen Land der Europäischen Union und verdient dabei jenen Teil, der auf die Umsatzsteuer entfällt und an den Fiskus überwiesen werden müsste, nämlich 20 Prozent. Ein Betrug in Reinkultur. Es besteht also der Verdacht, dass jemand im Vatikan dies missbraucht und solche Käufe nur auf dem Papier tätigt.

Für die päpstliche Untersuchungskommission ist diese Gefahr mehr als eine reine Hypothese. So steht in dem Bericht an die hohen Prälaten: »Jemand könnte die Produkte kaufen und sie ohne jede Kontrolle außerhalb des Vatikan konsumieren oder gar in Italien verkaufen und damit dem Heiligen Stuhl einen erheblichen (nicht finanziellen) Imageschaden zufügen.«[7] Sollte dieser Betrug am Fiskus nämlich eines Tages auffliegen, wäre der Imageschaden beträchtlich. Für den Vatikan wäre es zwar ein »nicht finanzieller« Schaden, wie die Berater der Kommission schreiben, aber dennoch könnte er gefährlich werden.

Der Umstand, dass keine einzelnen Fälle aufgeführt sind, gibt wenig Anlass zu Optimismus, im Gegenteil. Im Vatikan erfolgen solche Käufe »ohne jede Kontrolle«, wie die Beauftragten von Papst Franziskus zu Recht unterstreichen. Wenn niemand kontrolliert, ist es unmöglich, diesen versteckten Handel aufzudecken. Weitere Schatten tun sich bei den Devisengeschäften zwischen Italien und dem Vatikan auf. 2012 wurden 598 Deviseneinfuhr- und 1782 Ausfuhrerklärungen im Vatikan registriert. Im selben Zeitraum gingen beim Zollamt Roma Uno lediglich 13 Einfuhr- und gerade einmal vier Ausfuhrerklärungen für den Vatikan ein. Diese Zahlen könnten das Indiz für eine gewaltige Steuerhinterziehung sein.

Es geht dabei nicht nur um Gesetzesverstöße. Die Sache kann durchaus weitere Implikationen haben. Man ist sich durchaus bewusst, wie sehr solche Vorkommnisse das Ansehen der Kirche beschädigen können. Ohne Kontrollen wie bisher fortzufahren, wird als gefährlich und schädlich eingeschätzt. Die Prüfer des Papstes machen mit Nachdruck deutlich: »Der einzig gangbare Weg zur Verringerung der Risiken, die mit dem Status des Vatikan als Steuerparadies verbunden sind, ist eine Verbesserung der Fiskalpolitik«, heißt es in dem mir vorliegenden Dokument.[8] Solange der Vatikanstaat keine Steuern und Abgaben erhebt, wie dies heute noch der Fall ist, wird er weiterhin als potenzielles Steuerparadies angesehen werden, mit zahlreichen Vorteilen. »An den Eingängen zum Vatikan gibt es nämlich keinen italienischen Zoll, und somit nicht einmal die geringste Form einer Kontrolle. Das nächstgelegene Zollamt befindet sich wahrscheinlich am Flughafen Fiumicino«, stellt der römische Staatsanwalt Nello Rossi fest, der zahlreiche Ermittlungen im Zusammenhang mit dem IOR geführt hat.[9]

Denn wer im Vatikan lebt, zahlt überhaupt keine Steuern. Waren sind von der Mehrwertsteuer befreit und kosten entsprechend weniger. Die Benzinpreise liegen laut dem Bericht von Ernst & Young »etwa 20 % unter denen Italiens (die Treibstoffpreise des Vatikanstaats enthalten keine Verbrauchssteuern / Abgaben)«. Steuerliche Verhältnisse, die Betrügereien zulasten des Fiskus der benachbarten Länder begünstigen könnten.

Es erscheint dringend geboten, »geeignete Kontrollen für die Ausstellung der Steuerbefreiungen« einzuführen, damit nachgeprüft werden kann, wer in deren Genuss kommt, welche Anschaffungen er tätigt und wo die Waren tatsächlich konsumiert oder genutzt werden. Und damit nicht genug. Man denkt gar über eine revolutionäre Veränderung nach. Zum ersten Mal in der Geschichte des Vatikan, in dem es noch nie zuvor Steuern gegeben hat, wird zur Einführung eines Besteuerungssystems geraten. Konkret ist eine radikale Reform im Bereich der Mehrwertsteuer dringend erforderlich. Es ist unvermeidlich, »die Einführung einer Steuer auf die gewerblichen Umsätze in Erwägung zu ziehen«. Das käme einer Zeitenwende gleich.

In der Kurie wird der Vorschlag ohne Begeisterung aufgenommen oder vielmehr nach Strich und Faden boykottiert. Systematische Kontrollen hinsichtlich der steuerlichen Begünstigungen oder eine Steuer auf die Umsätze in den Geschäften einzuführen, würde die Interessen derjenigen berühren, die aus diesem undurchsichtigen System Profit (in Form von Geld, Gefälligkeiten und Macht) schlagen. Auf diese Weise macht sich Franziskus in den vatikanischen Palästen neue Feinde. Feinde, die hinter den Kulissen Sand in das Getriebe streuen, um die Arbeiten der päpstlichen Kommission auszubremsen und ihre Mission zu vereiteln. Tatsächlich kommt vorerst keine der Empfehlungen zu diesem Thema über das Stadium der guten Vorsätze hinaus.

Der den Kardinälen vorgegebene »einzig gangbare Weg« wurde nicht eingeschlagen. Wenn man die Dokumente durchsieht und die Initiativen der Kommission nachverfolgt, fragt man sich unweigerlich: Wird der Papst die Macht haben, im Vatikan eine Finanzpolizei einzurichten? Wird es ihm gelingen, ein Steuerregime einzuführen, mit einer Mehrwertsteuer auf Handelswaren wie in anderen entwickelten Ländern? Oder ist der Vatikan dazu verdammt, ein Offshore-Staat zu bleiben, in dem man keine Steuern zahlt?

Das Problem ist offensichtlich. Bei den Geschäftstätigkeiten gibt es zahlreiche Unregelmäßigkeiten. Es hat den Anschein, als befänden sich die Einwohner des kleinen Kirchenstaats fortwährend im Kaufrausch. Bischöfe und Kardinäle scheinen eine maßlose Leidenschaft für die neuesten Fernsehgeräte und die jüngsten Entwicklungen der Elektronik zu pflegen. Die Zahlen, die ich vor mir habe, sprechen für sich. Schon die Experten von RB Audit Italia hatten das Problem erkannt. Am 9. Oktober 2013 hatten sie einen ersten, informellen Bericht erstellt.

»Es ist ungewöhnlich«, schreibt der Berater Salvatore Colitta, »dass sich im Bereich der Unterhaltungselektronik ein Umsatz von über 4,8 Millionen Euro auf einen einzigen Lieferanten konzentriert, noch dazu einen von lokaler Dimension.« Warum wird ein derart hohes Volumen über einen einzigen Händler bestellt? Es wäre besser, »Vereinbarungen mit den Herstellern zu treffen, die bessere Einkaufskonditionen bei entsprechend günstigeren Verkaufspreisen und höheren Gewinnmargen erlauben würden«, fährt der Bericht fort.

Als wäre dies nicht schon genug, stellt sich heraus, dass die preisgünstigen Läden des Vatikan von Kunden überlaufen sind, die nicht immer über die notwendigen Voraussetzungen verfügen. Um in diesen Läden einzukaufen, braucht man eine »Tessera d'acquisto«, einen den Beschäftigten und Einwohnern des kleinen Staates vorbehaltenen Einkaufsausweis. 5000 Menschen arbeiten im Vatikan, und es gibt gerade einmal 836 Einwohner, von denen die meisten im Vatikan beschäftigt sind und daher bereits zur ersten Gruppe gehören. Somit dürften höchstens 6000 solcher Ausweise in Umlauf sein. Die tatsächliche Zahl der gültigen Ausweise liegt allerdings weitaus höher und ist eigentlich kaum zu rechtfertigen: 41.000 dieser Karten gibt es für ebenso viele Kunden, also beinahe siebenmal so viele, wie es geben dürfte. Eine unglaubliche Zahl.

Wer sind die Inhaber all dieser Ausweise? Was berechtigt sie zum Besitz? Im Vatikan ist es ein offenes Geheimnis: Man kennt zwar keine genauen Zahlen, aber viele haben den Verdacht, dass kaum ein Kunde über die Voraussetzungen verfügt, um innerhalb der vatikanischen Mauern einzukaufen. Doch niemand protestiert dagegen. Im Gegenteil, alle sind zufrieden: Die Kunden können Waren zu Preisen erstehen, von denen man in anderen Ländern nur träumen kann, die Angestellten der Geschäfte freuen sich über ihren sicheren Arbeitsplatz, und das Governatorat sichert sich gewaltige Einnahmen aus den Verkäufen. 2012 waren es 44,5 Millionen Euro: 15,3 Millionen Einnahmen aus den Lebensmittelläden, 13,1 Millionen aus Kraftstoffen, 7,8 Millionen aus dem Verkauf von Bekleidung, 4,8 aus Unterhaltungselektronik und 3,5 Millionen aus Tabakwaren. Mit manchen Unregelmäßigkeiten und Begünstigungen, wie aus den genauen Daten hervorgeht, die von den Analysten von Ernst & Young Spanien erhoben wurden und die ich einsehen konnte:

1. *Supermarkt: sinkende Gewinnmarge (Erträge steigen um + 9 %, aber die Kosten um + 17 %; über 17.000 Produkte bei einer Verkaufsfläche von 900 m^2 (Referenzwert sieht bei 1000 m^2 10.000 Produkte vor).*
2. *Kraftstoffe: 27.000 Personen kaufen Benzin, wobei 550 mehr als 1.800 Liter pro Jahr beziehen. 18 % der Verkäufe werden mit »Dienstausweis« getätigt (ohne Angabe des namentlichen Inhabers).*
3. *Bekleidung und Elektronik: mehr als 16.000 Kunden; über 22.700 Produkte.*
4. *Tabak: über 11.000 Kunden, wovon 278 über 80 Stangen pro Jahr beziehen. 14 % der Verkäufe werden mit »Dienstausweis« getätigt (ohne Angabe des namentlichen Inhabers).*
5. *Apotheke und Parfümerie: Einnahmen um – 17 % gesunken. 30 % der Verkäufe betreffen Parfümerie und Körperpflege; 1900 Kunden täglich.*

»Die Läden im Vatikan sollten geschlossen werden, sie beschädigen den Auftrag der Kirche«

Lassen sich all diese Geschäftstätigkeiten eigentlich mit dem seelsorgerischen Auftrag der Kirche vereinbaren? Hat der Verkauf von Parfüm irgendetwas mit dem Geist des Evangeliums zu tun? Die von Franziskus ausgewählten Fachleute stellen sich auch solche Fragen und bitten die Analysten von Ernst & Young Spanien um eine wirtschaftliche Beurteilung sowie um eine Stellungnahme zur strategischen Ausrichtung. Das Ergebnis lässt sich in einer Übersicht klar und deutlich darstellen. Parfümerie, Verkauf von Unterhaltungselektronik, Tabakwaren, rezeptfreie Produkte der

Apotheke und der Supermarkt werden als [unpassende] »no fit«-Aktivitäten beschrieben. Es handelt sich um Geschäfte, die keinen Beitrag zum biblischen Auftrag leisten. Und durch die Art ihrer Geschäftstätigkeit riskieren sie, das Ansehen und das Image der Kirche zu beschädigen.

Die päpstliche Kommission macht sich diese Warnungen zu eigen. Sie weist Papst Franziskus darauf hin und legt den Finger auf all jene »Geschäftstätigkeiten, die sich mit dem öffentlichen Image des Heiligen Stuhls schlecht vertragen und seinen Auftrag beschädigen: Tabakwaren, Parfümerie, Bekleidung, elektronische Geräte und Benzin«.[10] Ein harter Standpunkt, der für Zweifel keinen Spielraum lässt. Für die Männer des Papstes ist es dem Ansehen der Kirche abträglich, dass im Vatikan Zigaretten, Hi-Fi-Geräte, Parfüms, Damen- und Herrenbekleidung verkauft werden. Die Berater von Papst Franziskus empfehlen radikale Maßnahmen:

Man muss die kommerziellen und kulturellen Tätigkeiten einer Prüfung unterziehen, um die finanziellen sowie Imagerisiken zu minimieren und diese Angebote stärker mit dem Auftrag der Kirche in Einklang zu bringen. [Und daher] all jene Tätigkeiten beenden, die dem Ansehen des Heiligen Stuhls schaden.

Läden, die als unpassend gelten, sollen also geschlossen oder mit dem Ziel umgewandelt werden, »all jene Aktivitäten zu verbessern, die den Auftrag der Kirche stärken: Museen, Philatelie, Numismatik oder Dienstleistungen für Pilger«. Der Papst und seine engsten Vertrauten glauben fest an einen Richtungswechsel, durch den die Museen aufgewertet würden, da diese eine enorme Einnahmequelle darstellen. Die von Ernst & Young vorgelegten Daten sind vielversprechend:

Vatikanische Museen: Anstieg der Erträge um 6 %, während die Kosten um 9 % steigen; 84 % der Einnahmen stammen aus dem

Verkauf von Eintrittskarten, die übrigen 16 % aus der Gastronomie, Souvenirs und der Buchhandlung sowie aus dem Audioguide in den Ausstellungssälen (outgesourcte Tätigkeit). Die Leitung der Museen ist derzeit innerhalb des Governatorats die Direktion mit der größten Personalstärke (etwa 700 Beschäftigte) und mit der höchsten Rentabilität (für 2013 werden Gesamteinnahmen in Höhe von 105 Millionen Euro erwartet). Die Einnahmen der Museen beliefen sich 2006 auf etwa 62 Millionen. Die Gewinne sind von 2006 auf 2012 von 33 auf 54 Millionen gestiegen. 2012 betrug der Gesamtaufwand der Museen etwa 24 Millionen (der Großteil davon für Personal). 2013 werden 5,5 Millionen Besucher erwartet: Die Zahlen unterliegen starken Schwankungen und können von täglich 10.000 bis 22.000–25.000 variieren.

Der Verkauf der Eintrittskarten wirft am meisten ab:

Bei den im Internet erworbenen Eintrittskarten fällt eine Online-Gebühr von 4 Euro an. Dieser Aufschlag wird 2013 etwa 10 Millionen Euro einbringen. Für 2013 wird erwartet, dass der Online-Verkauf 70 % des gesamten Ticketverkaufs ausmachen wird. Ein Großteil der aus den Museen erwirtschafteten Einnahmen (etwa 90 %) stammt aus dem Verkauf der Eintrittskarten. Der Rest stammt aus den sechs Gastronomiebetrieben (von 3,7 Millionen im Jahr 2006 auf 5,2 Millionen im Jahr 2012). Die externe Betreibergesellschaft der Gastronomiebetriebe sichert dem Vatikan 25,5 % der Erlöse zu. Der geltende Vertrag sieht vor, dass die Betreibergesellschaft die für die Gastronomie verwendeten Lebensmittel und Getränke im Vatikanstaat beziehen darf.[11]

Im Vatikan fehlt es aber an der gebotenen Wertschätzung für diese kulturelle Arbeit, die nicht nur mit dem Auftrag der Kirche vereinbar ist, sondern auch ausgezeichnete Gewinnmargen und ein hohes Optimierungspotenzial garantiert.

Zunächst einmal gibt die Zahl der Beschäftigten zu denken: Es handelt sich um etwa 700 Personen. Interne Analysen ergeben, dass man mit einem vernünftigen Personaleinsatz deutlich bessere Ergebnisse erzielen könnte. Am einfachsten wäre es, die Museen auch über das gesamte Wochenende zu öffnen, was die Einnahmen um 30 Prozent hochschnellen ließe.

Doch in den heiligen Hallen zeigt sich für solche Veränderungen niemand besonders empfänglich. Dabei sind die Vorschläge von Ernst & Young an die dem Papst nahestehenden Kardinäle eindeutig:

Die Museen müssen als einer der Pfeiler der wirtschaftlichen Entwicklung des Vatikan angesehen werden. [Es kann nur aufwärts gehen,] wenn man die wesentlichen Leistungsindikatoren und die Vorschläge für potenzielle Wachstumsstrategien betrachtet, wie die Ausdehnung der täglichen und wöchentlichen Öffnungszeiten (Beispiel Sonntagsöffnung), die Vergrößerung der Ausstellungsfläche, die Erhöhung der Eintrittspreise und die Verwertung der »Marke«, um den Verkauf von Handelsartikeln anzukurbeln.[12]

Ein Geheimvertrag mit Philip Morris liegt bereit

Nach Angaben der Weltgesundheitsorganisation (WHO) ist das Rauchen weltweit die zweithäufigste Todesursache und die Ursache, die sich am Leichtesten vermeiden ließe. Laut WHO sterben jährlich fast sechs Millionen Menschen an den Folgen des Rauchens. Über 600.000 davon sind Passivraucher. Demnach tötet das Rauchen alle sechs bis sieben Sekunden einen Menschen auf unserem Planeten. Es handelt sich regelrecht um eine Seuche.

Darum erachten die Männer von Franziskus den Tabakhandel als die negativste der kommerziellen Tätigkeiten. Das Rauchen verursacht Krebs. Es zu fördern oder auch nur zu dulden, dafür darf das Pontifikat von Franziskus nicht stehen. Der Handel mit Tabakwaren ist jene Tätigkeit, die am allerwenigsten mit dem Auftrag der Kirche vereinbar ist und die für ihr Ansehen und ihren Ruf das größte Risiko birgt.

Dieses Risiko besteht keineswegs nur in der Theorie, sondern ist ein ganz konkretes. Am späten Nachmittag jenes 18. November 2013 ist dies deutlich zu spüren, als Sabatino Napolitano von der Direktion für die Wirtschaftsdienste des Governatorats und der leitende Angestellte Enrico Bartelucci den Fachleuten von Ernst & Young über zwei Stunden lang die verschiedenen Geschäftstätigkeiten des kleinen Staates erläutern. Die beiden ahnen nicht, dass die Cosea-Mitglieder auf verblüffende Dokumente gestoßen sind, die bei den Mitarbeitern des Papstes die Alarmglocken schrillen lassen. Gespannt waren sie nun auf die Antworten, die die beiden zum Tabakhandel liefern.

Die Laien der Kurie versuchen zu beruhigen. Sie garantieren, wie es in dem gleich nach der Besprechung verfassten Bericht heißt, dass »die Vatikanstadt keine verkaufsfördernden Maßnahmen für Tabakwaren setzt«. Man wirbt also nicht dafür. Man fördert nicht das Rauchen. Man regt nicht zum Verkauf von Zigaretten an. Man beschränkt sich daher nur auf den Verkauf? Die Wahrheit sieht leider anders aus. Der Vatikan hat wie jeder andere Staat ein starkes Interesse daran, so viele Zigarettenpackungen wie möglich zu verkaufen. Ein Schriftwechsel vom Februar 2013, der Monate später den Mitgliedern der Kommission in die Hände fällt, macht dies deutlich.

Es sind die letzten Tage des Pontifikats Benedikts XVI. Am 11. Februar 2013 kündigt der Papst seinen Rücktritt an und löst damit bei den Gläubigen innerhalb wie außerhalb der Mauern, in jedem Winkel der Welt, Überraschung und Bestürzung aus. In denselben Tagen erreicht die Kurie ein Geschäftsvorschlag, der nicht gerade mit dem Evangelium im Einklang steht. Am 21. Februar schickt einer der Zigarettenlieferanten des Vatikan an die Direktion des Governatorats eine E-Mail (vgl. Dokument 5, S. 320). Der Betreff ist eindeutig: »Vereinbarungen 2013«. Im Text werden detailliert die Vergünstigungen aufgelistet, die beim Erreichen bestimmter Verkaufsmengen gewährt werden sollen:

Sehr geehrte Direktion, unter Bezugnahme auf das geführte Telefongespräch bestätigen wir Ihnen wie folgt:
1. *Bonus Target*
   – Jahresumsatz von 1.700.000,00   Euro 12.000
   – Jahresumsatz von 1.800.000,00   Euro 14.000
2. *Beitrag Markteinführung Winston*
   Wir nehmen Ihre Zustimmung zur Markteinführung der zwei Winston (Winston One und Winston Silver) zur Kenntnis und bestätigen Ihnen 4.000 Euro als Sonderbeitrag (2.000 Euro pro Referenz)
3. *Dannemann-Zigaretten*
   Eigentlich haben wir hierfür kein Budget zur Verfügung, da wir aber glauben, dass dieses Produkt für Sie interessant sein kann, sind wir bereit, Ihnen zur Einführung einen Beitrag in Höhe von 1.000 Euro zu gewähren.
Für weitere Informationen stehen wir gern zur Verfügung.
Paolucci & C. International SpA.[13]

Das Einzige, was die Leiter des Governatorats in ihrer Antwort zu beanstanden haben, betrifft die Klausel zu den Dannemann-Zigaretten, die sofort abgelehnt wird. Napolitano schreibt: »Das ist nicht möglich. Okay nur zu denselben Bedingungen.« Ansonsten ist alles in Ordnung.

Mir ist nicht bekannt, ob und in welcher Form der Vorschlag angenommen wurde. Ich weiß aber mit Sicherheit, dass es Verhandlungen mit den Größen der Tabakindustrie gab, um höhere Erträge zu erzielen. Und zwar wenige Wochen später, im März 2013. Das Konklave ist schon voll im Gang. Aus aller

Welt sind die Kardinäle angereist, um den neuen Papst zu wählen. Am Abend des 13. März stimmt die Mehrheit der Kardinäle im fünften Wahlgang für Jorge Bergoglio. In der Zwischenzeit laufen die Geschäfte ohne Unterbrechung weiter. Geschäft ist Geschäft. Vom selben Tag, mit demselben Datum gibt es ein Schreiben mit dem Briefkopf der mächtigen Tabakholding Philip Morris. Das Schreiben macht sprachlos. Auf den ersten Blick handelt es sich um einen Handelsvertrag mit einjähriger Laufzeit. Es werden Vertragspartner, Bedingungen und Vergütungen angeführt:

Das Governatorat verpflichtet sich zu absatzfördernden Maßnahmen für die Zigaretten der Marke Philip Morris International (PMI). Für die Erbringung dieser Leistungen gewährt die Philip Morris International Services Sarl, Filiale Rom, dem Governatorat eine Vergütung gemäß den in diesem Vertrag festgelegten Bedingungen und Konditionen. Das Governatorat hat jeden Monat folgende Daten zu übermitteln:
- *Absatzmenge (COT) für jede Marke in den Duty-Free-Läden des Vatikanstaats.*
- *Laufende und/oder bereits durchgeführte wettbewerbsfähige Werbekampagnen, Markteinführungen von Produkten und Aktionen in Bezug auf Einzelverkaufspreise.*
- *Die vom Governatorat erhaltenen Informationen sind als vertraulich zu behandeln und ausschließlich für interne Zwecke zu verwenden, es sei denn für Philip Morris Rom entsteht die Notwendigkeit, diese Informationen zu verbreiten [...].*

Für die Erbringung der genannten Dienstleistungen gewährt PMIS Rom der Gesellschaft eine Vergütung in Höhe von 12.500 Euro, die an PMIS Rom in Rechnung zu stellen ist. Die Rechnung ist an das PMI Service Center Europe Sp Z.o.o. in Al. Jana Pawla II 196 Krakau, Polen, zu senden. Die Überweisung der Zahlung hat auf das auf den Namen des Governatorats lautende Girokonto in Deutschland zu erfolgen.

Der Vertrag ist jedoch nicht unterschrieben. Es ist davon auszugehen, dass es sich um den Entwurf einer Vereinbarung handelt, die nicht zustande kam. Die von den Mitgliedern der Kommission durchgeführte Rechnungsprüfung hat aber möglicherweise noch Schlimmeres zutage treten lassen. Bei der Rechnungsprüfung wurden nicht unterzeichnete Verträge überprüft, um herauszufinden, ob sie möglicherweise doch in Kraft wären. Das klingt unglaublich, ist aber so.

Und das ist noch nicht alles. Es sind Verträge zum Vorschein gekommen, die auf bestimmte Beträge lauten, deren Beträge aber mit Nachträgen vom selben Tag oder einem unmittelbar darauffolgenden halbiert wurden. Falls also ein Vorgesetzter den Vertrag mit diesem befreundeten Unternehmen lesen wollte, würde er den offiziellen bekommen. Ohne den Nachtrag, der wie durch Zauberhand die Beträge reduzierte, die an den Heiligen Stuhl zu zahlen wären. Ein richtiger Betrug. Bei Mietverträgen ist dies mehrfach vorgekommen. Die Verträge geben eine bestimmte Summe an, und im Archiv findet sich ein Nachtrag, der den Wert halbiert.

Fest steht, dass diese beiden Dokumente den Cosea-Mitgliedern nicht auf anonyme Weise zugespielt werden. Derjenige, der ihre Würdigung durch die päpstliche Kommission für nötig hält und die E-Mail mit den Verkaufsanreizen und das Schreiben mit dem Briefkopf von Philip Morris vorlegt, ist Francesco Bassetti, ein Laie, der seit 1999 als Buchprüfer im Vatikan arbeitet. Mutig bringt er seinen Vorgesetzten Papiere, für die es keine Erklärung zu geben scheint.

»Behindert nicht die Mission des Papstes«

Seit Franziskus Papst ist, weht ein anderer Wind. Die Vertragsentwürfe mit den mächtigen Tabakkonzernen werden aufmerksam geprüft, und die Haltung hat sich ganz allgemein gewandelt. Die

»sanfte Revolution« von Papst Franziskus reibt sich an Mentalitäten, die ganz anderes im Sinn haben.

Dennoch setzt sich in den heiligen Palästen keineswegs immer der Wille des Papstes durch. Papst Luciani, der für Wandel stand, wollte die Kurie zu einer Zeit reformieren, als ganze Gruppen hoher Prälaten im Ruch standen, Freimaurer zu sein. Er starb auf mysteriöse Weise nur 33 Tage nach seinem Amtsantritt. Papst Wojtyla engagierte sich einerseits auf jede nur erdenkliche Weise gegen die kommunistischen Regimes, andererseits merkte er nicht, dass seine Hausbank, das IOR, in die schlimmsten Geldwäschegeschäfte des 20. Jahrhunderts verstrickt war. Ähnlich erging es Benedikt XVI., der angesichts der Intrigen im Vatikan, der Korruption und der weltweiten Glaubenskrise die historische Entscheidung traf, das Ruder des Schiffs Petri einem anderen Hirten zu überlassen.

Heute, fast drei Jahre nach dem Amtsantritt von Papst Franziskus, hat es noch keine Reform des Governatorats gegeben. Die Läden, die dem Auftrag der Kirche fernstehen, sind immer noch geöffnet, sie werfen Gewinne ab und versorgen Tausende von Menschen, die mit der Rabattkarte einkaufen, auch wenn sie nicht die Voraussetzungen dafür vorweisen können. Die Museen wurden nicht vergrößert, wie Ernst & Young empfohlen hatte. Sie bleiben sonntags weiterhin geschlossen, außer am letzten Sonntag im Monat von 9 bis 14 Uhr, wenn auch bei freiem Eintritt.[14]

Dabei hatte der Heilige Vater in der Besprechung vom 27. November im Governatoratspalast klare Vorgaben gemacht. Auf der einen Seite saßen die Analysten von Ernst & Young, angeführt von Andrés Gomes, Senior Manager von EY Spanien, auf der anderen die Mitglieder der Kommission, angefangen vom Koordinator, Monsignore Vallejo Balda, bis zu Enrique Llano Cueto und Filippo Sciorilli Borrelli. Vallejo Balda machte unmissverständlich klar, nach welchen vier wesentlichen Kriterien die Reform des Governatorats erfolgen müsse:

1. *Unabhängigkeit des Papstes (im Sinne einer Handlungsfreiheit und als Mittel, um seine Arbeit durchführen zu können, nicht als Selbstzweck).*
2. *Die Tätigkeit [des Governatorats] mit dem Auftrag seiner Heiligkeit und mit der Mission der Universalkirche in Einklang zu bringen.*
3. *Struktur und damit verbundene Risiken (wirtschaftliche sowie für das Ansehen) sollen sich entsprechen.*
4. *Nachhaltigkeit / Finanzieller Beitrag.*

Diese vier strategischen Grundsätze, die Papst Franziskus wollte und den Männern von Ernst & Young vorgab, stehen bislang allerdings nur auf dem Papier, wie ich rekonstruieren konnte.

Die Lage ist komplex, manche Aspekte weisen geradezu kafkaeske Züge auf. Der australische Kardinal George Pell, den Papst Franziskus bald darauf zum Regierungsbevollmächtigten des vatikanischen Wirtschaftsgeschehens machen sollte, weiß davon ein Lied zu singen. Pell gehört zur neuen Führungsmannschaft. Er beginnt, die Finanzlage zu überprüfen, verlangt Transparenz und teilt die Linie von Papst Franziskus: eine Kirche ohne Privilegien, die auf der Seite der Armen und der Bedürftigen steht.

Am 26. März 2014 wendet sich der neue Sekretär des Governatorats, Bischof Fernando Vérgez Alzaga, an Pell und gratuliert ihm auf das Herzlichste, dass er praktisch zum Generalbevollmächtigten für die Finanzen des Papstes ernannt wurde. Er schreibt ihm einen erhellenden Brief, der es verdient, von der ersten bis zur letzten Zeile gelesen zu werden:

Hochwürdigste Eminenz,
zunächst möchte ich Sie bitten, meine herzlichste Gratulation zu Ihrer Ernennung zum Präfekten des Sekretariats für Wirtschaftsangelegenheiten entgegenzunehmen. Gleichzeitig ist es mir eine Ehre, Ihre Eminenz davon zu unterrichten, dass zugunsten der

hochwürdigsten Kardinäle die folgenden Vergünstigungen vorgesehen sind:
- *Der Erwerb von Lebensmitteln in einem Umfang, der dem Bedarf des Haushalts entspricht, im Spaccio Annona oder im Magazzino Comunità mit einem Rabatt von 15 %.*
- *20 % Ermäßigung auf den Listenpreis bei 200 der monatlich insgesamt 500 zustehenden Päckchen Zigaretten.*
- *20 % Ermäßigung auf den Listenpreis im Bereich Bekleidung.*
- *Eine Zuteilung von 400 Litern Kraftstoff monatlich zu folgenden Sonderpreisen:*
  a) Gutscheine zur internen Verrechnung 100 l.
  b) Sonderpreisgutscheine (15 % Rabatt auf den geltenden Preis) 300 l.
- *mit Kardinalsgutscheinen (in weißer Farbe) zu beantragen und an den Tankstellen innerhalb der Vatikanstadt einzulösen.*
- *und/oder mit Gutscheinen, die an externen Tankstellen des Agip-Netzes der ENI außerhalb Roms nur mit Fahrzeugen verwendet werden können, die ein SCV-, CV- oder CD-Kennzeichen tragen. Um die letztgenannte Zuteilung zu nutzen, wäre es gut, wenn eine von Ihnen beauftragte Person sich mit dem Kraftstoffamt der Direktion für die Wirtschaftsdienste des Governatorats in Verbindung setzen würde. Ich stehe Ihnen für jede weitere Frage zur Verfügung und nutze gern die Gelegenheit, um mich mit ergebener Hochachtung Ihrer hochwürdigsten Eminenz zu empfehlen als Ihr ergebenster Fernando Vérgez Alzaga*

Auch unter Franziskus werden der Führungsschicht der Kurie Privilegien und Vergünstigungen angedient und zugesichert, selbst den treuesten Gefolgsleuten des neuen Papstes. Kardinal Pell empfindet Bitterkeit, als er das Schreiben im Archiv ablegt. Doch im darauffolgenden Oktober überlässt jemand aus dem Vatikan dem Journalisten Marco Ansaldo von der Tageszeitung

La Repubblica eine Kopie des Schreibens. Der Vatikanist bemerkt in seinem Artikel, dass man kaum je einen Kardinal hat rauchen sehen. An wen gehen also alle diese Zigarettenstangen? Ansaldo schließt nicht aus, dass sie weiterverkauft werden, wobei der Rabatt als Gewinn eingestrichen wird: »Manche unterstellen süffisant, die Stangen würden auf eBay verkauft.«

6. Das gewaltige Immobilienvermögen des Vatikan

Einbruch durch die Wand

Die katholische Kirche besitzt bekanntlich ein unermessliches Immobilienvermögen wie sonst niemand auf der Welt. Aber kein Mensch weiß, wie viel es wert ist, nicht einmal innerhalb der Kurie. Die Bilanzen des Vatikan enthalten zwar einige Zahlen, aber die Mitglieder der von Papst Franziskus eingesetzten Kommission stellen fest, dass sie nicht stichhaltig sind. Allein das Vermögen der vatikanischen Güterverwaltung APSA mit ihren Gewerbeobjekten, Wohnhäusern und Liegenschaften institutioneller Einrichtungen ist siebenmal mehr wert, als es in den Büchern ausgewiesen ist. Und der Marktwert allein des APSA-Vermögens beläuft sich auf 2,7 Milliarden Euro, wie die Cosea-Kommission erstmals genau zu ermitteln vermochte.

Von Sorglosigkeit und Listenreichtum ist die Verwaltung der Miet- und Pachtverhältnisse geprägt, und zwar nicht nur bei Objekten, die Amtsträgern des Heiligen Stuhls überlassen werden. Von den fürstlichen Residenzen einiger Kardinäle zum Nulltarif haben wir schon erfahren. Auch bei zahlreichen Wohnungen, die an Dritte, an Mitarbeiter oder einfach an Freunde vermietet werden, herrschen ähnliche Verhältnisse. Ich hatte exklusiven Einblick in sämtliche Miet- und Pachtverhältnisse der APSA. Bei etwa 5.000 Immobilien, die sich zum Großteil in zentralen Lagen Roms oder in der Vatikanstadt befinden, liegen die Mieten bei unter 1.000 Euro monatlich. Hunderte von Mietverhältnissen fallen unter einen Posten, der mit »A0« bezeichnet wird, eine Abkürzung, die für »Affitto zero« oder »Nullmiete« steht, wie aus den von mir gesichteten Unterlagen hervorgeht. Ebenso viele Mieter zahlen eine Miete von weniger als 100 Euro jährlich. Sie haben richtig gelesen: jährlich. Einer insbesondere, der angesichts der Lage seiner Wohnung mitten im Zentrum Roms zu den Glücklichsten zählt, zahlt 20 Euro Miete im Jahr. Seine Wohnung gilt in der Kurie als Statussymbol, das belegt, wie bedeutend ihr Bewohner wirklich ist.

Auch Gefälligkeiten und prinzipienlose Entscheidungen sind an der Tagesordnung. Die Kommission entdeckt, dass eine der größten italienischen Banken, die Banca Intesa, für eine angemietete Niederlassung eine Kaution von lediglich 1.864 Euro an den Vatikan gezahlt hat. Gemessen an den Erfahrungen jedes einfachen Bürgers sind das unannehmbare Zustände, die man nur als grotesk und widersinnig bezeichnen kann. Dies alles konnte ich dank der vertraulichen Unterlagen der Gefolgsleute von Papst Franziskus dokumentieren.

Bevor ich aber näher auf die Verwaltung dieses gigantischen Immobilienvermögens eingehe, möchte ich einige bis heute unveröffentlichte Geschichten erzählen, die anschaulich zeigen, mit welcher Atmosphäre und mit was für Leuten der Papst und seine Mannschaft es zu tun haben. Die unglaubliche Gier der Prälaten scheint keine Grenzen zu kennen, wie die folgende Episode zeigt, in deren Mittelpunkt seine hochwürdigste Exzellenz, Bischof Giuseppe Sciacca, steht. Ausgerechnet er, der Mann, den Benedikt XVI. am 3. September 2011 zum Generalsekretär des Governatorats ernannte. Sciacca, Jahrgang 1955, stammt aus der kleinen Gemeinde Aci Catena in der Provinz Catania auf Sizilien und scheint eine Schwäche für komfortable und vor allem sehr geräumige Wohnungen zu haben.

Der Bischof liebt es, Cocktailpartys und Abendessen für seine Freunde zu veranstalten, betrachtet aber sein schönes Apartment in der Vatikanstadt dafür wohl als unzulänglich. Diese Wohnung im Palazzo San Carlo, die zuvor der mit Papst Wojtyla befreundete und im September 2011 gestorbene polnische Kardinal Andrzej Maria Deskur bewohnte, kostet ihn natürlich nichts.

Wir sind im Jahr 2012 und der hohe Prälat bekleidet seit mehreren Monaten das renommierte Amt jener Körperschaft, die für die Ausgaben und Bauaufträge zuständig ist. Sein langjähriger Freund Tarcisio Bertone hatte Benedikt XVI. überredet, die heikle Rolle als Nummer zwei des Governatorats ihm, Sciacca, anzuvertrauen. Ratzinger ernannte ihn zum Nachfolger des bisherigen Sekretärs, Erzbischof Carlo Maria Viganò, der versucht hatte, wie ich in *Seine Heiligkeit* zeige, die Finanzen in Ordnung zu bringen. Er zeigte doppelte Kosten für Bauaufträge, völlig überhöhte Ausgaben und manche Vorfälle echter Diebereien auf. Hierfür wurde Viganò nach einem strammen Kräftemessen mit Kardinal Bertone als päpstlicher Nuntius nach Washington versetzt. Er hatte sich zu viele Feinde gemacht, zu viele Interessen gestört. Die Kurie kennt kein Pardon.[1]

Sciacca versprach offenkundig eine wertvolle Kontinuität mit dem Staatssekretariat. Er wurde damit zum Stellvertreter des Präsidenten, Kardinal Giuseppe Bertello, der ebenfalls Italiener ist und das Vertrauen von Kardinal Bertone genoss, so wie fast alle Inhaber von leitenden Funktionen der verschiedenen Dikasterien, die sich mit den Finanzen der Kirche befassen.

Bertone genoss damals in der Kurie fast uneingeschränkte Macht und es gelang ihm, nach und nach italienische Kardinäle und Bischöfe seines Vertrauens in die strategisch wichtigsten Positionen zu hieven. Diesen Machtblock hatte Ratzinger Papst Franziskus als Erbe hinterlassen, und seither kommt es zwischen der alten Seilschaft und dem neuen Papst immer wieder zu Konfrontationen.

Sciacca leidet also unter dieser Wohnung, die er als zu bescheiden empfindet. Er möchte ein anderes, einladenderes und geräumigeres Apartment, weiß aber nicht, wie er es anstellen soll. Es bleibt ihm nichts anderes übrig, als auf eine günstige Gelegenheit zu warten. Und eines Tages bietet sie sich endlich. Es braucht nur ein wenig Zynismus und Gerissenheit, und schon ist es geschafft. Der Prälat weiß, was er zu tun hat, und mit der Flinkheit eines Beutejägers entwirft er einen derart waghalsigen Plan, dass man die Geschichte auch heute noch kaum glauben mag.

Als Zielperson hat sich Sciacca seinen Nachbarn ausgesucht, einen sanften, greisen Pfarrer mit angeschlagener Gesundheit, der mit einer Ordensschwester lebt und schon seit geraumer Zeit das Haus nicht mehr verlässt. Niemand sieht ihn mehr im Vatikan spazieren gehen. Der Sekretär holt Informationen ein. Er möchte herausbekommen, was dem armen Priester widerfahren ist, und er erfährt, dass dieser seit Monaten auf ärztliche Behandlung und Kontrollen angewiesen ist. Sciacca findet heraus, dass er gerade im Krankenhaus liegt. Er braucht dringende fachärztliche Untersuchungen. Die Gerüchte über seinen Gesundheitszustand machen die Runde und bauschen sich auf. Viele sehen ihn bereits im Sterben liegen, andere gehen davon aus, dass er nur schwerlich in seine Wohnung wird zurückkehren können. Und was macht Sciacca? Mit einem überraschenden Schachzug holt er die Baufirma seines Vertrauens heran und weist sie an, in die Trennwand zur Nachbarwohnung eine Öffnung zu schlagen, um die beiden Wohnungen miteinander zu verbinden. Er braucht weitere wertvolle Quadratmeter, um seine Wohnung behaglicher zu machen. Etwas verwundert machen sich die Maurer an die Arbeit. Nach wenigen Stunden ist der Zugang zur Wohnung des Priesters hergestellt. Wie durch ein Wunder hat das Apartment des Sekretärs des Governatorats einen Raum gewonnen, der sich als Salon verwenden lässt. Dafür schrumpft die Wohnung des gebrechlichen Priester entsprechend, der von der Sache gar nichts weiß.

Noch mehr verwundert, dass Sciacca nicht nur den Raum, sondern auch seine Möbel »einverleibt«. Diese stammen aus der sogenannten »Floreria«, dem Amt, das unter anderem für die Innenausstattung der Räumlichkeiten der kirchlichen Nomenklatura zuständig ist und ausgerechnet dem von ihm befehligten

Governatorat untersteht. Die persönlichen Gegenstände des Priesters hingegen werden in einige Kartons gepackt und im Flur der Wohnung abgestellt, als stünden sie für einen Umzug bereit. Schließlich wird noch die Tür zugemauert, die den »eroberten« Raum mit dem Rest der Nachbarwohnung verbindet.

Die Geschichte löst in der Kurie natürlich Erstaunen, Gelächter und Unmut aus. Vor allem als der alte Priester, der keine Anstalten macht, das Zeitliche zu segnen, in seine Wohnung zurückkehrt. Man kann sich seine Verwunderung vorstellen. Kaum öffnet er die Wohnungstür, merkt er, dass etwas nicht stimmt. Er findet die Wohnung verändert vor, ein Zimmer fehlt. Aber der Mann ist zu alt, um sich zu beschweren und Gerechtigkeit zu fordern.

Die mutige, treue Ordensschwester hingegen ist nicht gewillt, klein beizugeben. Sie vertraut sich anderen Nonnen an und verlangt Aufklärung. Viele raten ihr, vorsichtig zu sein und sich nicht zu exponieren. Doch sie kann sich mit dieser Ungerechtigkeit nicht abfinden und wendet sich direkt an den Papst. So schreibt sie einen leidenschaftlichen Brief an Benedikt XVI., in dem sie die ganze Geschichte erzählt und um Gerechtigkeit und Barmherzigkeit bittet. Doch es sind Ratzingers letzte Monate als Papst, und nach wenigen Wochen ändert sich die Lage unumkehrbar: Der greise Priester stirbt, Franziskus steigt auf den Thron Petri, und es werden andere Saiten aufgezogen.

Bischof Sciacca wird vom Heiligen Vater kaum fünf Monate nach dessen Amtsantritt »abgesetzt«. Von einem Tag auf den anderen stellt man ihm die Nachricht über seine Versetzung in ein neues Amt zu. Innerhalb weniger Tage muss er sein Büro im Governatorat räumen und seine neue Stelle antreten. Es soll jetzt alles so schnell gehen, dass man mit Sciaccas Versetzung nicht einmal wartet, bis in der Nomenklatur der Macht des Heiligen Stuhls eine angesehene Position frei wird. Man schafft für ihn ad personam den neuen Rang eines Beigeordneten Sekretärs beim Obersten Gerichtshof der Apostolischen Signatur, dem Höchstgericht, das für die kirchlichen Rechtssachen und die Verwaltungsgerichtsbarkeit zuständig ist, mit dem Präfekten Kardinal Raymond Leo Burke an seiner Spitze. Scicca tritt die Stelle am 24. August 2013 an, im Schatten jenes Kardinals, den Papst Franziskus nicht mag. Die Kluft zwischen Burke und Bergoglio rührt vor allem von theologischen Meinungsverschiedenheiten her, da der 1948 in Wisconsin geborene Kardinal die Messe ungeachtet der Liturgiereform nach römischem Ritus feiert. Auch er wird im Zuge der »sanften Revolution« von Papst Franziskus, die das ganze Jahr 2014 über anhält, abgesetzt.

Doch zurück zu der »vergrößerten« Wohnung: Was geschieht damit? Durch den Verlust seiner Position im Governatorat ist der Bischof aufgerufen, rasch aus seiner Repräsentationswohnung auszuziehen, die ein anderer Prälat erhält. Geschichten wie diese, die hier zum ersten Mal an die Öffentlichkeit gelangt, erreichen auch das Gästehaus Santa Marta und verschlagen Papst Franziskus die Sprache. Sie bringen auch schlechte Gewohnheiten ans Licht, gegen die nie mit der nötigen Strenge vorgegangen wurde. Kardinal Santos Abril y Castelló erzählt Franziskus sowie mit dem argentinischen Papst befreundeten Priestern und Prälaten, was er gleich nach seiner Ernennung zum Erzpriester der Basilika von Santa Maria Maggiore entdecken musste. Kämmerer und Verwalter der Güter dieser bedeutenden Kirche ist der polnische Prälat Bronislaw Morawiec, der, wie wir gesehen haben, wegen schwerer Unregelmäßigkeiten seiner Verwaltung angeklagt wurde. Aus den Kassen der Basilika, die über ein großes Vermögen verfügt, soll er beträchtliche Mittel veruntreut haben. Die vom neuen Erzpriester in die Wege geleitete Untersuchung führt zu einer Art Inventur, um zu ermitteln, was und wie viel veruntreut wurde.

Es fehlt der Schlüsselbund zu einer Wohnung des Nachbarhauses, in dem Priester und Kapitulare wohnen. Die Wohnungstür ist geschlossen, der Treppenabsatz wirkt aufgeräumt. Offiziell ist das Appartement nicht vermietet, sie steht im Bedarfsfall zur

Verfügung. Allerdings nur auf dem Papier, denn als es gelingt, sich Zugang zu verschaffen, ist die Überraschung groß. Es stellt sich heraus, dass die Wohnung seit geraumer Zeit bewohnt ist. Der Kanoniker, der eine Etage tiefer wohnt, hatte ein Loch durch die Decke brechen lassen, um die beiden Wohnungen über eine Wendeltreppe miteinander zu verbinden. Die Treppe hatte er immerhin auf eigene Kosten angeschafft. So hat er es geschafft, unbemerkt die Größe seiner Wohnung zu verdoppeln, und wohl gehofft, dass niemand es je bemerken würde. Nach der Entdeckung der unbefugten Verbindung ergeht Mitteilung an die Oberen. Es vergehen Tage, bis wieder geordnete Verhältnisse herrschen.

Das schwarze Loch des Immobilienvermögens

Es handelt sich keineswegs um Einzelfälle. Das unermessliche Immobilienvermögen des Vatikan durchkreuzt die Pläne von Papst Franziskus und erweist sich als weiterer Stachel im Fleisch seines Pontifikats. Es stimmt schon, in ihrer jüngeren Geschichte hatte die katholische Kirche bei der Verwaltung ihrer Besitztümer nie eine glückliche Hand. Ob unter Johannes Paul II. oder unter Benedikt XVI., die Bewirtschaftung von Klöstern, Häusern und Kirchen erfolgte stets ohne eine gemeinsame Linie und war von Verschwendung, Günstlingswirtschaft und manchmal von echten Skandalen geprägt. Jahrzehntelang blieben die Probleme unangetastet, die Lösung wurde aber von Papst zu Papst aufgeschoben. Alles blieb, wie es war, sodass wer mächtiger und gerissener war, von der allgemeinen Unaufmerksamkeit profitieren konnte.

Zunächst einmal fehlen die grundlegenden Daten. Das fängt mit dem wichtigsten, dem Verkehrswert der Immobilien, an. Das Vermögen ist enorm, aber niemand weiß, was es wert ist. Es fehlt eine vollständige Bestandsaufnahme der Vermögenswerte sämtlicher Teilorganisationen des Vatikan, der Körperschaften und der religiösen Orden der Weltkirche: ein allgemeiner Kataster, der in einheitlicher Weise alle Vermögenswerte erfasst. Die Datenbanken der Dikasterien verfügen zwar über Bestandsaufnahmen, sie erfassen in ihren Listen und Beschreibungen aber nur einen Teil des Ganzen. Nicht alle Vermögenswerte sind dort aufgeführt. Nicht von jeder Einheit stehen alle wesentlichen Angaben zur Verfügung. Auch aus diesem Grund kann es potenziell unzählige solcher Geschichten wie jene von Bischof Sciacca geben.

Dabei geht es nicht um religiöse Orden mit Besitzungen in irgendwelchen verlorenen Ecken Afrikas, sondern um die Kurienbehörden im Vatikan, dem Herzen der Theokratie. Ich habe die interne Datenbank der APSA durchsucht, die ein Portfolio von 5050 Einheiten, darunter Wohnungen, Büros, Geschäftslokale und Grundstücke im Gemeindegebiet von Rom verwaltet. Es handelt sich um eine höchst vertrauliche Datenbank, zu der ich Zugang bekommen habe und aus der ich nun einiges der Öffentlichkeit preisgeben kann. Man stelle sich nur vor, dass die Bilanz der APSA bis zum Jahr 2014 nicht einmal veröffentlicht wurde.

Beim Durchforsten dieser Daten entdeckt man viele interessante Details. Zunächst, dass niemand innerhalb des Vatikan den aktuellen Stand des Portfolios kennt oder unter Kontrolle hat. Bei fast der Hälfte der Liegenschaften sind die angegebenen Daten unvollständig. Häufig ist nicht einmal die Nutzfläche angegeben. Bei über 50 Prozent der Immobilieneinheiten, in exakt 2685 Fällen, ist die Größe der Wohnung oder des Geschäftslokals nicht verzeichnet. Folglich lässt sich auch nicht beurteilen, ob die Höhe der Miete angemessen ist. In vielen anderen Fällen fehlt die Angabe der genauen Lage innerhalb eines Hauses oder die Höhe der bezogenen Mieten. Dieser Zustand macht es unmöglich, die Rendite zu optimieren, und bei den Immobiliengeschäften, ob abgestoßen oder investiert werden soll, eine effiziente Strategie zu verfolgen.

Hervorzuheben bleibt auch, dass auf dem weltweiten Immobilienvermögen der Kirche Steuern lasten können, wodurch die Mieterträge deutlich geringer ausfallen. Kardinal Domenico Calcagno, Präfekt der APSA und Anhänger Bertones, spricht diesen Punkt in einem Schreiben vom 30. Juli 2013 an den Vorsitz der päpstlichen Kommission an:

Es gibt bewegliche und unbewegliche Vermögenswerte, die nicht im Portfolio der APSA aufscheinen, obwohl sie verschiedenen Einrichtungen der römischen Kurie zuzurechnen sind (beispielsweise gibt es Liegenschaften, die auf die Apostolische Kammer oder das Kardinalskollegium lauten – die Liste ist nicht vollständig), umgekehrt gibt es Immobilien, bei denen das Eigentumsrecht formell zugunsten des Heiligen Stuhls eingetragen ist, an denen jedoch schon seit geraumer Zeit, oft ohne vertraglichen Rechtstitel, der Nießbrauch oder Nutzungsrechte für Pfarreien oder religiöse Institute bestehen. [...] Heikle Fragen hinsichtlich der steuerlichen Behandlung ebenso wie der sich aus dem Besitz der Güter ergebenden allgemeinen Haftung sind derzeit ungelöst. [...] Diese Immobilien gelten zwar als steuerbefreit, da man »formell« erklärt hat, sie würden »religiösen Zwecken dienen«, eigentlich werden sie aber in vielen Fällen zu unterschiedlichen (auch gewerblichen) Zwecken genutzt, ohne dass eine Kontrolle oder Erfassung durch diese Verwaltung möglich wäre, die von der tatsächlichen, konkreten Nutzung der Wirtschaftsgüter keine Kenntnis hat. Die erwähnte steuerliche Problematik ist von erheblicher Bedeutung, da die Steuerbefreiung nur im engen Zusammenhang mit der Nutzung »zu religiösen Zwecken« anerkannt wird: Sie entfällt, wenn das Wirtschaftsgut dieser Nutzung entzogen wird, mit der Folge, dass die APSA möglichen Steuerprüfungen ausgesetzt wäre.

Ein weiterer Haken: Der Immobilienbestand nutzt sich unweigerlich ab, die nötigen Sanierungsarbeiten machen den Erhalt sehr kostspielig. Im Haushaltsjahr 2014 beispielsweise hat die APSA 4,5 Millionen Euro für geplante, außerordentliche Instandhaltungsmaßnahmen und weitere 4,7 Millionen Euro für Bauarbeiten an von eigenen Behörden genutzten Gebäuden wie etwa dem Palazzo del Sant'Uffizio budgetiert. Allein diese eine Körperschaft muss in einem Jahr mindestens 9,2 Millionen Euro für Instandhaltungsmaßnahmen budgetieren.

Wenn das Governatorat eine Baumaßnahme beschließt, kommen außerdem nicht immer die Vergabeverfahren zur Anwendung, die in den meisten Ländern der europäischen Union gebräuchlich sind. Sehr oft werden die Baufirmen im Wege der »Direktvergabe« beauftragt, und es erfolgt eine freihändige Vergabe, die einen großen Ermessensspielraum lässt. Auf diese Weise werden keine Kostenvoranschläge eingeholt, um den Bestpreis zu ermitteln. Wie soll man auf diese Weise die Kosten unter Kontrolle halten?

Papst Franziskus selbst hatte diesen Missstand auf einem Symposium im Juli 2013 vor den versammelten Kardinälen angeprangert. In ihren Untersuchungen zu den Wirtschaftsgütern kommt die päpstliche Cosea-Kommission Monate später zum selben Ergebnis. Ein Beispiel ist die außerordentliche Instandhaltung der institutionell genutzten APSA-Gebäude in der Haushaltsplanung 2014. Von vielen der geplanten Baumaßnahmen weiß man nicht, was sie kosten werden. Vor allem von jenen, die »verschiedene Arbeiten an Bausubstanz, Haustechnik, Einrichtung und Sanierung zum Erhalt der Brandschutzbescheinigung« betreffen.

Zwei Fälle werden untersucht. Sie betreffen den historischen Palazzo di San Calisto und den Palazzo della Cancelleria, einen Prachtbau der Renaissance, der die Gerichtshöfe des Heiligen Stuhls beherbergt: die Apostolische Pönitenziarie, die Apostolische Signatur und die Römische Rota. »Da eine abschließende Bauplanung fehlt« – steht in den internen Unterlagen zu lesen –, »wird ein vorläufiger Betrag von 254.257 Euro bewilligt«, für jede Baumaßnahme.

Andererseits legen Kardinäle, Bischöfe und Beamte großen Wert auf einen würdigen Zustand ihrer Wohnungen. Sie möchten, dass alles perfekt funktioniert, dass Fenster und Türen, Wasserhähne und Heizkörper stets ihren Dienst tun, dass die Wände regelmäßig gestrichen werden. So unterlässt man es bei der APSA nicht, einen Betrag »für die Neugestaltung von Wohnungen der Oberen der Römischen Kurie« vorzusehen, ähnlich wie dies weltweit in jeder absoluten Monarchie geschieht. 700.000 Euro liegen dafür in der Kasse bereit. So kann man, wenn die Wohnung eines Purpurträgers zu renovieren ist, ohne Zeitverzug rasch handeln. Manchmal nehmen auch die Bewohner selbst Veränderungen an den Objekten vor und lassen sich anschließend die Kosten vom Heiligen Stuhl zurückzahlen, der diese übernimmt und eine halbe Million Euro »für die Erstattung von Kosten, die Mieter für die Sanierung ihrer Wohnungen getragen haben«, budgetiert.

Dabei geht es nicht nur um das Vermögen der APSA. Auch die Untersuchungen der Gesellschaft RB Audit haben zu den Sanierungen einiges ans Licht gebracht. Dabei ging es insbesondere um ordentliche und außerordentliche Instandhaltungsarbeiten an den Immobilien der Propaganda Fide:[2]

Die Kongregation hat kein eigenes Verzeichnis der Lieferanten, also eine Liste von Firmen, die aufgrund ihrer Erklärungen über das Vorliegen der wirtschaftlichen, organisatorischen und technischen Voraussetzungen in diese Liste aufgenommen wurden, und die man zur Beteiligung an Verfahren zur Auftragsvergabe auffordern kann. Die Einrichtung eines solchen Verzeichnisses wäre ein brauchbares, nach Warengruppen gegliedertes Instrument zur Orientierung auf dem Markt. Derzeit führt die Kongregation keine Vergabeverfahren im technischen Sinne durch, sondern beschränkte Ausschreibungen, in deren Rahmen sie auf der Grundlage einer eigenen Ausführungsplanung und eigener technischer Unterlagen Firmen, die über die erforderlichen Voraussetzungen verfügen, einlädt, Angebote für die Vergabe einer Lieferung oder für die Beauftragung mit einer Dienstleistung zu legen. [...] Es wäre zweckmäßig, wenn die Kongregation die Auftragsvergabe genauer regeln und beispielsweise bei sehr hohen Beträgen und bei besonders komplexen Arbeiten ein anderes Verfahren für die Auftragsvergabe anwenden würde.

Hundert Quadratmeter für 20,67 Euro im Jahr

Auch der Immobilien- und Mietmarkt stellt ein schwieriges Gelände dar. In den letzten 20 Jahren kam es in der Kurie und bei kirchlichen Einrichtungen immer wieder zu Skandalen, bei denen unterbewertete Liegenschaften zu Vorzugspreisen an Freunde und Freunde von Freunden verhökert wurden. Die Zeitungen berichten von Liegenschaftstransaktionen zum Spottpreis, von Propaganda Fide bis zu den Immobilien des IOR. Dessen ehemaligem Präsidenten Angelo Caloia wirft die vatikanische Justiz Verschleuderung von Vermögenswerten vor. Dies betrifft Wohnungen, die Monsignore Scarano gekauft hat, sowie ehemalige Klöster, die unter Veruntreuung von öffentlichen Mitteln in Kliniken und Luxushotels umgewandelt wurden. Die Fachleute von Promontory durchkämmten die Übereignungen der APSA der letzten 15 Jahre: Die Abstoßungen sind eigentlich gering, sie betragen lediglich 6 Prozent des gesamten Portfolios. In dem entsprechenden, vertraulichen Bericht ist zu lesen: »228 Objekte wurden verkauft und 79 waren Gegenstand einer Schenkung. Davon: 20 Wohnungen, 23 Kirchen, Oratorien und Residenzen wurden verschenkt, 119 Häuser verkauft.«

Auch auf dem Mietmarkt ist die Situation sehr problematisch. Eine Wohnung im Eigentum der Kirche wird fast nie zu Marktpreisen vermietet. Aber das Ausmaß der Abweichung lässt aufhorchen. Sie reicht von 30 bis 100 Prozent des durchschnittlichen Marktpreises. Das bedeutet Einnahmenausfälle in zigfacher Millionenhöhe. Zuweilen kommt es zu paradoxen Situationen: Manche Liegenschaften sind zwischenzeitlich wahre Passivposten, da die Lücke zwischen den Einnahmen aus Mieten und den Ausgaben für die außerordentliche Instandhaltung nicht zu schließen ist.

Die Berater von Promontory und von RB Audit sehen in den Archiven der APSA, von Propaganda Fide und des IOR nach, und erstellen ein desaströses Gesamtbild, das die Cosea-Kommissare erhalten und das anschließend Papst Franziskus und seinen engsten Mitarbeitern vorlegt wird. Aus den exklusiv für dieses Buch in Augenschein genommenen Dokumenten ergeben sich etliche Widersprüche und Unregelmäßigkeiten, auf die in den Berichten der Kommission mit Nachdruck hingewiesen wird:

Verschiedene Einrichtungen des Vatikan verwalten Vermögenswerte des Heiligen Stuhls im Umfang von circa 4 Milliarden Euro sowie Dritter in Höhe von 6 Milliarden, insgesamt also 10 Milliarden Euro. Davon sind 9 Milliarden in Wertpapieren und eine in Immobilien angelegt. [...] Mehrere vatikanische Institutionen haben somit unbewegliches Vermögen im Gesamtwert von rund einer Milliarde Euro. Die basierend auf rund 70 % des Portfolios durchgeführte Schätzung zeigt aber, dass der Verkehrswert höher ist.[3] Hinsichtlich der Immobilien der APSA (Geschäftslokale, Wohnungen und von Ämtern genutzte Liegenschaften) liegt der geschätzte Marktwert siebenmal so hoch wie in der Bilanz dargestellt und beläuft sich auf insgesamt 2,7 Milliarden Euro. Bei Propaganda Fide wird der Verkehrswert mindestens fünfmal so hoch geschätzt wie in der Bilanz ausgewiesen und beträgt eine halbe Milliarde Euro.
Die Mieteinnahmen für die Liegenschaften von Propaganda Fide könnten um 50 Prozent höher liegen, wenn man die Mieten für alle externen Mieter auf die Marktwerte erhöhen würde. Aber diese Zahl bezieht sich nur auf 219 gewerblich genutzte Objekte und Wohnimmobilien von insgesamt 470. Für die übrigen Objek-

te liegen nämlich keinerlei Informationen über die Nutzfläche vor. Außerdem zahlen frühere Mitarbeiter weiterhin den Beschäftigtentarif (um 60 bis 70 Prozent unter den marktüblichen Mieten), und zwar bis zu acht Jahre nach Beendigung des Arbeitsvertrages. Wenn man einen Vergleich zwischen der effektiven Jahresmiete pro Quadratmeter für die Objekte von Propaganda Fide mit der auf dem Markt erzielbaren Miete anstellt, stellt sich heraus, dass erstere 21 Euro/m² beträgt, während 31 Euro/m² verkehrsüblich sind. Das bedeutet, dass man jährlich auf 3,4 Millionen Euro verzichtet. Zur Art und Weise der Verwaltung: Es fehlt an Kontrollen, an Effizienz und an einer adäquaten Nutzungsstrategie für die Liegenschaften.

In Rom unterscheidet die APSA die Höhe der Mieten nach drei Kriterien: nach der Art des Vertrages (neu oder verlängert), nach der Person des Vertragspartners (Beschäftigte, Rentner oder Externe) und der Lage. Je nach Lage variieren die Mieten von 5 Euro monatlich pro Quadratmeter in Castel Gandolfo und Ladispoli bis 9,88 Euro für ein Penthouse im Zentrum Roms.[4] Das bedeutet, dass für eine herrliche Dachgeschosswohnung in einem historischen Palazzo mit Blick auf den Petersplatz lediglich 1000 Euro im Monat bezahlt werden. Preise, die wirklich extrem günstig sind. Die Rentner kommen in den Genuss eines nochmaligen Abschlags in Höhe von 15 Prozent im Vergleich zu den Beschäftigten.

Bei den Verträgen mit den sogenannten »Externen« aber, also Privatleuten oder Gesellschaften, die nicht für den Heiligen Stuhl arbeiten, lässt sich der Rabatt nicht erklären. Die APSA unterhält für jedes Haus Tabellen, die auf dem Papier genau angeben, wie hoch die Miete sein sollte. Man zahlt höchstens 26 Euro pro Quadratmeter und Monat für eine schöne Wohnung in der Via dei Coronari im Zentrum Roms mit atemberaubendem Blick über die Hauptstadt. Auch dieser Preis liegt weit unter dem marktüblichen. Aber damit nicht genug. Nur selten entsprechen bei Vermietungen an »Externe« die tatsächlich verlangten und somit bezahlten Mieten den Werten aus der Tabelle. In der Hälfte der Fälle liegen die erzielten Mieten weit unter den angegebenen Mindestwerten der Tabelle. Die von der Kommission beauftragten Berater weisen daher auf zahlreiche Ungereimtheiten hin:

Abweichung der angewendeten Miete von zuvor festgelegten Tarifen, fehlende Angleichung der Miete nach einer Änderung im Status des Mieters, übermäßiger Zahlungsverzug und fehlende Angaben in den Unterlagen. Aus der systematischen Analyse der Daten ergibt sich eine häufige Abweichung der tatsächlichen Mieten von den zuvor festgelegten Mieten, sowohl bei Immobilien, die zur selben Tariflage gehören, als auch innerhalb ein und desselben Wohnhauses.
Eigentümlicherweise liegt der angewandte Tarif bei Mietverträgen mit externen Mietern in mindestens 259 von insgesamt 515 Fällen noch unter dem Mindestreferenzwert. [...] Einen besonderen Hinweis verdient die Thematik des Systems der Kautionen zur Absicherung der Bonität der Mieter. Bei Beschäftigten und Rentnern des Vatikan besteht im Wesentlichen kein Risiko, aber bei externen Mietern wird es konkret. In manchen Fällen scheint die Höhe der Kaution dem Wert des Vertrages nicht angemessen zu entsprechen. Wir beziehen uns insbesondere auf den Kunden Banca Intesa, der bei einer Jahresmiete von 163.369 Euro eine Kaution von lediglich 1894 Euro, also 1,16 Prozent der Jahresmiete hinterlegt hat. Zudem scheint uns, dass dieses Kreditinstitut unklare, aufgelaufene Schuldenstände aus der Vergangenheit hat [Dies zum Zeitpunkt des Berichts von RB, der das Datum des 9. Oktober 2013 trägt].

Es verwundert, dass sich unter den externen Kunden auch eine Bank befindet, die auch Erleichterungen erhält, sodass sie nur eine lächerliche Kaution zu zahlen hat, obwohl sie das angesichts ihrer Größe und ihres Renommees sicher nicht nötig hätte. Paradox ist dann noch der Hinweis auf »unklare, aufgelaufene Schuldenstände« bei einem der größten italienischen Kreditinstitute. Alles nur harmlose Versehen?

Auch die Zahlungsrückstände nehmen unverhältnismäßig stark zu. Allein bei Propaganda Fide belaufen sie sich auf 3,9 Millionen Euro,[5] wovon sich über ein Drittel, 1,6 Millionen Euro, auf die ersten neun Monate des Jahres beziehen. Bei der APSA hingegen beträgt der Zahlungsrückstand 2,9 Millionen Euro[6] und betrifft 9 Prozent des gesamten vermieteten Immobilienbestandes. Darüber hinaus ist ein völlig neues, ungewöhnliches Phänomen zu beobachten. Manche Mieter nehmen eigenmächtig, ohne dies mit dem Eigentümer abzustimmen, eine bis zu 50-prozentige Mietminderung vor:

Ebenso ungewöhnlich ist der Umstand, dass etwa 18 Prozent der Zahlungsrückstände bereits ausgelaufene Verträge betreffen. [...] Diese Außenstände für beendete Mietverträge summieren sich zu ungefähr 770.000 Euro. [...] Ein weiterer Punkt sind eigenmächtige Mietminderungen aus konjunkturellen Gründen, bei denen keine entsprechende Anpassung des Vertrages erfolgt ist. Dadurch werden Erträge gebucht und versteuert, die aber gar nicht eingenommen werden. [...] Ein signifikantes Beispiel ist jenes der Gesellschaft Borghi Srl, die seit Monaten die Miete einseitig herabgesetzt hat und nun monatlich anstatt der im aktuell gültigen Vertrag vorgesehenen 93.000 Euro lediglich 50.000 Euro überweist, sodass sich ein Rückstand von 400.000 Euro gebildet hat.

Das ist noch nicht alles. Die Untersuchung fördert noch eklatantere Geschichten ans Licht. Luxuswohnungen werden aus scheinbar unerklärlichen Gründen zum Nulltarif überlassen. In der Kurie laufen sie unter dem Kürzel »A0« für »Affitto zero« (Nullmiete). Nutznießer sind nicht nur Kardinäle, sondern auch Laien,

Beamte und Privatleute. In manchen Fällen wird eine Wohnung kostenlos überlassen, als handelte es sich um eine Form von Benefit für Menschen, denen nach ihrer Qualifikation ein höheres Gehalt zustünde, als dies in den vatikanischen Lohngruppen vorgesehen ist. Dem ist aber nicht immer so.

Unter den Aberhunderten von A0s nisten sich Fälle von Günstlingswirtschaft ein; klientelistische Entscheidungen, die für eine Machtausübung stehen, die mit den Prinzipien, die Papst Franziskus teuer sind, nicht in Einklang gebracht werden können. Es ist nicht nachzuvollziehen, warum ein Gut, das vielleicht mit den Spenden von Gläubigen angeschafft wurde, dann jemandem kostenlos überlassen wird, und das auf Lebenszeit.

Man kommt daher kaum aus dem Staunen heraus, wenn man sich die Mietverträge der 5050 Immobilieneinheiten ansieht, die von der APSA in der Stadt Rom vermietet werden. 715 (beinahe 15 Prozent davon) sind Objekte (Wohnungen, Büros und Geschäftslokale), bei denen in der Spalte »Jahresmiete« 0,00 eingetragen ist. Das bedeutet, dass das Objekt unentgeltlich überlassen wird. Dabei handelt es sich häufig um Luxuswohnungen mitten in Rom, wenige Schritte vom Petersplatz entfernt, im Stadtviertel Prati oder in der Altstadt.

Für weitere 115 Immobilien fällt eine lächerlich niedrige Monatsmiete von 1,72 bis 100 Euro an. Der Vatikanbeschäftigte F. A. zahlt eine Miete, deren Höhe dem Abendessen in einer Pizzeria entspricht: Für seine 97-Quadratmeter-Wohnung in der Via di Porta Cavalleggeri hat er am 1. November 2011 einen Mietvertrag für 20 Euro und 67 Cent unterschrieben. Dabei ist nicht klar, ob die Nebenkosten enthalten sind oder nicht. Es ist beinahe die Hälfte dessen, was sein Nachbar zahlt: J. L. hat eine Miete, die fast das Doppelte beträgt, 51,65 Euro im Jahr, aber dafür kommt er in den Genuss eines Apartments, das 142,99 Quadratmeter groß ist.

Mieter	Art des Mieters	Nutz-fläche	Art des Vertrags
Präfektur für Auswärtige Angelegenheiten des Heiligen Stuhls	Institution	781,21	Ohne Vertrag
Levada, William Joseph	Kardinal	524,75	Kardinalswohnung
Sandri, Leonardo	Kardinal	521,50	Kardinalswohnung
Etchegaray, Roger	Kardinal	472,05	Kardinalswohnung
Ouellet, Marc	Kardinal	467,50	Kardinalswohnung
Lozano Barragán, Javier	Kardinal	465,61	Kardinalswohnung
Eterovi, Nikola	Sekretär	454,73	Sekretärswohnung
Stafford, James Francis	Kardinal	453,63	Kardinalswohnung
De Paolis, Velasio	Kardinal	445,20	Kardinalswohnung
Poupard, Paul	Kardinal	442,90	Kardinalswohnung
Antonelli, Ennio	Kardinal	440,70	Kardinalswohnung
Sebastiani, Sergio	Kardinal	424,00	Kardinalswohnung
Burke, Raymond Leo	Kardinal	417,00	Kardinalswohnung
Fisichella, Salvatore	Leiter Dikasterium	415,00	Wohnung Dikasteriumsleiter
Rodé, Franc	Kardinal	409,30	Kardinalswohnung
Vegliò, Antonio Maria	Kardinal	407,25	Kardinalswohnung
Grocholewski, Zenon	Kardinal	405,00	Kardinalswohnung
Nardo, Don Valerio	Angestellter	394,28	Neuer Vertrag
Saraiva Martins, José	Kardinal	380,56	Kardinalswohnung
Martino, Renato	Kardinal	376,25	Kardinalswohnung
Mejía, Jorge	Kardinal	374,25	Kardinalswohnung
Celata, Pier Luigi	Vizekämmerer	370,80	Wohnung Dikasteriumsleiter
Piacenza, Mauro	Kardinal	368,18	Kardinalswohnung
Zani, Angelo Vincenzo	Sekretär	367,25	Sekretärswohnung
Ravasi, Gianfranco	Kardinal	366,39	Kardinalswohnung
Agustoni, Gilberto	Kardinal	363,58	Kardinalswohnung

Arinze, Francis	Kardinal	353,50	Kardinalswohnung
Koch, Kurt	Kardinal	352,60	Kardinalswohnung
Monteiro de Castro, Manuel	Kardinal	338,85	Kardinalswohnung
Turkson, Peter Kodwo Appiah	Kardinal	338,40	Kardinalswohnung
Cañizares Llovera, Antonio	Kardinal	333,48	Kardinalswohnung
Ryłko, Stanisław	Kardinal	332,45	Kardinalswohnung
Castrillón Hoyos, Darío	Kardinal	326,88	Kardinalswohnung
Lourdusamy, Duraisamy Simon	Kardinal	320,15	Kardinalswohnung
Braz de Aviz, João	Kardinal	301,25	Wohnung Dikasteriumsleiter
Kasper, Walter	Kardinal	297,85	Kardinalswohnung
Baldisseri, Lorenzo	Sekretär	297,18	Leihvertrag
Botschaft der Republik Armenien	Externer	297,13	Kaufm. Vertrag
Müller, Gerhard Ludwig	Leiter Dikasterium	297,03	Wohnung Dikasteriumsleiter
Cordero Lanza di Montezemolo, Andrea	Kardinal	294,15	Leihvertrag
Zimowski, Zygmunt	Leiter Dikasterium	294,15	Wohnung Dikasteriumsleiter
O'Brien, Edwin Frederick	Kardinal	291,60	Kardinalswohnung
Sarah, Robert	Kardinal	291,55	Kardinalswohnung
Furno, Carlo	Kardinal	291,08	Kardinalswohnung
Sable, Robert	Angestellter	286,22	Wohnung für Beschäftigte
Versaldi, Giuseppe	Kardinal	283,13	Kardinalswohnung
Coccopalmerio, Francesco	Kardinal	265,80	Kardinalswohnung
Vasi, Cyril	Sekretär	261,30	Sekretärswohnung
Amato, Angelo	Kardinal	260,53	Leihvertrag

Cordes, Paul J.	Kardinal	259,63	Kardinalswohnung
Marchisano, Francesco	Kardinal	250,13	Kardinalswohnung
Clemens, Josef	Sekretär	226,50	Neuer Vertrag
Bruguès, Jean-Louis	Sekretär	219,02	Sekretärswohnung
Pia Associazione del Sacro Cuore di Gesù in Trastevere	Verein	212,58	Leihvertrag
Mistò, Luigi	Sekretär	210,50	Sekretärswohnung
Pinto, Vito	Dekan der Römischen Rota	206,93	Sekretärswohnung
Corbellini, Giorgio	Leiter Dikasterium	204,40	Wohnung Dikasteriumsleiter
Gioia, Francesco	Sekretär	195,27	Sekretärswohnung
Roche, Arthur	Sekretär	194,20	Sekretärswohnung
Adoukonou, Barthélemy	Sekretär	188,30	Sekretärswohnung
Päpstliche Kommission Ecclesia Dei	Institution	183,94	Ohne Vertrag
Sánchez Sorondo, Marcelo	Sekretär	182,83	Übergangsvertrag
Morga Iruzubieta, Celso	Sekretär	182,53	Übergangsvertrag
Vallejo Balda, Lucio Ángel	Sekretär	179,95	Sekretärswohnung
Marini, Guido	Angestellter	176,13	Übergangsvertrag
Di Noia, Joseph Augustine	Sekretär	173,00	Neuer Vertrag
Päpstliches Komitee für die Eucharistischen Weltkongresse	Institution	172,96	Ohne Vertrag
De Pinho Moreira Azevedo, Carlos Alberto	Sekretär	172,00	Sekretärswohnung

Liste der Mieter, die großflächige Wohnungen der APSA zur Nullmiete nutzen. Sie befinden sich alle in bevorzugten Wohnlagen Roms: in der Altstadt, unweit des Vatikan. Die verfügbaren Angaben beziehen sich auf Verträge, die bis Ende 2013 Gültigkeit hatten.

In dem vertraulichen Dossier, das Promontory dem Heiligen Stuhl übergibt, werden die Ergebnisse einer solchen Verwaltung deutlich gemacht. Das Vermögen der APSA umfasst Flächen von insgesamt 347.532 Quadratmeter, die Erträge von 23,4 Millionen Euro einbringen, während der potenzielle Markt einen deutlich höheren Betrag von mindestens 82,8 Millionen sichern könnte. Der Ertragsindex würde von derzeit 1,14 auf 4,02 Prozent ansteigen. Die APSA verdient wirklich wenig an ihrem Vermögen, auch weil 44 Prozent der Liegenschaften gar nicht vermietet sind, wie Promontory feststellt. Würde man Marktpreise ansetzen, könnten die den Beschäftigten überlassenen Wohnungen anstelle der heutigen 6,2 Millionen 19,4 Millionen Euro an Erträgen abwerfen. Die institutionell genutzten Gebäude, die heute gar nichts einbringen, würden allein weitere 30,4 Millionen Euro sichern. Dünner fällt der Margenunterschied bei den gewerblich genutzten Objekten aus: Hier wären anstelle von 14,6 immerhin 17,5 Millionen Euro möglich.

Angiftungen aus der Kurie gegen die Freunde von Papst Franziskus

Die nachfolgende, bisher unveröffentlichte Geschichte wirft ein deutliches Licht auf die inneren Kämpfe und den Neid, die das Leben der Kurie prägen. Kein Geringerer als Benedikt XVI. selbst steht dabei unbewusst im Mittelpunkt. Professor Guzmán Carriquiry Lecour ist ein sehr mächtiger und hochgeschätzter Amtsträger am Heiligen Stuhl. Unter Papst Wojtyla und Papst Ratzinger hat er sich hochgearbeitet und wurde in seinen wichtigen Ämtern von Papst Franziskus bestätigt. Er ist 1944 in Montevideo (Uruguay) geboren und war jahrelang Leiter der katholischen Studentenjugend, zunächst in seinem Heimatland, später für ganz Lateinamerika. Er wurde Anwalt und trat in den siebziger Jahren in den Dienst des Heiligen Stuhls. 1991 ernannte ihn Johannes Paul II. zum Untersekretär des Päpstlichen Rates für die Laien.

Benedikt XVI. bestätigte ihn in diesem Amt und ernannte ihn 2011 zusätzlich zum Sekretär der Päpstlichen Kommission für Lateinamerika. Er gilt heute als der vielleicht einflussreichste und angesehenste Laie im Vatikan und übt eine eminent wichtige Rolle aus, erst recht nach dem Antritt von Papst Franziskus. Mit Bergoglio verbindet Guzmán eine echte Freundschaft. Die beiden kennen sich seit Jahren, zwischen ihnen herrscht echte Zuneigung und Wertschätzung. Kurz, der Professor ist ein persönlicher Freund des Papstes. Guzmán ist verheiratet und hat vier Kinder, und er lebt kostenlos in einer 138-Quadratmeter-Wohnung in der Via delle Grazie, wenige Dutzend Meter vom Petersplatz und von der Porta Sant'Anna entfernt, dem Eingang nahe des Torrione Niccolò V, in dem die Büros des IOR untergebracht sind.

Den Hinweis auf diese Nullmiete erhält die Cosea-Kommission vom Präsidenten der APSA, dem machiavellistischen Kardinal Calcagno, der viele Geheimnisse der Kurie kennt und von dem ich schon berichtet habe. Am 30. September 2013 leitet Calcagno die Datei »Zahra.doc« an den Leiter der päpstlichen Kommission weiter. Das Dokument trägt weder Briefkopf noch Unterschrift. Zumindest in seinem ersten Teil wirkt es zunächst wie ein Bericht über die Schwierigkeiten, unter denen die APSA einen Teil der Güter des Heiligen Stuhls verwaltet. Die Situation wird als chaotisch beschrieben, knapp an der Grenze zur Anarchie, und es fehlt auch nicht an eindeutigen Sticheleien:

Die Lage der Verwaltung des Heiligen Stuhls ist zumindest aus Sicht der APSA von nicht wenigen Schattenzonen geprägt, die in den letzten Jahrzehnten nicht lichter geworden sind, sondern sich zunehmend verdichtet haben.
Leider ist eine Haltung der Amtsanmaßung bei einigen vatikanischen Einrichtungen festzustellen, die meinen, sich den Erfordernissen einer Gebarungskontrolle und möglichen Beanstandungen der Kriterien für die Ausgaben sowie die Einhaltung des geplanten Jahresbudgets irgendwie entziehen zu können. Hierzu fallen einem

zunächst die Situationen der Präfektur des Päpstlichen Hauses sowie des Amtes für die Liturgischen Feiern des Papstes ein: In beiden Fällen bekommt man nicht selten, wenn auch in geschliffener Form, zu hören, es seien keine Beanstandungen zulässig, da es sich um Funktionen handelt, die für die Person des Heiligen Vaters zu sorgen haben. Verschiedene vatikanische Behörden lassen nur ungern Präzisierungen oder Rügen gelten, die die APSA angesichts von Ansinnen oder bereits getätigten Ausgaben ausspricht, die von Luxus und mangelnder Mäßigung geprägt sind.

Zur Vielzahl neuer Körperschaften und Stiftungen kommt noch die Vergrößerung des Verwaltungsbüros des Staatssekretariats hinzu, das sich nicht darauf beschränkt, sich mit schwierigen Angelegenheiten zu befassen, die der Heilige Vater ihm vorbehalten will, sondern letztlich durchaus beachtliche Gelder verwaltet, über deren Herkunft und Bewirtschaftungskriterien niemand etwas weiß oder sagen kann, nicht einmal die Präfektur für die wirtschaftlichen Angelegenheiten des Heiligen Stuhls.[7]

Calcagnos Bericht neigt sich dem Ende zu, doch an einer bestimmten Stelle findet sich ein Einschub von wenigen ätzenden Zeilen, die es in sich haben. Sie benennen einen konkreten Fall, den einzigen im ganzen Bericht: die Geschichte einer Wohnung, die angeblich sogar auf ausdrücklichen Wunsch von Papst Ratzinger überlassen wurde:

Es fehlt in diesem Sinne nicht an außergewöhnlichen persönlichen Fällen, die pro gratia von den Oberen gewährt wurden, aber dennoch auf der Bilanz der APSA lasten: Einer davon ist jener von Prof. Guzmán Carriquiry, dem der Heilige Vater Benedikt XVI., für ihn und die Gemahlin, auf Lebenszeit die kostenlose Verfügung über ihre Wohnung gewährt hat.

Calcagno ist ein Kardinal alten Schlages. Mit Franziskus pflegt er von Anfang an ein sehr formelles Verhältnis. Sie scheinen nicht sehr miteinander in Einklang zu stehen. Es bedarf keiner besonderen Arglist, um diese Zeilen als Dolchstoß im typischen Stil der Kurie zu lesen. Dieses Milieu, das jahrelang mit unangefochtener Machtfülle die Geschicke der Kurie geführt hat, empfindet das Erscheinen von Papst Franziskus und seine flächendeckenden Kontrollen in den Dikasterien als belastende Einmischung. Auch unter Benedikt XVI. hatte es interne Machtkämpfe gegeben, aber der Papst wusste entweder nichts davon oder er ließ gewähren. Als Mann des Geistes, Liebhaber klassischer Musik und subtiler Spezialist für Glaubensfragen verlangte Ratzinger nicht nach näherem Aufschluss. Er beließ es dabei, jenes »menschliche Streben nach Macht« zu verurteilen, das er häufig in seinen Ansprachen nannte.

Mit Papst Franziskus kommt es zu einem »Kulturschock«, den die internationalen Revisoren in ihren Sitzungen ausdrücklich befürworten. Die Reaktion der Kurie formiert sich, wie dieses Buch belegt, zunehmend zu einem explosiven Potenzial. Calcagno beispielsweise, der durch die Kommissare des Papstes unter Druck gerät, weist sie jetzt auf das Privileg hin, das ein Freund Bergoglios, Rechtsanwalt Guzmán Carriquiry, genießt. Als wolle er sagen: Wenn wir ganz genau hinsehen wollen, kommt keiner ungeschoren davon.

Guzmán selbst fällt es nicht schwer, denen, die ihn darauf ansprechen, dieses Privileg zu erklären. Es handelt sich um einen Benefit, der ihm als Teil seines Gehaltes gewährt wurde. In den vergangenen Jahren hatte der Professor mehrere Angebote für Stellen mit deutlich höherer Vergütung erhalten, als der Heilige Stuhl zahlt. Angesichts der Möglichkeit, dass er den Dienst quittiert, hat man ihm als Ausgleich für den geringeren Verdienst die Wohnung überlassen.

Calcagno spürt den Druck und merkt, dass die Untersuchungen zum Immobilienvermögen auch Interessen und Besitzverhältnisse berühren, an denen ihm sehr liegt. Allen voran das 20 Hektar große Landgut, um das er sich aufmerksam kümmert. Es liegt an der Via Laurentina vor den Toren Roms. Mit Geldern des

Heiligen Stuhls hat man hier einen vielversprechenden landwirtschaftlichen Betrieb hochgezogen.

Die Farm der Tiere

Wenige hundert Meter hinter dem Friedhof Cimitero Laurentino, der am 9. März 2002 geweiht wurde, liegt der landwirtschaftliche Betrieb San Giuseppe. Wir befinden uns an der südlichen Peripherie der italienischen Hauptstadt in einem Gebiet mit schwunghafter Bautätigkeit. In der Nähe hat man ein ganzes Stadtviertel aus dem Boden gestampft, Fonte Laurentina: mehrere tausend Wohnungen zu erschwinglichen Preisen unweit des Grande raccordo anulare, des Autobahnrings rund um Rom.

Doch vorerst bestimmen ausgedehnte Weiden und Felder das Bild, und die Gegend ist verhältnismäßig ruhig, eine Oase des Friedens und der Erholung vom Chaos der Ewigen Stadt. Hätte es nicht am 8. März 2011 einen makabren Fund gegeben, nämlich die drahtumwickelte Leiche einer Frau, der man Arme und Beine abgetrennt und die Innereien herausgenommen hatte. Ein Verbrechen, das noch heute unaufgeklärt ist.

Unweit der Porta Medaglia liegt die Società agricola San Giuseppe, Via Laurentina 1351, die am 8. Juni 2011 als Gesellschaft bürgerlichen Rechts gegründet wurde. 22 Hektar Land werden vorwiegend als Freiland bewirtschaftet. Weizen und Futtermittel werden angebaut, Luzerne und vor allem Olivenbäume. Ursprünglich gab es davon 800, aus denen man kalt gepresstes Olivenöl gewann. Auf einem einfachen, aber deutlichen Schild am Eingang des Landguts steht der Name des Betriebes sowie der rumänischen Familie – Vater, Mutter, zwei Söhne –, die die Felder bewirtschaftet. Sie leben dort in einer Wohnung der APSA, die man ihnen mit einem unentgeltlichen Leihvertrag überlassen hat. Gleichzeitig beaufsichtigen sie das Gelände. Diese Bewachung wurde unentbehrlich, nachdem eine Bande von Dieben das zukunftsträchtige Landgut als logistischen Stützpunkt genutzt hatte. Kardinal Calcagno erklärt dies in einem Schreiben an Versaldi vom 29. Mai 2013, da die Männer von Papst Franziskus dringend um Aufklärung gebeten hatten:

Der Zaun war an verschiedenen Stellen durchtrennt worden und eine Diebesbande hatte einen abgelegenen Bereich des Landguts als Depot für gestohlenes Elektromaterial (Kupferkabel) benutzt. In der Carabinieri-Kaserne in der Via Ardeatina wurde Anzeige erstattet. Die Carabinieri legten dann einen Hinterhalt, um die Diebe bei der Abholung des Diebesguts zu überraschen. Während eines heftigen, nächtlichen Gewitters brachten die Diebe das Diebesgut fort, als die Carabinieri nicht anwesend waren.

Gleich hinter dem Tor befindet man sich unmittelbar auf freiem Feld. Rechter Hand führt ein Feldweg zwischen zwei Reihen Olivenbäumen, 22 Stück an jeder Seite, zu einem scheinbar verlassenen, aber gut erhaltenen Landhaus. Im ersten Stock fallen an der Seite der frische Putz und die neuen Fenster ins Auge, so als wäre kürzlich nur ein Teil des Hauses renoviert worden. Der etwa hundert Meter lange Weg zu dem Gebäude ist idyllisch: Man wird von Truthähnen, Hühnern, Gänsen und zwei Pfauen (Männchen und Weibchen) empfangen. Die Pfauen haben die Angewohnheit, vor allem nachts zu schreien und die Nachbarschaft damit wach zu halten. In den Ställen soll es angeblich drei Pferde und zwei Esel geben. Etwas weiter vorn befindet sich ein Gemüsegarten von etwa tausend Quadratmeter, wo alles Mögliche wächst: Tomaten, Knoblauch, Zwiebeln, Paprika, Melonen, Auberginen, Kartoffeln, Wassermelonen, Blumenkohl. Und Erdbeeren für die Kinder und andere Gäste der Frau des Verwalters.

Den Erzählungen der Nachbarn zufolge suchen nämlich häufig auch andere Personen das Landgut auf. Hochgestellte Persönlichkeiten, Eminenzen und Exzellenzen. »Im Winter bin ich einmal mit meinem kleinen Enkel zum Spielen auf die Felder gegangen, als ich ihn plötzlich aus den Augen verlor und ich einen Schrecken gekriegt habe«, erzählt eine Frau, die seit den sechziger Jahren dort lebt. »Kurz darauf habe ich ihn neben einem alten Mann gesehen, der einen Stock und einen langen, abgetragenen, schwarzen Mantel trug. Ich hielt ihn für einen Hirten und habe zu dem Kind gesagt: ›Lass den Hirten in Ruhe, komm her!‹ Darauf lächelte der Mann mich freundlich an und sagte: ›Signora, ich bin kein Hirte wie die anderen. Hirte bin ich schon, aber meine Schäfchen sind keine Tiere, sondern Seelen.‹ Da ich nicht gleich verstand, bat ich ihn um eine Erklärung, und er sagte mir, er sei Kardinal, ich solle ihn aber nur ›Don Alberto‹ nennen. Das tat ich dann auch.«

Die wenigen Nachbarn der Società agricola San Giuseppe nennen weitere Namen hochgestellter Persönlichkeiten, die hier heimisch geworden sind. Besonders zwei: »die Kardinäle Nicora und Calcagno«. Attilio Nicora, der Vorgänger Calcagnos an der Spitze der APSA, war vom 19. Januar 2011 bis zum 30. Januar 2014 erster Präsident der vatikanischen Finanzaufsichtsbehörde, eines von Benedikt XVI. eingerichteten Gremiums, das sämtliche Finanzgeschäfte des Heiligen Stuhls überwachen und an die neuen Geldwäschevorschriften der Europäischen Union anpassen soll. Den Nachbarn zufolge sind die Kardinäle Nicora und Calcagno somit ständige Gäste an diesem Ort, den sie vielleicht als Landsitz nutzen, wo sie sich »in den beiden sanierten Wohnungen des Landhauses« erholen können. Eine davon habe in den vergangenen Monaten den Neffen eines Kardinals beherbergt, der gerade studiert.

Nicora selbst hatte, schreibt Calcagno, »das Projekt und die Gründung der Società San Giuseppe begleitet, in Zusammenarbeit mit dem Notar Paride Marini Elisei, dem Notar des Vertrauens der APSA und des Verwaltungsbüros des Staatssekretariats. Am 13. September 2011 wurde zwischen der APSA und dem landwirtschaftlichen Betrieb ein Leihvertrag mit Auflagen über die Verpachtung des Landguts Laurentina und des Landguts Acquafredda geschlossen.« Damit gelangten weitere 41 Hektar Ländereien in den Besitz des Domkapitels von St. Peter.

Doch wem gehörte dieser Grund? Hier stellen sich viele Fragezeichen. Gesichert ist nur, dass diese 22 Hektar früher einmal den Geschwistern Letizia, Giuseppina, Domitilla und Luigi Mollari gehörten. Letzterer, Commendatore Luigi Mollari, war übrigens bei der APSA beschäftigt gewesen. Da sie keine Kinder hatten, beschlossen diese frommen Gläubigen, diesen ihren Besitz der Kirche zu schenken. Am 22. März 1975 verschenkten die vier Geschwister mit Notariatsakt, errichtet vor dem Notar Alessandro Marini, das Landgut an den Heiligen Stuhl. Die Schenkung wurde vom damaligen Kardinalstaatssekretär Jean-Marie Villot, den Papst Johannes Paul I. später absetzen wollte, angenommen.[8]

Die Flächen werden, wie gesagt, derzeit von der Società agricola San Giuseppe bewirtschaftet, zu deren Gesellschaftern ein weiterer Calcagno gehört. Nicht Domenico allerdings, sondern Giuseppe. Ist er mit dem Kardinal verwandt? Zu diesem möglichen Interessenkonflikt werden Nachforschungen aufgenommen. Die Präfektur bittet den Kardinal um eine Erklärung. Der reagiert verärgert und ordnet, um jede Blutsverwandtschaft abzustreiten, an, auf den Grabsteinen im Familienfriedhof nachzuprüfen. Als die »Friedhofsinspektoren«, um sie mal so zu bezeichnen, in den Vatikan zurückkehren, schreibt Calcagno: »Aus den Angaben auf den Grabsteinen des Friedhofs von Tramontana lässt sich keine genealogische Verbindung zu einem möglichen gemeinsamen Stammvater herstellen.« Die von Calcagno geschickten Männer rekonstruieren Name um Name den gesamten Stammbaum, der bei Urgroßvater Pietro beginnt. »In meiner Zeit als Seminarist hatte ich den Pfarrer gebeten, die Register der Pfarrei durchzusehen. Ich erinnere mich, dass die Suche sich von Anfang an als mühsam erwies, da ab dem Ende des 16. Jahrhunderts die übergroße Mehrheit der Bewohner von Tramontana als Calcaneus de Calcaneis eingetragen war. Um Blutsverwandtschaften zu vermeiden, heirateten die Männer der Familien Calcagno üblicherweise Frauen mit einem anderen Nachnamen.« Dem Brief liegt allerdings eine Skizze bei, wonach es den Anschein hat, als bestünde zwischen ihm und der Frau von Giuseppe Calcagno, Mariangela, eine, wenn auch weitläufige, Verbindung. Wahrscheinlich sind sie Cousins vierten Grades.

Die Beziehung zwischen der Agrargesellschaft und dem Vatikan scheint noch stark zu sein, wenn Verwandte der Bauersleute erzählen, die rumänische Familie »arbeitet für den Vatikan, und der Vatikan bringt ab und zu bei Bedarf weitere Landarbeiter hierher«.

In der Datenbank der APSA, die ich durchsucht habe, findet man die Bestätigung, dass fünf Grundparzellen an der Hausnummer 1351 in ihrem Eigentum stehen, ebenso vier Gebäude, drei Wohnungen, eine »Wohnanlage«, elf Lager und drei Depots. All diese Güter scheinen nicht als vermietet auf, mit Ausnahme der 75 Quadratmeter großen Wohnung des Verwalters und seiner Familie. Doch wer wohnt in den anderen Wohnungen? Das ist ein wohlgehütetes Geheimnis. Am Heiligen Stuhl kursieren Gerüchte über lächerliche Mieten von 150 Euro monatlich, die hohe Prälaten zahlen, um eine dieser mitten in der Natur gelegenen Wohnungen, eine ideale Zuflucht vor den Toren der Stadt, nutzen zu können. Man kann nicht ausschließen, dass dies zutrifft. Aber den offiziellen Angaben der Datenbank zufolge würde es sich dann um Phantomvermietungen handeln. Denn dort scheinen die Wohnungen als nicht vermietet auf. Sicher ist, dass dieses Landgut Begehrlichkeiten weckt. Nicht zufällig hatte Papst Franziskus am 13. April 2013 Calcagno mit gesondertem Chirograph die Vollmacht erteilt, für das benachbarte Landgut Acquafredda »alle Rechtshandlungen zu setzen, einschließlich der Vertretung vor Gericht«. Damit erteilte der Papst Calcagno die Befugnis, das Gut zu veräußern oder Dritten zu überlassen.

Mehrfach hatte man Vorschläge und Ideen vorgebracht. 2008 wollte man dort beispielsweise eine Solaranlage errichten: ein ehrgeiziges Projekt, das jährlich 203.000 Euro eingebracht hätte, aber scheiterte. Was die Zukunft bringen wird, steht derzeit noch in den Sternen. Der Betrieb hat einerseits »eine Kostenerstattung von 7.800 Euro (das sind 650 Euro monatlich) überwiesen«, andererseits erhält er beträchtliche Beihilfen. Auch weil im Leihvertrag ausdrücklich zu lesen ist, dass der landwirtschaftliche Betrieb das Recht hat, den Ersatz von getätigten Auslagen zu verlangen, oder, falls diese den Betrag von 20.000 Euro im Einzelfall überschreiten – vorbehaltlich der Genehmigung durch den Leihgeber [also den Heiligen Stuhl] – die vorab zu erfolgende Ausstattung zu verlangen«. Es ist kein Zufall, dass die Buchführung des Landguts sowie die entsprechenden Kontobewegungen auf dem Girokonto Nummer 19560 mit der Bezeichnung »Fondo lavori Laurentina« [Gelder für Arbeiten an der Laurentina] bei der APSA eingehend geprüft wurden. Die Ermittlungen konzentrierten sich auf eine Überweisung von 57.982 Euro, die am 2. Januar 2013 gutgeschrieben wurde. Wo kommt dieses Geld her? Es ist das Ergebnis einer Provision von 1,5 Prozent seitens der APSA auf ein Finanzgeschäft zugunsten der Diözese Bergamo, die in der Diözese aber nie ankommt. Soweit man rekonstruieren konnte, wurden am selben Tag 3.865.499 Euro auf das Konto der APSA bei der BSI Bank in Lugano unter der Bezeichnung »Diözese Bergamo, Pfarrei Zogno, zugunsten der Casa Santa Maria di Laxolo« gutgeschrieben. Den internen Buchungsanweisungen der APSA zufolge scheint der Betrag auf das beim IOR bestehenden Konto der lombardischen Diözese mit der Nr. 19412002 geflossen zu sein. Allerdings erst nach Abzug der 57.982 Euro, die für die Auslagen des Landguts zur Verfügung gestellt wurden. Leider konnte ich noch nicht herausfinden, woher der hohe Betrag kommt und warum die Provision abgezogen wurde, ohne den gesamten Betrag direkt an die Diözese Bergamo zu überweisen.

An der Adresse Via Laurentina Nr. 1351 unterhielt übrigens die Firma Edil Ars Srl ein Lager. Die auf die Restaurierung historischer Gebäude spezialisierte Baufirma weist auf ihrer Homepage als Referenz ausdrücklich auf die »Ausführung von Bauarbeiten im Vatikanstaat in der Güterverwaltung des Apostolischen Stuhls und des Governatorats« hin.

»Wir hatten dort nur ein Lager, mehr nicht. Unser Geschäftssitz ist ein anderer, Via di Porta Cavalleggeri 53«, gibt man am Telefon Auskunft. In einem Gebäude der APSA, sieh an. Dort zahlen sie 30.000 Euro Jahresmiete für weitläufige Geschäftsflächen. Die Edil Ars gibt es heute nicht mehr, sie wurde von einer anderen Firma, der Ap Costruzioni Generali übernommen. Dieselbe Art von Bauausführungen, dieselben Personen, derselbe Geschäftssitz. Wo? In der Via di Porta Cavalleggeri. Wenige hundert Meter vom Petersplatz entfernt.

Dabei hatten die Leute von Edil Ars laut schriftlicher Mitteilung von Kardinal Nicora an Kardinal Bertone aus dem Jahr 2008 den früheren Präsidenten der APSA geärgert. Sie galten als »unzuverlässig«, wie er damals schrieb:

Am 17. April 2002 hatte Monsignore Carlo Liberati, Delegierter der Ordentlichen Sektion der APSA, mit der Firma Edil Ars von Herrn Angelo Proietti einen Leihvertrag abgeschlossen, mit dem dieser die kostenfreie Belegung der Hallen, der Lager, einer Wohnung sowie die Nutzung des Wassers aus dem dortigen artesischen Brunnen gewährt wurde. Tatsächlich nahm Edil Ars weitaus mehr Flächen in Beschlag, als ihr mit dem Leihvertrag zugestanden worden waren, änderte faktisch die Nutzung der Gebäude und gestaltete die Zusammenarbeit mit den Päpstlichen Villen [die damals das Gut verwalteten] immer schwieriger. [...] In Anbetracht der Verwahrlosung der Örtlichkeiten aufgrund der Ablagerung einer enormen Menge von Materialien, unter anderem auch umweltbelastender Stoffe sowie verschiedener Baugerätschaften, hat die APSA am 22. Dezember 2006 den mit Edil Ars geschlossenen Leihvertrag förmlich aufgekündigt, da diese Firma sich als unzuverlässiger Vertragspartner erwiesen hat.

Edil Ars genoss allerdings das uneingeschränkte Vertrauen von Marco Milanese, einem Mitarbeiter des früheren italienischen Wirtschafts- und Finanzministers Giulio Tremonti. Edil Ars hatte seinerzeit einen Plan vorgelegt, um die von Tremonti bewohnte Wohnung Milaneses in der Via di Campo Marzio für 400.000 Euro zu sanieren. Zwischen 2002 und 2006 hatte Edil Ars mehrfach Bauaufträge von der staatlichen Gesellschaft Sogei erhalten. Die italienische Tagespresse berichtete im Jahr 2011 von diesen Machenschaften im Schatten des Petersdoms.

Die Dependancen des Vatikan in Europa

Die andere Seite des vatikanischen Liegenschaftsvermögens sind die Dependancen, die der Heilige Stuhl im Ausland zählt: Immobiliengesellschaften, die auf Schätzen sitzen und mal hier, mal dort mit Umsicht in die Bauwirtschaft investieren. Mitten in Paris wie an der Themse in London oder in besten Wohnlagen von Lausanne wie auch in der übrigen Schweiz: In halb Europa verfügt der Vatikan über unzählige Immobilien. Ihr Verkehrswert beläuft sich auf ungefähr 591 Millionen Euro.

Dank einer sorgfältigen Recherche von Emiliano Fittipaldi für das italienische Wochenmagazin *L'Espresso*[9] hat die Öffentlichkeit vor Kurzem von der Existenz der Finanzgesellschaft Sopridex erfahren. Mitten in Paris verfügt sie über einige der prestigeträchtigsten Gebäude, deren Wert in der Bilanz mit 46,8 Millionen Euro angegeben ist. »Das Personal besteht aus einem Direktor, drei Angestellten, Reinigungskräften und sage und schreibe 16 Portiers«, heißt es in dem Artikel. Die Analysten von Promontory haben das Einkommen des Personals und der Berater dokumentiert. Der Vorsitzende der Geschäftsführung erhält 56.000 Euro, 6.825 Euro gehen an die drei Geschäftsführer, zu denen auch Paolo Mennini zählte. Der Direktor von Sopridex, Baudouin de Romblay, erhielt 2013 13 Monatsgehälter zu je 12.956 Euro brutto. Die Löhne der 16 Portiers, die in den verschiedenen Gebäuden arbeiten, wurden ebenfalls unter die Lupe genommen: Sie schwanken zwischen 7.000 und 29.000 Euro. Auch 38.563 Euro für die jeweiligen Urlaubsvertretungen sind geprüft und gebucht. 75 Prozent der Auslagen für die Portiers gehen zulasten der Mieter, für den Rest kommt Sopridex auf.

In der französischen Hauptstadt besitzt der Vatikan »500 Eigentumsobjekte in unterschiedlichen Gebäuden« mit einem Verkehrswert, der weit über dem in der Bilanz ausgewiesenen (Buchwert) liegt. Vertrauliche Dokumente veranschlagen den Wert des Portfolios zehnmal so hoch, nämlich auf 469 Millionen. Wie kommt ein solcher Unterschied zustande? Die Antwort ist verhältnismäßig einfach. Je geringer der Wert der Objekte angesetzt wird, desto weniger Steuern fallen in Ländern an, in denen der Besitz von Immobilien besteuert wird.

In der Schweiz ist eine weitere Finanzgesellschaft tätig, die Profima SA. Sie wurde 1926 in Lausanne gegründet, und Pius XI. benutzte sie in der Vergangenheit als sicheres Depot für einen Teil der nach der Unterzeichnung der Lateranverträge von Italien erhaltenen »Entschädigungen«.

Profima SA ist Teil einer verschachtelten Konstruktion, zu der neun weitere Finanzgesellschaften gehören: Rieu Soleil sowie Diversa SA, die sich laut Feststellung der Analysten mit der »Verwaltung von Spareinlagen befasst und Aktienpakete hält, darunter eine Beteiligung an Roche«;[10] weitere vier Finanzgesellschaften tragen fast identische Namen, die sich nur im letzten Buchstaben unterscheiden (S.I. Florimont B, S.I. Florimont C, S.I. Florimont E, S.I. Florimont F) und befinden sich in guter Gesellschaft mit drei weiteren »siamesischen Drillingen« (S.I. Sur Collanges A, S.I. Sur Collanges B, S.I. Sur Collanges C). Zehn Gesellschaften allein in der Schweiz, die dem Vatikan zuzurechnen sind: ein raffiniert gestricktes Netz, das ein Millionenvermögen kontrolliert. Die Analysten schreiben, »die zehn Gesellschaften wurden gegründet, um jeweils eine Besitzung in Genf oder

Lausanne zu verwalten«. Gemeinsam verfügen sie über Wirtschaftsgüter, die mit (einem Buchwert von) 18 Millionen in der Bilanz ausgewiesen sind. Der tatsächliche Wert liegt jedoch bei 49 Millionen.[11]

In London hingegen ist die 1933 gegründete British Grolux Investments Ltd. tätig, die Wohnungen und Luxusgeschäfte mit einem Verkehrswert von 73 Millionen Euro verwaltet, die allerdings mit 38,8 Millionen in der Bilanz ausgewiesen sind.[12] British Grolux herrscht auch über verschiedene Immobilien, die außerhalb der Stadt liegen. In der Summe beläuft sich für die Berater der Gesellschaft Promontory das Immobilienvermögen der APSA in Italien, der Schweiz, Frankreich und Großbritannien auf einen Wert von 2 Milliarden und 709 Millionen Euro. Doch welcher Betrag ist hierfür in den Büchern ausgewiesen? Nur 389,6 Millionen Euro [vgl. Dokument 7, S. 324]. Diese Differenz zeigt den tiefen Widerspruch, den der Vatikan in diesen Monaten durchlebt. Auf der einen Seite ein ausgeklügeltes Geflecht von Finanzgesellschaften, die von Managern im Zweireiher geleitet werden, die einen gewaltigen Reichtum kontrollieren. Auf der anderen Seite ein Papst, der saubere Verhältnisse haben will und der Botschaft des Evangeliums folgend für eine arme Kirche kämpft.

7. Das Rentenloch

Katholiken leben länger

Für gläubige Christen ist das Jenseits ein Ort des Friedens und der Befreiung von den Banden des Leibes und der Sünde. Umso erstaunlicher, wie sehr manche Katholiken am Irdischen haften. Aber nicht nur das, auch die Verweildauer auf Erden fällt bei Katholiken länger aus als bei anderen. So zumindest sagen es die Sterbetafeln der Kurienverwaltung: Die Katholiken, speziell jene, die in Rom, im Vatikan und im reichen Okzident wohnen, leben länger. Eine erstaunliche Zahl.

Eigentlich ein Grund zur Freude, wenn das Erdenleben länger währt. Doch nicht für alle, wie es scheint. Der Heilige Stuhl zum Beispiel ist über die statistisch gestiegene Lebenserwartung seiner Mitarbeiter alles andere als erfreut. Denn wer länger lebt, bezieht auch länger Rente. Mit jedem Jahr wächst und wächst ein Loch, um das sich bisher niemand gekümmert hat. Doch wehe dem, der diese Wahrheit offen ausspricht, denn das könnte ja zu Spannungen führen. Am Ende kommt es noch zu Protesten besorgter Vatikanangestellter: Streikposten auf dem Petersplatz – nicht auszudenken!

Alarm geschlagen hat Giuseppe Versaldi, Leiter der Präfektur. Angesichts der Finanzlage und der Ausgaben, insbesondere jener für die soziale Vorsorge, befürchtete der Kurienprälat den Untergang der Körperschaften des keinen Staates, ja sogar des Vatikan selbst.

Erhebt jedoch in solchen Fragen ein leitender Vatikanangestellter aus dem Laienstand seine mahnende Stimme zur besorgniserregenden finanziellen Lage, findet diese in der Regel kaum Gehör. Und dies aus zwei Gründen: Erstens scheint der Verantwortungssinn der klerikalen Funktionsträger, wie Papst Franziskus immer wieder beklagt, wenig ausgeprägt zu sein; und zweitens neigt man in Kurienkreisen dazu, die Meinung eines Laien – mag sie auch noch so gut durch Zahlen und Daten untermauert sein – nicht für voll zu nehmen und den Ernst der Lage zu beschwichtigen. »Die Kirche besteht nicht aus Zahlen, sondern aus Seelen«, heißt es oft aus dem Munde der geistlichen Herren, wenn ein Laie sich herausnimmt, kritische Punkte, wie etwa das Rentenproblem des Heiligen Stuhls, offen anzusprechen.

So auch im Jahr 2012, als sich die ersten Risse im vatikanischen Sozialversicherungssystem abzeichneten. Am 21. Juni 2012 ergreift der für die Präfektur tätige Versicherungsexperte Jochen Messemer bei einem Meeting der päpstlichen Revisoren in dieser Angelegenheit das Wort. Einigen seiner Kollegen verschlägt es bei dem, was sie zu hören bekommen, buchstäblich die Sprache, so schonungslos und mit so scharfen Worten schildert Messemer die Situation. Im Mittelpunkt seiner Ausführungen steht das ungewisse Schicksal der Renten für die 1.139 derzeitigen Rentner und für die 4.699 aktuell Beschäftigten des kleinen Staates, wenn diese nach und nach in Pension gehen werden.[1]

»Die Ursache für den Bankrott der Diözese Berlin«,[2] so mahnt Messemer eindringlich, »lag in der Unfähigkeit zu verstehen, was wirklich vor sich ging und welches Risiko man einging. Wenn wir das hiesige Rentenproblem auf die leichte Schulter nehmen, kann das zu einem ähnlichen Desaster führen!«[3]

Doch die Warnungen verhallen ungehört. Ein halbes Jahr später, am 19. Dezember, meldet Messemer sich noch einmal vor seinen Kollegen des Rechnungsprüferausschusses zu Wort, dieses Mal unmissverständlich und mit noch mehr Nachdruck. Im Protokoll der Sitzung des päpstlichen Beratergremiums liest sich das so:

Dr. Messemer möchte auf die Problematik des Pensionsfonds eingehen. Drei wesentliche Passivposten fallen an und müssen berücksichtigt werden:

1) für bereits im Ruhestand befindliche Beschäftigte (durchschnittlicher Barwert der Belastung durch bestehende Rentner): 266 Millionen Euro
2) für aktive Beschäftigte (durchschnittlicher Barwert der latenten Belastung durch gegenwärtig Beschäftigte): 782 Millionen Euro
3) für künftige Beschäftigte (durchschnittlicher Barwert der latenten Belastung durch künftig Beschäftigte): 395 Millionen Euro
Das ergibt Gesamtverbindlichkeiten von circa 1,47 Milliarden Euro für den Pensionsfonds: Im Augenblick beträgt das Vermögen 369 Millionen Euro und kann, im Hinblick auf die Gesamtverbindlichkeiten von circa einer Milliarde, einen Deckungsbeitrag von lediglich 26 Prozent garantieren. Im Vergleich zu anderen Pensionsfonds ist dieser Wert viel zu niedrig. Selbst die ärmsten Diözesen versuchen, einen Deckungsbeitrag von 60 bis 70 Prozent sicherzustellen![4]

Dann geht Messemer auf das Grundproblem ein, wie all diese auf den Pensionsfonds des Heiligen Stuhls zukommenden Belastungen realistisch zu prognostizieren sind. Geht man davon aus, dass die Rente auf Lebensdauer zu erbringen ist, auf welche Weise lässt sich vorhersagen, wie viele Jahre diese durchschnittlich den Beschäftigten, die in den Ruhestand gehen, gezahlt werden muss? Hierzu gibt es nur ein zuverlässiges Vorhersageinstrument, die sogenannten »Sterbetafeln«:

Was die Sterbetafel angeht, stellt sich die Frage, auf welchem Stand sie eigentlich ist. Manchen Statistiken zufolge leben Katholiken tendenziell länger. Sollte das zutreffen, stünden wir vor einem ernsthaften Problem, denn wenn die Lebenserwartung um fünf bis zehn Jahre höher ist, verlieren die Sterbetafeln jeden Aussagewert, weil, wenn höhere Verbindlichkeiten entstehen, die bis zu diesem Zeitpunkt gebildeten Rückstellungen zur Deckung

nicht ausreichen würden. [...] Außerdem ist nie zur Sprache gekommen, nach welchen Kriterien die Mittel des Pensionsfonds angelegt werden. Ökonomisch gesehen darf auch ein Pensionsfonds die Marktszenarien nicht außer Acht lassen, Stresstests müssen durchgeführt und Regelungen für den Verlustfall aufgenommen werden.
Zugegeben, rein technische Aspekte, aber sie sind notwendig! Die Verwaltung eines derartigen Fonds erfordert ein gerüttelt Maß an Verantwortungssinn. Die Angestellten arbeiten 40 Jahre lang für 80 Prozent ihres Einkommens, die übrigen 20 Prozent werden für den Pensionsfonds einbehalten. Es gibt nichts Schlimmeres, als wenn man ihnen dann sagen muss, dass ihre Rente nicht beständig ist. Man darf da nicht durch Oberflächlichkeit sündigen. Das Grundgerüst des vatikanischen Pensionsfonds ist veraltet, man müsste eine Arbeitsgruppe einrichten, um das Thema auf vertraulicher Ebene anzugehen.

Die im Saal der Präfektur versammelten päpstlichen Finanzexperten zeigen sich konsterniert. Doch dabei bleibt es auch, denn das Protokoll des Meetings – neun Seiten von der Hand der bewährten Protokollkraft Paola Monaco – birgt zu viel Sprengstoff, um offen diskutiert zu werden. Also verschwindet es im Panzerschrank der Präfektur. Weihnachten steht vor der Tür, das letzte Weihnachten mit Ratzinger als Papst und Bertone als Kardinalstaatssekretär.

Erst mit der Wahl Jorge Bergoglios zum Papst im März 2013 bekommt die Mauer des Schweigens erste Risse. Im Mai findet Messemer endlich Gehör bei den von Franziskus in den Rat zu seiner Unterstützung bei der Regierung der Kirche berufenen Kardinälen.[5]

Das Protokoll vom Dezember wird nun wieder aus den gepanzerten Archiven hervorgeholt und endet diskret in Kopie in den schwarzen Ledermappen jener hohen Prälaten, die sich vertrauensvoll mit dem Papst unterhalten. Aus dem Staatssekretariat ergeht durch Kardinal Wells die Einladung an Messemer, als Fachmann für Renten- und Sozialversicherungsfragen Mitglied der Cosea-Kommission zu werden.

Im August 2013 wird das heikle Thema endlich offiziell auf die Tagesordnung der Kommission gesetzt. Wenn auch mit höchster Diskretion, um den ruhigen Schlaf der wertvollen und fleißigen Schar, die tagtäglich in den Amtsstuben des Vatikan ihren Dienst tut, nicht zu stören. Dort weiß noch niemand von den Abgründen, die sich im Versorgungssystem des Heiligen Stuhls auftun und eine veritable Bedrohung für die Zukunft so manchen Vatikanmitarbeiters bedeuten könnten.

Messemers Forderung, eine eigene Arbeitsgruppe mit dem Rentenproblem zu betrauen, ist also doch nicht ungehört geblieben, jetzt wird gehandelt. Mit Oliver Wyman wird ein Global Player im Bereich Unternehmensconsulting mit Hauptsitz in New York und Niederlassungen in mehr als 50 Ländern der Erde zurate gezogen. Wyman soll ein versicherungsmathematisches Gutachten erstellen, aus dem hervorgeht, wie es um die finanzielle Lage des Pensionsfonds bestellt ist, und ob die gezahlten Beiträge ausreichen werden, um allen Beschäftigten ihre Renten zahlen zu können. Die Experten der Cosea-Kommission ersuchen auch darum, »einen Vorschlag zu entwickeln, wie das Defizit ausgeglichen werden kann«, wie aus den Unterlagen der Kommission hervorgeht. Kein Vatikanangehöriger, vom Kardinal bis zum Schweizer Gardisten, soll um seine Altersversorgung bangen müssen.

Wie bei vielen Problemen, die von Franziskus' Reformbeauftragten angegangen werden, bilden sich auch in dieser Frage zwei Fraktionen unter den Kardinälen, Bischöfen und Monsignori der Kurie. Die Konservativen verbreiten die optimistische These, das Finanzloch betrage eigentlich »nur« 40 Millionen Euro, und schlagen vor, zur Deckung einige Immobilien abzustoßen. Das bleibt für Monate die offizielle Version, die der letzten versicherungsmathematischen Überprüfung des Pensionsfonds durch einen römischen Fachmann im Jahr 2011 entspricht. Diese schätzte den Fehlbetrag genau mit diesen 40 Millionen ein.

»Keine Panik also, alles unter Kontrolle!«, so die Botschaft. Doch die aktuellen Zahlen stammen von Männern an der Seite des neuen Papstes. Sie beschreiben die Situation ganz realistisch und ohne Wunschdenken. Kardinäle wie der Spanier Santos Abril y Castelló oder Jean-Louis Tauran aus Frankreich gehören dazu. Und sie wissen nur zu gut, dass die Versorgungslücke sehr viel größer ausfällt, als die offiziellen Zahlen erkennen lassen. Vielmehr spricht alles dafür, dass das vatikanische Rentensystem auf einen Zusammenbruch zusteuert.

Ein alles andere als beruhigendes Szenario. Einige dem Papst besonders nahestehende Kardinäle drängen deshalb auf eine weitere und vor allem noch genauere baldige Sondierung der Lage. Zu Recht gehen sie davon aus, dass, wie auf anderen Feldern der vatikanischen Finanzen, dem Papst auch hier nur auf Grundlage exakter Daten und Zahlen brauchbare Reformvorschläge vorgelegt werden können.

Nicht ohne Hintergedanken unternehmen die päpstlichen Finanzexperten allerdings auch nichts, um die Verbreitung des optimistischen Szenarios, bei dem das Finanzierungsloch auf nur einige zehn Millionen Euro beziffert wird, in den Kreisen der Kurienmitarbeiter zu verhindern. Der Grund ist einfach, man will das Volk vorerst in Sicherheit wiegen und Unruhe vermeiden. Denn die Rentenfrage ist einer der heikelsten Punkte der vatikanischen Innenpolitik, die Altersversorgung der Vatikanangestellten muss gesichert werden, sonst könnte es zu unvorhersehbaren Reaktionen kommen. Ein Dominoeffekt, der zu einem negativen Medienecho oder gar zu offenem Protest und nicht kontrollierbaren und destabilisierenden Aktionen wie Streiks, Demonstrationen und wer weiß was noch allem führen könnte, muss um jeden Preis vermieden werden.

Ende September 2013 legt das Team von Wyman, beruhend auf Zahlen, die bei verschiedenen vatikanischen Dikasterien erhoben wurden, eine erste Lageeinschätzung vor. Am Samstag, den 11. Oktober wird diese in einem versiegelten Umschlag *top secret* an Joseph Zahra, den Leiter der Cosea-Kommission, übergeben sowie an das für die Angelegenheit zuständige Kommissionsmitglied Jochen Messemer. Am nächsten Tag, einem ruhigen römischen Spätsommersonntag, tritt früh am Morgen im Gästehaus Santa Marta die Cosea-Kommission zum dritten Mal zusammen. Man begrüßt einander, trinkt noch schnell einen Kaffee, bevor Zahra und Messemer, die darauf brennen, ihr Wissen mit den anderen zu teilen, der Runde das Wyman-Gutachten präsentieren. Und da muss es dem ein oder anderen der päpstlichen Experten doch mulmig geworden sein. Ganz unverblümt heißt es im Protokoll der Sitzung:

Die beauftragte Consultingagentur Oliver Wyman hat mit Datum vom 11. Oktober bereits einen Vorabbericht vorgelegt, beruhend auf den bei circa 40 vatikanischen Stellen erhobenen Daten. Sie wird sich nun mit Vorrang auf den Pensionsfonds konzentrieren, da schon eine erste Lektüre des Berichts eine schwere Risikoexposition erkennen lässt, die als ausgesprochen besorgniserregend bezeichnet werden muss.

In der Tat, nach dem Vorabbericht aus dem Hause Wyman, ist das Defizit in der vatikanischen Rentenkasse sehr viel höher zu beziffern als noch im Frühjahr angenommen, dies ergibt ein Vergleich der aktuellen Zahlen mit den Vorjahresdaten. Die offizielle Zahl, die schon bald in den Korridoren der Kurie die Runde macht, sprengt alles bisher Angenommene. Nun ist plötzlich von einer halben Milliarde Euro Defizit die Rede. Die Hochrechnung sollte sich dennoch als zu optimistisch erweisen.

Der Chef der Präfektur Versaldi:
»Der Vatikan riskiert den Untergang«

Der neue Papst hat sich zum Ziel gesetzt, Kurie und Vatikan nach den Geboten des Evangeliums zu reformieren. Verwaltung und Finanzen machen da keine Ausnahme, auch die Gesundheits- und Altersvorsorge für die Angestellten des Heiligen Stuhls nicht. Für die Neuordnung des vatikanischen Rentensystems sollen objektive Kriterien gelten, zugleich soll aber auch das Verhältnis des Heiligen Stuhls zu seinen abhängig Beschäftigten neu justiert werden. Deshalb muss die Rolle der bestehenden Personalverwaltung auf den Prüfstand gestellt und das Verhältnis von Personalwesen, Vorsorge und Gesundheitsversorgung genau austariert werden. Dies geht aus einem Memorandum der Cosea-Kommission vom Oktober 2013 hervor, das die Einrichtung einer übergeordneten, für alle Belange der Vatikanangestellten zuständigen Stelle fordert. Der in der ersten Person gehaltene Text liest sich wie die Vorlage zu einem offiziellen päpstlichen Schreiben, sogar eine lateinische Eingangsformulierung haben die Cosea-Autoren als Titel schon parat: *Pontificum cura* – »Die Sorge der Päpste«:

Die Sorge der Päpste für ihre Mitarbeiter ist stets ein besonderes Kennzeichen der Regierung des Heiligen Stuhls gewesen. In jüngster Zeit wurden zahlreiche Maßnahmen ergriffen, um ihren Dienst unbeschwerter und nutzbringender zu gestalten. Im Jahr 1988 wurde mit der Apostolischen Konstitution Pastor Bonus *(vgl. dort Abs. 35) die Personalverwaltung des Heiligen Stuhls ins Leben gerufen [...]. 1993 nahm der Pensionsfonds seine Arbeit auf, indem für alle vatikanischen Beschäftigten das Verwaltungszentrum für die Abfindungen aus Anlass der Beendigung des Arbeitsverhältnisses und die Auszahlung der Renten vereinheitlicht wurden.*
Im Laufe der Jahre konnten auch die Leistungen des Gesundheitsfonds stetig verbessert werden, sodass dieser heute eine

Versorgung gewährleistet, die – wenn auch (entsprechende Mittel vorausgesetzt) stets verbesserungsfähig – hinsichtlich Promptheit und Arzneimittelversorgung den Vergleich mit der Situation in ökonomisch leistungsfähigeren Ländern nicht zu scheuen braucht.

Vor Kurzem [...] wurde beim Staatssekretariat eine Kommission eingerichtet, die der Vereinheitlichung und Transparenz des Einstellungsverfahrens für Mitarbeiter aus dem Laienstand dienen soll. Schließlich soll auch die regelmäßig vorgenommene Anhebung des Grundgehaltes an dieser Stelle nicht unerwähnt bleiben, ebenso wie das besondere, noch immer geltende System der automatischen Gehaltsanpassung. Dieses System, das in der Vergangenheit in vielen Ländern galt, wurde aufgrund der wirtschaftlichen Krisenlage seit einiger Zeit fast überall außer Kraft gesetzt. In diesem Sinne wurden in benachbarten Staaten die Kriterien zur Festsetzung der Rentenansprüche grundlegend neu formuliert.

Die Vorsehung des himmlischen Vaters hat der Heiligen Kirche stets die nötigen geistlichen und materiellen Mittel zur Erfüllung ihrer Aufgaben gewährt. Dies ist ein Grund zu Dankbarkeit und Zuversicht. Sie birgt aber auch die Verpflichtung in sich, dass wir all diese Mittel nach den Worten und im Geiste des Evangeliums zum Einsatz bringen. Insbesondere die materiellen Mittel, welche von den Gläubigen in aller Welt als Zeichen der brüderlichen Liebe an den Heiligen Stuhl gesandt werden, müssen dem Hauptzweck zugeleitet werden, für den sie bestimmt sind. Sie dürfen deshalb ihrer unmittelbaren Bestimmung nicht entfremdet, nicht verschwendet noch in anderer Weise zweckwidrig verwendet werden.

Das Evangelium gemahnt uns, dass wir für alle Gaben, die wir empfangen haben, einst werden Rechenschaft ablegen müssen. Umso mehr ist es mein Bestreben, angesichts der herrschenden wirtschaftlichen Krisenlage, welche die betroffenen Länder und Menschen vor große materielle und spirituelle Herausforderungen stellt und nicht selten große Ängste schürt, die Sorgen all

jener zu mindern, die im Dienste des Bischofs von Rom zum Wohle der gesamten Kirche wirken.
Um einen korrekten Umgang mit den materiellen Gütern zu gewährleisten und in Erwartung der Vorschläge, welche die aus acht Kardinälen besetzte Kommission zur Reform der römischen Kurie unterbreiten wird, halte ich es für angezeigt, erste Schritte zur Erreichung dieses Zieles zu unternehmen, damit auch in Zukunft die ökonomischen Ressourcen zur Verfügung stehen, um allen Beschäftigten des Heiligen Stuhls die Sicherheit ihres Arbeitsplatzes, die Zuerkennung eines angemessenen Gehaltes, die erforderliche Gesundheitsversorgung und schließlich die Gewährung eines angemessenen finanziellen Beitrags zu garantieren, die ihnen hilft, auch nach dem Ausscheiden aus dem Arbeitsleben ein Leben in Würde zu führen.

Die Cosea-Kommission formuliert hier Eckpunkte für die Reform der Kurie in einer ihrer wichtigsten Funktionen, in ihrer Rolle als Arbeitgeber nämlich. Auch hier soll der Grundsatz gelten, der alle Reformanstrengungen des neuen Papstes beseelt: weltliche und geistliche Macht wieder ins Gleichgewicht zu bringen und dies in den Bahnen eines neu geordneten vatikanischen Staatswesens.

Eines wird, wie schon angedeutet, aus den bisher getätigten Erhebungen völlig klar: Die Zahl der Vatikanbeschäftigten ist viel zu hoch und sie wird von zu vielen verschiedenen Stellen verwaltet. Die aktuellen Zahlen der Cosea-Kommission zeigen es überdeutlich, demnach existieren auf dem Territorium des Heiligen Stuhls allein 21 Personalbüros mit insgesamt 35 Angestellten. Jedes Büro verwaltet seinen eigenen kleinen Anteil an den insgesamt 4.699 Angestellten des Vatikan.

Nicht nur die APSA und das Governatorat unterhalten eine eigene Personalabteilung mit 7 bzw. 14 Verwaltungsangestellten, auch die Propagande Fide beschäftigt zwei, Radio Vatikan drei, IOR, Druckerei und *Osservatore Romano* sowie das Domkapitel von St. Peter je einen, die Dombauhütte von St. Peter zwei, das Vikariat ebenfalls zwei Personalsachbearbeiter und auch die Vatikanische Bibliothek verfügt über zwei Stellen in der Personalabteilung. Für die Lohnzahlungen dagegen ist die APSA zuständig.

Man versteht also, warum *Pontificum cura* [der Entwurf der Cosea-Kommission] vorsieht, die Personalangelegenheiten des Heiligen Stuhls bei einer einzigen Stelle zu bündeln:

Nachdem eine Vielzahl von möglichen Maßnahmen zum Zwecke einer angemessenen Verwendung der finanziellen Ressourcen erwogen und die Ansicht verschiedener Mitarbeiter eingeholt wurde, habe ich beschlossen, die zuständigen Instanzen der Personalabwicklung bei sämtlichen zum Heiligen Stuhl gehörigen Stellen unter einem Dach zusammenzuführen. [...] Bis auf Weiteres gelten deshalb die im Folgenden aufgeführten, in Sonderheit die Personalabteilungen aller Einrichtungen des Heiligen Stuhls betreffenden Regelungen.[6]
Der neu einzurichtenden Personalverwaltung obliegen insbesondere folgende Aufgaben: [...] Auftrag der Personalverwaltung wird es auch sein, Vorschläge für ein entsprechendes Regelwerk auszuarbeiten und vorzulegen, das den Prinzipien von Gleichheit und Gerechtigkeit stärker entspricht. Dabei sollen in besonderem Maße die Lehren des Zweiten Vatikanischen Konzils stärkere Berücksichtigung und Anwendung finden als bisher.

Doch die Mahnungen des Papstes und seiner Mitarbeiter, sich bei Neueinstellungen und Übertragung von Aufgaben zurückzuhalten, verhallen ungehört. Die Kurie scheint das alles nicht zu interessieren, die Reformanliegen des Papstes teilt man dort nicht, und manchmal werden nicht einmal seine Anweisungen befolgt. Da ist alles Reden vergeblich, selbst wenn der Leiter der Präfektur Versaldi am 19. Dezember 2012 in einer vertraulichen Sitzung vor den Mitgliedern der Cosea-Kommission beteuert:

Was wir brauchen, ist ein Mentalitätswandel, wir müssen lernen, über den Tellerrand zu schauen. [...] Der Vatikan kann sich auf die Verfolgung gemeinsamer Werte oder der Werte, die das Evangelium verkündet, stützen. Eine Reduktion der Ausgaben zu verweigern, würde aber jedenfalls bedeuten, den Untergang der gesamten Struktur zu riskieren.«[7]

Doch auch Versaldis flammender Appell hat nichts bewegt. Die vatikanische Postenvermehrung geht ungebremst weiter und mit ihr wachsen die Personalkosten. Neue Mitarbeiter werden eingestellt, ungeachtet der Reformvorgaben und ohne Wissen des Papstes. Und die Situation ist außer Kontrolle.

Ein 800-Millionen-Loch in der vatikanischen Rentenkasse

In den folgenden drei Monaten geht die Durchleuchtung des vatikanischen Vorsorgesystems weiter. Die Finanzexperten des Papstes fördern dabei grundlegende Mängel zutage. Ein Abgleich der Zahlen und Daten ergibt, wie es in einem internen Risikopapier heißt, »ein erhebliches Defizit im Pensionsfonds in Höhe von wenigstens 700 bis 800 Millionen Euro.« Die Zahlen sprechen eine klare Sprache, das Rentensystem des Vatikan steht kurz vor dem Zusammenbruch. Pensionsverpflichtungen in Höhe von aktuell 1,2 bis 1,3 Milliarden steht ein Guthaben von etwas über 450 Millionen gegenüber und damit ein Defizit von 700 bis 800 Millionen.[8]

Ein derart hohes strukturelles Defizit könnte innerhalb weniger Jahre zum Ausfall des vatikanischen Versorgungssystems für alle aktuell und in Zukunft Rentenberechtigten führen. Verschärfend kommt nach Ansicht der Kommission hinzu, dass die für den Pensionsfonds verantwortlichen Kurienfunktionäre »nicht über die nötigen Kenntnisse im Bereich Versicherungswesen und Vermögensverwaltung verfügen.«[9]

Die Pensionen der Vatikanangehörigen sind von zwei Seiten bedroht, durch die enorme Finanzierungslücke im Rentenhaushalt und durch die Unfähigkeit derer, die diesen Haushalt verwalten. Dieses schonungslose Fazit bestimmt auch die Unterlagen der Cosea-Kommission für die gemeinsame Sitzung am 17. und 18. Februar 2014 mit dem kurz zuvor von Papst Franziskus eingesetzten Wirtschaftsrat auf Kardinalsebene.

Bestätigt wird diese Einschätzung durch einen Blick auf die Verwaltung des Vermögens des Pensionsfonds. Dieser ist aus Immobilienbesitz und Wertpapieren zusammengesetzt, die erheblichen Risiken ausgesetzt sind: »Die Vermögensverteilung entspricht nicht den Defiziten des Pensionsfonds, zusätzlich sind erhebliche Summen in risikobehaftete Papiere, etwa in italienische Staatsanleihen, investiert worden.«[10]

Auch das Immobilienportfolio des Pensionsfonds weckt die Bedenken der Revisoren, denn es umfasst ausschließlich Objekte in der italienischen Hauptstadt, ist überdies nicht diversifiziert und damit extrem anfällig für lokale Marktschwankungen. Normalerweise bauen die Rentenkassen eines Landes nicht auf Reserven und Immobilieninvestments auf, sondern auf den Sozialversicherungsbeiträgen der Beschäftigten und der künftigen Beschäftigten, die nach und nach die Renten derer zahlen werden, die in den Ruhestand treten. Der Vatikan ist jedoch ein Sonderfall, denn dort ist die Sterblichkeitsrate geringer als in anderen Ländern und Geburten – aus naheliegenden Gründen – sind selten.

Diese negativen Einschätzungen werden auch nicht durch die positiven Zahlen abgemildert, die Kardinal Versaldi, als Präsident der Präfektur, im vorläufigen Jahresabschluss für 2013 und im Voranschlag für 2014 vorfindet. Zahlen, die er am 19. Dezember 2013 direkt von Kardinal Calcagno erhalten hat:

Hochwürdigste Eminenz,
der vorläufige Jahresabschluss weist einen zu erwartenden Überschuss von 27,7 Millionen Euro aus, der Voranschlag für das

Rechnungsjahr 2014 geht von 28 Millionen aus. Die für 2013 und 2014 vorgesehenen Jahresergebnisse sind dergestalt, dass vorstellbar ist, dass das Vermögen des Pensionsfonds zum 31. Dezember 2014 479,1 Millionen betragen könnte.
Ich nutze gern die Gelegenheit, um mich mit ergebener Hochachtung Ihrer hochwürdigsten Eminenz zu empfehlen als Ihr ergebenster
Domenico Kardinal Calcagno

Die Anleihedividende beträgt 10,9 Millionen Euro, die Zinserträge belaufen sich auf 461.000. Weiter führt Versaldi aus: »Das Betriebsergebnis (vorläufiger Überschuss zum 31.12.2013) wird bei 27,7 Millionen liegen und damit 466.000 Euro unter dem im Budget für 2013 veranschlagten Betrag.«[11] Sieht man sich das Wertpapierportfolio (Stand: 30. September 2013) genauer an, kommen etliche italienische Staatsanleihen zum Vorschein, die von Analysten als risikobehaftet eingestuft werden. Schatzbriefe des italienischen Finanzministeriums mit mehrjähriger Laufzeit in Höhe von 70 Millionen Euro zum Beispiel. Faktisch hat der Vatikan also den Großteil seiner Rentenrücklagen in italienischen Staatsschulden angelegt.[12]

Das erklärt vielleicht auch, warum die Kirche in der italienischen Politik über so viel Einfluss verfügt. Schon immer bediente sich der Vatikan im Verhältnis zu anderen Staaten – allen voran zu Italien, aber auch zu afrikanischen und südamerikanischen Regierungen – verschiedenster »Überzeugungsstrategien«. Die inneritalienische Lobbyarbeit des Heiligen Stuhls beschränkt sich augenscheinlich also nicht darauf, den Staatspräsidenten unter Druck zu setzen, um geplante Gesetzesvorhaben im Bereich Familie oder künstlicher Befruchtung zu verhindern. Auch der Erwerb großer Mengen von Staatsanleihen oder die Beteiligung an strategisch wichtigen staatlichen Investitionsprojekten gehören offenbar dazu.

Zurück zur vatikanischen Rentenfrage: Erik Stattin, Absolvent der Harvard Business School, ist Partner bei der Unternehmensberatung Oliver Wyman, Niederlassung Rom, und dort für die Risikobewertung im Bereich Versicherungen und Altersvorsorge zuständig. Am 22. Januar 2014 bittet Stattin die zuständigen Kurienvertreter Kardinal Calcagno, Monsignore Vallejo Balda und Luigi Mistò, den Vorsitzenden des Gesundheitsfonds und der APSA sowie einige Mitglieder der Cosea-Kommission, darunter Jochen Messemer, zur Vorstellung seines Berichts über das vatikanische Rentensystem. Jochen Messemer ist der Einzige, der Stattins Ausführungen mit einem zustimmenden Nicken quittiert. Am Ende kommen dennoch alle Anwesenden überein, Folgendes festzuhalten:

Auf der Grundlage des von Oliver Wyman erstellten versicherungsmathematischen Gutachtens muss konstatiert werden, dass der vatikanische Pensionsfonds eine erhebliche Finanzierungslücke aufweist. Das Ausmaß der festgestellten Unterfinanzierung stellt ein potenzielles Risiko für die zukünftige Altersversorgung der Vatikanangestellten dar. Aus dem Gutachten geht jedoch auch hervor, dass die Mittel des Pensionsfonds ausreichen werden, um die kurzfristig anstehenden Zahlungen zu gewährleisten, sodass mit einer Restrukturierung begonnen werden kann, um einen Zusammenbruch des Pensionsfonds abzuwenden. Ungeachtet dessen besteht weiterhin die dringende Notwendigkeit, einschneidende Maßnahmen zu ergreifen, um eine Zunahme des Defizits zu verhindern.
Zu diesen Maßnahmen sollte gehören:
- *eine Kapitalaufstockung durch eine einmalige Finanzspritze seitens der Verwaltung des Heiligen Stuhls*
- *eine Neudefinition der künftigen Renten nach Maßgabe des derzeitigen italienischen Rentensystems als Benchmark, sodass die Beschäftigten des Vatikan mit den gleichen Versorgungsleistungen rechnen können wie italienische Staatsbedienstete*

Teil der Reform des vatikanischen Rentensystems soll also unter anderem eine einmalige Finanzspritze zur Konsolidierung des

Pensionsfonds durch den Heiligen Stuhl sein. Außerdem sollen, so heißt es im Protokoll, »die bestehenden Leistungen für die Beschäftigten auf ein wirtschaftlich vertretbares Maß zurückgeführt werden«. Die Vermögensverwaltung des Pensionsfonds, so wird vorgeschlagen, soll überdies künftig »in Händen des zu gründenden Vatican Asset Management liegen«. Schließlich soll der Vatikan einen festgelegten Zinssatz für die Einlagen garantieren.[13]

Mit der Initiative zur Einrichtung des Vatican Asset Management, kurz VAM, einer einzigen Stelle zur Verwaltung des gesamten beweglichen und unbeweglichen Vermögens des Heiligen Stuhls nach ethischen und katholischen Kriterien, also auch des vatikanischen Pensionsfonds,[14] liegt ein Vorschlag auf dem Tisch, den es so in der Geschichte des Vatikan noch nicht gegeben hat. Nicht alle Berater des Papstes sind von der Initiative begeistert, und einige Monate später, im Frühjahr 2014, führt das Thema auch tatsächlich zu einer Spaltung der Cosea-Kommission in VAM-Befürworter und -Gegner. Monatelang tobt die Auseinandersetzung im Verborgenen, die einen schließen sich der Linie des neuen Papstes an, andere verhalten sich abwartend, wieder andere sind skeptisch und versuchen, die Reform zu verhindern. Aus diesen Kreisen sind schließlich auch jene Einschüchterungsversuche, Attacken und Intrigen zu verzeichnen, deren Ziel es ist, Franziskus' mutiges Reformwerk scheitern zu lassen. Auf dem Spiel steht nicht nur die Zukunft des Vatikan, auf dem Spiel steht die Zukunft der Kirche. Jetzt wird mit harten Bandagen gekämpft.

8. Angriff auf die Reform

Einbruch ins Geheimarchiv der Kommission

Sonntag, 30. März 2014, wenige Stunden vor Tagesanbruch. Der Petersplatz liegt einsam da. Wir sind im Herzen einer der bestbewachten Gegenden der Welt, doch in dieser Nacht passiert das scheinbar Unmögliche.

Jemand schlägt der Sicherheit ein Schnippchen und dringt in ein Gebäude des Vatikan ein. Im Palast der Kongregationen an der Piazza Pio XII., gegenüber den Kolonnaden von Gian Lorenzo Bernini, herrscht tiefste Stille. Die Portiersloge am Largo del Colonnato Nr. 3 ist geschlossen. Gaspare, der treue sizilianische Pförtner, ist übers Wochenende nach Hause gefahren, ebenso wie Angestellte und Reinigungspersonal. Außer der 353 Quadratmeter großen Wohnung des nigerianischen Kardinals Francis Arinze und einer Zweizimmerwohnung, vermietet an einen ruhigen Pensionär, beherbergt das vierstöckige Gebäude nur Geschäfts- und Büroräume, etwa die Räume der Kleruskongregation, der Kongregation für das Katholische Bildungswesen oder der Kongregation für die Institute des geweihten Lebens. Das 781 Quadratmeter große vierte und letzte Stockwerk an Stiege D wird allein von der Präfektur für die wirtschaftlichen Angelegenheiten des Heiligen Stuhls genutzt. Hier laufen mittlerweile viele Fäden der von Papst Franziskus gewünschten Untersuchung der römischen Kurie zusammen: Hier arbeiten die Revisoren Seite an Seite mit den Mitgliedern der Cosea-Kommission. Hier befindet sich ein Großteil der vertraulichen Unterlagen. Und hier liegt das Büro des Koordinators der Kommission und Sekretärs der Präfektur, Vallejo Balda. Ein für die Revolution von Papst Franziskus symbolträchtiger Ort.

Die Einbrecher dringen in das Gebäude ein und gehen Stockwerk für Stockwerk vor: Sie betreten die Büros der Kongregationen, schweißen jeden Tresor, den sie finden können, auf und entnehmen das darin befindliche Bargeld. Es handelt sich um keine bedeutenden Beträge: ein paar hundert Euro in jedem Büro. In den Kassen der Kongregationen und der Präfektur wird lediglich Geld für kleinere Anschaffungen aufbewahrt. Bescheidene Beträge also, die nicht zum generalstabsmäßigen Vorgehen der Eindringlinge passen wollen, die zweifellos Berufseinbrecher sind. Sie wissen genau, wo sich die Tresore befinden, wie man sie möglichst schnell knackt, und überwinden mit Leichtigkeit jede Tür, die sich ihnen in den Weg stellt.

Doch dann zeigen die Diebe ein ungewöhnliches Verhalten, das die Ermittler stutzen lässt. Offensichtlich gehen sie jedoch keineswegs planlos vor und liefern damit wohl den geeignetsten Schlüssel, um den beunruhigenden nächtlichen Einbruch zu erklären.

In den Räumen der Präfektur beschränken sich die Einbrecher nicht darauf, den Tresor möglichst schnell ausfindig zu machen, zu öffnen und die bescheidene Summe von 500 Euro mitzunehmen. Sie dringen auch in den Raum mit den Panzerschränken ein. Und einen brechen sie auf. Obwohl sich die Panzerschränke von außen durch nichts unterscheiden, wissen die Verbrecher genau, welchen Schrank sie aufbrechen wollen. Offenbar suchen sie nach etwas und wissen genau, wo sie es finden können. Sie kennen sich aus und gehen kaltblütig vor. Als sich dann die schwere Panzerschranktür öffnet, liegen vor ihnen kein Geld oder Preziosen, sondern geheime Unterlagen, sorgfältig in Dutzenden Aktenbündeln verwahrt.

Es sind nicht irgendwelche Akten, die die nächtlichen Einbrecher mitnehmen, sondern Teile des Geheimarchivs der päpstlichen Cosea-Kommission. Noch nie hatte es einen derartigen Diebstahl gegeben, und die unerhörte Tat droht, die Arbeit der Kommission zu kompromittieren. Doch was haben die Daten der päpstlichen Prüfer mit der Entwendung von ein paar hundert Euro aus mehreren Tresoren zu tun?

Der Einbruch wird am nächsten Tag entdeckt. Und die Gendarmarie des Vatikan tritt ebenso in Aktion wie die italienische Polizei. Weltweit wohl einzigartig nehmen die Polizeikräfte zweier Staaten gemeinsame Ermittlungen auf. Das Gebäude, in dem der Diebstahl stattfand, gehört nach den Lateranverträgen zum extraterritorialen Gebiet: Damit ist es nicht nur Eigentum des Heiligen Stuhls, sondern gilt, obwohl es knapp außerhalb des Vatikan liegt, als Bestandteil des Staates Vatikanstadt mit allen Rechtswirkungen. Im Inneren der Immobilie befinden wir uns auf vatikanischem Territorium, und daher ist die vatikanische Gendarmerie für die Ermittlungen zuständig. Draußen, in den angrenzenden Straßen, treten hingegen die italienischen Ermittler auf den Plan. Sie überprüfen Dutzende Filmaufzeichnungen aus Überwachungskameras, die in der Umgebung installiert sind. Dabei stellen sich vor allem zwei Fragen: Wer wollte die Geheimdokumente der päpstlichen Kommission lesen, und wozu?

Man versucht, den Tathergang zu rekonstruieren. Die Einbrecher, die mindestens zu zweit oder dritt gewesen sein müssen, kamen möglicherweise durch das Eingangstor. Doch die Ermittler verfolgten zunächst noch eine andere These. Die Einbrecher könnten durch die Kellerräume gekommen und über einen der zahlreichen Tunnel, die die Gebäude der vatikanischen Macht verbinden, in den Palast der Kongregationen eingedrungen sein. Die These scheint kühn, aber nicht unwahrscheinlich. Vom Keller des Gebäudes aus gelangt man in verschiedene Richtungen: in die Büros des Zwillingsgebäudes, in dem andere Kongregationen ihren Sitz haben, oder in die des IOR, in den Apostolischen Palast oder, auf der anderen Seite, in die Engelsburg. Das Netz aus Tunneln, Korridoren im Freien, schmalen, überdachten oder offenen Durchgängen, Treppen und Aufzügen geht größtenteils auf die weltweiten Konflikte in der ersten Hälfte des 20. Jahrhunderts zurück und erlaubt Eingeweihten, sich unbeobachtet und vor neugierigen Blicken geschützt zu bewegen. Es ist eine Parallelwelt, die man durchaus als mächtige Metapher für den Apostolischen Stuhl betrachten kann: Auch dort gibt es Dinge, die an die Oberfläche kommen und in offiziellen Pressemitteilungen verbreitet werden, und Dinge, die sich in geheimen Räumen abspielen. Unter den Straßen Roms, über die täglich Tausende ahnungslose Gläubige und Touristen gehen, liegt eine verborgene Welt. Und nicht zufällig besitzt das IOR, die undurchsichtige Bank der Päpste, im Kellergeschoss des Palastes der Kongregationen Lagerräume, wo sie ihre Geheimarchive aufbewahrt – was allerdings kaum jemand weiß.

Als die Ermittler das Kellergeschoss betreten, finden sie jedoch alles wohlgeordnet vor, angefangen bei den zahlreichen schwarzen Limousinen verschiedener Botschaften am Heiligen Stuhl, die in der Tiefgarage geparkt sind. Die Lagerräume der Kongregationen und der Vatikanbank sind unversehrt. Der Gang, der zum Apostolischen Palast führt, ist verschlossen. Die Einbrecher können also kaum durch die unterirdischen Gänge gekommen sein, um zur Garage vorzudringen. Der Ort scheint uneinnehmbar und wird noch dazu von zahlreichen Kameras überwacht. Höchst unwahrscheinlich, dass Kriminelle so ein hohes Risiko eingehen.

Am wahrscheinlichsten ist also, dass sie durch eines der Eingangstore ins Gebäude gekommen sind und zwar durch das an der Piazza Pio XII. Doch das Schloss am Eingang funktioniert tadellos und ist unbeschädigt. Sollten sie etwa einen Schlüssel besessen haben? Sehr mysteriös. Aber sie müssen von dort gekommen sein, weil man nur von dort den Treppenaufgang erreicht, der zu dem Lieferanteneingang führt, der nun aufgebrochen ist. Die Mitarbeiter der Präfektur benutzen diesen so gut wie gar nie. Doch über diesen gelangt man ganz leicht in die Räume der Aufsichtsbehörde über die wirtschaftlichen Angelegenheiten des Heiligen Stuhls.

Die Nachricht über den Diebstahl verbreitet sich in Windeseile und sorgt im Vatikan für Unruhe und Bestürzung. Die Kommissionsmitglieder gehören natürlich zu den ersten, die informiert werden. Sie sind erstaunt und perplex. Ängste werden wach. Zahra ist geschäftlich in London; pausenlos ruft er die Leute seines Vertrauens an, um sich detailliert über den Stand der Ermittlungen zu informieren. Schon am Montagnachmittag erscheint die These eines gezielten Einbruchs immer wahrscheinlicher. Keiner kann glauben, dass ein Einbrecher die vielen Tresore der Kongregationen und der Präfektur aufbricht, nur um lediglich ein paar hundert Euro zu stehlen. Wer wäre denn so ahnungslos und dumm, einen Einbruch in einer der bestbewachten Gegenden der Welt zu riskieren, um eine so magere Beute heimzutragen? Das eigentliche Ziel des Einbruchs – so denken verschiedene Ermittler – sind die Dokumente. Und mit den übrigen Diebstählen sollte eine falsche Spur gelegt werden.

Die Dokumente also, aber warum? Interessiert sich jemand für den Inhalt, um etwas über das Vorgehen der Kommission in Erfahrung zu bringen? Oder möchte jemand Akten unterschlagen, um die Arbeit der Leute um den Bischof von Rom zu verzögern? Die Diebe müssen jedenfalls bestens informiert gewesen sein: Sie besaßen umfassende Ortskenntnisse, Schlüssel zu mehreren Türen und hatten geeignetes Werkzeug dabei. Noch dazu wussten sie genau, welchen Panzerschrank sie öffnen mussten.

Es gibt noch eine weitere These der Ermittler, die erschreckendste, die aber immer plausibler wird: Der Diebstahl könnte eine kriminelle Botschaft sein, eine kaum verhüllte Warnung an alle, die Veränderungen wollen. Sozusagen: »Wir wissen, wo ihr euer Archiv aufbewahrt. Wenn wir wollen, können wir es öffnen. Wir wissen alles und sind zu allem fähig.«

Die Kommissionsmitglieder sind verstört. Von diesem Tag an wächst der psychologische Druck. Die Cosea-Mitglieder fühlen sich verletzbar, unter Beobachtung, ausspioniert. Und dass es um

Einschüchterung geht, wird schon wenige Wochen später erstmals auch an der Spitze des Heiligen Stuhls klar.

Papst Franziskus und Kardinal George Pell, seit einigen Wochen Chef des neuen, auf Initiative des Papstes errichteten Wirtschaftssekretariats, erreicht die Nachricht vom Diebstahl und dieselbe besorgniserregende Erklärung: Die Tat muss als Warnung an alle betrachtet werden, die die heiklen Untersuchungen weiterführen und dem Papst die Instrumente für seine Revolution der Kurie in die Hand geben wollen. Jorge – wie der Papst damals als Erzbischof der argentinischen Hauptstadt von den 800 Priestern der Diözese Buenos Aires genannt wurde und wie ihn Freunde und die Prälaten, die ihm nahestehen, noch heute nennen – ist nachsichtig und nicht leicht zu beeindrucken. Doch einen solchen Winkelzug hätte er nicht erwartet.

Sindonas Briefe: eine Drohung an Papst Franziskus

Und die Tat steht nicht allein. In eben jenen Tagen erhält der persönliche Sekretär von Kardinal Pell, Mark Withoos aus Melbourne, die beunruhigende Nachricht, dass in der Gegend der Domus Australia, wo der mächtige Kardinal an der Spitze der vatikanischen Wirtschaft wohnt, verdächtige Personen beobachtet wurden. Wird der Kardinal verfolgt? Und warum? Father Withoos gibt den Hinweis weiter und bespricht sich mit seinem Vorgesetzten, der zur Besonnenheit mahnt. Jetzt sind starke Nerven gefragt. Dieser Krieg wird auch mit psychologischen Mitteln geführt und Tiefschläge erfolgen oft nur, um einzuschüchtern oder zu verunsichern und vor allem, um die Getreuen des Heiligen Vaters von den wahren Problemen abzulenken.

Nur wenige Tage später, am 10. April 2014, geht in der Präfektur ein anonymer Brief aus London ein. Ein einzelnes, grünes Blatt, elf Zeilen in Kursivschrift, wenige Worte, die wie eine Drohung klingen. Der erste Satz zitiert wörtlich das Motto von Anonymous, der mächtigen Internetgemeinschaft, die mit aufsehenerregenden Aktionen Veruntreuung und Korruption durch Politiker und Industrie in aller Welt aufzeigt: »Wir vergeben nicht, wir vergessen nicht. Erwartet uns!« Damit beginnt das Schreiben. Und dann: »Die *outsiders* dringen von außen ein ... Gebt diese Nachricht an den Papst und alle Betroffenen weiter: Das Spiel ist aus.«

Was bedeutet das? Handelt es sich nur um einen Scherz irgendeines Tagediebs? Gut möglich. Aber nach dem Vorfall mit dem Diebstahl herrscht erhöhte Wachsamkeit, nichts wird mehr unterschätzt, auch scheinbar Nebensächliches findet Beachtung. Der Satz »Die *outsiders* dringen von außen ein« scheint eindeutig auf den nächtlichen Einbruch in den Palast der Kongregationen zu verweisen. Das Schreiben landet daher auf dem Schreibtisch des damaligen päpstlichen Privatsekretärs, Alfred Xuereb, der seit 3. März 2014 Generalsekretär des Wirtschaftssekretariats und persönlicher Verbindungsmann des Papstes für die Beziehungen zur Cosea-Kommission ist. Xuereb bespricht sich mit Withoos. In den letzten Jahren gab es keine solchen Briefe, doch die beiden Männer lassen sich nicht beeindrucken und wiegeln ab: »Wir haben nichts zu verbergen, wir lassen uns keine Angst einjagen; wir wollen Papst Franziskus unterstützen.« Die Reaktion ist verständlich. Doch die Drahtzieher im Hintergrund halten weitere Überraschungen bereit. Der Krieg hat gerade erst begonnen.

Im Vatikan herrscht Festtagsstimmung. Es ist Samstag, der 26. April. Morgen ist der Sonntag der göttlichen Barmherzigkeit, und um zehn Uhr sollen Johannes XXIII. und Johannes Paul II. in der Messe auf dem Petersplatz heiliggesprochen werden. Man erwartet Hunderttausende von Pilgern. Die Sicherheitsmaßnahmen sind beträchtlich. Alles ist scheinbar perfekt organisiert, doch dann passiert, pünktlich, das Unvorhergesehene.

Am frühen Morgen wirft jemand einen verschlossenen Umschlag in den Briefkasten der Präfektur, ohne Empfänger oder

Absender. Die Angestellten öffnen den Umschlag und finden darin Unterlagen, die ihnen sofort bekannt vorkommen: einen Teil der Akten, die einen Monat zuvor aus dem Panzerschrank entwendet worden waren. Was soll das bedeuten?

Die Einbrecher wollten scheinbar vor allem einen vertraulichen Briefwechsel aus dem Jahre 1970 über Geschäfte zwischen dem Vatikan, dem Geschäftemacher und P2-Freimaurer Umberto Ortolani und dem Bankier Michele Sindona zurückgeben, der sich damals in mehreren Schreiben an den hohen Klerus gewandt hatte. Die Namen sind geeignet, den Heiligen Stuhl in ernste Verlegenheit zu bringen. Besonders Sindona wurde mit den mächtigsten Mafiabossen der Cosa Nostra in Verbindung gebracht, die in den sechziger Jahren in den USA aktiv waren: von Don Vito Genovese über Joe Adonis bis zu John Gambino. Gemeinsam mit Erzbischof Paul Casimir Marcinkus und dem Bankier Roberto Calvi stand der sizilianische Geschäftemacher im Mittelpunkt der für die vatikanischen Finanzen schmerzvollsten Zeit. Und wie Calvi starb er unter mysteriösen Umständen. Calvi fand man erhängt in London. Sindona wurde am 20. März 1986 tot in seiner Gefängniszelle aufgefunden, nachdem er einen mit Zyankali verlängerten Kaffee getrunken hatte; wenige Tage, nachdem er wegen Anstiftung zum Mord an Rechtsanwalt Giorgio Ambrosoli, dem Insolvenzverwalter einer seiner Banken, zu einer lebenslangen Freiheitsstrafe verurteilt worden war.[1] Jahrelang hielten die Ermittler beide Fälle für Selbstmord. Erst sechs Jahre nach Calvis Tod entdeckte man dann, dass er ermordet worden war. Doch alle Angeklagten wurden in mehreren Prozessen stets freigesprochen.

Umberto Ortolani war dagegen die rechte Hand von Licio Gelli, dem Großmeister der Freimaurerloge P2, und pflegte ausgezeichnete Beziehungen zu rechtsradikalen Kreisen und südamerikanischen Diktaturen. In dem Umschlag, der in der Präfektur einging, befand sich unter anderem ein Briefwechsel zwischen Prälat Giovanni Benelli, dem damaligen stellvertretenden Staatssekretär, und Kardinal Sergio Guerri, dem Präsidenten der Kommission für den Staat Vatikanstadt, der seinerseits mit Sindona korrespondierte. Wie aus den Unterlagen hervorgeht, war der Vatikan in der Tat Ortolanis und Sindonas zweite Heimat – und zwar nicht nur, weil beide ein entsprechendes Beziehungsgeflecht geknüpft und diverse Verträge über die Jahre abgeschlossen hatten. Sindona erreichten direkt beim Heiligen Stuhl Briefe, die so adressiert waren: »Mr Michele Sindona c/o Papst Paul VI., The Vatican, Rome (Italy)«. Der sizilianische Finanzjongleur wurde also mit der römischen Kurie gleichgesetzt. Sindona verhandelte im Namen des Vatikan Milliarden-Lire-schwere Geschäfte. Angefangen bei der Abtretung von Aktienpaketen an bedeutende Firmen, wie der Beteiligung der APSA an den Smalterie genovesi, den Genueser Emailwerken, für die der Geschäftsmann dem Heiligen Stuhl 9,6 Millionen in heutigen Euro bot. Dramatisch verlief hingegen die Geschichte mit der Gesellschaft Pantanella. In der verzweifelten Hoffnung, das Unternehmen sanieren zu können, obwohl es nicht wettbewerbsfähig war, steckte der Heilige Stuhl 1968 und 1969 circa 60 Millionen heutige Euro an nichtrückzahlbaren Zuschüssen und diversen Kapitalerhöhungen in dieses Fass ohne Boden.

Aber im Vatikan fragt man sich eher unaufgeregt: Was hat das zu bedeuten? Wer will ausgerechnet diese Schriftstücke zurückgeben, und warum? Welche Botschaft versteckt sich dahinter?

Die Lage wird zunehmend komplizierter. Wie Zahra gegenüber Freunden sagte, »ist der Krieg nun erklärt«. Kardinal Pell versucht derweil, in Rundschreiben zu beschwichtigen. Er möchte allen zeigen, dass er sich von diesen Signalen nicht beeindrucken lässt. Gute Gelegenheit dazu hat er einige Wochen später bei einem Interview. Dort nimmt er ausdrücklich auf die umstrittenen Personen Bezug, die so unerwartet aus der Vergangenheit aufgetaucht sind.

Diese Reform wurde von den Kardinälen der Kongregationen gefordert, die dem Konklave vorausgegangen waren. Vor einem

Jahr haben die Kardinäle gesagt: »Es reicht.« *Es reicht mit diesen Skandalen. [...] Ich bin hartnäckig.* Nunc coepimus. *Wir haben gerade erst begonnen. Wir machen weiter. Wir müssen noch besser werden. Aber eins ist sicher: Es reicht mit Calvi und Sindona, es reicht mit Überraschungen, die wir aus der Zeitung erfahren. [...] Wir brauchen Transparenz in unseren Finanzen, zeitgemäße Verwaltungsprozesse und Aufrichtigkeit.*[2]

Mancher Beobachter in der Kurie hält den Bezug zu Sindona und Calvi für rein zufällig, vermutlich, weil er nichts von dem seltsamen Umschlag und den Briefen des sizilianischen Geschäftemachers weiß, die in der Präfektur eingelangt sind. Um einen Skandal und schlechte Presse zu vermeiden, wurde der Vorfall nicht veröffentlicht, wie der Großteil der kontroversen Geschichten, die sich in den heiligen Palästen zutragen. Lediglich die Nachricht von den mysteriösen nächtlichen Diebstählen im Palast der Kongregationen dringt nach außen. Die Sache mit dem Umschlag muss *top secret* bleiben: Sindonas Briefe könnten sonst einen unkontrollierbaren Medienwirbel entzünden.

Wenn man verstehen will, was diesen gnadenlosen Krieg ausgelöst hat, muss man noch einmal einige Monate zurückgehen. In die Zeit, als die Untersuchungen der Kommission gerade in vollem Gange waren und, wie gesagt, kein Winkel der Kurie verschont blieb.

In jenen entscheidenden Wochen kommt es endgültig zur Spaltung unter den höchsten Vertretern des Vatikan. Zu den Untersuchungen der Cosea-Kommission, die seit Herbst 2013 tätig ist, treten nun konkrete Maßnahmen, die den Vatikanstaat reformieren sollen. Die Dikasterien, ihre Vorschriften und Regelwerke sollen verändert und Positionen, Verantwortlichkeiten und Hierarchien neu geordnet werden. Die »Revolution im Geist des Evangeliums« – wie sie der uruguayische Freund von Papst Franziskus, Guzmán Carriquiry Lecour, nennt[3] – läuft an einem bestimmten Punkt Gefahr, in sich zusammenzubrechen. Zu viele Spannungen, zu viele schwierige Momente drohen, die kleine Welt in Brand zu setzen. Eine Welt, in der nach dem Willen des Evangeliums und von Papst Franziskus Frieden, Barmherzigkeit und Armut herrschen sollten, die aber nun Gefahr läuft, sich immer mehr von dem pastoralen und theologischen Auftrag zu entfernen.

Der geräuschvolle Abgang Bertones

Im Herbst 2013 wird die tatsächliche Tragweite der Reformen langsam klar. Papst Franziskus und seine Anhänger wollen von der Analyse zur Tat schreiten. Die kompromittierendsten Bereiche hat man bereits, wie beschrieben, ins Visier genommen, nun kommen die Verantwortlichen an die Reihe. Dutzende Laien, Bischöfe und Kardinäle müssen umgehend das Feld räumen. Und der Papst agiert nicht im Verborgenen. Er legt die Ziele seines Pontifikats offen und versucht, alle im und außerhalb des Vatikan miteinzubeziehen. Mit Entschlossenheit werden ohne jeden Vorbehalt alle neuen Regeln veröffentlicht, um mehr Transparenz zu gewährleisten: bei den Dikasterien, ihren Aktivitäten sowie den Kompetenzen und der Verantwortung, die den neuen Organisationsstrukturen übertragen wurden, die nun de facto das Zentrum der vatikanischen Macht beaufsichtigen.

Papst Franziskus möchte niemanden ausschließen, sondern in den neuen Schaltzentralen Vertreter der gesamten Kurie versammeln: von der Fokolar-Bewegung bis zum Opus Dei, von ehemaligen Bertone-Anhängern bis zu Diplomaten und den Vertretern der Bistümer Nord- und Südamerikas. Das gelingt nicht immer. Die Pilger, die Katholiken an der Basis, in den Gemeinden, sind von ihm begeistert, aber im Vatikan spielt eine andere Musik. Dort bewirkt der Reformwille des Papstes oft das Gegenteil. Die Front der Unzufriedenen zählt täglich mehr frustrierte Kleriker und andere in ihren Reihen, die ein Interesse daran haben, eine Reform zu verzögern, die Angst macht.

Die Front schreckt einmal mehr zusammen und wächst noch, als Papst Franziskus Ende September 2013 innerhalb von knapp zehn Tagen zwei lange Interviews gibt. Sie lassen manchem in der Kurie den Atem stocken. Das erste Interview gewährt er dem Jesuiten Antonio Spadaro, dem angesehenen Chefredakteur der Zeitschrift *La Civiltà Cattolica*:

Die römischen Dikasterien stehen im Dienst des Papstes und der Bischöfe. Sie müssen den Ortskirchen helfen oder den Bischofskonferenzen. Es sind Einrichtungen des Dienstes. [...] Die römischen Dikasterien sind Vermittler, nicht Mittelsmänner oder Verwalter. Wie behandeln wir das Volk Gottes? Ich träume von einer Kirche als Mutter und als Hirtin. [...] Gott ist größer als die Sünde. Die organisatorischen und strukturellen Reformen sind sekundär, sie kommen danach. Die erste Reform muss die der Einstellung sein. Die Diener des Evangeliums müssen in der Lage sein, die Herzen der Menschen zu erwärmen, in der Nacht mit ihnen zu gehen. Sie müssen ein Gespräch führen und in die Nacht hinabsteigen können, in ihr Dunkel, ohne sich zu verlieren. Das Volk Gottes will Hirten und nicht Funktionäre oder Staatskleriker.[4]

Schon wenige Tage später kommt der Bischof von Rom auf das Thema zurück. Dieses Mal wählt er als Gesprächspartner einen italienischen Intellektuellen und Atheisten, Eugenio Scalfari, Gründer der Tageszeitung *La Repubblica*. Und wird noch deutlicher:

Die Oberhäupter der Kirche waren oft narzisstisch, von Schmeichlern umgeben und von ihren Höflingen zum Üblen angestachelt. Der Hof ist die Lepra des Papsttums. An der Kurie gibt es manchmal Höflinge, aber insgesamt ist die Kurie etwas anderes. [...] Sie ist auf den Vatikan zentriert. Sie sieht und pflegt die Interessen des Vatikan, die immer noch zu großen Teilen weltliche Interes-

sen sind. Diese auf den Vatikan zentrierte Sicht vernachlässigt die Welt, die uns umgibt. Ich teile diese Sicht nicht, und ich werde alles tun, um sie zu ändern. [...] Als Erstes habe ich entschieden, eine Gruppe von acht Kardinälen zu ernennen, die meinen Rat bilden sollen. Keine Höflinge, sondern weise Personen, die von denselben Empfindungen bewegt sind wie ich. Das ist der Anfang dieser Kirche mit einer nicht nur vertikalen, sondern auch horizontalen Organisation.[5]

Eine harte und direkte Analyse, die sich gegen alle richtet, die ihre Macht seit Jahrzehnten missbrauchen. Aber noch ist nicht gesagt, dass den Worten auch Taten folgen. Die Interviews werden zum Hauptgesprächsthema der Kardinäle im Vatikan. Kaum jemand hatte derart deutliche Worte erwartet. Zum ersten Mal tritt ein Papst so entschlossen auf. Franziskus signalisiert damit, dass diese Revolution keineswegs ein Tagtraum bleiben soll. Dieses Mal soll sich in der Kurie wirklich etwas ändern. Papst Franziskus beweist Autorität, ohne autoritär zu sein. Aber um Spannungen zu vermeiden, kleidet er seine Entschlossenheit in stets höfliche Umgangsformen.

Seine ungewöhnlichen öffentlichen Auftritte, die zunehmend häufiger werden, motivieren seine engsten Mitarbeiter, tatkräftig an den Veränderungen mitzuwirken. Vor allem diejenigen, die sich schon seit Jahren mehr Transparenz wünschen, aber bislang kein Gehör gefunden haben, sind nun bereit, sich einzubringen. Dazu gehört auch Prälat Viganò, der, von der Nuntiatur in Washington aus, einen zunehmend intensiveren Dialog mit Prälaten und Priestern im Staatssekretariat sowie mit unterschiedlichen Laien pflegt, die wichtige Funktionen in den Kurienbehörden bekleiden.

Und auch Nigel Baker gehört dazu, der britische Botschafter am Heiligen Stuhl. Er wendet sich am 3. Oktober 2013 mit einem »persönlichen und vertraulichen« Schreiben an Peter Brian Wells, Assessor für Allgemeine Angelegenheiten im Staatssekretariat und fügt seinem Schreiben ein vertrauliches fünfseitiges *Memorandum* bei, unterzeichnet von Thomas Stonor. Stonor, 7. Baron Camoys, britischer Politiker und Nachfahre von Karl II. von England, verfügt als Bankier über 35 Jahre Vorstandserfahrung in großen europäischen Finanzinstituten wie Barclays oder Amex Ltd. und bittet darum, den höchsten Würdenträgern im Vatikan ein seiner Meinung nach entscheidendes Dokument vorlegen zu dürfen, das eine umfassende, detaillierte Reform des vatikanischen Finanz- und Rechnungswesens enthalte.

Was an Stonors Schreiben überrascht, ist das Datum. Es ist datiert mit 22. Juni 2004. Der Bankier hatte das Papier bereits gut neun Jahre zuvor den Kardinälen Nicora und Bertone vorgelegt, war jedoch auf taube Ohren gestoßen. Stonor ist nicht nur Finanzexperte, sondern der katholischen Kirche auch als ehemaliger Berater der APSA verbunden. Und in dieser Funktion hatte er damals das Memorandum, nach Rücksprache mit Kardinal Cormac Murphy-O'Connor, den einflussreichsten Würdenträgern am Heiligen Stuhl zukommen lassen. Seine damalige Analyse ist nach wie vor aktuell, und darum startet der englische Baron mithilfe des britischen Botschafters einen neuen Versuch:

Die historisch gewachsene Struktur der finanziellen Verwaltung der Ressourcen des Heiligen Stuhls passt nicht mehr ins 21. Jahrhundert und stellt zudem eine Gefahr für die Ressourcen selbst sowie potenziell auch für den Ruf des Heiligen Stuhls dar. [...] Die Gefahr liegt in dem Risiko, in Geldwäsche verwickelt zu werden (über das IOR) oder einfach in der schlechten Verwaltung der Finanztätigkeit und/oder der jährlichen Budgets. Nach dem Fall Calvi würde jeder mit den vorgenannten Punkten zusammenhängende Vorfall den Ruf des Heiligen Stuhls höchstwahrscheinlich stark beschädigen. Auf den sporadischen Treffen der Berater der APSA habe ich einige dieser Befürchtungen zur Sprache gebracht, jedoch vergebens: Möglicherweise habe ich mich nicht deutlich genug ausgedrückt. [...] Ich muss bei der

APSA eine gewisse Entscheidungsschwäche konstatieren, vielleicht eine verständliche Folge des Falls Calvi. […] Ich frage mich ernsthaft, ob der Heilige Stuhl wirklich eine Institution wie das IOR braucht. Alle Dienstleistungen des IOR könnten genauso gut von anderen Banken erbracht werden, mit mehr Sicherheit […], im Besonderen im Hinblick auf das sehr ernst zu nehmende Risiko, in Vorfälle von Geldwäsche verwickelt zu werden.

Die engen Vertrauten von Papst Franziskus sehen in dem Schreiben den endgültigen Beweis dafür, dass viele am Apostolischen Stuhl wussten, wo die Probleme lagen, aber niemand wirklich etwas ändern wollte. Angefangen beim Staatssekretär Tarcisio Bertone, dessen Tage im Amt nun gezählt sind. Nur noch wenige Tage. Mitte Oktober soll er sein Amt an seinen Nachfolger, Erzbischof Pietro Parolin, Apostolischer Nuntius in Caracas, abtreten.

Der Termin der Audienz steht schon fest, doch dann passiert etwas Unvorhergesehenes. Parolin kann nicht teilnehmen; er muss sich einem kleinen chirurgischen Eingriff unterziehen. Man könnte den Termin verschieben, aber Papst Franziskus möchte nicht, dass der Staatssekretär nur einen einzigen Tag länger bleibt. Aus der Amtsübergabe wird, sieht man von den üblichen Dankesworten ab, ein spannungsgeladener Abschied.[6] Bertone nutzt die Gunst der Stunde und versucht noch, sich zu rehabilitieren, indem er gegenüber seinen wenigen verbliebenen Anhängern und in der Öffentlichkeit von »Krähen« und »Schlangen« am Heiligen Stuhl berichtet.[7] Doch es ist zu spät.

Um den mächtigen, von Ratzinger protegierten Staatssekretär ist es schon länger einsam geworden. Er hat an Einfluss verloren. »In den ersten sechs Monaten des Pontifikats«, rutscht es einem Prälat am Ende der Zeremonie gegenüber anderen Klerikern heraus, »hat der Papst Bertone vollkommen ignoriert.« Und tatsächlich kommt Papst Franziskus in den ersten sechs Monaten seiner Amtszeit ohne Staatssekretär aus. Bertone konnte nie seine Achtung gewinnen. Das lässt auch Óscar Rodríguez Maradiaga durchblicken, ein enger Vertrauter von Jorge Bergoglio und außergewöhnlicher Salesianer. Der erste Kardinal in der Geschichte Honduras ist Koordinator des sogenannten C8, des Kardinalsrats, bestehend aus acht hohen Kardinälen, die den Papst auf seinen Wunsch hin bei der Leitung der Kirche unterstützen sollen.

Dem kanadischen Sender Salt and Light verrät Maradiaga, dass er schon in einem Gespräch mit dem Papst am 17. März, also vier Tage nach der Papstwahl, von der Berufung Parolins erfahren habe.

Mit dem Austausch seines ersten Mitarbeiters hat Bergoglio alle Rekorde gebrochen. Benedikt XVI. etwa wartete dagegen volle 14 Monate, ehe er Bertone zum Nachfolger des damaligen Staatssekretärs Angelo Sodano machte.

Die Revolution macht Angst: weniger Macht den Kurienkardinälen, mehr Raum für Laien

Die beiden Päpstlichen Kommissionen und ihr offenbar stark politischer Charakter lassen die Feinde des neuen Papstes im Vatikan das Schlimmste befürchten. Die Cosea-Kommission und die Kommission zur Berichterstattung über das IOR müssen jetzt an zwei Fronten kämpfen. Die erste liegt auf der Hand: Da die Kommissionen sämtliche Konten der Bank des Papstes und der anderen Teilorganisationen des Heiligen Stuhls analysieren, decken sie nach und nach Trägheit, Inkompetenz und Machtmissbrauch auf.

Doch es gibt noch eine andere, weniger offensichtliche Front. Die Cosea-Mitglieder wurden von den Kardinälen des C8 mittlerweile explizit aufgefordert, nicht nur nach Problemen und kritischen Punkten zu suchen, sondern auch klare Lösungen für eine grundlegende Reform der vatikanischen Verwaltungs- und Organisationsstrukturen zu entwickeln. Es ist unerlässlich, die internen Machtverhältnisse neu zu definieren.

Im Dezember 2013 ist ein Treffen der Kardinäle des C8 in Rom anberaumt. Die Cosea-Mitglieder erarbeiten dafür eine Strategie, um die katholische Kirche von Grund auf zu reformieren. Vor allem muss wieder ein Gleichgewicht zwischen weltlicher und geistlicher Macht hergestellt werden. Die Stimme der Laien müsse im Finanz- und Verwaltungsbereich mehr Gewicht bekommen. Für eine absolute Monarchie, deren Oberhaupt ein Geistlicher ist, ein revolutionärer Vorschlag. Ein Ereignis von historischer Bedeutung.

Die Lobbyisten und Seilschaften, die den Vatikan seit jeher regieren, können diese neue Ausrichtung nicht gutheißen: Wenn das Projekt gelänge, dann wäre das das Ende – heißt es bei den zahlreichen »Höflingen«, um den Ausdruck von Papst Franziskus zu verwenden. Viele hohe Würdenträger denken so, als ihnen die Gerüchte von der letzten streng geheimen Sitzung der Cosea-Kommissionen zu Ohren kommen. Wie sollte es auch anders sein.

Es ist mittlerweile Oktober 2013, und die vier Seiten des Brainstorming-Protokolls dieses Treffens, das uns zur Verfügung steht, verdienen es, mehr oder weniger vollständig wiedergegeben zu werden. Es herrscht nun allgemein das Gefühl vor, dass es kein Zurück mehr gibt. Die Spaltung ist da, die Spannungen können nur noch wachsen. Man dürfe es jetzt nur nicht an Glauben und Entschlusskraft fehlen lassen. Die treuen Anhänger von Papst Franziskus haben keineswegs vor nachzugeben. Wie aus dem Protokoll hervorgeht, ergreift als Erster George Yeo das Wort, als ehemaliger Außenminister Singapurs das einzige Kommissionsmitglied mit Politikerfahrung. Yeo schlägt eine klare Trennung zwischen wirtschaftlicher Macht und politisch-religiöser Macht vor:

Die Entscheidungen des Heiligen Stuhls sollten von der Zusammensetzung der Kardinalsräte unabhängig sein. Es ist problematisch, dass die Funktion des Heiligen Stuhls mit jener eines

Außenministers und eines Premierministers zusammenfällt. Wir brauchen ein Finanzministerium, das mit aller Macht ausgestattet und für das Budget verantwortlich ist. Die Präfektur für die wirtschaftlichen Angelegenheiten könnte in ein Finanzministerium umgewandelt werden, sodass alle anderen Kongregationen dem Jahresabschluss zuarbeiten und sich an dessen Vorgaben und Planzahlen halten müssen. Das Finanzministerium sollte für den Jahresabschluss verantwortlich sein. Die Kirche hat eine Missionsaufgabe und wirkt darum grenzüberschreitend, und das Finanzministerium muss über ihre Finanzen wachen. Die Einrichtung eines Finanzministeriums würde auch bedeuten, dass Rolle und Aufgaben der APSA (der Güterverwaltung des Heiligen Stuhls) neu definiert werden müssten.

Und sollte die APSA weiterhin eine Zentralbank sein?

Die bestehenden Vereinbarungen, die die APSA aktuell als Zentralbank mit der Fed, der Bank of England und der Deutschen Bundesbank unterhält, müssten weiterbestehen, da Neuverhandlungen schwierig wären.

Sollte das Governatorat von anderen Leuten als derzeit geleitet werden? Das Thema sollte unter direkter Einbeziehung des Heiligen Vaters angegangen werden, finden die Kommissionsmitglieder.

[Eine andere Frage] betrifft das Governatorat. Hier müssten mit dem Heiligen Vater bestimmte Punkte besprochen werden: das Governatorat der Stadt mit seinen Konten und Abschlüssen, die Selbsterhaltung und die Finanzierungsquellen des Finanzministeriums, dass Kardinäle und andere Klerusmitglieder nicht notwendig sind. Und andere offensichtliche Fragen wie: Sicherheit, Transparenz und Good Governance, [das gilt auch für] die Vatikanischen Museen, die eine eigene Einheit bilden sollten.

Das Treffen dient dazu, die Arbeit der Cosea-Kommission mit den Vorgaben abzustimmen, die ihr von den Kardinälen des C8 nach Rücksprache mit Papst Franziskus übermittelt wurden. Hier schlägt das Herz der Revolution, und aus dem Protokoll geht die Befehlskette eindeutig hervor: Der Papst gibt nach entsprechender Konsultation die Richtung für die acht Kardinäle vor, die ihrerseits Anweisungen und Prioritäten an die Mitglieder der Cosea-Kommission weiterleiten. Die Kommission wird vor allem vom Koordinator, Prälat Vallejo Balda, auf dem Laufenden gehalten. Und gerade wurde er darüber informiert, dass ein radikaler Neuzuschnitt der zentralen Machtstrukturen notwendig sei.

Die Kurie sollte besser von einem Bischof und nicht mehr von einem Kardinal geleitet werden, der gegenüber den Kongregationen zudem keine Weisungsbefugnis mehr besitzen, sondern diese lediglich koordinieren sollte. Und: Das Staatssekretariat sollte einen neuen Namen erhalten: Päpstliches Sekretariat. Zudem sollten die Machtbefugnisse, die dem Staatssekretariat durch Paul VI. zugewiesen worden waren, gekürzt werden, denn insbesondere seit dem Pontifikat von Johannes Paul II. und Benedikt XVI. »erwies sich der Umstand als ein Hindernis, dass das Staatssekretariat bei praktisch jeder Frage seine Genehmigung erteilen muss«. Nach Ansicht von Vallejo Balda »sollten alle Päpstlichen Räte abgeschafft werden, da die einzige notwendige Aufgabe [des Staatssekretariats] die Koordination der verschiedenen Bischofskonferenzen ist«. Auf kulturellem Gebiet könne Rom beispielsweise »keine Lehren verbreiten, die Einfluss auf den Rest der Welt nehmen sollen. So wäre die Kurie schlanker und besser zu lenken.«

Ein letzter Absatz bezieht sich schließlich auf das zentrale Thema der Sitzung sowie die strategische Richtung, die die Cosea-Kommission entwickelt und den Kardinälen des C8 mit ihrem Koordinator Maradiaga zur Verfügung stellt: die Notwendigkeit, die Laien gegenüber den Amtsträgern aufzuwerten:

An der Spitze der Verwaltungsapparate sollten nicht nur Kardinäle stehen: Rein administrative Organe wie die APSA benötigen keinen Kardinal. Die Kardinalsräte werden weiterbestehen. Das Governatorat könnte wie früher wieder von einem Gouverneur geleitet werden, ähnlich einem Bürgermeister, dem eine Ratsversammlung zur Seite steht.[8]

Jean Videlain-Sevestre möchte dagegen vorsichtiger vorgehen. Er sucht nach einem Weg, um einen Bruch zu vermeiden, und den die Kardinäle akzeptieren können. Er weiß, der Erfolg wäre andernfalls höchst ungewiss.

Schauen wir uns einfach an, wo in der Praxis die Probleme und kritischen Punkte liegen. [...] Wenn wir diese Bereiche optimieren, können wir das Übel mit der Wurzel ausreißen. Wir müssen bei den Missständen ansetzen und die Zustimmung der Kardinäle erhalten: Sie sind die Experten des kirchlichen Lebens und wir die Wirtschaftsexperten. Wir müssen uns darüber im Klaren sein, dass wir Gefahr laufen, unrealistische Lösungen vorzuschlagen.[9]

Anders als Videlain-Sevestre empfiehlt Jochen Messemer ein entschiedenes, resolutes Vorgehen:

Es wäre zweckmäßig, Leitprinzipien für unseren Reorganisationsvorschlag zu definieren. Wir sollten ein bis drei Vorschläge vorlegen. Wir dürfen keine Angst haben. Es ist unsere Aufgabe, Lösungen vorzuschlagen, die wir für Verbesserungen halten. Der Heilige Vater und der Rat der C8 können daraus dann ihre eigenen Schlussfolgerungen ziehen.

Aber das ist nicht so einfach. Prälat Vallejo Balda erinnert an die harte Realität: »Tatsache ist, dass wir Geld brauchen, um die finanzielle Unabhängigkeit zu erreichen.« Ohne finanzielle Autonomie wird die Kurie immer verwundbar und anfällig für Skandale sein.

Es ist Zahra, der zum Schluss zusammenfasst:

Wir müssen die Tatsachen und die von den Kommissionsmitgliedern erwähnten Ziele im Blick behalten. Die Leitprinzipien, besonders zur Rolle der Laien. Die Priester sollten keine Karrieristen sein. Für einige Positionen wären kompetente Fachleute besser geeignet als Prälaten.

Nach diesem vertraulichen Meeting der Kommission machen sich die internationalen Wirtschaftskonsulenten an die praktische Arbeit und »zeichnen« das Organigramm eines neuen Staates im Dienst einer Weltkirche, die von den USA bis nach Japan reicht. Wer eine Rolle in der kirchlichen Hierarchie innehat, soll diese nicht mehr als eine Machtbefugnis verstehen, sondern als eine »Dienstleistung«. Schon am 20. November überreichen die Amerikaner von Promontory der Cosea-Kommission die Pläne für den neuen Staat. Sie legen Organigramme in verschiedenen Varianten vor, je nachdem, ob eher ein Finanzministerium oder eine Zentralbank oder eine andere Institution gewünscht ist. Im Vatikan geht es jetzt um eine Strukturreform, die die Machtordnung radikal verändert, und einige Geistliche übernehmen dabei eine große, bislang undenkbare weltliche Verantwortung.

Als den Kurienkardinälen diese Perspektiven zu Ohren kommen, ist die Bestürzung groß. Es kommen erste Drohgebärden: Warnungen und Aktionen, die, wie wir noch sehen werden, durchaus kriminelle Züge annehmen. Um die Revolution aufzuhalten, die den Petersplatz vom anderen Ende der Welt erreicht, ist man zu allem bereit. Die Gegner der Veränderung waren bisher unorganisiert und handelten allein, doch nun formiert sich der Widerstand – wie in einem echten Krieg zwischen zwei gut gerüsteten Heeren auf dem Schlachtfeld.

9. Krieg im Vatikan, erster Akt: Blockierte Budgets und Störfeuer aus der Kurie

Als wäre nichts geschehen

»Geld vergiftet das Denken und es vergiftet den Glauben.« Wo die Gier siegt, verliert der Mensch seine Würde und »im Geiste beschädigt droht er, die Religion als Verdienstquelle zu betrachten« »Gott möge uns allen beistehen, dass wir nicht in die Falle des Götzendienstes gegenüber dem Geld tappen.«[1]

Mit Worten wie diesen beschwört Papst Franziskus in seinen Predigten in der Kapelle des Gästehauses Santa Marta und im Petersdom immer wieder die Gefahren des Geldes. Zur selben Zeit nehmen seine Kommissionen die Konten der Kurie unter die Lupe und verlangen Aufklärung über unsinnige Ausgaben, gewährte Privilegien und Nachlässigkeiten im Namen der Kirche. Der Weg des angestrebten Wandels ist lang und steinig, denn in den heiligen Hallen des Vatikan geht unterdessen alles weiter wie gehabt, als wäre nichts geschehen. Erst schien es noch, als könne der Kurswechsel des neuen Bischofs von Rom etwas bewegen. Hinter den Mauern des Vatikan rümpfte man zwar die Nase, aber das war das sicherste Zeichen, dass Franziskus den wunden Punkt der Kurie getroffen hatte. Doch bald sollten Gleichgültigkeit und Heuchelei wieder die Oberhand gewinnen. Beleg dafür ist unter anderem das im Dezember 2013 vorgelegte Budget von Heiligem Stuhl und Governatorat für das Folgejahr. Seit dem vertraulichen Treffen der päpstlichen Revisoren, das zur Einsetzung der Cosea-Kommission geführt hat, sind sechs Monate vergangen. Wer indes erwartet hatte, in dem nun vorgelegten

Haushaltsdokument würde sich die Aufbruchstimmung eines »vatikanischen Frühlings« spiegeln, sieht sich bitter enttäuscht.

Spätestens am Vormittag des 18. Dezember 2013 sind alle Hoffnungen auf einen echten Wandel im Finanzgebaren der Kurie verflogen. Auf der Tagesordnung steht die halbjährliche Sitzung der internationalen Revisoren, die das Budget für 2014 erörtern und genehmigen sollen. Erst zwei Tage zuvor haben sie die buchhalterischen Unterlagen erhalten, die in aller Eile durchgearbeitet werden mussten. Was die Experten dort lesen, verschlägt ihnen die Sprache.

Es herrscht bleiernes Schweigen, als die Revisoren der Präfektur den Sitzungssaal betreten. Sie wissen, dass ihnen eine der schwersten Auseinandersetzungen seit Jahren bevorsteht. Nach dem üblichen gemeinsamen Gebet zu Beginn eröffnet Kardinal Versaldi die Sitzung in ostentativ optimistischer Stimmung. Versaldi betont ausdrücklich, dass die Reformen nun schneller vorangingen, und weist darauf hin, wie strukturell tief greifend der Wandel ausfällt.

»Die Cosea-Kommission hat einen Erneuerungsprozess in Gang gebracht«, so Versaldi weiter, »den die Präfektur schon wiederholte Male erhofft hat. Sein Ausbleiben ebenso wie die Nichtumsetzung beschlossener Reformen hat uns alle sehr enttäuscht.« Ein Raunen geht durch den Saal, denn offenbar sind die Revisoren des Papstes anderer Ansicht, einen Wandel können sie nicht erkennen. Die Unterlagen, die sie gerade erhalten haben, sprechen eine deutliche Sprache. In der Finanzplanung der Kurie hat sich kaum etwas geändert. Nichts deutet darauf hin, dass sich der Bruch mit der Vergangenheit, wie der neue Papst ihn immer wieder beschwört, dort niederschlagen würde. Versaldi begreift schnell. Mit der Gelassenheit des geübten Kanzelredners lässt er einige Augenblicke verstreichen, um seinen Worten größeres Gewicht zu verleihen. Dann hebt er an:

Wir dürfen auch die menschliche und christliche Seite der Reform nicht aus den Augen verlieren. Bei der Benennung von Grenzen sollte stets ein Geist brüderlicher Zurechtweisung herrschen, und dies nicht, um »diplomatisch« zu sein, sondern um dem Evangelium zu entsprechen. Zunächst sollte der Dialog mit den Betroffenen gesucht werden. Erst wenn sie in ihrem fehlerhaften Verhalten beharren, sollten die übergeordneten Stellen eingreifen. Diese Herangehensweise ist unumgänglich, wenn wir das bisher Erreichte nicht aufs Spiel setzen wollen. Bevor wir »strafen«, sollten wir korrigierend eingreifen. Außerdem höre ich, dass die Zusammenarbeit seitens der Verantwortlichen der einzelnen Kurienbehörden gut verläuft. Von bösem Willen kann hier also nicht die Rede sein, allenfalls handelt es sich um Mentalitätsprobleme und strukturelle Mängel.

Eine in mustergültigem Kurialstil formulierte, für alle Interpretationen offene »Empfehlung«, deren eigentliche Botschaft den Revisoren des Papstes indes kaum entgangen sein wird. Versaldi will im voraus Terrain gutmachen, den Unmut der Revisoren besänftigen und zu erwartenden Forderungen nach Maßnahmen aus ihren Reihen vorbauen. Die Suche nach einem Schuldigen, so die Mahnung des Kurienfunktionärs, kann allen Beteiligten nur schaden. Niemand wird von einer offenen Konfrontation profitieren, Strafmaßnahmen gegen Verantwortliche führen lediglich dazu, »das bisher Erreichte aufs Spiel zu setzen«, wie der Kardinal es formuliert.

Versaldi versucht, die Verantwortlichen aus der Schusslinie zu nehmen, und er geht noch weiter. Ohne den Papst zu kritisieren, beharrt er darauf, dass die nötigen Reformschritte nur im Einvernehmen mit allen Beteiligten geschehen dürften, sollen sie nicht am Widerstand des Kurienapparats scheitern. Zweifelsohne verfolgt Versaldi damit die besten Absichten, doch – so sehen es die skeptischeren unter den Revisoren – was nützt es, der Trägheit des alten Systems seinerseits mit Trägheit zu begegnen? Das Problem ist ja, dass es bisher keine vorzeigbaren Resultate gibt, das zeigen die gerade erst vorgelegten Bilanzen in den Händen der

Revisoren in aller Deutlichkeit. Die Kurie steht den Vorgaben des neuen Papstes ganz augenscheinlich gleichgültig, wenn nicht ablehnend gegenüber. Dass in Wahrheit in diesen ersten Monaten des neuen Pontifikates wenig erreicht wurde, daran lässt allerdings auch Versaldi keinen Zweifel:

Allen Anstrengungen zum Trotz haben wir hier zwei Budgetvorlagen[2], die gegenüber dem Vorjahr keinerlei Fortschritt erkennen lassen, mit Ausnahme der Einsparungen, welche die APSA gegenüber früheren Budgetentwürfen vorgesehen hat.

Entmutigende Zahlen also. Das negative Fazit, mit dem Kardinal Versaldi gleich zu Beginn der Beratungen aufwartet, erstickt alle Hoffnungen auf eine Besserung der Lage im Keim. »Kein Fortschritt feststellbar«, so der Leiter der Präfektur. Damit ist man exakt dort, wo man im Juni 2013 schon war, als Papst Franziskus sich zur Einsetzung der Cosea-Kommission entschloss, um mit dem vatikanischen Finanzdebakel aufzuräumen. Schon damals hatte Kardinal Versaldi beklagt: »Es sind keine nennenswerten Fortschritte erzielt worden. Die Ausgabenseite der Bilanz ist unvertretbar. Einnahmezuwächse[3] sind nicht zu erwarten, die einzige Lösung ist und bleibt eine Reduzierung der Ausgaben.« Schade nur, dass die Haushaltsvorschau für 2014 sogar eine Steigerung der Ausgaben ausweist, wie auch Monsignore Vallejo Balda, Sekretär der Präfektur, bestätigt: »Die Budgetlage hat sich ganz offensichtlich in allen Bereichen noch weiter verschlechtert.«

Doch nicht nur die aktuellen roten Zahlen bremsen den Optimismus. Der oberste Rechnungsführer Stefano Fralleoni weist darauf hin, dass die vatikanischen Stellen weiter die Tendenz haben, die Ausgaben von Jahr zu Jahr erhöhen:

Die Innenrevision bei der APSA gestaltete sich mühsam und schwierig. Wir haben die einzelnen Jahresabschlüsse aller der

APSA zugeordneten Körperschaften überprüft. In den Budgets, die uns vorgelegt wurden, sind nur die Ausgaben ausgewiesen. Obwohl die fraglichen Verwaltungsstellen der APSA unterstehen, haben diese auch Aktivposten, die ebenfalls erfasst werden müssen.

Nicht nachzuvollziehen ist auch, warum in den Budgetentwürfen die Ausgabenposten steigen, dass also offenbar die Absicht besteht, in Zukunft noch mehr Geld auszugeben. Der Vergleich zwischen Jahresabschluss und Jahresvoranschlag bringt stets große Abweichungen zum Vorschein. Dahinter steckt offenbar die Hoffnung, veranschlagte Ausgaben möglichst hoch genehmigen zu lassen, um eingespartes Geld auf die Seite zu legen.

Es sind schon etliche Einsparungen vorgenommen worden, aber bei einigen Posten ließe sich noch mehr tun. Denn trotz allem weist die Bilanz des Heiligen Stuhls noch immer einen Gesamtverlust von 25 Millionen Euro auf.

Auch die Anlagerenditen fallen bescheiden aus. Zu diesem Punkt hat sich die APSA nicht einmal geäußert, deshalb kann die Präfektur die Situation nur schwer einschätzen. Es stimmt zwar, dass Kursverlauf und Marktschwankungen schwer vorhersehbar sind, aber für so etwas gibt es schließlich professionelle Experten.

Die Personalkosten steigen, und das, obwohl ein Einstellungsstopp empfohlen wurde. Das Schlimmste ist aber, dass diese Steigerung schon in die neue Budgetvorlage eingegangen ist. Diese Vorgangsweise ist ein offensichtlicher Affront gegenüber der päpstlichen Autorität.
Darüber hinaus muss angemerkt werden, dass die bisherigen Konsolidierungsmaßnahmen nicht ausgeweitet wurden, was weniger echten Sachzwängen zu folgen scheint als vielmehr politischen Erwägungen. Dasselbe gilt für die notwendige Vereinheit-

lichung der Bilanzbuchhaltung. Die Kompetenzen der Präfektur sind genau definiert, es ist jedoch nicht gelungen, dieser Tatsache auch in der operativen Praxis Geltung zu verschaffen.[4]

Joseph Zahra, Leiter der Cosea-Kommission, der in seiner Funktion als Revisor der Präfektur an der Sitzung teilnimmt, kann ebenfalls keine Besserung erkennen. Er bemängelt das anmaßende Verhalten derer, die alles beim Alten lassen wollen:

Die Tatsache, dass diese Situation sich jedes Jahr wieder aufs Neue wiederholt, ist kein vorübergehendes Phänomen, sondern Ausdruck einer langfristigen Krise. Das Problem beruht nicht nur auf Mängeln in den Verfahren, sondern auf einer verfehlten Einstellung und auf falschen Handlungsmustern. Oft mangelt es aufseiten der Verantwortlichen der Dikasterien schlicht am Willen zu echter Zusammenarbeit. Überheblich wie sie sind, glauben diese Leute, sie seien die Einzigen, die wissen, was zu tun ist. [...] Die größten Schwierigkeiten ergeben sich aus der Angst vor Veränderung aufseiten der Institutionen.

Eine Haushaltssperre als Ultima Ratio

Am Tag vor der Sitzung hatten die kompromisslosen Vertreter unter den Revisoren bei ihren Kollegen diskret die Stimmung sondiert, da sie wachsenden Unmut bei den verschiedenen Experten und Beratern der Kontrollorgane wahrnehmen. Viele fordern eine scharfe Zäsur. Bis spät in den Abend wird telefoniert und diskutiert und werden Absprachen getroffen. Die Revisoren des Papstes machen einander Mut, gemeinsam müssen sie eine Gegenstrategie entwickeln, die alle überrumpelt. Es reicht nicht mehr, sich wie früher nur zu beklagen. Das Maß der über die Jahre angesammelten Frustrationen und Erniedrigungen ist voll, jetzt muss gehandelt werden! Die Stunden vergehen und eine Art geheimer Schlachtplan nimmt Gestalt an, dem die Mehrheit der Revisoren ihre Zustimmung gibt.

Dann der Tag der alles entscheidenden Sitzung. Schon aus der ersten Wortmeldung, jener des obersten Rechnungsführers Fralleoni, wird klar, wie die Marschrichtung verläuft. Er lässt seine Augen für einen Moment auf den Tabellen mit den Verlustkonten ruhen. Fralleoni scheint seine Worte genau abzuwägen, bevor er einen Vorfall aus dem Jahre 1993 zur Sprache bringt. Damals hatte Kardinalstaatssekretär Angelo Sodano, die rechte Hand von Karol Woytila, die Genehmigung des Haushaltsvoranschlages von Radio Vatikan verweigert. Ein brisanter Präzedenzfall, eine Warnung für alle: Ein solches Szenario könnte sich wiederholen, und dies ist offenbar der Weg, den man gehen möchte.

Nach Fralleoni erheben sich im Saal weitere Stimmen der Unzufriedenheit und der Vorwürfe. Einer der Revisoren, der italienische Finanzexperte Maurizio Prato, ist immer noch fassungslos angesichts der vorgelegten Zahlen. Er wirkt erschöpft und kann sein Unbehagen kaum verhehlen:

Besonders bedauerlich ist doch, dass alles im selben Schneckentempo seinen Gang geht wie zuvor. Ohne das geringste Anzeichen für einen Wandel, für ein erwachendes Verantwortungsgefühl, die nötige Akkuratesse und Effizienz im Umgang mit dem Vermögen des Heiligen Stuhls. Niemand ergreift konkrete Maßnahmen, um die Ausgaben im vorgesehenen Rahmen zu halten. Das Gesamtbudget des Heiligen Stuhls, wie es hier vorgestellt und erläutert wird, zeigt an einigen Stellen zwar Ansätze zu einer Verbesserung, im Ganzen bleibt es aber unkoordiniert, was die Einzelaufstellungen und Berichte angeht, die ad hoc überdies nur schwer nachvollziehbar sind.

Besorgniserregend sind vor allem die wachsenden Ausgaben der Kurie sowie die teilweise völlig unbefriedigenden Investitionen. Prato fährt fort:

Auf der institutionellen Einnahmeseite sind die Zahlungen aus den Diözesen stabil. Dagegen ist ein starkes Ausgabenwachstum gegenüber der Entwicklung bis 2012 zu verzeichnen, das auf einem Anstieg der Personalkosten beruht (3 Millionen Euro), vor allem aber auf erheblich gestiegenen allgemeinen Ausgaben und Verwaltungsausgaben (9 Millionen Euro). Im Finanzbereich ist ein Einbruch der Einnahmen gegenüber 2012 zu beobachten […], obwohl 2013 auf den Finanzmärkten ein vergleichsweise ruhiges Jahr war, auch wenn die Renditen etwas zurückgegangen sind. Einbußen in dieser Höhe sind ein weiterer deutlicher Beleg dafür, wie planlos und unverantwortlich die Verwaltung der Liquidität erfolgt, de facto unwirtschaftlich und ohne Investitionskriterien zu befolgen, und das obwohl die Revisoren in den vergangenen Jahren mehrfach hierzu aufgefordert haben.[5]

Kardinal Versaldi fällt dem Bilanzexperten beinahe ins Wort: »Dazu fehlt uns die Weisungsbefugnis, solche Anordnungen müssen von höchster Stelle kommen. Sie muss die Einhaltung der Vorschriften durchsetzen. Bei früheren Zusammenkünften haben wir ja schon versucht, etwas zu erreichen, aber hier sind wirksamere Mittel gefordert.« Der Kardinal sieht also den Papst in der Verantwortung, Franziskus soll eingreifen. Bei den von Versaldi erwähnten früheren Gelegenheiten handelt es sich um zwei Tagungen, die in den letzten Jahren, noch unter dem Pontifikat Benedikt XVI. in der Sala del Sinodo, dem Synodensaal des vatikanischen Audienzzentrums, abgehalten wurden. Dabei wurde versucht, wie es hieß, »ein Gesamtbild über den *Status quo* von Heiligem Stuhl und Governatorat als Ausgangsbasis für alle künftigen Schritte zu gewinnen«. Gute Absichten, bekundet im Rahmen von zwei Diskussionsveranstaltungen, sind aber zu wenig, um eine Kurie zu revolutionieren, die sich bisher noch jedem Reformversuch erfolgreich widersetzt hat.

Versaldis Einwurf steht außerdem im Widerspruch zu der von ihm selbst zu Beginn des Tages geäußerten Aufforderung,

Besonnenheit zu zeigen und auf Strafen gegen die Verantwortlichen zu verzichten. Aber so ist es nun einmal an der Kurie, jedes Wort lässt sich in zwei Richtungen deuten, alles, was gesagt wird, ist so glatt und geschliffen formuliert, dass sein Sinn sich nicht festlegen lässt, und am Ende verlieren die Worte jede Bedeutung.

Kurz vor elf, die Sitzung wird für eine Kaffeepause unterbrochen. Der spanische Revisor Josep M. Cullell hat sich noch nicht zu Wort gemeldet. In der Pause spricht er mit Messemer, Fralleoni, Zahra, Prato, Kyle und Monsignore Vallejo Balda. Die einen schweigen, andere signalisieren Zustimmung. Dann einigt man sich auf einen Schlachtplan. Cullell wird die Partie eröffnen, und er wird direkt zur Sache kommen. Nachdem alle wieder Platz genommen haben, ergreift der Spanier als Erster das Wort:

Es ist zu begrüßen, dass in den Haushaltsunterlagen jene Problemfelder klar benannt werden, auf welche die internationalen Revisoren seit Jahren hingewiesen haben. Dennoch kann ich eine Genehmigung der beiden Budgetvorlagen nicht befürworten und schlage vor, die Gründe für die Ablehnung in einem Anhang schriftlich festzuhalten; dort sollten zumindest die von Dr. Prato herausgestrichenen Punkte aufgeführt werden.

Dies ist also der geheime Schachzug, auf den sich die Revisoren des Papstes im Vorfeld verständigt haben: den vorgelegten Budgetentwürfen die Zustimmung verweigern und sie zur Überarbeitung zurückreichen. Ein gewagter Schritt. Einerseits könnten so die Machtspiele und Verdunklungsstrategien des Kurienapparates zum Stillstand gebracht werden. Andererseits birgt ein solches Vorgehen die Gefahr, der Sache des Papstes zu schaden. Die Arbeit der vatikanischen Behörden und Kongregationen könnte erheblich behindert werden, viel wertvolle Zeit verlorengehen. Doch Cullell geht noch einen Schritt weiter:

Ein genaues Studium der Bilanzunterlagen macht die zugrunde liegenden strukturellen Probleme deutlich. Etliche Auskünfte bleiben im Vagen (Personalzuwachs, Verträge mit externen Gesellschaften, usw.). Ohne Transparenz lässt sich aber hier nichts unternehmen. Hatte es zunächst den Anschein, als würde die Präfektur mehr Gewicht erhalten, ist letztlich fast alles beim Alten geblieben. Ohne eine ernsthafte, für alle Kurienbehörden gültige Finanzgesetzgebung kann es keine umsetzbare Reform geben.
Guter Wille allein ist zu wenig, was gebraucht wird, sind Regeln, die für alle Dikasterien die Erstellung eines ordnungsgemäßen Budgets vorschreiben, sowie Verantwortliche, die in der Lage sind, die finanziellen Ressourcen richtig zu verwalten. Es braucht ein klares Gesetz, um die Autonomie der Dikasterien zu kontrollieren. Auch wenn wir noch nicht wissen, welche konkrete Form diesem Gesetz zu geben ist – diese Regeln müssen eine effektive Ausgabenkontrolle garantieren und die Wirtschafts- und Finanzstrategie des Vatikan festlegen. Prioritäten müssen definiert und Koordinationsformen geschaffen werden. Wichtig sind transparente, klar geregelte Abläufe, wie auch der Papst sie gefordert hat. Was die Transparenz der Informationen angeht: Häufig ist von Instandhaltungs- und Umbauarbeiten die Rede, aber wo sind diese Angaben in der Bilanz veröffentlicht? Sind die durchzuführenden Arbeiten irgendwo erfasst? Hat es Ausschreibungen gegeben? Im Vatikan werden die Aufträge ohne formelles Verfahren vergeben, angefangen von persönlichen Bekanntschaften. Dabei sollte aber vielmehr das zur Verfügung stehende Budget den Rahmen vorgeben. Außerdem sollte in Krisenzeiten bei Instandhaltungsarbeiten gespart werden, weil diese Arbeiten nicht dringend sind und es andere Prioritäten gibt.[6]

Nun richten sich die Blicke der Revisoren auf Vallejo Balda, neben Kardinal Versaldi der einzige Prälat im Raum. Ohne seinen Rückhalt haben die Laien dem Kardinal an der Spitze der Präfektur kaum etwas entgegenzusetzen. Und Vallejo Balda lässt sie nicht im Stich:

Die Ausschreibungen beschränken sich auf fünf bis zehn Firmen, die schon immer für den Vatikan gearbeitet haben und die eine spezielle Mehrwertsteuernummer haben. Es werden keinerlei öffentlichen Bekanntmachungen, welcher Art auch immer, gemacht. Während der Ausführung der Arbeiten gibt es kein Budgetlimit und es gibt keine Voranschläge, aus denen die Gesamtkosten für sämtliche durchzuführenden Arbeiten hervorgehen würden. Die Kriterien sind daher sehr subjektiv.

Versaldi versucht, die Kritik im Keim zu ersticken:

Wenn wir die Ausschreibungen wahllos für alle öffnen würden, entstünde ein großes Durcheinander. Es ist gut, dass es akkreditierte Firmen gibt, die regelmäßig aktualisiert werden.

Doch Vallejo Balda lässt nicht locker, er hat auch schon eine Erwiderung parat: Wie steht es zum Beispiel mit den kürzlich durchgeführten Umbauarbeiten in der Vatikanischen Bibliothek? Ein heikles Eisen, denn die tatsächlichen Ausgaben für dieses Projekt übersteigen die veranschlagten Kosten um ein Vielfaches, das ist an der Kurie ein offenes Geheimnis:

Es reicht das Beispiel der in der Vatikanischen Bibliothek durchgeführten Arbeiten. Eine Nachprüfung der Belege ist schlicht unmöglich, eben wegen der Art und Weise, wie vorgegangen wird. Wer hat die Mittel bewilligt? Wie wurde über das Budget entschieden? Wurde eine Kostenschätzung für das Projekt erstellt? Nach welchen Gesichtspunkten wurde der Auftrag vergeben? Wer hat die Verantwortung für die Abwicklung?

Das vernichtende Fazit kommt schließlich von Joseph Zahra: Es geht nicht einfach darum, neue Regeln einzuführen – was der Kurie fehlt, ist die Bereitschaft, diese auch zu befolgen:

Das Grundproblem ist, dass es zwar Verfahren gibt, diese aber nicht angewendet werden. Lieber bleibt man bei der gängigen Praxis, als sich an die Regeln zu halten. Es reicht nicht aus, noch so eindeutig formulierte Richtlinien zu beschließen, man muss auch konkrete Mittel haben, um sie durchzusetzen und nötigenfalls eine Abteilung, die sich nicht an sie hält, mit Sanktionen zu belegen. Die Verfahren müssen aktualisiert werden, und die einzelnen Körperschaften sind dazu aufgerufen, ihre Verantwortung zu übernehmen.

Die vorgelegten Budgetpläne müssen also überarbeitet werden. Einigen Revisoren geht das jedoch nicht weit genug, vor allem Prato vertritt eine härtere Linie, am liebsten würde er die Ausgaben der Kurie unterschiedslos um mindestens zehn Prozent im Vergleich zum Vorjahr kürzen. Doch der Kanadier Kyle bremst seinen italienischen Kollegen:

Im Vatikan braucht alles seine Zeit, das verstehe ich gut. Deshalb glaube ich, dass es zum jetzigen Zeitpunkt wichtiger ist, zu konkreten Ergebnissen zu kommen. Kein Unternehmen, für das ich bisher tätig war, hat seine Vorstellungen diktatorisch aufgezwungen, es wurde immer im Team gearbeitet. Aber am Ende musste es einen geben, der entscheidet. Nicht die ausführende Ebene bestimmt über das Budget, sondern das Management; wer sich nicht an Regeln und Zeitvorgaben hält, muss ersetzt werden. Zuzulassen, dass die Ressourcen schlecht verwaltet werden, ist ein Skandal für alle, die die Kirche von außen betrachten, und vor allem für die Jugend.

Das Verhalten der Revisoren ist unerhört. Kardinal Versaldi verzieht unterdessen keine Miene. Wortlos blickt er in die Reihen der versammelten Finanzfachleute. Sie waren es, die dem Papst wenige Monate zuvor die Munition für seine ersten Attacken gegen die kuriale Misswirtschaft geliefert hatten. Ein derart kompromissloses Vorgehen kann also nicht ohne die vorherige Einwilligung des Papstes erfolgen, in diesem Konflikt wagt niemand einen Angriff ohne ein Plazet von höchster Stelle. Doch ist das nicht die Logik vergangener Zeiten? Gelten die Machtkalküle von gestern auch heute noch? Oder sind die Revisoren in der Überzeugung vorgeprescht, dem Willen des Heiligen Vaters zu folgen, ohne ihn jedoch einzubeziehen? Versaldi wägt ab, seine Erwiderung gerät zu einem meisterhaften Balanceakt:

Auch ich nehme im Inneren der Strukturen einen tief sitzenden und pathologischen Widerstand wahr. [...] Ich möchte aber die Notwendigkeit betonen, die Kurie zu ändern, ohne mit ihr auf Konfrontationskurs zu geraten. Wenn die Verbesserungsvorschläge kein Gehör finden, müssen die Verantwortlichen der Verwaltungen bereit sein, sich unterweisen zu lassen. Wenn sie das nicht tun, darf man von böswilligem Widerstand sprechen. Wenn ich in dieser Frage zur Behutsamkeit mahne, dann nicht, weil ich nicht bereit wäre, die Verantwortung zu übernehmen, sondern weil ich den richtigen Weg finden möchte, den Wandel zu erreichen, den wir uns alle so sehr wünschen.[7]

Doch angesichts der roten Zahlen ist für die Revisoren die Zeit der Konzilianz vorüber. Sie verweigern dem konsolidierten Budgetentwurf 2014 für den Heiligen Stuhl und dem Governatorat ihre Unterschrift.

Von nun an herrscht Krieg. Das Verhältnis zwischen den Experten der Cosea-Kommission und dem Staatssekretariat verhärtet sich. Seit zwei Monaten steht Pietro Parolin an dessen Spitze, doch sieben lange Jahre hatte Kardinal Bertone dort sein eisernes Regiment geführt. Sämtliche kurialen Schaltstellen wurden mit Männern seines Vertrauens besetzt. Auch der Budgetentwurf 2014 kommt aus dem Apostolischen Palast, aufgestellt von jenen Kurienfunktionären, die noch durch Ratzingers Kardinalstaatssekretär in Amt und Würden gelangt sind.

Radio Vatikan mit Defizit auf Dauersendung

Um einen Präzedenzfall für das Vorgehen der Revisoren zu finden, muss man 20 Jahre zurückgehen. Damals, der Leser erinnert sich, verweigerte Kardinalstaatssekretär Angelo Sodano dem Haushaltsvoranschlag von Radio Vatikan[8] seine Unterschrift. Jetzt hat die Angelegenheit ganz andere Ausmaße, jetzt wird den Budgetvorlagen sämtlicher Einrichtungen des Heiligen Stuhls sowie des Governatorats die Vidimierung verweigert. Faktisch sind damit die vatikanischen Finanzen weitgehend blockiert. Aber selbst das muss nicht bedeuten, dass die Kurie sich zu einem Kurswechsel zwingen ließe, das ist den Revisoren des Papstes nur allzu bewusst. Um zu verstehen, warum, empfiehlt sich ein Blick auf das, was nach Sodanos Warnruf in der Angelegenheit von Radio Vatikan weiter geschah.

Denn – hart, aber wahr – schon damals blieb alles beim Alten. Radio Vatikan ist eines der glänzendsten Beispiele für die Wandlungsunfähigkeit der römischen Kurie. Auch zwei Jahrzehnte, nachdem der damalige Kardinalstaatssekretär dem päpstlichen Sender die Budgetfreigabe verweigerte, steckt dieser noch immer tief in den roten Zahlen und mit ihm die gesamte Öffentlichkeitsarbeit des Vatikan. Alle Versuche, daran etwas zu ändern, sind elendiglich gescheitert. Ergebnis ist ein Finanzloch, das für die wirtschaftliche Stabilität des Vatikan eine veritable Bedrohung darstellt. Sowohl unter Johannes Paul II. als auch unter Benedikt XVI. blieb das Finanzgebaren der Rundfunkanstalt des Papstes Quell immer neuer Spannungen und Befürchtungen. Nun wird es von den päpstlichen Bilanzprüfern mit einem eindeutigen Rüffel quittiert. Wieder ist es Maurizio Prato, der den Finger in die Wunde legt:

Die Neigung des Senders, mehr auszugeben, als seinen Möglichkeiten entspricht, ist unverändert geblieben, das zeigen die 26 bis 27 Millionen Verlust, die er schreibt. Nihil sub sole novi[9] *bei*

Radio Vatikan. Worauf sich da die Erwartungen einer merklichen Defizitverringerung für die Zukunft gründen, würde ich wirklich gern wissen. Was den Osservatore Romano, *die Druckerei, die Verlagsbuchhandlung und das Fernsehzentrum angeht, so zeigen die Zahlen einen mehr oder weniger gleichbleibenden Trend (es bleibt abzuwarten, ob die Schlussbilanz 2013 das positive Ergebnis des Fernsehzentrums bestätigen wird).*
Im Ganzen sind die Zahl der Mitarbeiter und die damit verbundenen Kosten weiter steigend. Man kann sich die Gründe für die Steigerung nicht erklären. Aufnahmestopp und keine Vertretungen: Eine Fluktuation ist unbedingt nowendig.
Das veranschlagte Gesamtdefizit für 2014 beträgt 25,1 Millionen Euro, im Anschluss an ein für 2013 geschätztes Defizit von circa 28 Millionen. Wir bewegen uns also mit zunehmender Geschwindigkeit auf die völlige Aufzehrung des Vermögens zu; mit anderen Worten, auf den Bankrott.

Eine Geschäftsführung also, die auf die Insolvenz zusteuert. Wären wir in einem Land der Europäischen Union, die Verantwortlichen hätten wohl schon längst ihre Geschäftsbücher zu Gericht tragen müssen. Die Kritikpunkte sind haargenau dieselben, die schon in einer vergleichbaren Sitzung im Juni 2013 erhoben wurden. Damals war es Kardinal Versaldi, der die Finanzgebarung von Radio Vatikan und *Osservatore Romano* scharf verurteilte:

Die Schutzbehauptung, die da lautet, um das Wort Gottes zu verbreiten, dürfe uns nichts zu teuer sein, hat ausgedient. Man kann Kosten senken, ohne diesen institutionellen Auftrag zu gefährden. In den nächsten Tagen wird zu entscheiden sein, was zu unternehmen ist. Im Moment steht jedenfalls fest, dass die Sendeanlage in Santa Maria di Galeria geschlossen werden muss, denn ihr Unterhalt schlägt enorm zu Buche.[10] *Die finanziellen Vermögenswerte von Radio Vatikan bewegen sich im kritischen Bereich, sie genügen lediglich, um den Betrieb aufrechtzuerhalten.*

Im Personalbereich muss konstatiert werden, dass die Erhöhung der Mitarbeiterzahl nicht zu einer Verbesserung der Produktionen geführt hat. Die Bildstelle des Osservatore Romano, obwohl im Besitz der Exklusivrechte für den Verkauf der Papstbilder, hat sogar im Minus abgeschlossen.

An der Kurie sind diese Missstände bekannt. Niemand ist glücklich darüber, aber seit Jahren bleibt alles beim Alten, nichts geschieht, nichts ändert sich. Dies hat in der Sitzung vom Juni 2013 auch John F. Kyle beklagt. Der Kanadier wies darauf hin, in den verschiedenen Kommissionen habe »kein einziger der anwesenden Kardinäle die aktuelle Situation bei Radio Vatikan gebilligt, schon gar nicht die Vertreter aus den Entwicklungsländern. Der Kardinalstaatssekretär hat versucht, etwas zu unternehmen, aber ohne nennenswerten Erfolg. Der Kurzwellensender muss stillgelegt werden, und zwar bald.«

Dennoch, die Verantwortlichen von Radio Vatikan haben sich stets quergelegt. Kardinal Versaldi erinnert sich oft mit Sarkasmus daran, als die Leiter des Senders versuchten, »die Verantwortlichen der Präfektur als *Business Manager* statt als Kirchenmänner hinzustellen«.

Hart fällt auch die Wortmeldung des Prälaten Vallejo Balda zum Thema Personalkosten aus:

In einigen Bereichen der Geschäftsführung gibt es ganz eindeutig schwerwiegende Mängel, und die Verantwortlichen, einschließlich Padre Lombardi,[11] wissen das sehr genau. Die Sendeanlage in Ponte Galeria ist reif fürs Museum. Die Ausgaben zur Erhaltung des Medienbereichs machen 20 Prozent der gesamten Ausgaben des Heiligen Stuhls aus. Man müsste sie mindestens halbieren. Auch die Sendeanlagen an der Piazza Pia und der Piazza Leone XIII. wurden begutachtet. Die Zuständigen des Medienbereichs wissen nicht einmal, wie viele Quadratmeter ihnen da zur Verfügung stehen. Weil die Kosten in den meisten Fällen von der APSA übernommen werden, kümmert sich auch niemand darum, die Ausgaben zu optimieren. Diese Räumlichkeiten könnten in der Tat vermietet werden und als Einnahmequelle dienen. Die radikalsten Veränderungen müsste es aber beim Personal geben. Beim Osservatore Romano arbeiten etwa 84 Journalisten, aber nicht alle werden gebraucht. Man könnte wenigstens die Verträge ändern, doch alles geht so weiter wie gehabt. Der Voranschlag für dieses Jahr ist zwar ausgeglichen, aber er enthält einige sehr problematische Punkte wie die stetig steigenden Personalkosten.

Die Öffentlichkeits- und Medienarbeit stellt die Hauptsäule der vatikanischen Verkündigungstätigkeit zur Verbreitung der christlichen Botschaft in aller Welt dar. Schon im Herbst 2013 hatte die Cosea-Kommission, unterstützt von Experten der Unternehmensberatung McKinsey, nach den Ursachen gesucht, warum die für diese Aufgabe zur Verfügung stehenden Mittel derart ineffizient verwendet werden. Dabei wurden vier Kernprobleme ausgemacht, auf die man die zuständigen Kurienkardinäle hinwies:

Die Verteilung der Personalressourcen auf die verschiedenen Weltregionen muss als unausgewogen bezeichnet werden. In der Redaktion von Radio Vatikan sind für Frankreich und Belgien (53 Millionen Katholiken) insgesamt drei Mitarbeiter zuständig, genauso viele wie für Albanien (0,3 Millionen Katholiken).
Osservatore Romano: Der Verkauf der polnischen Ausgabe deckt nicht einmal die Druck- und Frachtkosten (circa 1,50 Euro Verlust pro Exemplar). Große Mängel weist auch die Betriebsführung auf (ebenso wie die Outsourcingstrategie und die Produktionsplanung): 70 Prozent der an den Zeitschriftenhandel gelieferten Tagesauflage der italienischen Ausgabe des Osservatore gehen in die Remission;[12] die Rotationsdruckmaschine der Vatikandruckerei, auf der die Zeitung gedruckt wird, ist nur zwei Stunden täglich in Betrieb. In etlichen wichtigen Bereichen der

vatikanischen Medienarbeit gibt es unnötige Überschneidungen (Nachrichtenwesen, digitaler Bereich usw.).

Papst Franziskus hat die Reform der vatikanischen Öffentlichkeitsarbeit seitdem beharrlich weiterverfolgt. Am Ende sollte schließlich die Schaffung des »Vatican Media Center« stehen, mit dem Francesca Chaouqui, Mitglied der Cosea-Kommission, befasst war. Schon Anfang Januar 2014 vereinbart die Kommission einen straffen Terminplan für die Gespräche mit den für die einzelnen Medienorgane Verantwortlichen. Auf diese Weise gelingt es Papst Franziskus, den Kardinälen die Schaffung einer neuen Einrichtung nahezubringen. Durch diese sollen Personal, Kosten und Investitionen der verschiedenen Stellen des Heiligen Stuhls, die im Kommunikationsbereich tätig sind, gebündelt und rationalisiert werden. Die Öffentlichkeitsarbeit ist ein unerlässliches Instrument für die Mission der Kirche und die Verbreitung der Frohen Botschaft in der Welt. Ende Juni 2015 wird schließlich das »Sekretariat für Kommunikation« aus der Taufe gehoben. Die Leitung der neuen Medienagentur liegt in den Händen von Hochwürden Dario Edoardo Viganò, Direktor des Vatikanischen Fernsehzentrums. Ihm zur Seite steht als Sekretär Prälat Lucio Adrian Ruiz, Internetbeauftragter der Kurie (Ruiz war es auch, der dem neuen Papst am Tag nach seiner Wahl ein – selbstverständlich weißes – iPad schenkte).[13]

Doch auch hier wird es, wie wir sehen werden, an Gefechten und Kritik nicht mangeln.

Gegenschlag aus der Kurienverwaltung

Im Dezember 2013 kommt es zu einer erneuten Zuspitzung der Lage. Zusätzlich zur faktischen Haushaltssperre für Governatorat und den Heiligen Stuhl sorgt nun ein weiterer Schauplatz für Spannungen im Vatikan.

Mit Datum vom 16. Dezember nimmt die Cosea-Kommission, unterstützt von externen Fachleuten der Unternehmensberatung McKinsey, darunter auch Filippo Sciorilli Borelli, die Überprüfung von Buchführung und Finanzverwaltung des Staatssekretariats auf. Die Stimmung ist eisig. Um die Zahlen und Daten zu bekommen, die sie für ihre Arbeit brauchen, müssen die Prüfer Misstrauen, Verschlossenheit und Widerstand über sich ergehen lassen. Natürlich verweigert niemand offiziell die Zusammenarbeit. Aber wie wir schon wissen, wird an der römischen Kurie ein Nein mit allen erdenklichen Ausreden, Ausweich- und Verzögerungsstrategien kaschiert. Die Lage heizt sich auf. Zahra kontaktiert Xuereb, fühlt sich vielleicht sogar auf verlorenem Posten. Auch die Kardinäle, die den Reformkurs des neuen Papstes unterstützen, halten sich bedeckt. Die Spannungen zwischen Cosea-Kommission und Staatssekretariat nehmen täglich zu. Sogar innerhalb der Reformfraktion machen sich erste Risse bemerkbar, und dies zu einem Augenblick, der besondere Einigkeit erfordern würde. Die Ereignisse beginnen sich zu überstürzen. In der Frage der Verwendung des Peterspfennigs, auf die wir bereits eingegangen sind, kommt es zu einem weiteren Schlagabtausch zwischen Kommission und Staatssekretariat. Jetzt wollen die Revisoren des Papstes nicht mehr nur wissen, was mit dem Geld geschieht, das für wohltätige Zwecke bestimmt ist; Ende 2013, Anfang 2014 beginnen sie mit Nachforschungen über das Finanzgebaren von nicht weniger als 25 Kurienbehörden.

Das Staatssekretariat verhält sich abwartend. Am 4. Dezember 2013 wendet sich die Cosea-Kommission schriftlich an den neuen Leiter des Staatssekretariats, Pietro Parolin, mit der Bitte, ihren Buchprüfern die nötigen Unterlagen zur Verfügung zu stellen. Die Revision beginnt am 16. Dezember, doch schon am 3. Januar lässt Vallejo Balda Kurienbischof Parolin ein weiteres Schreiben zukommen, in dem dieser ultimativ dazu aufgefordert wird, die erbetenen Unterlagen bis zum 10. Januar und keinen Tag später der Kommission zugänglich zu machen. Parolin reagiert gereizt, in einem zweiseitigen Schreiben stellt er bereits am nächsten Tag klar: Für einen bestimmten Teil der Kurienbehörden »verfügt diese Behörde nicht über die urgierten Informationen«. Weiter merkt er an: »Unabhängig davon hielte ich es für ein korrekteres Vorgehen, die Nachfragen an die jeweiligen Stellen zu richten.« In einigen von der Cosea-Kommission angefragten Fällen, erinnert er sich, würden »die Unterlagen auch bei der Präfektur aufbewahrt«. Mit anderen Worten: Die Kommission hat doch schon, was sie braucht, sie muss es nur aus dem Archiv holen. Parolin macht überdies aus seinem Unmut keinen Hehl:

Im Übrigen möchte ich darauf hinweisen, dass ich es für meine Pflicht hielt, den Schriftwechsel in dieser Angelegenheit dem Heiligen Vater zur Kenntnis zu bringen, um zu gewährleisten, dass treu den Wünschen des Heiligen Vaters entsprechend verfahren wird.

Gleichzeitig sollen aber die Budgetvorlagen, die auf Anraten der Revisoren von der Präfektur gesperrt wurden, endlich freigegeben werden. Am 3. Januar 2014 wird deshalb Papst Franziskus selbst mit der Angelegenheit befasst. Kardinal Versaldi, zunehmend beunruhigt über die Situation, erhält Audienz bei seiner Heiligkeit. Nach der Unterredung schreibt Versaldi unverzüglich an Kardinal Bertello, den Leiter des Governatorats und an Kardinal Calcagno, Präfekt der APSA. Um auch das Staatssekretariat in Echtzeit auf dem Laufenden zu halten, erhält Parolin ebenfalls eine Kopie des Schreibens. Es muss ein Ausweg aus der verfahrenen Situation gefunden werden. Versaldi zeigt sich alarmiert:

In der mir vom Heiligen Vater gewährten Audienz hat dieser mich in Antwort auf das ihm vorgetragene Anliegen beauftragt, noch vor dem Zusammentreten des 15-köpfigen Kardinalsgremi-

ums Mitte Februar ein Gespräch sowohl mit der APSA als auch mit dem Governatorat zu vereinbaren. Dort sollen die Kritikpunkte der internationalen Revisoren vorgelegt und den zuständigen Fachleuten die Möglichkeit gegeben werden, diese zu bewerten und darauf zu reagieren. Ziel ist, die derzeitige Blockadesituation zu beenden und zu verhindern, dass die ökonomisch-administrativen Belange des gesamten Heiligen Stuhls und des Governatorats in Mitleidenschaft gezogen werden. Um den Wünschen des Heiligen Vaters zu entsprechen, werde ich deshalb Ihre Behörde in Kürze zu einem Gesprächstermin in die Präfektur bitten. Ich darf Ihnen versichern, dass mir an einem spannungsfreien, vom Geist produktiver Zusammenarbeit getragenen Austausch gelegen ist, der dem gegenseitigen Verständnis und der Lösung objektiv vorhandener Probleme dienen soll – Probleme, auf welche die Präfektur seit Jahren hinweist, die jedoch bisher keiner zufriedenstellenden Lösung zugeführt werden konnten.

Kardinal Calcagno, der Mann an der Spitze der APSA, sucht die Wogen zu glätten, und antwortet postwendend:

Wir sind immer gerne bereit, mögliche Verbesserungen gemeinsam zu prüfen.
Viel Spaß bei der Arbeit und bis bald
D. Calcagno

Nun wird also an zwei Fronten gekämpft. Auf der einen Seite das Staatssekretariat, das die Bilanzprüfer im Haus hat und sich mit nachdrücklichen Forderungen nach Information konfrontiert sieht. Auf der anderen Seite die seit Wochen blockierten Budgets. Im Apostolischen Palast wird die Luft immer dicker.

Da tragen Nachrichten über weitere unvorhergesehene Ausgaben des Heiligen Stuhls natürlich nicht gerade zu einer Entspannung des Klimas bei. Wie brasilianische Zeitungen berichten, greift der Heilige Vater dem Organisationskomitee für den Weltjugendtag mit einer Spende in Höhe von 3,6 Millionen Euro unter die Arme. Das vom 22. bis 29. Juli in Rio begangene Welttreffen der katholischen Jugend hat einen Schuldenberg von 28,3 Millionen Euro hinterlassen, den es nun abzutragen gilt. Träger der Veranstaltung war die Erzdiözese Rio de Janeiro und deren Bischof, Orani João Tempesta, von dem es gerade in diesen Tagen heißt, Bergoglio würde ihn zum Kardinal ernennen.

In Rom folgt derweil ein Krisentreffen auf das nächste. Zahra hat inzwischen eingesehen, dass, wenn die Wogen sich nicht glätten, dies nur den Vertretern des Status quo in die Hände spielen würde. Am 6. Januar bittet er den Kardinalstaatssekretär Pietro Parolin, ihn zu empfangen. Die Ziele sind zwei: endlich die erbetenen Informationen zu bekommen und gleichzeitig zu einer Entspannung der Lage beizutragen. Parolin ist ein Priester, der aus den armen Ländern Amerikas kommt, er war päpstlicher Nuntius in Venezuela. Er ist ein einfacher, direkter, ehrlicher Mann. Doch in den Amtsstuben findet er die unerschütterliche Struktur der Kurie wie eh und je vor. Zahra dagegen ist Geschäftsmann und Zahlenmensch. Beide stehen zur Linie des Papstes, aber was sie trennt, ist eine grundverschiedene Wesensart. Eine Serie von Missverständnissen und Zwischenfällen stehen einem offenen Dialog zusätzlich im Wege. Dennoch hält Zahra an seiner Verhandlungsstrategie fest. Zwei Tage nach dem Treffen sendet er ein Zeichen des guten Willens aus und schickt Parolin eine umfangreiche Zusammenfassung ihres Gesprächs, damit dessen Ergebnisse nicht in Vergessenheit geraten:[14]

Lieber Monsignore Parolin,
herzlichen Dank noch einmal für unser Gespräch vom Montag und die Zeit, die Sie mir gewidmet haben. Ich betrachte es als ehrenvolle Aufgabe, Sie bei dem Bemühen unterstützen zu dürfen, dem Heiligen Vater in diesem spannenden Reformprozess zum

Wohle der gesamten Kirche beizustehen. Hier mein Feedback zu einigen Punkten, über die wir gesprochen haben.
[...]
4) Laufende Konten (account) des Staatssekretariats. Ihre Antwort auf unsere Nachfragen bezüglich der laufenden Konten ist erst heute bei uns eingegangen. Sicherlich hat Ihr Brief unseren Aufwand für die Konsolidierung der Konten halbiert. Die Präfektur hat bestätigt, dass ihr keine Kopien dieser Abschlüsse vorliegen, ebenso wenig die anderen Angaben über Teilbereiche der in Punkt 1 des Schreibens genannten Kurienbehörden; hier können wir also nicht tätig werden. Im Fall des Kinderkrankenhauses Bambino Gesù datiert die letzte bei der Präfektur eingegangene Abrechnung in das Jahr 2006. Im Anhang finden Sie ein Schreiben, das Signor Profiti[15] der Präfektur über diese Konten hat zugehen lassen. Ein endloses Karussell, wie es scheint. Wir können leider keine abschließende Bewertung über die infrage stehenden Konten abgeben. [...] Lassen Sie mich noch einmal wiederholen, dass gegen die Reformen, an denen wir mit so viel Eifer arbeiten, zäher Widerstand durchaus zu erwarten war. Dennoch bin ich überzeugt, dass wir beide entschlossen sind, den Willen des Heiligen Vaters so reibungslos wie möglich in die Tat umzusetzen. Natürlich begreifen nicht alle den Ernst und die Dringlichkeit unserer Aufgabe. Sorgen bereiten mir vor allem Punkt 4) und 5), wie oben dargelegt.[16] Hier möchte ich Sie bitten, eine Lösung im Sinne unserer gemeinsamen Anstrengung in dieser so delikaten Angelegenheit zu suchen. Am 20. Januar werde ich wieder in Rom sein und stehe jederzeit für ein Treffen zur Verfügung, sollte dies notwendig sein.
Bitte seien Sie versichert, dass Sie bei der Erfüllung Ihrer schwierigen Aufgabe auf meine volle Unterstützung zählen können.
Mit den besten Grüßen
Joe

Kardinalspurpur für Parolin, Rotstift für die Kurie

Die Drähte laufen heiß, gleichzeitig gehen bei Parolin Ersuchen um Aufklärung zu den von den Revisoren eingefrorenen Budgets für Governatorat und den Heiligen Stuhl ein. Eine Liste von kritischen Punkten in den Buchführungsunterlagen, die sieben Seiten lang ist. »Im Ganzen ist kaum Bewegung zu erkennen, keine Hinweise auf einen Wandel oder ein gestiegenes Verantwortungsgefühl, das Vermögen des Heiligen Stuhls achtsamer zu verwalten, und es sind auch keine Maßnahmen gesetzt worden, um die Ausgaben einzudämmen.« Im Bereich Vermögensverwaltung zum Beispiel fehlt ein, wie die Revisoren anmerken, »eigentlich unverzichtbares Planungskonzept für die Instandhaltungsarbeiten im Immobilienbereich, eine höhere Effizienz bei der Bewirtschaftung von Mietobjekten und transparente Verfahren bei der Vergabe von Aufträgen«. Die Budgets müssen daher bei den Positionen Finanzen und Personal noch einmal überarbeitet werden. Der Haushalt wird so lange nicht freigegeben, wie folgende Bedingungen nicht erfüllt sind:

Überarbeitung der Ausgabenposten im Bereich Personalwesen sowie Einhaltung der vereinbarten stops von Neueinstellungen und Neubesetzung im Rahmen der üblichen Personalfluktuation und nach Ausscheiden von Mitarbeitern durch Erreichen der Altersgrenze; keine bezahlte Mehrarbeit und keine Höherstufungen mehr; Deckelung der Gehaltsanpassung (bezogen auf 2013 oder 2012) auf reinen Inflationsausgleich.

Erst jetzt entschließen sich Staatssekretariat, APSA und Governatorat zur Zusammenarbeit. Ihre Antworten auf die ausstehenden Fragen gehen gerade noch rechtzeitig ein, um die überarbeiteten Budgets an die Gruppe der Kardinäle der Präfektur übermitteln zu können, die sich am 14. Januar treffen werden, nach der Gegenprüfung durch die Revisoren. Neben Versaldi besteht dieses

Gremium aus fünf weiteren Kardinälen aus den Vereinigten Staaten, aus Spanien, Deutschland, Italien und Peru.[17]

In der Budgetfrage hat sich also etwas bewegt, endlich hat die Kurie die fehlenden Zahlen und Daten herausgerückt. Keine Bewegung scheint es dagegen bei der gleichzeitigen Durchleuchtung der Finanzen des Staatssekretariats zu geben. Wieder sind fehlende Unterlagen die Ursache. Am 11. Januar sieht Zahra sich gezwungen, noch einmal bei Parolin nachzuhaken und die Vorlage der Finanzberichte der dem Staatssekretariat unterstehenden Stellen anzumahnen. Parolin steht unter Druck. Papst Franziskus, der bei seinen Entscheidungen stets die Einheit der Kirche vor Augen hat, lässt sich von den momentanen Spannungen indes nicht beirren. Er setzt ein Zeichen, dass der Mann an der Spitze des Staatssekretariats sein Vertrauen genießt. Parolin wird Kardinal. Am Sonntag, den 12. Januar verliest Papst Franziskus nach dem Angelusgebet auf dem Petersplatz die Liste mit den Namen der 19 Geistlichen aus aller Welt, die beim nächsten Konsistorium am 22. Februar in den Kardinalsrang erhoben werden sollen. Eine tiefgreifende Wandlung an der Spitze der Behörden und Kongregationen kündigt sich an.[18]

Eine seiner ersten E-Mails als frisch ernannter Kardinal richtet Parolin an Zahra:

Verehrter Dr. Zahra, lieber Joe,
vielen Dank für Ihre Glückwünsche zu meiner Ernennung zum Kardinal. Noch mehr Verantwortung und Herausforderung ... Das Purpur der Kardinäle ist die Farbe des Martyriums ... beten Sie für mich! Die besten Grüße und Segenswünsche auch an Ihre Familie.
Ihre letzten beiden E-Mails habe ich erhalten, sehr herzlichen Dank dafür und für unser vorausgehendes Gespräch. Ich möchte an dieser Stelle noch einmal meine uneingeschränkte Bereitschaft betonen, mit Ihnen nach den Anweisungen des Heiligen Vaters zusammenzuarbeiten. Mir scheint, die unter Punkt 4) und

5) aufgeführten Fragen sind am dringlichsten.[19] *Zu Punkt 5): Morgen werde ich direkt mit dem Heiligen Vater sprechen und ich bin sicher, dass wir in dieser Sache weiterkommen werden. Zu Punkt 4) bin ich ratlos, weil ich nicht recht weiß, wie ich die Unterlagen besorgen soll, die Ihr benötigt (vor allem in der Kürze der Zeit, in der dies erfolgen soll). Morgen werde ich darüber noch einmal mit Seiner Eminenz dem Substituten sprechen. Wenn Sie einverstanden sind, kann Monsignore Balda sich direkt an mich wenden, um zu sehen, wie sich hier am besten vorgehen lässt. […] Das nächste Mal, wenn Sie nach Rom kommen, sollten wir versuchen, einen Termin zu finden, um den Stand der Dinge gemeinsam zu besprechen. Ich danke Ihnen für alles. Wir wollen alles in Gottes Hand legen und ihn bitten, dass er uns helfen möge, stets nach seinem Willen und zum Wohle der Kirche zu handeln.*
Mit sehr herzlichen Grüßen
Pietro Parolin

Doch die Lage scheint verwickelter, als der Kardinalstaatssekretär meint. 48 Stunden später trifft Zahras Antwort ein. Er kommt ohne Umschweife zur Sache:

Eure Eminenz,
es hat den Anschein, dass die Frage der Beschaffung von Information über die Konten beim Staatssekretariat alles andere als gelöst ist. Gestern Nachmittag haben wir von Dr. Profiti die Buchführungsunterlagen erhalten, der in seinem angeschlossenen Schreiben überraschenderweise erklärt hat, er hätte die Unterlagen bereits an das Staatssekretariat geschickt. Wir beziehen uns darüber hinaus auf die unter Punkt 1) und 2) in Ihrem Schreiben vom 4. Januar angeführten Dikasterien. Der Präfektur liegen diese Informationen nicht vor oder wenn, nur unvollständig. Wir werden uns nun direkt an die jeweiligen Stellen wenden, auch wenn es uns nicht wundern würde, soll-

ten die entsprechenden Unterlagen dem Staatssekretariat bereits vorliegen.
Ich beziehe mich auf die in unserem Schreiben vom 3. Januar aufgeführten Punkte.[20] *Ihr Antwortschreiben geht auf diese beiden Punkte nicht ein. Ihnen ist bewusst, dass wir diese Informationen dringend benötigen, um ein Gesamtbild von der Finanzsituation des Heiligen Stuhls geben zu können. Selbstverständlich respektieren wir die Tatsache, dass das Staatssekretariat auch über vertrauliche Konten verfügt. Was uns fehlt, sind aber auch Angaben zu den übrigen Konten. Ihnen ist sicher klar, wie schwierig unsere Arbeit ist und welche Widerstände wir in unserem Bemühen, die Wünsche und Aufträge des Heiligen Vaters zu erfüllen, zu überwinden haben. Für eine Intervention Ihrerseits bei den Verantwortlichen auf Verwaltungsebene wären wir mehr als dankbar, sie würde unsere Arbeit erheblich weiterbringen.*
Mit besten Wünschen
Joe

Jetzt kann wohl nur noch der Papst Bewegung in die Sache bringen. Dies ergibt sich zumindest aus dem wöchentlichen Lagebericht zum Stand der Arbeiten, den die Berater von McKinsey vorlegen. Dort heißt es:

Staatssekretariat, Stand der Dinge:
- *Schreiben aus dem Staatssekretariat erhalten, aus dem hervorgeht, dass die erbetenen Finanzdaten dort nicht vorliegen*

Nächste Schritte:
- *Anweisung des Heiligen Vaters einholen, was in der Frage der fehlenden Kontoinformationen zu tun ist*
- *Kontakt zu Monsignor Parolin halten*

Der frischgebackene Kardinalstaatssekretär seinerseits hält die Arbeit der Cosea-Kommission und der Untersuchungskommission zu den Aktivitäten des IOR offenbar für nicht so wichtig. In einem Interview mit der Tageszeitung *Avvenire* vom Februar 2014 erklärt Parolin:

Die Kurie ist eine Dienststelle, keine Zentrale der Macht oder der Kontrolle. Es besteht immer die Gefahr, die Macht, die uns gegeben wurde – ob viel oder wenig –, zu missbrauchen, und vor dieser Gefahr war und ist auch die Kurie nicht gefeit. »Doch bei euch soll es nicht so sein«,[21] ermahnt uns das Evangelium, und nach diesem so anspruchsvollen und zugleich so befreienden Wort richtet sich unser Tun an der Kurie, so beschränkt und fehlerhaft es auch sein mag. Eine Reform der Strukturen allein reicht nicht aus, was dazukommen muss, ist die ständige Umkehr des Herzens, das ist mir sehr wichtig. Was die zur Untersuchung eingesetzten Kommissionen angeht – nun, sie haben ein zeitlich begrenztes Mandat und sollen »berichten«. Mit anderen Worten, ihr Auftrag besteht darin, im Rahmen ihres Zuständigkeitsbereiches dem Papst und dem Rat der acht Kardinäle Anregungen und Empfehlungen vorzulegen.[22]

Es ist allein dem von Zahra erbetenen Eingreifen des Papstes zu verdanken, dass am 30. Januar bei der Cosea-Kommission schließlich doch noch ein 29-seitiges Dossier aus dem Staatssekretariat bei den Prüfern eintrifft. Es enthält Antworten auf eine Reihe – wenn auch nicht alle – ihrer Fragen zum Spinnennetz der Konten des Heiligen Stuhls. Aber dennoch hat es einen Bruch gegeben. Die Laien in der päpstlichen Kommission spüren in dieser letzten Phase ihrer Arbeit deutlich, dass die Front, an der sie für die Sache des Papstes kämpfen, zu bröckeln beginnt. Selbst in den eigenen Reihen macht sich Misstrauen breit.

In dieser schwierigen Situation geht Papst Franziskus mit sich selbst zu Rate. Wie immer, wenn er schwere Entscheidungen zu treffen hat, zieht er sich in sein Zimmer im Gästehaus Santa Marta zurück, um Kraft und Konzentration zu schöpfen. Es ist denkbar einfach eingerichtet, mit schlichtem Mobiliar: ein Kruzifix, eine Figur der Heiligen Jungfrau von Luján, der Schutzheiligen von Argentinien, ein Bild des heiligen Franziskus, der Barmherzigkeit und Hoffnung schenkt, eine Figur des schlafenden heiligen Joseph. Dort vertieft der Papst sich ins Gebet.

Die Kurie als Ganze bedarf einer Mahnung. Nachdem die Budgets freigegeben sind, ist es umso wichtiger, dass alle im Vatikan sich die Sorge um die finanzielle Zukunft der Kirche zu eigen machen. Falls nötig, müssen die so dringend erwarteten, bisher nur auf dem Papier stehenden Reformen auch gegen Widerstände durchgesetzt werden. Sonst droht das Vermögen der Kirche über kurz oder lang zu versiegen. Die Wirtschaftskrise führt dazu, dass in den reichen Ländern die Spendenbereitschaft der Katholiken sinkt, während gleichzeitig – auch unter dem neuen Papst – die Ausgaben im Vatikan immer weiter steigen. Dies alles geschieht hinter den Mauern des Apostolischen Palastes, während sich draußen auf dem Petersplatz die Gläubigen vertrauensvoll versammeln, ohne zu ahnen, welchen Schwierigkeiten die Umsetzung von Franziskus' Reformgedanken Tag für Tag begegnet.

Der Papst weiß, dass er sofort handeln muss. Ohne Zeit zu verlieren und ohne falsche Rücksichten. Er beginnt bei der Personalfrage, sind doch bisher alle Mahnungen, bei Neueinstellungen und Auftragsvergaben Zurückhaltung walten zu lassen, folgenlos geblieben. Eine geänderte Personalpolitik wird sich am unmittelbarsten in der Wahrnehmung derer auswirken, die im Vatikan tätig sind. Drastische Maßnahmen in diesem Bereich werden allen Beteiligten den Ernst der Lage vor Augen führen und unmissverständlich klar machen, dass der Jesuit aus Argentinien gewillt ist, auch in die Tat umzusetzen, was er verkündet.

Also bittet Bergoglio seinen Staatssekretär zu sich und teilt Parolin mit, welche Sofortmaßnahmen zu ergreifen sind, die auf den gesamten Heiligen Stuhl Anwendung finden. Ein entscheidender Schritt. Mit Datum vom 13. Februar 2014 verschickt das Staatssekretariat ein Rundschreiben, in dem sämtliche vorzunehmenden Kürzungen aufgeführt sind. Es geht an alle Kardinäle in kurialen Leitungsfunktionen. Parolin spricht in diesem Schreiben die Krisenlage offen an. Erforderlich ist demnach:

[...] die sofortige Umsetzung von geeigneten Maßnahmen zur Kostensenkung beim Personal, da durch diese Maßnahmen in der gegenwärtigen schwierigen Zeit der wirtschaftlichen Krise ein Beitrag zum Fortbestehen der im Dienst des Heiligen Vaters und der Weltkirche stehenden Gemeinschaft geleistet wird.

Der Papst verlangt ein höheres Maß an Personalmobilität zwischen den einzelnen Kurienbehörden, friert die Überstunden ein sowie den Abschluss von Zeitverträgen, die Neuvergabe von Aufträgen an Experten, Vorrückungen und natürlich alle Neueinstellungen. Geht ein Beschäftigter in Pension, so heißt es im Rundschreiben des Staatssekretariats, »werden seine Kollegen sich großzügig seiner nun freigewordenen Aufgabenbereiche annehmen«. Aber wird das genügen? »Wie sehr wünsche ich mir eine arme Kirche und eine Kirche für die Armen«, hatte Papst Franziskus am 16. März 2013, drei Tage nach seiner Wahl, in einer Audienz für internationale Medienvertreter ohne jede Blauäugigkeit gesagt. Und offenbar meint er auch, was er da sagte. Viele im Vatikan erinnern sich jetzt dieser Worte. Sie sind das Gegenprogramm zu dem berühmten und schockierenden Ausspruch von Erzbischof Marcinkus, dem ehemaligen Leiter des von Skandalen geprägten IOR. »Mit Avemaria lässt sich die Kirche nicht regieren«, pflegte der »Bankier Gottes« zu sagen und damit das kuriale Denken einer ganzen Epoche auf den Punkt zu bringen. Einer Epoche, die – so scheint es – noch längst nicht überall im Vatikan der Vergangenheit angehört.

10. Krieg im Vatikan, zweiter Akt: Die Revolution von Papst Franziskus und der Aufstieg von Kardinal Pell

Die Revolution von Papst Franziskus

In dem zuvor beschriebenen angespannten Klima, in dem man mit Hoffen und Bangen die Strukturreform der Kirche erwartet, kommt es dann zum Paukenschlag. Am 21. und 22. Februar 2014 hält Papst Franziskus ein Konsistorium ab, in dem er zum ersten Mal neue Kardinäle ernennt: 16 wahlberechtigte und drei, die schon über 80 Jahre alt sind. In den Momenten der Reflexion und des Gebetes bestimmt er die letzten Details der neuen Staatsstruktur. Unter den Papieren, die Bergoglio auf sein Zimmer im Gästehaus Santa Marta mitnimmt, befindet sich ein sechsseitiger vertraulicher Bericht[1], den die Cosea-Kommission erstellt und am 18. Februar vorgelegt hat. Er enthält die Empfehlungen für die Umgestaltung des kleinen Staates, denen der Papst zum großen Teil folgen wird.

Doch die Lage ist schwierig und angespannt. Wenige Wochen vor dem Konsistorium, am 3. Februar, hatte Papst Franziskus aus den Händen seines früheren Privatsekretärs Alfred Xuereb den Abschlussbericht der Cosea-Kommission mit den Anmerkungen zu den kritischsten Punkten und den größten Risiken erhalten, auf die sie in den wenigen Monaten ihrer Arbeit gestoßen war. Der Ton war mehr als heftig:[2]

Abschließende Vorschläge, die dem Heiligen Vater zu übergeben sind [...].

1. *Fehlende Governance, fehlende Kontrollen und fehlende Professionalität führen bei der APSA zu hohen Risiken. 92 Empfehlungen wurden erarbeitet, um diese Risiken zu bewältigen. [...] Cosea schlägt vor, sich immer dann, wenn die Schlussfolgerungen dies nahelegen, an die Justiz zu wenden.*
2. *Es wurden konkrete Vorschläge für die gesamte kommerzielle Tätigkeit des Governatorats vorbereitet, unter Darstellung der Vor- und Nachteile, die eine Einkommensteuer und eine Besteuerung der Umsätze (Mehrwertsteuer) im Vatikanstaat nach sich ziehen könnten.*

Es ist Sonntagmorgen, der 23. Februar. Es herrscht lebhaftes Treiben am Petersplatz, auf dem sich viele Pilger eingefunden haben. All jene Kardinäle, die den argentinischen Kardinal kaum ein Jahr zuvor im Konklave unter dem Gewölbe der Sixtinischen Kapelle zum Papst gewählt hatten, sind wieder nach Rom gekommen. Franziskus hat die Predigt, die er in der Messe im Petersdom halten wird, sorgfältig vorbereitet. Nun stehen die 19 Mitbrüder, die er eben zu Kardinälen ernannt hat, vor ihm.

Energisch ermahnt er sie: »Der Kardinal tritt in die Kirche Roms ein, nicht in einen Hofstaat. Vermeiden wir alle höfische Gewohnheiten und Verhaltensweisen wie Intrigen, Tratsch, Seilschaften, Günstlingswirtschaft, Bevorzugungen und helfen wir uns gegenseitig, sie zu vermeiden.« Nach einer kurzen Pause ermahnt der Nachfolger Petri die Kardinäle erneut, die Spirale der heimlichen Kämpfe zu stoppen: »Vermeiden wir Intrigen ... Lieben wir diejenigen, die uns feindlich gesonnen sind. Wir dürfen nicht nur dem Anderen das Böse, das er uns angetan hat, nicht heimzahlen, sondern sollen uns anstrengen, Gutes zu tun.«

Mit seiner Friedensbotschaft will er die Spannungen dämpfen und die außergewöhnlichen Schritte einleiten, die er tags darauf, am 24. Februar, dem Kardinalsrat der 15 Kardinäle eröffnen wird. Dieses Gremium hatte Johannes Paul II. ins Leben gerufen, damit es die Bilanzen des Vatikan prüft. Nach dem Konsistorium sollen die Kardinäle dieses Rates in Rom verweilen, um den von den Revisoren blockierten Budgetentwurf für 2014 zu erörtern. Die Situation ist äußerst delikat. Die Finanzlage wurde soeben überprüft, der Papst hat höchstselbst Beraterverträge gekürzt und einen Einstellungsstopp verfügt, um die Personalkosten zu senken. Wenn die Kardinäle jetzt nicht den Haushaltsplan genehmigen, droht jegliche Aktivität des Heiligen Stuhls zum Stillstand zu gelangen. Die Kardinäle kennen die Lage gut, aber nicht alle wissen, dass die Geburt eines neuen »Superministeriums« bevorsteht und sie selbst ins Abseits gedrängt werden sollen. Ein absolutes Novum, mit dem Papst Bergoglio den Empfehlungen von Cosea und des Kardinalsrats der C8 folgt.

Die vertrauliche Versammlung vom 24. Februar 2014 wird in die Kirchengeschichte eingehen. Ausnahmsweise konnte ich in das Protokoll Einsicht nehmen. Nach Jahrzehnten der Erstarrung kündigt sich hier die wichtigste Reform des Papsttums und der Kurie an, die es je gegeben hat. Um eine Reform von ähnlicher Tragweite zu finden, muss man in das Jahr 1988 zurückgehen, als Johannes Paul II. die Apostolische Konstitution *Pastor Bonus* erließ, die die neue Struktur des Staates entwarf. Inzwischen ist man dabei, die neue Konstitution auszuarbeiten, die im Winter 2015/2016 in Kraft treten soll.

Im Sitzungssaal warten die Kardinäle bereits darauf, die von Papst Franziskus angekündigten Neuigkeiten zu erfahren. Dem Kardinalsrat der 15 gehören unter anderem an: Joachim Meisner, damals noch Erzbischof von Köln;[3] der Franzose Jean-Pierre Ricard, Erzbischof von Bordeaux; Antonio Maria Rouco Varela, Erzbischof von Madrid;[4] Francis Eugene George, damals Metropolitan-Erzbischof von Chicago;[5] der Metropolitan-Erzbischof von Mailand, Angelo Scola; der Australier George Pell; der Kardinalvikar der Diözese Rom, Agostino Vallini; sowie der brasilianische Kardinal Odilo Pedro Scherer.[6]

Die Schaffung des Wirtschaftssekretariats und des Wirtschaftsrats

Der Papst ergreift als Erster das Wort und kündigt gleich die Neuigkeiten an. Er spricht in seinem gewohnten Stil, klar und frei heraus:

[...] Während des Konsistoriums habe ich beschlossen, ein Dikasterium für Finanzen einzurichten, das Wirtschaftssekretariat, und heute habe ich es [Er bezieht sich auf das Gründungsdokument] dem Kardinalstaatssekretär überlassen. Heute früh habe ich das Motu proprio unterschrieben. Ich habe mit Kardinal Pell gesprochen, Ihr kennt ihn, und ihn gefragt, ob er der Chef dieses Dikasteriums werden kann, ich sage jetzt »Chef« ... ob als Sekretär, Präsident, ich weiß nicht. An die Bezeichnungen muss man sich erst gewöhnen, sie stehen geschrieben da, aber ich erinnere mich nicht. [...] Ich bin mir bewusst, dass dies eine deminutio capitis, *eine Schmälerung seines Status bedeutet, denn er ist das Oberhaupt einer Kirche.[7] Er verlässt diese Kirche, um ein Bankier zu werden, und das ist eine* deminutio capitis, *aber er hat, ohne zu zögern, gesagt, dass er das macht. Dafür danke ich ihm sehr. Ich habe das mit heutigem Datum unterschrieben, in Abstimmung mit dem Staatssekretariat und unter Berücksichtigung der Besonderheiten der Kurienbehörden. Das Governatorat beispielsweise ist nicht dasselbe wie das Dikasterium für die Heiligsprechungen, auch Propaganda Fide hat eine Besonderheit, wegen der Schenkungen, die sie erhalten hat. [...]Was Ihr mir geschrieben habt, war sehr erhellend [...].[8] Ich wollte es Euch allen 15 persönlich sagen, dass es jetzt nicht mehr 15 Kardinäle sein werden, sondern acht Bischöfe und Kardinäle und sieben Laien, so ist es etwas ausgewogen. [...] Danke und weiter.*

Die Stimmung im Saal ist emotional, gespannt und aufgewühlt. Nach der Rede des Heiligen Vaters fangen einige an zu klatschen, aber Parolin winkt ab. Es entsteht also ein neues Dikasterium, das Wirtschaftssekretariat, während der Kardinalsrat der 15, der den beteiligten Kardinälen so viel Glanz verlieh, abgeschafft, oder vielmehr durch ein paralleles Organ ersetzt wird, das sich Wirtschaftsrat nennt. In diesem werden 7 der 15 Mitglieder allerdings qualifizierte Fachleute aus der Praxis sein. Nicht als einfache Berater, sondern als Mitglieder mit vollem Stimmrecht, gleich wie die Geistlichen auch. Papst Franziskus fängt also an, dieses über Monate von der Cosea-Kommission und den Beratern von Promontory und McKinsey ausgeklügelte Gleichgewicht zwischen Geistlichen und Laien in der Hierarchie konkret und sichtbar umzusetzen. Es handelt sich fraglos um eine radikale Veränderung: Erstmals dringt eine Gruppe von Laien als Entscheidungsträger in die unüberwindlich abgeriegelte Welt der vatikanischen Finanzen vor. Parolin hebt nochmals leicht die rechte Hand, bittet um Aufmerksamkeit und dankt dem Papst:

Danke, Heiliger Vater, für Ihr Kommen, danke für die Mitteilung, die Sie uns gebracht haben, und wir sind hier, um Sie unserer Mitarbeit zu versichern.

Und Papst Franziskus:

Dessen bin ich mir gewiss, ich habe ja gesehen, wie Ihr mit der Cosea-Kommission zusammengearbeitet habt, und da bin ich mir sicher.

Ein außergewöhnliches Geheimdokument

Es folgen einige Auszüge dieser entscheidenden und historischen Zusammenkunft, die ich als Erster anhören durfte. Ein außergewöhnliches Tondokument, hier in Transkription, das uns erlaubt, erstmals eine geheime Beratung der Kardinäle zu verfolgen, die am besten mit den wirtschaftlichen Angelegenheiten der Katholischen Kirche vertraut sind:

Parolin: Aufrichtigen Dank. Der Heilige Vater hat Kardinal Pell angekündigt und ihm gratuliert. Wir schließen uns dem Papst an, um ihn zu dieser Ernennung zu beglückwünschen, auch wenn sie, wie der Papst gesagt hat, eine deminutio *bedeutet. Dennoch hat er die Ausübung dieses neuen Amts ganz im Geist der Demut angenommen.*
<u>*Frage eines Kardinals*</u>*: Wird das sofort bekannt gegeben oder ist das noch nicht öffentlich?*
<u>*Parolin*</u>*: Es ist noch nicht öffentlich, hat mir der Papst gesagt, ich wusste das auch nicht. Er hat auch hier gesagt, dass er das Motu proprio schon unterschrieben hat, mit dem dieses neue Organ geschaffen wird. Ich denke, dass es in den nächsten Tagen verlautbart wird. Vielleicht weiß Kardinal Pell Näheres dazu …*
<u>*Ironischer Entwurf eines Kardinals im Hintergrund*</u>*: … Ja, ja … Pell weiß alles … (Gelächter)*
<u>*Pell*</u>*: Mir scheint, das wird heute bekannt gegeben oder vielleicht morgen. Da ja schon angekündigt wurde, dass es geschehen ist, wie wir alle wissen, könnte man sagen, es ist schon bekannt … Aber die offizielle Bekanntmachung, hat mir der Heilige Vater gesagt, wird heute oder morgen im* Osservatore *veröffentlicht werden, und dann sehen wir weiter.*
<u>*Parolin*</u>*: Danke. Ich denke, das wird morgen sein, denn es braucht mindestens einen Tag für die ganzen Förmlichkeiten, aber der Papst hat mir gesagt, er hat das Chirograph heute in die Kanzlei geschickt. Jetzt braucht es ein wenig Zeit für die Ausfertigung, um es in die erste Sektion hochzuschicken und um die Pressemitteilung vorzubereiten und so weiter […].*
<u>*Ironischer Zwischenruf eines Kardinals*</u>*: Besser heute … sonst berichtet Tornielli schon heute Abend über alles.*[9]

Pell: Ja, sicher, besser heute. Eine Pressemeldung ist schon vorbereitet, wir sind jetzt eine neue Welt, da ist die volle Mitarbeit, aber diese Pressemeldung über das neue Dikasterium geht raus. [...]

Parolin: Gut, es gibt keine Probleme. Aber ich muss jetzt gehen, um wenigstens sicherzustellen, dass etwas weitergeht, weil ich mir vorstelle, dass das jetzt dort auf meinem Schreibtisch wartet, und wenn Ihr erlaubt, sehe ich mal nach, während Ihr das Budget vorstellt, ... da doch diese ... diese Eile besteht. Ich frage mich, ob unsere Versammlung jetzt fortgesetzt wird ...

Mehrere Kardinäle gleichzeitig: Nein ... Nein.

Parolin: ... oder ob wir an dieser Stelle unsere Arbeit für dieses Mal auch als beendet betrachten können und dann ... Das war auch die Frage, die ich stellen wollte. Wenn es dazu irgendwelche Überlegungen gibt ...

Pell: Vielen Dank, Eminenz. Ich habe den Eindruck, dass es jetzt nicht viel bringt fortzufahren, aber ich glaube, dass wir wenigstens für die nächsten zwei bis drei Monate Strategien festlegen müssen. Ich schlage vor, dass einige der Vorschriften, die jetzt in Kraft sind, bleiben, und hoffentlich tritt dieser neue Rat, der aus Kardinälen, Bischöfen und Laien besteht, noch vor dem Sommer zusammen, im Juni oder Juli. Dieser muss konstituiert werden, und der Heilige Vater ist bereit, das so schnell wie möglich anzugehen. Ich halte es für zweckmäßig, dass die Dinge bis dahin so bleiben, wie sie jetzt sind, bin aber offen für andere Vorschläge.

Die Kardinäle sind verunsichert, die Lage wird zunehmend verworrener. Wenn der Papst den Kardinalsrat abschafft, was ist dann mit diesen qualvollen Budgets, die, nachdem sie geprüft wurden, dringend genehmigt werden müssen? Es besteht die Gefahr, dass alles blockiert wird. Denn auf der einen Seite bringt das neue Dikasterium die Aufgabenbereiche aller anderen Behörden durcheinander, auf der anderen tritt der Rat außer Kraft, der dazu berufen wäre, das Budget zu genehmigen, und hat daher keine Befugnisse und keine Vorrechte mehr. Das wirtschaftliche und finanzielle Leben des Heiligen Stuhls muss aber weitergehen. Es sind Baumaßnahmen zu genehmigen, Lieferungen zu beschließen, Beratungsverträge zu überprüfen. Wie soll man das angehen? Und vor allem, wer trifft jetzt die Entscheidungen?

Die Auseinandersetzung zwischen Pell, Parolin und den Kurienkardinälen hinter verschlossenen Türen

Die Leitung der Versammlung des Kardinalsrats der 15 nimmt nicht Parolin in die Hand, sondern Pell, der ehrgeizige Bullenbeißer aus Sydney, der im Frühjahr 2013 still und leise an den Heiligen Stuhl gekommen ist, mit der Absicht, in der Partie von Papst Franziskus eine bedeutende Rolle zu spielen. Als starke Persönlichkeit mit Führungsanspruch traut er niemandem und neigt dazu, jede Verantwortung auf sich zu konzentrieren und alle Entscheidungen selbst zu treffen. Heute steht er im Mittelpunkt der Zusammenkunft, und von diesem Augenblick an ist er zumindest auf dem Papier der neue Chef der vatikanischen Finanzen, wie es dem Willen des Papstes entspricht.

Niemand hätte ernsthaft auf die Blitzkarriere dieses Priesters gewettet, der in seinem Land sogar die Anschuldigungen überstanden hat, einige pädophile Priester »gedeckt« zu haben. Zumindest bis zum April 2013, als Papst Franziskus ihn ohne Rücksicht auf entsprechende Warnungen zu einem der acht Kardinäle ernannte, die ihn bei der Ausrichtung der Universalkirche und der Reform der römischen Kurie beraten sollen. Tag um Tag bereitet Pell den Wandel vor und setzt sich zum Ziel, in der Kurie das Kommando zu übernehmen. Von wegen *deminutio*: Auch im Vatikan ist jedermann klar, dass nur derjenige wirklich das Sagen hat, der den Geldbeutel hat. Pell ist aufgestiegen und hat sein Ziel erreicht.

Kehren wir zu der brisanten Versammlung des Kardinalsrats zurück. Der soeben ernannte Präfekt des jungen Wirtschaftssekretariats muss sich nun den Geistlichen stellen, die den gerade angekündigten Veränderungen mit der größten Sorge und Skepsis gegenüberstehen. Die Auseinandersetzung zwischen dem australischen Kardinal, der alten Garde – dem Leiter der Präfektur Versaldi und dem Präsidenten des Governatorats Bertello – sowie dem neuen Staatssekretär Parolin verläuft in einem Klima großer Anspannung. Die Kardinäle sind bestrebt, die Budgets zu genehmigen, um einen Schlussstrich unter die Vergangenheit zu ziehen. Pell, den Papst Franziskus wegen »seiner Hartnäckigkeit«[10] schätzt und des Öfteren den »Ranger« nennt, hält dagegen. Wenn auch nur mit der Nadelspitze, in dem für Kurienkreise typischen, sanften Tonfall, maßregelt und tadelt Pell auch Parolin:

Versaldi: Man muss behutsam vorgehen und auch die formell nötigen Schritte setzen, um nicht, mehr noch als eine bloße vacatio, einen rechtsleeren Raum zu schaffen. [...] Jeder von uns muss wissen, ob er noch die Entscheidungsmacht und Eigenständigkeit hat ... Behält die Präfektur zum Beispiel ihre Unabhängigkeit bei der Abschlussprüfung? Und, ich meine in der Zwischenzeit ... machen wir weiter?
Parolin: Man muss sehen, was das Chirograph dazu sagt, wir kennen es nicht. Folglich ist es unmöglich, diese Frage zu beantworten, aber es erscheint mir logisch, solange die neue Kurienbehörde ihre Arbeit nicht aufnimmt und ihre Funktionen nicht wahrnimmt, laufen die Dinge weiter wie bisher. Das schließe ich nach den Grundsätzen der Logik ...
Pell: Das Chirograph wird feststellen, dass die Welt eine andere ist. Natürlich müssen wir im Dialog vorankommen, nach und nach, wir werden über vieles diskutieren müssen, niemand will dies alles wie eine Revolution angehen, aber es wäre ein Fehler zu meinen, man könne genauso weitermachen wie bisher: Die Welt ist eine andere. Das Leben am Heiligen Stuhl muss weitergehen, selbstverständlich suchen wir die Zusammenarbeit. Ohne diese Zusammenarbeit ist es unmöglich zu erreichen, was für die

Kirche gut ist. Und das wollen wir ja alle, das, was für die Kirche gut ist.
Parolin: Da war Kardinal Cipriani,[11] der wollte ...
Stimme im Hintergrund: Aber trotzdem bitte ich dich um eins ... Befreie mich von Calcagno, ich kehre gern wieder an meinen Lehrstuhl zurück, aber bitte nicht auch mich [Klingt nach: umbringen] ...
Cipriani: Der einzige Zweifel ist, ob wir, nur um dieses Budget nicht zu verhindern ... ob es einen Weg gibt, den Kardinal Pell sich vorstellt, für zwei, drei Monate zu genehmigen, oder etwas in der Art, denn jetzt ist gar nichts genehmigt. Wir müssen das heute angehen, denn was sollen die morgen sonst machen, ich weiß nicht ...
Pell: Ich meine, Eminenz, eines muss klar sein: Eine Genehmigung ad interim für drei Monate wäre nicht nur zweckmäßig, sondern notwendig, denn das Leben muss weitergehen ...
Versaldi: Ich würde vorschlagen, dass man sich dieses gesonderte Blatt ansieht, das übergeben wurde und das die Änderung zum nicht genehmigten Budget ist, aufgrund des Briefes, den das Staatssekretariat geschickt hat, mit den Kriterien, die der Papst für die Senkung der Personalkosten vorgegeben hat. Wenn wir – Vorschlag von Cipriani – die Genehmigung möglichst befürworten könnten, um zu sagen, dass das nicht genehmigte Budget, das 25 Millionen Defizit vorsah, revidiert wurde, mit einer Reduktion von 10 Millionen, daher beläuft es sich nun nur mehr auf 15, dass dieses vorläufig beibehalten werden kann, nach den Vorgaben des Staatssekretariats.
Pell: Ich meine, in diesen drei Monaten darf es keine radikalen Veränderungen geben. Diese Empfehlungen sind wunderbar, sie werden eine große Hilfe sein, aber vorerst, meine ich, sollte nur recht wenig geändert werden, fast gar nichts, bis wir gemeinsam die Gewissheit haben, wo wir stehen. Wir wollen keine großen Umwälzungen in den kommenden drei Monaten, wir wollen uns das schön langsam alles ansehen ...

<u>Calcagno</u>: *Ja, danke. Zunächst möchte ich Eurer Eminenz versichern, dass wir voll mitarbeiten werden, so wie wir das in den vergangenen Monaten bei den Besuchen von Promontory und mit Cosea getan haben. Das wollte ich zunächst festhalten. Ich denke, das Budget für die ordentliche Tätigkeit des Heiligen Stuhls sollte, wenn es heute genehmigt wird, eine Gültigkeit haben, nicht so sehr wegen des Umstands, dass die APSA weiterhin Bestand hat oder nicht mehr Bestand hat, sondern weil der Heilige Stuhl in der Lage sein muss weiterzumachen. Daher muss die neue Struktur, der Sie vorstehen, gewiss all ihre Manöver, Vorschläge ...*
<u>Ironischer Einwurf eines Kardinals</u>: *... Manöver ...*
<u>Calcagno</u>: *... Veränderungen umsetzen. Aber als Grundlage ist das Budget aus meiner Sicht perspektivisch für das laufende Jahr als wirksam zu betrachten, schließlich hat das Jahr schon angefangen!*
<u>Pell</u>: *[...] Wir sind heute nicht in der Lage, etwas für ein ganzes Jahr zu genehmigen. Aber etwas ad interim schon. [...]*
<u>Vallini</u>: *Wir waren bei dem Text geblieben, der im Rat der 15 verlesen wurde, in dem man die Notwendigkeit feststellt, ein Wirtschaftssekretariat des Heiligen Stuhls einzurichten. Heute Morgen teilt uns der Heilige Vater mit, die Sache ist beschlossen, es ist sogar bereits der Leiter ernannt, und das ist eine gute Sache, [...] aber es wird eine gewisse Zeit brauchen, bis das Dikasterium sich die Instrumente verschafft, die wir heute zumindest noch nicht kennen. [...] Es sei denn, Kardinal Pell sagt uns, diese ganze Arbeit ist schon erledigt, und als solches kommen mit dem Chirographen des Heiligen Vaters Motu proprio auch die Statuten heraus, die die Zuständigkeiten für dieses neue Gremium festlegen, von dem wir heute Vormittag erfahren.*
<u>Meisner</u>: *Ehrwürdige Mitbrüder, zunächst einmal unser Glückwunsch an Kardinal Pell; wir sitzen schon seit Jahren zusammen und wir haben geschwitzt, und ich bin froh, dass wir zu einer neuen Lösung gelangt sind. Der Weg von Sydney nach Rom soll*

kein Kreuzweg sein, sondern eher ein Triumphzug. Nun meine einfache Frage: Es sind uns hier also wie immer, wenn wir uns hier versammeln, die Bilanzen für den Heiligen Stuhl und für den Vatikan vorgelegt worden, aber dieses Mal ein neu überarbeitetes Budget. Und ich möchte die Frage stellen: Unsere Arbeit aber, heute – und morgen –, besteht nicht darin, über das neue Dikasterium zu diskutieren, sondern wir sollten diese Budgets erörtern und in der Folge sollte man die Konsequenzen ziehen ... und ich fühle mich überfordert, wenn ich jetzt über das neue Dikasterium diskutieren soll, wenn wir überhaupt keine Unterlagen haben und der Heilige Vater jetzt zum ersten Mal davon gesprochen hat. In Wirklichkeit sollten wir uns an diese kleine Arbeit halten: dass wir die Budgets des Heiligen Stuhls und des Vatikan unter die Lupe nehmen und ebenso die überarbeiteten und noch provisorischen Budgets. Danke.

Pell trägt aus dem Motu proprio *Fidelis dispensator et prudens* vor, dem päpstlichen Schreiben, mit dem das neue Gremium eingerichtet wird, und das aus dem Lukasevangelium zitiert:

So wie der treue und kluge Verwalter die Aufgabe hat, sorgfältig für das zu sorgen, was ihm anvertraut wurde, so ist sich die Kirche ihrer Verantwortung bewusst, die eigenen Güter mit Sorgfalt zu wahren und zu verwalten, nämlich im Licht ihrer Sendung zur Evangelisierung und in besonderer Sorge gegenüber den Bedürftigen. In spezieller Weise sind die Verwaltung der wirtschaftlichen und finanziellen Bereiche des Heiligen Stuhls eng mit seiner besonderen Sendung verbunden, nicht nur im Dienst des universalen Hirtenamtes des Papstes, sondern auch in Bezug auf das Gemeinwohl im Blick auf die ganzheitliche Entwicklung des Menschen.

Auf das neue Dikasterium kommt somit eine vielschichtige Aufgabe zu: Das Sekretariat wird sich mit der Finanzplanung befassen und künftig das Budget erstellen. Es hat die Wirtschaftsverwaltung zu überwachen und die Aufsicht über die Verwaltung, die Finanzen und die Tätigkeit der Einrichtungen des Heiligen Stuhls und des Vatikanstaats zu führen. Bisher fiel dies in die Zuständigkeit des Staatssekretariats, das sich ab nun nur noch um die diplomatischen Beziehungen kümmern soll. Schon die Bezeichnung gibt Aufschluss darüber, dass Staatssekretariat und Wirtschaftssekretariat auf derselben Ebene angesiedelt sind. Beide unterstehen direkt dem Papst. Parolin und Pell werden die Zusammenarbeit suchen müssen. Um Reibungen zu vermeiden, prescht Pell im Kardinalsrat der 15 schon mal vor. Zusammenzuarbeiten, versichert er, sei »absolut unverzichtbar. Mir ist das völlig klar, und von meiner Seite aus besteht die volle Bereitschaft, miteinander voranzukommen«.

Doch die erhoffte Einmütigkeit zwischen den beiden lässt sich nicht herstellen, der Versuch schlägt fehl. Auch der Kunstgriff des Papstes, den Rat der acht Kardinäle auf neun zu erweitern, sodass dort neben Pell auch Parolin sitzt, zeitigt nicht den gewünschten Effekt. Der Rat wird fortan C9 genannt.

Die Schaffung des Wirtschaftssekretariats schüttelt das ganze Gefüge der Wirtschaftsdikasterien durcheinander, nicht nur das Staatssekretariat. Durch die Einführung einer Gesamtauditierung und eines Generalrevisors, in dessen Kompetenz alle Bilanzen fallen, ist die Präfektur praktisch »ausgehöhlt«. Laut Plan soll die APSA im Juli 2014 aufgespaltet werden und die Ordentliche Sektion an Pells Wirtschaftssekretariat abtreten. Damit würde nur noch die Funktion der Zentralbank bei ihr verbleiben, während sie die Kontrolle über das gewaltige Vermögen von Häusern, Büros und Palästen verliert. Doch dieses Vorhaben bleibt nur auf dem Papier.

Was ist mit dem skandalumwitterten IOR? Papst Franziskus zieht es vor, es nicht dem Wirtschaftssekretariat zu unterstellen, da eine vollständige Kontrolle über dessen Rechnungslegung nicht gegeben ist. Folglich sei das IOR, wie Pater Lombardi in der

Pressekonferenz erklärt, »von dieser Reorganisation, die viel weitreichender ist, nicht betroffen, sondern bleibt Gegenstand von Untersuchungen und Überlegungen«.

Alles in allem schickt Papst Franziskus die Kurienprälaten von Bertones Gefolgschaft nicht nach Hause, er setzt sie nicht ab, entzieht ihren Dikasterien aber die Befugnisse. Diese Taktik erinnert an den Rücktritt Benedikts XVI.: Ein Austausch des Kardinalstaatssekretärs oder des Leiters der Dikasterien hätte Ratzingers Pontifikat mit einem Glaubwürdigkeitsproblem belastet. Durch seinen Rücktritt hingegen stehen alle Leiter zur Disposition, und nur dem Anschein nach bleibt die Gesamtstruktur unangetastet.

Die Genehmigung der Haushaltspläne

Die Sitzung neigt sich ihrem Ende zu. Vorher jedoch gilt es, eine Lösung für das Problem der Haushaltspläne zu finden, die genehmigt werden müssen. Der Erzbischof von Mailand, Kardinal Angelo Scola, hat den realistischsten Blick:

Scola: Mir ist klar, dass wir es mit einer radikalen Neuerung zu tun haben und dass es deshalb Zeit für gründliche Überlegungen braucht, damit sich die Sache setzen kann. Aber es bringt wohl wenig, wenn wir hier im Einzelnen weiter darüber diskutieren. Es ist nun einmal eine Tatsache, und das geht dann seinen Weg. Ich weiß auch gar nicht, ob wir eigentlich befugt sind: Warum sollen wir und nicht auch die anderen Kardinäle darüber diskutieren, wie der Papst – und jetzt, wo Kardinal Pell ernannt ist – wie sie sich die Struktur vorstellen? Grundsätzlich können wir aber innerhalb der Logik die sogenannten laufenden Geschäfte genehmigen: Es ist nicht so, dass wir dieses nun für ein Jahr oder für zwei oder drei Monate genehmigen können. Wenn die neue Einrichtung in der Lage sein wird, das Budget neu aufzustellen, wird

sie das tun und es dann vorlegen. Das ist meine Meinung. Hinzufügen möchte ich noch, dass ich ab heute Nachmittag nicht mehr dabei sein werde, denn Mailand ist keine kleine Diözese, ich bin jetzt schon seit acht Tagen weg …
<u>Parolin</u>: *Ich glaube, es wird keiner mehr hier sein, Eminenz, seien Sie beruhigt.*
<u>Scola</u>: *Ach, wenn das so ist, dann möchte ich sehr die Bemühungen loben, die zu einer Einsparung von 9.612.000 Euro geführt haben und, soweit ich das sehen konnte, ohne irgendeine Diskussion blockieren zu wollen, genehmige ich den abgeänderten Voranschlag, der für den Heiligen Stuhl vorgelegt wurde.*
<u>Tong</u>: *Auch ich möchte meinem Schulfreund George Pell gratulieren, ich möchte nur vorschlagen, dass die neue Einrichtung auf zwei Dinge achtgibt: Zum einen sollte man versuchen, für das Personal nach und nach eine Reihe von Standardparametern festzulegen und […] ein Gehaltsschema […]. Man kann nicht erwarten, dass alle gratis arbeiten und dabei ihren Beitrag leisten …*
<u>Pell</u>: *[…] Damit die Leute in den Kongregationen verstehen, wie man ein Budget erstellt, gibt es vielleicht die Anordnung, einige für kurze oder längere Kurse über Verwaltung oder Wirtschaft nach Paris, Oxford und Madrid zu schicken. Wir werden viele Dinge in Hinblick auf Effizienz und Wirtschaftlichkeit machen, aber wir werden uns nicht in die Angelegenheiten der Religion, der Spiritualität, der Fähigkeiten einmischen. Wir sind, wie der Papst gesagt hat, einfach nur Bankiers.*
<u>Parolin</u>: *Der Kardinal hat die anderen zu Wortmeldungen veranlasst. Kardinal Scherer …*
<u>Scherer</u>: *Jetzt ist mir klarer geworden, dass wir hier als Rat nichts zu sagen haben, weil es mit diesem Rat vorbei ist. Und was den Voranschlag betrifft, ob er genehmigt werden soll oder nicht, das hat bis jetzt gewartet, das kann auch noch zwei weitere Monate warten, wenn nötig. Bis der neue Rat, das neue Dikasterium sich organisiert und auch die Aufgabe ernst nimmt, das neue Budget zu prüfen.*

Eines wollte ich aber anmerken: Ich halte es für sehr nützlich, wenn einige Regeln vorgegeben werden, ein paar allgemeine Grundsätze, die für das Erstellen eines Voranschlags gelten sollen, sonst macht jeder das Budget, wie es ihm gefällt, [...] nach seiner eigenen Methode, und dann erreicht man sein Ziel nicht, auch nicht den Zweck, mehr Disziplin in die Ausgaben zu bekommen. Danke.
<u>*Pell*</u>*: Wir werden uns mit einer Kongregation zusammensetzen und sagen: In diesem Jahr bekommt ihr so viel Geld und werdet nur so viele Beschäftigte haben, aber innerhalb dieser Kongregation wird die Verantwortung für die Entscheidungen bei Euch liegen ... Und wenn sie mehr ausgeben, sehr viel mehr, dann verringern wir im nächsten Jahr das Geld und ihr müsst dieses Geld in Euren Rücklagen finden. An vielen, vielen Stellen sind die Rücklagen angemessen, Gott sei Dank ... Gott sei Dank, denn es gibt viele Herausforderungen für den Heiligen Stuhl. Aber es gibt da und dort viel mehr Geld, als bisher bekannt war, und das nie in den Bilanzen aufgetaucht ist. Und wir danken Gott für diese verborgenen Schätze.*
<u>*Parolin*</u>*: Gut, dann können wir unsere Besprechung als geschlossen betrachten [...]. Es geht mit den berichtigten Budgets weiter, bis die neue Struktur ein neues Budget vorlegt.*

Die Sitzung schließt also mit zwei klaren Ergebnissen. Das erste stellt in der Hierarchie der Kurie hinsichtlich der wirtschaftlichen und finanziellen Angelegenheiten eine Wende dar. Das zweite betrifft die Haushaltspläne: Erst der neue Rat wird sie genehmigen. Damit setzt sich die gemeinsame Linie Pells und der Wirtschaftsprüfer durch. Wochenlang bleiben die Haushaltspläne in einem Limbus, sie harren ihrer Genehmigung und lassen den Heiligen Stuhl in einer Art von finanziellem »Purgatorium« zurück. Man macht mit den durch die Revisoren angepassten Budgets weiter – das ist die Linie Parolins –, bis der vom Papst eingesetzte neue Rat das Heft übernimmt. Offenkundig betrachtet man die in den schwierigen Januar- und Februarwochen von Governatorat, APSA und Staatssekretariat gelieferten Erklärungen nicht als ausreichend. Der Stillstand hält bis zum 21. März an, als Don Luigi Mistò, Calcagnos rechte Hand, allen der APSA unterstehenden Stellen die Richtlinien zukommen lässt, nach denen das Budget für 2014 neu zu erstellen ist, mit den »Korrekturen und Änderungen der ursprünglich budgetierten Ausgaben unter Berücksichtigung der Beobachtungen der internationalen Revisoren«.

Pell hat zu verstehen gegeben, dass er sich mit den Geheimnissen der Kurie gut auskennt. Zum Abschluss der Sitzung des Kardinalsrats der 15 nimmt er vorweg, was die Fachleute der Cosea-Kommission bei der Analyse der Konten des Heiligen Stuhls entdeckt haben und wovon in den vorangegangenen Kapiteln die Rede war: Viele Körperschaften verfügen über »verborgene Schätze«, die nicht in der Bilanz auftauchen. Aber da mache sich keiner etwas vor, lässt Pell durchblicken, diese geheimnisvollen, außerbuchhalterischen Reserven kommen in Krisenzeiten wie gerufen. Angesichts ständiger Nachbesserungen bei den immer größer werdenden schwarzen Löchern im Haushalt werden diese Mittel unverzichtbar.

Pell hat recht, wie das folgende Beispiel belegt: Als wenige Wochen zuvor die Ergebnisse der Cosea-Kommission vorgestellt wurden, hatten die Kardinäle des C8-Rates sich mit dem alarmierenden Abschlussbericht der Analysten von Oliver Wyman zur Zukunft der Renten befasst. Die Kluft zwischen dem Vermögen und dem Barwert der zu zahlenden Renten war im Jahr 2013 bereits auf 862 Millionen Euro angewachsen. Man musste daher durchgreifen und durfte sich keine Fehler erlauben.

Seit dem März 2014 widmet sich Pell seiner neuen Aufgabe. Mehrmals trifft er sich im vertraulichen Gespräch mit Papst Franziskus, um sich mit ihm über die neuen Mitglieder des Wirtschaftsrats ins Einvernehmen zu setzen. Er fliegt nach Malta, um sich mit Zahra auszutauschen, der als eines von fünf Cosea-Mitgliedern als Laie am neuen Rat mitwirken wird. Außer ihm fällt die Auswahl des Papstes noch auf den ehemaligen Minister Singapurs Yeo, auf Jean-Baptiste de Franssu, den Deutschen Messemer und den Spanier Llano. Die beiden übrigen Laienposten entfallen auf den kanadischen Wirtschaftsprüfer Kyle und den mit Zahra befreundeten Italiener Francesco Vermiglio.

Diese Auswahl ruft wegen eines möglichen Interessenkonflikts Unmut und Kritik hervor. Eine Recherche des italienischen Wochenmagazins *L'Espresso* ergibt, Vermiglio sei zusammen mit Zahra Gesellschafter der Misco Adisory Ltd., eines Joint Ventures, mit dem italienische Investitionen auf der kleinen Mittelmeerinsel angekurbelt werden sollen. Da bildet sich – wie wir im nächsten Kapitel sehen werden – im Rücken des Papstes ein neuer Machtblock, doch Bergoglio selbst wird versuchen, seinem Überhandnehmen einen Riegel vorzuschieben.

Auch sieben der am vorherigen C15-Rat beteiligten Kardinäle werden bestätigt: Juan Luis Cipriani Thorne (Peru), Wilfrid Fox Napier (Südafrika), Jean-Pierre Ricard (Frankreich), Agostino Vallini (Italien), John Tong Hon (Hongkong), Norberto Rivera Carrera (Mexiko). Die einzigen neuen Gesichter sind Erzbischof Daniel N. DiNardo aus der Diözese Galveston-Houston und als Präsident der Erzbischof von München, Kardinal Reinhard Marx. Das Sekretariat soll seinen Sitz im Torrione San Giovanni haben, einem mittelalterlichen Turm im höher gelegenen Teil der vatikanischen Gärten, in dem in der Regel hochgestellte Gäste beherbergt werden. Es ist das einzige freie Gebäude im Vatikanstaat.

Um die Logistik kümmert sich hingegen Xuereb, der Calcagno und den Sekretär des Governatorats, Bischof Fernando Vérgez Alzaga, bittet, »20 Computer, 6 Drucker, 21 Festnetztelefone, eine Lautsprecheranlage für ein- und ausgehende Anrufe«[12] einschließlich der Internetverbindungen zu bestellen, damit die über vier Etagen verteilten Arbeitsplätze sofort funktionstüchtig sind. Zusätzlich verlangt Xuereb für die wichtigeren Büros Aktenvernichter.

Im Terminkalender 2014 des neuen Rates sind vier wichtige Termine eingetragen: Der erste ist der 2. Mai mit der Sitzung in der Sala Bologna des Apostolischen Palasts. Weitere Termine folgen im Juli, September und Dezember. Schon die Sitzordnung der ersten dieser Sitzungen gibt Aufschluss über die geänderten Verhältnisse. Geistliche und Laien wechseln sich am Tisch ab: eine sichtbare Demonstration der neuen Machtverteilung. Trifft das aber wirklich zu? Leider nein, denn die vom Papst zusammengestellte Runde besteht aus starken Persönlichkeiten, die aus unterschiedlichen Kulturen stammen und auf unterschiedliche Lebenswege zurückblicken. Zunehmend wird sie von Intrigen und üblem Gerede durchkreuzt, und man legt sich Stolpersteine in den Weg. So wird es Monat für Monat schwieriger, die ursprünglichen Absichten umzusetzen.

Pells Aufstieg nach überstandenen Missbrauchsskandalen

Bei manchen der vom Papst eingesetzten Schlüsselfiguren ist deren Vorgeschichte nicht hilfreich. Dies trifft auch auf Pell zu, der 2003 von Johannes Paul II. in den Kardinalsstand erhoben wurde,[13] und dessen kontroverse Vergangenheit Aufmerksamkeit verdient. 2010 hatte Benedikt XVI. ihn als Präfekten der mächtigen Bischofskongregation in Betracht gezogen, als Nachfolger von Giovanni Battista Re, der die Altersgrenze erreicht hatte. Als Franziskus in den Vatikan kommt, kennt er ihn kaum. Zumindest hat er kein freundschaftliches Verhältnis zu dem Australier, obwohl sie sich im Jahr 2012 kennengelernt hatten, als der Australier zum Synodenvater der XIII. Vollversammlung der Bischofssynode ernannt worden war.

Gleich nach Bergoglios Wahl zum Papst wird Pell zum Mitglied des C15-Kardinalsrats, den Papst Franziskus bald als Instrument erkennt, um den Kern der Finanzmacht am Heiligen

Stuhl aufzumischen, doch das erweist sich als nicht so einfach. Der Kardinalsrat ist ein schwerfälliges Gremium ohne große Befugnisse. Doch mit einer Verstärkung seiner Funktionen durch ein internes Audit könnte er zum ausführenden Organ der sanften Revolution des Papstes werden.

In jenen Frühlingsmonaten des Jahres 2013 versucht Pell sich vorzustellen, wie der Weg zu Veränderungen aussehen könnte, und herauszubekommen, welche Berater dem Papst am nächsten stehen. Er ahnt, welch neuen Geist der Papst in die Kurie einziehen lassen will, und möchte bei Umgestaltung des gesamten Vatikan gern selbst eine zentrale Rolle übernehmen. Häufig verkehrt er mit Kardinal Santos Abril y Castelló, der mit Franziskus gut befreundet ist und später Präsident der Kommission zur Überwachung des IOR werden sollte. Er sucht auch den Kontakt zu Monsignore Vallejo Balda, dem Sekretär der Präfektur und späteren Koordinator der Cosea-Kommission, der den Papst bald auf viele kritische Punkte hinweist, allen voran jene in der Haushaltsführung der Basilika von Santa Maria Maggiore. Und schließlich knüpft der australische Kardinal eine solide Beziehung zum Erzbischof von Tegucigalpa, der Hauptstadt von Honduras, und Koordinator des C8-Rates, Kardinal Maradiaga.

Pells Gegenspieler in den heiligen Palästen behaupten, der Australier habe es damals nur auf eines abgesehen gehabt: ein Amt im Apostolischen Palast zu ergattern und Sydney zu verlassen. Nur so habe er den strengen Ermittlungen entgehen können, die von der nationalen australischen Untersuchungskommission zum Verhalten der Behörden in den Affären um sexuellen Missbrauch Minderjähriger geführt wurden. Dabei geht es um zahlreiche Fälle von Kindesmissbrauch in der Diözese Melbourne zwischen 1996 und 2001, als Pell dort Erzbischof war. Man hegt den Verdacht, dass der neue Präfekt damals die Zusammenarbeit mit den Ermittlern verweigert habe, um Informationen zu unterschlagen und dadurch die dramatischen Missbrauchsfälle durch Priester seiner Diözese zu vertuschen.

Ganz zu schweigen von dem Fall, bei dem Pell selbst im Oktober 2002 von dem Vorwurf entlastet wurde, während eines im fernen Jahr 1961 abgehaltenen Camps für Ministranten einen zwölfjährigen Katecheten missbraucht zu haben. Oder von den Anschuldigungen, die der frühere Ministrant John Ellis gegen Pell kurz nach dessen Nominierung zum Präfekten vorbrachte. Ellis war von 1974 bis 1979 von einem inzwischen verstorbenen Priester missbraucht worden und machte die Kirche für die erlittene Gewalt verantwortlich. Der ehemalige Ministrant unterlag 2007 in einem ersten Prozess. Im Verlauf der Ermittlungen wurden die Misshandlungen zwar festgestellt, aber die Diözese für die traurigen Vorfälle nicht für rechtlich haftbar erachtet.

Obwohl die Anschuldigungen für Pell stets folgenlos blieben und er sie regelmäßig zurückwies, brachten sie den Kardinal weltweit in die Schlagzeilen. Sein großer Ankläger sollte Peter Saunders werden. Der als Kind in Wimbledon missbrauchte Peter Saunders, den der Papst 2014 zum Mitglied der Päpstlichen Kinderschutzkommission ernannte, hat mehrfach Pells Entlassung aus seinen Ämtern gefordert. In der australischen Fernsehsendung »60 minutes« warf Saunders Pell vor, die Arbeit der australischen Untersuchungskommission behindert zu haben und ihren Fragen ausgewichen zu sein. »Er treibt mit den minderjährigen Opfern sexuellen Missbrauchs sein Spiel. Er ist gefährlich und fast soziopathisch und hat gefühlskalt und hartherzig gehandelt.«

Auch die Kritik an der 1996 von Pell eingerichteten Aufklärungsinitiative Melbourne Response ist zu erwähnen, die für die Opfer pädophiler Priester recht bescheidene Entschädigungssummen vorsah. Die Obergrenze lag bei 50.000 australische Dollar, während Gerichte manchmal das Sechsfache zugestanden. Der Kardinal verteidigt sich mit dem Hinweis, vor der Einrichtung dieser Initiative seien überhaupt keine Entschädigungen vorgesehen gewesen und »viele der von uns Betreuten hätten wenig oder nichts bekommen, wenn sie vor Gericht gegangen wären«. Die australische Regierungskommission kam in ihrem vorläufigen Bericht allerdings zu einem recht negativen Urteil:

Der hohe Prälat handelte dadurch aus christlicher Sicht allerdings nicht in angemessener Weise. Die von ihm geleitete Erzdiözese zog es vor, ihre Mittel zu schützen, anstatt Gerechtigkeit widerfahren zu lassen.

Berühmt sind auch einige besonders unglückliche, öffentliche Äußerungen Pells. Allen voran jene über den Islam, diese »von Natur aus kriegerische Religion«. Der Koran sei »von Aufrufen zur Gewalt gespickt«. Einen weiteren Zwischenfall gab es am 22. August 2014, als er während einer per Videokonferenz durchgeführten Anhörung vor der australischen Kommission sagte, »pädophile Priester sind wie Lastwagenfahrer, die Anhalterinnen belästigen: Man kann weder die Kirche noch das Fuhrunternehmen dafür haftbar machen«. Er löste damit anhaltende Polemiken aus. Allerdings muss man auch erwähnen, dass er bei einer weiteren Aussage zugab, seine Diözese habe »nicht gerecht gehandelt«.

Die Kosten der Kommission

Dennoch scheint der Aufstieg dieses Kardinals, der jetzt einen sehr dichten Terminkalender hat und ein für alle Mal die Finanzen der Kurie auf Vordermann bringen soll, unaufhaltsam zu sein. Drei Jahre hat er Zeit, von 2014 bis 2016, um den Plan zu konkretisieren und umzusetzen. Er wird dabei Konflikte auslösen und sich Feinde machen, es stehen ihm aber auch bedeutende Mittel zur Verfügung.

Laut Aufteilungsschlüssel verfügt das Wirtschaftssekretariat über ein erstaunliches Budget: 4,2 Millionen Euro. Solche Zahlen wurden bisher nie veröffentlicht. Nun lösen sie in den vatikanischen Palästen Missmut und Spannungen aus. Wozu braucht es das ganze Geld? Schauen wir uns die Abrechnung an. Gewiss, Pells Dikasterium muss für die Kosten der Cosea-Kommission aufkommen, das sind 2,5 Millionen Euro. Der Großteil dieser Summe dient der Honorare der externen Berater, da alle Mitglieder der Kommission pro bono gearbeitet haben.

Ich kann hier erstmals exakt die Kosten dokumentieren, die für die Arbeit der Kommission angefallen sind. 980.000 Euro gingen an Promontory für die Prüfungen bei der APSA, 420.000 an McKinsey für das vatikanische Medienzentrum, 270.000 an Oliver Wyman für die Analyse des Pensionsfonds, 230.000 an Ernst & Young für die Prüfungen beim Governatorat und 110.000 an KPMG für das Buchungsverfahren. Obwohl die offiziellen Summen nie den kleinen Kreis vertrauter Mitarbeiter des Papstes verlassen werden, bilden die Kosten dieser Beratungsleistungen den Ausgangspunkt für eine der ersten Attacken gegen Papst Franziskus: Warum holt man internationale Konzerne, die sich so teuer bezahlen lassen? Wie soll der Heilige Stuhl den eigenen Haushalt sanieren, wenn er so gewaltige Summen für neue Gutachten ausgibt?

Interessant ist auch, wie der andere Teil der ursprünglich veranschlagten Summe ausgegeben wurde, da die Einrichtung doch erst ein Jahr später, im März 2015, mit der Genehmigung ihrer Statuten ihre Arbeit voll aufnehmen konnte. Journalistischen Recherchen zufolge soll 2014 über eine halbe Million Euro für Reisen, Computer, Bekleidung und Beratungen ausgegeben worden sein. Zum Beispiel für den Betriebswirt und langjährigen Freund Pells, Danny Casey, der für seine Mitarbeit monatlich 15.000 Euro erhalten haben soll.

Für Casey hat das Wirtschaftssekretariat auch eine 2.900 Euro teure Wohnung in der Via dei Coronari angemietet und die wertvolle Büroausstattung und Wohnungseinrichtung bezahlt: Die Tabellen verzeichnen beim Posten »Wohntextilien« 7.292 Euro, beinahe 47.000 Euro für »Möbel und Schränke«, darunter einen Spülenunterschrank für 4.600 Euro, abgesehen von verschiedenen Arbeiten für 33.000 Euro. Der Kardinal hat auch seine Einkäufe bei Gammarelli abgerechnet, der historischen Schneiderei, die seit 1798 die Kurienmitglieder der Ewigen Stadt einkleidet. Normalerweise zahlen die Kardinäle Talar und Birett aus eigener Tasche, aber dieses Mal hat das Sekretariat die Rechnung für Kleidung über 2508 Euro direkt beglichen.[14]

Tatsache ist, dass Pell trotz seiner kontroversen Vergangenheit und seiner offenkundigen, besonders in Zeiten strenger Sparauflagen fragwürdigen Leichtfertigkeit im Geldausgeben vielen Angst macht. Für etliche in der Kurie ist dies der eigentliche Grund für die Attacken gegen ihn. Nicht umsonst brandmarkt Kardinal Maradiaga diese Nachrichten als »Verleumdungen: Wie im Marxismus greift man die Person an, weil man die Idee nicht angreifen kann. Pell ist ein nüchterner Mensch, der nicht auf Luxus steht«.

Gezielte Unterstellungen und offene Anfeindungen

Seit seiner Einsetzung als Leiter des Wirtschaftssekretariats werden gezielte Unterstellungen und offene Verunglimpfungen gegen Pell in Umlauf gebracht, mit dem Ziel, ihn zu isolieren, zu diskreditieren und zu zermürben. Das gewaltige Vorhaben, die Leitung der wirtschaftlichen Dikasterien unter seiner Führung zu vereinen, kommt nicht recht in Fahrt. Der Übergang der Zuständigkeiten, etwa der Wechsel des Personalbüros des Staatssekretariats zu einer einheitlichen, Pell unterstehenden Abteilung, bleibt monatelang blockiert. Es fehlen die Durchführungsvorschriften, die erst im März 2015 kommen. Planstellen bleiben monatelang unbesetzt. Dadurch bleibt in den Wirtschaftsdikasterien alles beim Alten. Es wurde viel angekündigt, aber nichts umgesetzt. Selbst die Ankündigungen werden zurückgeschraubt. Die Ordentliche Sektion der APSA, die für die Liegenschaften zuständig ist, sollte eigentlich Pell unterstellt werden, doch daraus wird nichts.

Und die Präfektur? Pell wollte sie so schnell wie möglich abschaffen, aber im Sommer 2015 ist sie noch in Funktion. Der Revisor? War im Februar 2014 vorgesehen, wird aber erst 16 Monate später, am 5. Juni 2015, ernannt. Es handelt sich um Libero Milone, der 32 Jahre lang bei der Wirtschaftsprüfungsgesellschaft Deloitte gearbeitet hat und unter anderem Geschäftsführer für Italien war. Doch während dieses Buch in Druck geht, muss er sich noch Gewissheit über den genauen Umfang seiner Zuständigkeiten verschaffen. Im Sommer 2015 gab es Reibereien zwischen dem Wirtschaftssekretariat und der APSA darüber, wer das Archiv verwalten solle, da für die Immobilien eine doppelte Zuständigkeit besteht: die Verwaltungsbehörde auf der einen und die Aufsichtsbehörde auf der anderen Seite.

Die Führungskader im Vatikan behindern und zerfasern Pells und Bergoglios Pläne und bremsen sie aus, in der Überzeugung, der Verschleiß werde jede Neuerung auflaufen lassen und an der Glaubwürdigkeit eines Papstes zehren, der Großes ankündigt, aber dann zusehen muss, wie seine Vorhaben in den Korridoren der Paläste erlahmen. »Die da«, so nennt Franziskus einige Leiter des Staatssekretariats, ohne sie je beim Namen zu nennen. »Früher«, meint ein Kardinal, »hieß es, die Kirche besteht seit zweitausend Jahren und überlebt sogar die Geistlichen, heutzutage wird man bitter feststellen müssen, gewisse krankhafte Teile der Kurie überleben sogar die Päpste des Wandels.«

Das Aufräumen

Um die Reformen zu beschleunigen und die Widersacher zu schwächen, die ihm in Fragen der Glaubenslehre ebenso wie bei den Veränderungen der Finanzgebarung entgegenarbeiten, setzt der Papst auch einen unerbittlichen Wechsel an der Spitze der vielen Geschäftsstellen durch, die den kleinen Staat beherrschen. Zunächst verschafft er sich hierfür ein brauchbares Instrument. Im Herbst 2014 erlässt er eine Vorschrift, die die Leiter der Dikasterien bei Vollendung des 75. Lebensjahres zum Rücktritt zwingt und die Möglichkeit einführt, dass der Papst einen Bischof um den vorgezogenen Verzicht auf sein Amt bittet, »nachdem ihm die Gründe dieser Forderung zur Kenntnis gebracht und aufmerksam seine Gründe in brüderlichem Dialog angehört wurden«, wie in der von Parolin unterzeichneten Neuregelung vom 5. November 2014 zu lesen ist.

Zahlreiche Kardinäle müssen so den Hut nehmen, darunter Angelo Amato von der Kongregation für die Selig- und Heiligsprechungsprozesse, Antonio Maria Vegliò, Präsident des Pastoralrats für die Migranten, und Zenon Grocholewski, Präfekt der Kongregation für das Katholische Bildungswesen. Und während die Durchführungsbestimmungen für Pell ausgearbeitet werden, setzt der Heilige Vater den US-amerikanischen Kardinal Raymond Leo Burke als Präfekten des Obersten Gerichtshofs der Apostolischen Signatur ab. Burke wird stattdessen zum Kardinalpatron des Malteserordens, praktisch ein Ehrenamt. Der konservative Kardinal, den Vertraute des Papstes einmal netterweise »ein Cembalo, das in der Wüste spielt« nennen, zählt zu den offensichtlichsten Gegenspielern des Papstes. »Viele Gläubige fühlen sich seekrank«, hatte er nach der Synode gesagt, »weil sie das Gefühl haben, die Kirche sei von ihrem Kurs abgekommen.«

Schon in den ersten Monaten seiner Amtszeit hatte Bergoglio begonnen, unliebsame Mitarbeiter ihrer Posten zu entheben: abgesehen von Sciacca und Bertone auch Kardinal Mauro Piacenza, der von der Spitze der Kongregation für den Klerus zur Apostolischen Pönitentiarie wechselte und sich nun mit Ablässen und Dispensen befassen darf. Piacenza galt als Kandidat für das Amt des Kardinalstaatssekretärs, falls der Brasilianer Scherer zum Papst gewählt worden wäre. Scherer selbst war Mitglied im Kardinalsrat der 15, wurde aber bei dessen Umwandlung in den neuen Wirtschaftsrat übergangen und verlor dieses Amt.

Auch Kardinal Versaldi, Präsident der Präfektur, wurde im März 2015 versetzt und anstelle von Grocholewski zum Präfekten der Kongregation für das Katholische Bildungswesen ernannt. Erzbischof Guido Pozzo verlor das Amt des Päpstlichen Almoseniers und damit den Status eines Mitglieds der Päpstlichen Familie und kehrte in jenes des Sekretärs der Päpstlichen Kommission Ecclesia Dei zurück, die Papst Johannes Paul II. 1988 eingerichtet hatte, um das Phänomen des Schismas durch den damaligen konservativen Bischof Marcel Lefebvre zu studieren. Von 2009 bis 2012 war er bereits Sekretär dieser Kommission gewesen. Auch Mariano Crociata muss auf sein Amt als mächtiger Generalsekretär der italienischen Bischofskonferenz verzichten und wird zum Bischof der kleinen Diözese von Latina. Am Tag der Papstwahl hatte Crociata sich einen aufsehenerregenden Fauxpas geleistet und in einer Pressemitteilung der italienischen Bischofskonferenz die Wahl von Kardinal Angelo Scola zum neuen Papst begrüßt. Crociata wurde durch Bischof Nunzio Galantino ersetzt, der im August 2015 die italienische Politik in einem Frontalangriff als »Harem von Kooptierten und Schlitzohren« bezeichnete: »ein Volk ist nicht nur eine Herde, die man führen und scheren kann«.[15] Auch die unnachgiebige Haltung der rechtspopulistischen Lega Nord gegen die Migranten nahm er aufs Korn: »Geht nicht auf Kosten anderer auf Stimmenfang.«[16]

Manche verschwinden auch aus der Öffentlichkeit, wie Monsignore Leonardo Sapienza, der seit 2012 Regens der Präfektur des Päpstlichen Hauses ist. Sapienza ist heute in sein Büro im Apostolischen Palast verbannt und ist nicht mehr so häufig wie früher in der Kurie zu sehen, wie es für einen Regens erforderlich wäre, der sich bei allen institutionellen Auftritten in der Nähe des Papstes aufhalten müsste.

»Jessica« und die anderen

Auch auf den hinteren Rängen der Macht nimmt der Papst chirurgische Einschnitte vor. Hier tun sich ganz andere Geschichten auf als die bisher erzählten. Papst Franziskus übt sich monatelang im Kräftemessen mit dem Dekan der päpstlichen Zeremoniare, dem mächtigen Francesco Camaldo, den er zum Kanonikus an der Lateranbasilika herabstuft. Nach der Papstwahl am 13. März 2013 sieht man ihn beim ersten öffentlichen Auftritt des Papstes auf der Loggia des Peterdoms an dessen rechter Seite in der zweiten Reihe. Das Bild ging um die Welt. Den neuen Papst bringt es aus verschiedenen Gründen in Verlegenheit. Camaldos Name tauchte am Rande der Ermittlungen zur Korruptionsaffäre um den Bauunternehmer Diego Anemone und den Behördenleiter Angelo Balducci auf. Als der Korruptionsskandal 2010 aufflog, verlor Balducci nicht nur den Titel eines Edelmanns seiner Heiligkeit, sondern es wurden ihm auch Immobilien im Wert von 13 Millionen Euro beschlagnahmt.

Camaldo war auch jahrelang Privatsekretär des früheren Generalvikars für das Bistum Rom, des Kardinals Ugo Poletti. Beide Namen erschienen mehrfach in den Ermittlungen zum spurlosen Verschwinden der 15-jährigen Tochter eines Dieners der Präfektur des päpstlichen Hauses, Emanuela Orlandi, am 22. Juni 1983, als sie sich auf dem Rückweg von der Musikschule in der Basilika Sant'Apollinare befand. Aus rätselhaften Gründen ruhten in der Krypta dieser Basilika mehrere Jahrzehnte lang die sterblichen Überreste von Renatino de Pedis, dem mutmaßlichen Kassier der »Banda della Magliana«, einer kriminellen Organisation, die in den achtziger Jahren den Drogenhandel der italienischen Hauptstadt beherrschte. Die italienische Justiz brachte die ungewöhnliche Beisetzung von de Pedis lange Zeit mit dem Verschwinden des Mädchens in Verbindung. Die Genehmigung zur Beisetzung an diesem Ort hatte ausgerechnet Kardinal Poletti erteilt. Die Ermittler gehen davon aus, dass sein getreuer Sekretär Camaldo aufgrund seines Amtes den Vorgang abgewickelt hat.

Und Papst Franziskus kämpft auch mit einer anderen Schwierigkeit. So tragen wohl manche hohen Würdenträger merkwürdige Spitznamen. Da gibt es eine »Jessica«, eine »la beddazza« [sizilianisch für: die Schönheit] – mit angeblichen Vorlieben für Champagner und Novizen, einen »il pavone« [der Pfau] – der sich von einem sehr gut aussehenden, jungen Unternehmer, der wegen Arbeit in den vatikanischen Palästen verkehrt, »verwöhnen« lassen soll, oder eine »Monica Lewinsky« und noch einige mehr. Die vielen Vertreter der sogenannten Schwulen-Lobby tragen Spitz- und Kosenamen, die auf ihre Herkunft oder ihre sexuellen Vorlieben verweisen. Vorbestrafte Laien ködern am Abend nach getaner Arbeit in römischen Lokalen junge Leute, damit die alten Prälaten ihre Laster befriedigen können. Dafür bekommen sie Protektion, Taschengelder, sichere Jobs in vatikanischen Behörden oder italienischen, staatlichen Unternehmen und höhere Gehälter, als sie ihrer Rolle und ihren Fähigkeiten entsprechen.

Hier muss man allerdings klarstellen, dass Papst Franziskus nicht auf eine echte Schwulen-Lobby gestoßen ist. Besser gesagt, es gibt kein organisiertes homosexuelles Netzwerk, das Ernennungen bestimmt, über Ausschreibungen entscheidet und das Sagen über Dikasterien, Gelder, Leben und Karrieren von Menschen hat. Zumindest nicht in diesem Sinn. In Wirklichkeit ist die Situation noch schlimmer. Homosexualität wird als gebrochenes Tabu erlebt, als Geheimnis und als Schwäche, über die nicht gesprochen werden darf. Damit wird sie zu einem formidablen Ansatzpunkt für Erpressungen. »Viele Kardinäle pflegen insgeheim ein Laster«, erläutert ein Bankier, der den Vatikan berät und nicht genannt werden möchte, »der eine will einen jungen Burschen, der andere ein Model, wieder andere pflegen eine Leidenschaft für guten Wein und gutes Essen, andere sind geldgierig. Wenn jemand Böses im Schilde führt, braucht er nur die Schwäche des betreffenden Kardinals ausmachen, und schon hat er gewonnen. Er stellt ihn zufrieden, indem er seine Wünsche befriedigt, und wird dann entsprechend belohnt und lebt von der Rendite«. Aber geschieht solches nicht in allen Machtstrukturen auf der Welt? »Nein, im Vatikan lebt man in der scheinheiligen Beklemmung, einen Skandal auszulösen, in einer Angst, die Entscheidungen und Reaktionen bedingt und die es in dieser Form nirgendwo sonst auf der Welt gibt. Man fürchtet, dass jedes Aufdecken solcher Wahrheiten die Gläubigen von der Kirche entfernt. Deshalb kehrt man alles unter den Teppich, aber zu einem sehr hohen Preis. Schade, dass jedes Geheimnis Druck und Erpressung nährt. Papst Franziskus versucht, diesen Teufelskreis zu durchbrechen, stößt aber auf sehr heftigen Widerstand.«

Man erzählt sich von Prälaten, die bei Besuchen in Massagezentren für Schwule in der Via Merulana oder im Viertel Parioli beschattet werden. Ein paar eindeutige Fotos und der betreffende Geistliche ist erledigt. Wer sich nicht in den Fallstricken der Erpressungen verheddern will, sucht Freundschaften und Kontakte auf einschlägigen Internetseiten für Homosexuelle, die absolute Anonymität garantieren. Aber das reicht nicht aus. Manchmal führen solche Begegnungen zu regelrechten Tragödien. Vor Jahren stürzte sich der junge Liebhaber eines Kurienkardinals erschöpft von dem Druck und den Erpressungen, denen sich sein geliebter Prälat ausgesetzt sah, aus dem Fenster seines Bürogebäudes.

Gleich nach seiner Wahl liest Papst Franziskus die von Benedikt XVI. hinterlassenen Aufzeichnungen, den Bericht über die Weitergabe von Unterlagen, und erkennt, dass die Lage auch, was Gesittung und Moral seiner Mitarbeiter betrifft, aus den Fugen geraten ist. Er lässt sich die Gehaltslisten und die monatlichen Zahlungen für Beraterverträge vorlegen und entdeckt, dass manche Sekretäre und einfache Beamte bis zu 15.000 Euro im Monat verdienen: »Solche Beträge sind der Beleg für Freundschaften mit sexuellem Hintergrund«, kommentieren Bergoglios Mitarbeiter.

Wie der Papst darauf reagiert hat, ist nicht bekannt. Aber bestimmt ist ihm klar, dass sich an dieser Front seit der Zeit Benedikts XVI. nichts zum Besseren gewendet hat.

Epilog: Wird auch Papst Franziskus zurücktreten?

Eine unvollendete Revolution

Ich habe davon berichtet, in welchem verkommenen Zustand Papst Franziskus die Kurie vorgefunden hat: gezeichnet von Trägheit, Skandalen, Bereicherung, üblen Machenschaften und undurchsichtigen Interessen. Eine Kurie, auf die man sich nicht verlassen kann, die Benedikt XVI. zum Rücktritt gebracht und viele Gläubige der Kirche entfremdet hat. Um dies zu ändern, hat Franziskus die klügsten Köpfe des Vatikan beschäftigt und Millionen von Euro für die Beratung durch externe Experten ausgegeben. Für Laien, denen noch dazu gestattet wurde, sämtliche Konten des Heiligen Stuhls zu durchstöbern. Ein ungewöhnlicher Akt des Vertrauens. Und der einzig gangbare Weg. Nur so kann der Papst die alten Machtzentren zerschlagen, die in den Zeiten des Kalten Krieges entstanden sind und die seit Jahrzehnten im Schatten weiterwuchern. Nur so kann er einer Kirche, der es chronisch an Nachwuchs, Gläubigen und Spendengeldern mangelt, volle Glaubwürdigkeit und eine Zukunft wiedergeben.

Doch nur verschwindend wenige der im ersten Pontifikatsjahr geprüften Reformen konnten auch wie angekündigt umgesetzt werden. Man hat viel analysiert und wenig erreicht. Und das bedeutet leider: Bergoglios Manöver zur Vertreibung der Händler aus dem Tempel ist auch fast drei Jahre nach seiner Wahl noch nicht abgeschlossen. Das einzige bislang wirklich konkret gewordene Projekt ist jenes zur Bündelung der Kommunikation, das zur Schaffung eines neuen Dikasteriums führte.

Alle übrigen Pläne und groß angekündigten Veränderungen bestehen weiterhin nur auf dem Papier oder sind lediglich in Ansätzen verwirklicht. Eine Situation, die in verschiedenen Kreisen Unmut hervorruft. Nicht von ungefähr wächst die Zahl der Papstkritiker unter den Kardinälen. Manche wie der Slowene Franc Rodé, ehemaliger Erzbischof von Ljubljana, kritisieren den Papst ganz offen. »Der Papst ist zweifellos ein Kommunikationsgenie«, sagte Rodé gegenüber der slowenischen Nachrichtenagentur. »Er weiß, wie man mit den Massen, den Medien und den Gläubigen kommunizieren muss.« »Seine sympathische Ausstrahlung ist dabei ein großer Vorteil. Andererseits sind seine Ansichten zu Kapitalismus und sozialer Gerechtigkeit viel zu links. Daran sieht man, wie stark er durch seine Herkunft geprägt ist. In Südamerika bestehen starke soziale Unterschiede, über die tagtäglich debattiert wird. Diese Leute reden viel, aber lösen wenige Probleme.« Auch Kardinal Robert Sarah aus Guinea, Präfekt der Kongregation für den Gottesdienst, machte aus seiner Meinung keinen Hehl. Im März 2015 sagte er im Anschluss an eine Frankreichreise: »Auch innerhalb der katholischen Kirche zeigt sich ein gewisses Durcheinander bei grundlegenden Fragen zur Glaubenslehre, Moral oder Disziplin.«

Andere brachten ihre Kritik am Papst mit mehr oder weniger deutlichen Gesten zum Ausdruck. So blieb etwa Gerhard Ludwig Müller, der Präfekt der Glaubenskongregation, einer Messe fern, weil er einzelne theologische Auslegungen des Heiligen Vaters nicht teilt. Und der ehemalige Präsident der italienischen Bischofskonferenz Camillo Ruini, der die Haltung des Papstes zu den wiederverheirateten Geschiedenen missbilligt, reichte Franziskus nach der Synode im Oktober 2014 nicht einmal die Hand.

Und dann gibt es noch eine Gruppe, die den Papst in eigens verfassten Manifesten kritisiert. In ihrer Schrift *In der Wahrheit Christi bleiben* lehnen etwa fünf Kardinäle – der schon genannte Müller, Raymond Leo Burke, Velasio De Paolis, die ehemalige

Nummer eins der Präfektur, der Italiener Carlo Caffarra und der Deutsche Walter Brandmüller – entschieden den Gedanken ab, wiederverheiratete Geschiedene zur Kommunion zuzulassen. Und nicht zu vergessen bestimmte Bischofskreise, ob in Italien – von denen sich viele auf Angelo Bagnasco berufen – oder in Deutschland, wie Gregor Maria Hanke, Konrad Zdarsa, Rudolf Voderholzer und Wolfgang Ipolt.

Doch wir waren bei den Veränderungen. Schauen wir uns zunächst das Wirtschaftssekretariat an. Mit dessen Hilfe sollte Kardinal Pell endlich das Ziel einer zentralen Finanzverwaltung umsetzen. Das war vom Papst so gewünscht, ist aber bis heute nicht realisiert. So behält das Zwillingsorgan, das Staatssekretariat, noch immer die volle Kontrolle über alle Geldmittel, die es früher schon verwaltete. Angefangen ausgerechnet beim Peterspfennig, dem großzügigen Geldfluss aus den Diözesen in aller Welt, der eigentlich die pastorale Mission der Kirche unterstützen sollte, aber tatsächlich zum Ausgleich von Verlusten der Kurie verwendet wird. Die Verwaltung der Mittel des Peterspfennigs sollte eigentlich in die Zuständigkeit des Wirtschaftssekretariats übergehen, doch die Büros von Parolin leisteten spürbar Widerstand. Zudem entwickelte sich zwischen Pell und Parolin nie eine wirkliche Zusammenarbeit. Im Gegenteil. Wiederholt kommt es zu hitzigen Auseinandersetzungen. Wie im Dezember 2014 und Februar 2015, als Pell einige Zahlen über die außerbuchhalterischen Sondertöpfe verbreitete, die durch die Nachforschungen der vergangenen Monate zum Vorschein gekommen waren. »Wie ich im Konsistorium dargelegt habe, befinden sich zum heutigen Zeitpunkt [13. Februar 2015] zusätzliche Assets in Höhe von 442 Millionen bei den Dikasterien (die in die Bilanz 2015 eingestellt werden). Sie kommen noch zu den 936 hinzu, die wir schon früher ausfindig gemacht hatten.« Insgesamt wurden also 1,4 Milliarden Euro in den Büchern nicht ausgewiesen. Dann der Seitenhieb auf Parolin: »Auch das Staatssekretariat wusste nicht, dass es nicht das einzige war, das so viel Geld für schlechte Zeiten auf die Seite gelegt hatte.« Mehrere Vatikanbeobachter interpretierten die Erklärung als einen Angriff Pells auf Parolin, und die vatikanische Presseabteilung sah sich genötigt, mehrfach richtigzustellen, dass es sich nicht um schwarze Kassen, sondern lediglich um nicht verbuchte Beträge handle. Aber auch darüber habe ich schon zuvor berichtet, dank zahlreicher unveröffentlichter Dokumente. Doch die entscheidende Tatsache ist hier eine andere: Wer solche gewaltigen, bisher nicht verbuchten Summen zum Vorschein bringt, nimmt denjenigen Ressourcen weg, die zuvor diese Gelder handhaben konnten, ohne darüber Rechenschaft ablegen zu müssen, und beschränkt damit ihre Ermessensfreiheit.

Und wie sieht es mit den anderen Kurienbehörden und Dikasterien aus? Das Governatorat bleibt ebenso unabhängig wie Propaganda Fide und die APSA. Letztere musste zwar im Juli 2014 die Verwaltung der Mieten aus ihrem Vermögen an Pell abtreten, kontrolliert aber weiterhin das Eigentum. Auch hier gibt es beträchtliche – mittlerweile tägliche – Spannungen zwischen der Mannschaft von Pell und jener des Kardinals Calcagno. Der letzte Zusammenstoß – vor Drucklegung dieses Buches – fand im Juli und August 2015 statt: Zum wiederholten Mal kam es zum Kräftemessen zwischen APSA und Wirtschaftssekretariat über die Frage, wer künftig das Archiv mit den Urkunden zum riesigen Immobilienvermögen des Heiligen Stuhls verwahren soll, ein historisch ebenso wertvolles wie heikles Andenken. Zwischen diesen Aktendeckeln sind auch die Geheimnisse über Verkauf und Vermietung von Palästen und Häusern an die Freunde der Freunde eingeschlossen. Wem steht dieses Archiv also zu? Der APSA, die Eigentümerin der Vermögenswerte ist, oder den Leuten des australischen Kardinals, die versuchen, aus diesem Vermögen mit den Vermietungen Erträge zu erzielen? Das gibt immer wieder neue Anlässe für Streit und Missverständnisse.

Geplant, aber ebenso nur auf dem Papier geblieben ist auch die Bestandsaufnahme und Bewertung der vatikanischen Kunstschätze: eine der ehrgeizigsten Baustellen der Cosea-Kommission, die dann aber nicht weiter vertieft wurde. Auch die Rentenreform für die Beschäftigten ist noch weit von der Umsetzung entfernt. Dabei müsste sie schnellstens angegangen werden, wenn die von der Cosea-Kommission geschätzten fehlenden 800 Millionen Euro nicht zum Zusammenbruch des Pensionsfonds führen sollen. Stillstand herrscht zudem bei sämtlichen Projekten, die das Gesundheitswesen oder die Einrichtung einer zentralen Personalabteilung betreffen. So hat Staatssekretär Parolin zwar gern die Koordination der verschiedenen Personalbüros an sich gezogen, doch die unvermeidliche Zusammenlegung liegt noch immer in weiter Ferne. Obwohl man dadurch endlich die vielen kleinen Feudalreiche abschaffen würde: die Zersplitterung, durch die Eigeninteresse und Sonderprivilegien begünstigt werden.

Mit einem Jahr Verspätung wurde hingegen das Amt des Generalrevisors geschaffen, eine Gesamtaufsicht über alle Finanzen. Er untersteht direkt dem Papst, doch Stellen und Zuständigkeiten müssen noch definiert werden. Erst wenn die entsprechenden Regelwerke genehmigt sind, wird er voll einsatzfähig sein. Und auch bei den Verfahren im Rechnungswesen gab es einige Fortschritte, um einheitliche und vor allem glaubwürdige Jahresabschlüsse zu gewährleisten.

Widerstand, Sabotage und falsche Wanzen

Möglicherweise hatte Papst Franziskus nicht damit gerechnet, auf solche gewaltigen Verkrustungen und derart zähen Widerstand zu stoßen. Und dann ist es selbst für den Papst, einen absoluten Monarchen, nicht leicht, die geschäftlichen Verflechtungen zu durchschauen. Beweise sind kaum zu finden: Niemand im Vatikan zeigt etwas an; nur wenige trauen sich oder vertrauen sich jemandem an. Auf der anderen Seite weiß sich dieses abartige System beunruhigend gut zu tarnen und geschickt zu wehren. Die

Reformmaschinerie von Papst Franziskus steht stets im Zentrum von Desinformationskampagnen und richtiggehenden Sabotageakten: nicht nur anonyme Briefe, Diebstähle und leise Drohungen wie die Ablieferung der Briefe von Michele Sindona, sondern auch echte kriminelle Handlungen wie diverse illegale Abhöraktionen.

Geschichten, die immer wieder an die Oberfläche treten wie die Flüsse im Karst, und die die kleine vatikanische Gemeinschaft ein ums andere Mal bestürzt zurücklassen. Der letzte Vorfall ereignet sich im März 2015 direkt in den heiligen Hallen, doch wie üblich dringt nicht das Geringste durch die Mauern nach außen. Dabei gäbe es wahrlich Grund zur Beunruhigung. In mehreren Büros der Präfektur wurden Wanzen entdeckt. In den Autos, Büros und Wohnungen einiger dort tätiger Priester hatten »unbekannte Hände« ein System von Abhörwanzen installiert. Diese Priester und Prälaten sind nicht wie alle anderen. Die Präfektur ist das pulsierende Herz der internen Finanzaufsicht des Heiligen Stuhls. Wer hat die Wanzen also dort platziert? Und zu welchem Zweck? Das sind die Fragen, die sich die entgeisterten Kardinäle und Prälaten stellen. Die Nachricht erreicht auch das Privatsekretariat von Papst Franziskus. Und ein Detail macht diesen Krimi noch komplizierter: Nicht alle gefundenen Wanzen sind funktionsfähig. Einige sind nur Attrappen, primitive elektronische Mechanismen, so als sollten sie nur eine Nachricht sein, eine Warnung an die, die für den Papst arbeiten.

Das wirft spontan weitere Fragen auf, die vermutlich unbeantwortet bleiben müssen: Warum versteckt jemand etwas, das wie Wanzen aussieht, aber nicht funktioniert? Um zu demonstrieren, dass dieser Jemand überall hinkommt, wenn er will? Und noch ein Rätsel: Die Gendarmerie wurde, soweit sich dies rekonstruieren lässt, in die Ermittlungen nicht einbezogen. Warum nicht? Warum wurde die interne Polizei des kleinen Staates nicht informiert, deren Aufgabe es wäre, die Verantwortlichen illegaler Handlungen dingfest zu machen?

Unter anderem solche Fragen lassen das Vertrauen derjenigen schwinden, die gewillt sind, mit dem Papst zusammenzuarbeiten, und die an seine Botschaft glauben. Fragen, die die Aktionen des Papstes, der vom anderen Ende der Welt gekommen ist, behutsamer werden lassen. Es ist wohl kein Zufall, dass sich gerade der Block der italienischen Kardinäle, der gewissermaßen als verantwortlich für die vielen, über Jahre zum Vorschein gekommenen Missstände gilt, trotz des entschlossenen Vorgehens des argentinischen Papstes halten konnte. Viele Kardinäle wurden entfernt, aber nicht alle. Bertello steht noch immer an der Spitze des Governatorats. Calcagno leitet die APSA. Versaldi verließ die Präfektur erst vor Kurzem und ist nun Präfekt der Kongregation für das katholische Bildungswesen, eine der wichtigsten Kongregationen.

Papst Franziskus ist kein Mann der ungehobelten Schnitte. Er geht raffinierter vor. Er wartet geduldig, bis die meisten wegen Erreichens der Altersgrenze zurücktreten. Bis dahin stellt er ihnen wachsame Leute seines Vertrauens wie den spanischen Bischof Fernando Vérgez Alzaga zur Seite. Der neue Generalsekretär des Governatorats war lange Jahre Privatsekretär des argentinischen Kardinals Eduardo Francisco Pironio, den Bergoglio gern traf, wenn er in den achtziger und neunziger Jahren aus Buenos Aires in den Vatikan reiste. Offensichtlich ist es für Papst Franziskus ohne Bedeutung, welcher Organisation ein Prälat oder Kardinal angehört, ob Opus Dei, Legionäre Christi oder Fokolarbewegung. Für ihn zählen nur Unabhängigkeit, Vertrauenswürdigkeit und Kontinuität. Und wer Fehler macht, muss gehen.

So erzählt man sich, dass der Papst eines Tages zufällig einem Prälaten in verantwortlicher Position begegnete, dessen Auftreten nur schlecht zu seinem geistlichen Gewand passen wollte. Ohne mit der Wimper zu zucken, sagte Franziskus kurz und knapp: »Morgen bist du weg, wohin, werden wir dann sehen.« Ob die Geschichte stimmt oder lediglich der Legendenbildung dient, weiß der Papst allein, aber sie könnte stimmen. Denn sie passt zu Papst Franziskus.

Divide et impera

Es würde jedoch zu kurz greifen, alles darauf zurückführen zu wollen, dass es eine Spaltung in zwei Lager gibt: auf der einen Seite Papst Franziskus mit Pell, Zahra und de Franssu, seit Juli 2014 die Nummer eins des IOR, die versuchen, die Reformen voranzutreiben – und auf der anderen Seite die »italienische« Kurie, die verhindert und sich widersetzt. Die Lage ist in Wahrheit viel komplexer. Das verdeutlicht etwa das Projekt Vatican Asset Management (VAM) zur Bewertung des vatikanischen Vermögens, das von de Franssu vorangetrieben wird.

VAM existierte im Wesentlichen in zwei Varianten. Zunächst sollte das gesamte Immobilienvermögen des Vatikan erfasst und in eine Art Staatsfonds überführt werden. Dann kam der Vorschlag, das Anlagevermögen des IOR zum Teil in einer Investmentgesellschaft mit variablem Grundkapital (SICAV) in Luxemburg anzulegen. Schon im Januar 2014 machte sich de Franssu, als Cosea-Mitglied, für diesen Plan stark und versuchte, Allianzen zu schmieden. Es folgten zahllose Abendessen und Treffen mit Wells vom Staatssekretariat und Ernest von Freyberg, dem damaligen Direktor des IOR. De Franssu konnte Zahra für seinen Plan gewinnen, den er noch aus der gemeinsamen Zeit bei Misco kannte. Die maltesische Firma des Cosea-Präsidenten war damit befasst, italienische Anleger für die kleine Mittelmeerinsel zu gewinnen. Schließlich unterstützt die Cosea-Kommission de Franssus' Plan, und de Franssu legt das VAM-Projekt der Aufsichtskommission der Kardinäle des IOR zur Prüfung vor, dessen Präsident Kardinal Santos Abril y Castelló ist. Doch der betagte Kardinal lehnt den Vorschlag ab. De Franssu aber betrachtet das Projekt als entscheidend für seine Zukunft und gibt nicht auf. Er wendet sich direkt an den Papst.

So landet das VAM-Projekt auf dem päpstlichen Schreibtisch in der kleinen Suite im Gästehaus Santa Marta. Doch der Papst lehnt den Vorschlag Ende Mai 2015 ebenfalls ab. Er ist derselben

Meinung wie sein Freund, der Kardinal. Der Heilige Vater möchte nicht zu viel Macht in die Hände weniger legen. *Divide et impera* sagte man schon im alten Rom, aber das Motto »Teile und herrsche« gilt bis heute. Im Lauf des Jahres 2015 schwindet zudem das Vertrauen in de Franssu rapide. Weniger, weil er zwei Jahre zuvor ausgerechnet auf Bertones Vorschlag hin Nachfolger von Ettore Gotti Tedeschi an der Spitze der Vatikanbank geworden war, sondern weil dem Papst neue Informationen zu Ohren kommen. Im Juni 2014 trifft im Gästehaus Santa Marta ein umfangreiches Dossier ein: Es enthält eine detaillierte Darstellung der Beziehung zwischen de Franssu und Zahra sowie zwischen Zahra und der Rechtsanwaltskanzlei Vermiglio in Messina, für die das neue Mitglied des Wirtschaftsrats arbeitet. Es handelt sich um absolut transparente und legitime Geschäftsbeziehungen, die aber den argentinischen Papst nachdenklich werden lassen: Zu viel Macht in die Hände von Laien zu legen, ist riskant.

Auch die Auswahl der externen Wirtschaftsprüfungsbüros, die in den Jahren 2013 und 2014 die neue Kurienstruktur entwickelten, bereitet dem Papst Sorge. Mehrere heikle Aufträge wie die Prüfung der Konten des IOR waren an die US-amerikanische Agentur Promontory gegangen. Promontory schien vertrauenswürdig, dafür bürgte der Name ihres Gründers und CEOs Eugene A. Ludwig. Er war ein Freund und Studienkollege des ehemaligen US-Präsidenten Bill Clinton und arbeitete von 1993 bis 1998 mit diesem zusammen. Mehrere erfahrene Führungskräfte der Agentur wechselten später in US-amerikanische Behörden; böse Zungen und Verschwörungstheoretiker im Vatikan bezeichnen Promontory gar als *longa manus*, den verlängerten Arm der CIA.

Viele im Vatikan haben der mächtigen amerikanischen Agentur schon Fehlentscheidungen vorgeworfen. So sagte ein anonymer Prälat dem Journalisten Paolo Mondani in der Wochenschau *Report*: »Wenn man transparent sein will, müssen die Konten von einem unabhängigen Berater zertifiziert werden. Das IOR wird aber von der amerikanischen Agentur Promontory geprüft, die vom IOR bezahlt wird. Sie wird daher das sagen, was im Interesse des IOR ist. Überdies ist der Sohn von de Franssu Mitarbeiter von Promontory.« Es handelt sich um Louis Victor de Franssu: Er hat an der katholischen US-Universität Notre Dame (Indiana) studiert, ein Praktikum bei Goldmann Sachs in London absolviert und als parlamentarischer Assistent im britischen Unterhaus gearbeitet, ehe er zu Promontory ging. Dort ist er für Risikomanagement und *Regulatory Compliance*, die Einhaltung gesetzlicher Normen und Vorschriften durch Unternehmen, zuständig.

Und als ob das noch nicht reichen würde, berichten amerikanische Zeitungen wenige Wochen später, dass die amerikanische Aufsichtsbehörde *Department of Financial Services* (DFS) gegen Promontory ermittle. Die Agentur habe im Januar 2011 mitgeholfen, Gelder von der New Yorker Filiale der britischen Bank Standard Chartered in den Iran zu transferieren, trotz Embargo. Der Schritt des DFS sorgt für eine gewisse Nervosität im Vatikan, denn bei der Überprüfung des IOR sind die Mitarbeiter von Promontory in den Besitz von zahlreichen sensiblen Informationen gelangt. Im Sommer 2015 ordnet man daher eine flächendeckende Überprüfung aller noch laufenden Beratungen durch Wirtschaftsprüfungsgesellschaften an, um die nicht unbedingt notwendigen zu beenden.

Und es gibt noch eine weitere offene Front: das IOR. Das vorliegende Buch konnte sich nur am Rande damit beschäftigen, da die Bank nicht Gegenstand der Untersuchung durch die Cosea-Kommission war, die im Mittelpunkt dieses Buches steht. Doch die Vatikanbank stellt bis heute eine unzugängliche Welt dar. Natürlich weiß man mittlerweile mehr als unter dem Pontifikat von Wojtyla, als das IOR nicht einmal einen Jahresabschluss vorlegte und seine Kunden Schmiergelder wuschen, und auch mehr als unter Benedikt XVI. Aber die Bank ist immer noch weit davon entfernt, als vertrauenswürdig zu gelten. Die internationalen Kontrollorgane haben sich positiv über die eingeführten Transparenzsysteme geäußert, aber Papst Franziskus bleibt zutiefst skeptisch. Bislang wurde in die internen Strukturen der Bank noch nicht entschieden eingegriffen. Funktionäre und leitende Angestellte der alten Garde haben ihre Führungspositionen behalten. Es ist zu befürchten, dass dasselbe passiert wie unter dem ehemaligen Präsidenten Gotti Tedeschi: Die Misswirtschaft geht weiter, ohne dass die Führungsriege davon etwas erfährt. Es reicht eben nicht, nur die Vorschriften zu ändern und das Präsidium auszutauschen. Auch hier werden die Veränderungen Zeit brauchen.

Wird der Papst den Kampf gewinnen?

Eine abschließende Antwort auf diese Frage fällt schwer. Das ehrgeizige Projekt von Papst Franziskus ist, wie ich meine, notwendig und duldet keinen Aufschub, aber ob der Papst seine Mission auch wirklich zu Ende führen kann, ist alles andere als gewiss. Die Interessen zu vieler stehen auf dem Spiel. Innerhalb und außerhalb der Mauern. Wer versucht, die kriminellen Systeme auszurotten, mit denen gewaltige Geldmengen gewaschen werden und anscheinend legal in den normalen Geldkreislauf gelangen, wurde von den mafiösen Vereinigungen stets gnadenlos bekämpft. Nicht von ungefähr sahen italienische Staatsanwälte und Mafiakenner wie der stellvertretende Staatsanwalt Nicola Gratteri die Unversehrtheit von Papst Franziskus schon mehrfach in Gefahr. Doch der Papst hat keine Wahl: Er muss diesen Weg gehen. Und er lässt sich bestimmt nicht einschüchtern. Es sei denn, der Druck wird so unerträglich, dass er sich zum Rücktritt entschließt, wie er es hin und wieder provokant andeutet. Ausgerechnet er, dieser große, einzigartige Papst, der seine Freunde Tag für Tag aufs Neue zählen muss, um nicht allein zu bleiben.

Chronologie

2013

11. Februar. Benedikt XVI. tritt als Bischof von Rom zurück. Ab dem 28. Februar ist der Stuhl Petri vakant.

13. März. Jorge Mario Bergoglio wird zum 266. Papst der katholischen Kirche gewählt und entscheidet sich für den Namen Franziskus.

16. März. Erklärung von Papst Franziskus: »Wie sehr wünsche ich mir eine arme Kirche und eine Kirche für die Armen!«

13. April. Franziskus ernennt eine Kommission aus acht Kardinälen, um die römische Kurie zu reformieren.

24. Juni. Der Papst setzt die Päpstliche Kommission zur Berichterstattung über das IOR ein, Vorsitzender wird Kardinal Raffaele Farina.

27. Juni. Die internationalen Revisoren schreiben an den Papst »unter päpstlicher Geheimhaltung« und listen Unregelmäßigkeiten, Nachlässigkeiten und die Schattenwirtschaft in den Konten der Kurie auf.

3. Juli. In einer vertraulichen Sitzung mit den höchsten Amtsträgern der kirchlichen Hierarchie benennt Papst Franziskus klar und deutlich die schwierige finanzielle Lage und die künftigen finanziellen Risiken.

18. Juli. Gründung der Cosea-Kommission (Päpstliche Kommission zur Untersuchung der Wirtschafts- und Finanzorganisation des Heiligen Stuhls), die von Papst Franziskus zur Kontrolle der vatikanischen Finanzen eingerichtet wurde. Präsident ist der maltesische Wirtschaftsexperte Joseph F. X. Zahra. Einziges italienisches und weibliches Mitglied der Kommission ist Francesca Immacolata Chaouqui.

5. August. Die Cosea-Kommission lässt 400 Girokonten bei der Vatikanbank sperren.

Oktober. Die Cosea-Kommission sieht sich wachsenden Schwierigkeiten gegenüber und erhält nicht die gewünschten Informationen.

2. Dezember. Die Cosea-Kommission bittet den Papst, Maßnahmen bezüglich der Unregelmäßigkeiten beim Peterspfennig zu ergreifen.

18. Dezember. Vorlage des Haushaltsplans des Heiligen Stuhls für 2014. Der Haushaltsplan wird abgelehnt. Zunehmende Spannungen durch die Untersuchungen der Cosea-Kommission.
Hindernisse, Schweigen und Verweigerungshaltung.

2014

16. Januar. Cosea-Leiter Zahra richtet ein alarmierendes Schreiben an Papst Franziskus.

22. Januar. Sitzung wegen der enormen Finanzierungslücke beim Pensionsfonds: Die Pensionen der beim Vatikan Beschäftigten sind in Gefahr. Es sind dringende Korrekturmaßnahmen erforderlich.

30. Januar. Das Staatssekretariat übergibt der Cosea-Kommission eine 29-seitige Akte mit geheimen Konten.

18. Februar. Die Cosea-Kommission übergibt dem Papst ein vertrauliches, sechsseitiges Dokument mit revolutionären Umstrukturierungsmaßnahmen für den Vatikan. Die Kardinäle erfahren, welche Schwachpunkte die Kommission genau entdeckt hat.

22. Februar. Beim ersten Konsistorium seines Pontifikats ernennt Papst Franziskus 19 neue Kardinäle.

24. Februar. Entscheidende Sitzung. Franziskus präsentiert dem 15-köpfigen Kardinalsrat (der später durch den 15-köpfigen Wirtschaftsrat ersetzt werden wird, dem 7 Laien angehören) die neue Organisation der Kurie und ernennt den australischen Kardinal George Pell zum Präfekten des neuen Wirtschaftssekretariats.

30. März. In der Nacht werden aus dem Archiv der Präfektur Dokumente der Cosea-Kommission entwendet. Panzerschränke und Tresore werden aufgebrochen.

8. Juli. Papst Franziskus überträgt dem Wirtschaftssekretariat die Zuständigkeit für die ordentliche Abteilung der Güterverwaltung des Apostolischen Stuhls (APSA).

Juli–August. Papst Franziskus genehmigt die Reform der Verwaltung der beweglichen und unbeweglichen Güter des Heiligen Stuhls. Das riesige vatikanische Vermögen soll nunmehr zentral verwaltet werden: vom VAM (Vatican Asset Management).

2015

März. In den Büros des Heiligen Stuhls werden Abhörwanzen entdeckt.

Die Macht im Vatikan

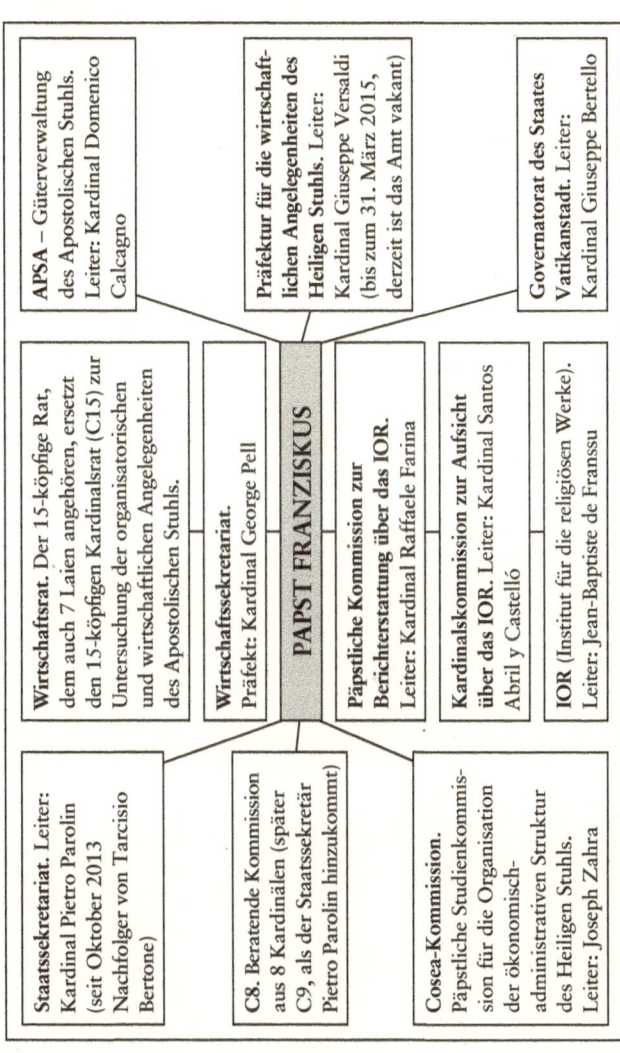

Staatssekretariat. Leiter: Kardinal Pietro Parolin (seit Oktober 2013 Nachfolger von Tarcisio Bertone)

C8. Beratende Kommission aus 8 Kardinälen (später C9, als der Staatssekretär Pietro Parolin hinzukommt)

Cosea-Kommission. Päpstliche Studienkommission für die Organisation der ökonomisch-administrativen Struktur des Heiligen Stuhls. Leiter: Joseph Zahra

Wirtschaftsrat. Der 15-köpfige Rat, dem auch 7 Laien angehören, ersetzt den 15-köpfigen Kardinalsrat (C15) zur Untersuchung der organisatorischen und wirtschaftlichen Angelegenheiten des Apostolischen Stuhls.

Wirtschaftssekretariat. Präfekt: Kardinal George Pell

Päpstliche Kommission zur Berichterstattung über das IOR. Leiter: Kardinal Raffaele Farina

Kardinalskommission zur Aufsicht über das IOR. Leiter: Kardinal Santos Abril y Castelló

IOR (Institut für die religiösen Werke). Leiter: Jean-Baptiste de Franssu

PAPST FRANZISKUS

APSA – Güterverwaltung des Apostolischen Stuhls. Leiter: Kardinal Domenico Calcagno

Präfektur für die wirtschaftlichen Angelegenheiten des Heiligen Stuhls. Leiter: Kardinal Giuseppe Versaldi (bis zum 31. März 2015, derzeit ist das Amt vakant)

Governatorat des Staates Vatikanstadt. Leiter: Kardinal Giuseppe Bertello

Organigramm der wichtigsten Strukturen zur Verwaltung und/oder Kontrolle der vatikanischen Finanzen. Die Strukturen stehen im Mittelpunkt dieses Buches.

Die Dokumente und
ihre deutsche Übersetzung

Wir geben hier einige der wichtigsten Dokumente wieder, auf die sich dieses Buch stützt. Ab S. 311 folgen die Texte in deutscher Übersetzung.

Vaticano, 27 giugno 2013

SUB SECRETO PONTIFICIO

Beatissimo Padre,

abbiamo sinceramente apprezzato l'opportunità di prendere parte alla Santa Messa da Lei celebrata martedì 18 giugno. Siamo stati particolarmente colpiti dalla Sua omelia e dalla Sua esplicita esortazione, rivolta a tutti i presenti, ad essere coraggiosi e franchi. Questo ammonimento ci ha spinti a scrivere la presente lettera. Siamo membri del Consiglio dei Revisori Internazionali della Prefettura degli Affari Economici della Santa Sede. Le stiamo scrivendo, tuttavia, in virtù della nostra personale, e non "ufficiale", possibilità di condividere con Lei le preoccupazioni riguardanti l'attuale situazione finanziaria del Vaticano e per proporre consigli su future riforme. Ciò non vuol dire che il Presidente e i collaboratori della Prefettura non siano d'accordo, parzialmente o totalmente, con le nostre preoccupazioni e raccomandazioni. Ciononostante, sentiamo di doverLe scrivere a titolo personale per esprimere i nostri punti di vista sollevando la Prefettura da ogni responsabilità derivante dalla nostra schiettezza e sincerità, che manca dello stile "diplomatico" generalmente presente nei documenti della Curia. Ci scusiamo in anticipo se il nostro atteggiamento può sembrare presuntuoso.

Secondo il nostro punto di vista, le problematiche finanziarie più urgenti sono le seguenti:

1. C'è una quasi totale assenza di trasparenza nei bilanci sia della Santa Sede che del Governatorato. Questa mancanza di trasparenza rende impossibile fornire una stima eloquente della reale posizione finanziaria sia del Vaticano nel suo insieme che delle singole entità di cui è composto. Questo implica anche che nessuno possa considerarsi realmente responsabile della gestione finanziaria. Inoltre, mentre è vero che i bilanci coprono le aree specificate nei regolamenti vigenti, è altrettanto vero che non tutte le attività vaticane sono incluse in essi. Sappiamo solo che i dati presi in esame mostrano un andamento davvero sfavorevole e sospettiamo fortemente che il Vaticano, nel suo complesso, abbia un serio deficit strutturale. Correggere questa situazione richiede impegno, ma ancor più richiede che ogni ente operante all'interno del Vaticano segua concretamente i requisiti di elaborazione e trasmissione dei dati piuttosto che ignorarli, come spesso accade oggi.

2. La gestione finanziaria generale all'interno del Vaticano può essere definita, nella migliore delle ipotesi, scarsa. Prima di tutto, i processi di pianificazione e di determinazione del budget sia nella Santa Sede che nel Governatorato, sono senza senso, nonostante la presenza di chiari requisiti definiti all'interno dei regolamenti vigenti. Inoltre, in molti uffici, non c'è una netta separazione di incarichi finanziari; questo comporta che, in generale, le stesse persone siano responsabili di decisioni finanziarie, dell'attuazione delle stesse, della registrazione delle transazioni e della comunicazione dei risultati alle Superiori Autorità. Nel migliore dei casi, ne scaturisce una limitazione nel controllo delle irregolarità, nell'individuazione di errori, nell'identificazione di opportunità di miglioramento nonché nelle modalità di incremento dell'efficienza. Queste carenze sono ben visibili nel settore immobiliare, dove per diversi anni i revisori esterni del Vaticano hanno commentato negativamente il (mancato) sistema di controllo, la difficoltà nel riscuotere i canoni d'affitto dovuti e altre questioni attinenti. Problemi simili esistono in fase di approvvigionamento di beni e servizi. Siamo anche preoccupati per il Fondo Pensioni, per il quale non esistono analisi attuariali professionali. Tale realtà sembra suggerire che l'atteggiamento rappresentato dalla formula *"le regole non mi riguardano"* prevalga come minimo in una parte del Vaticano.

3. I costi sono fuori controllo. Questo si applica in modo particolare ai costi del personale, ma si estende anche al di là del personale stesso. Ci sono diversi casi di duplicazione delle attività laddove, invece, un accorpamento potrebbe garantire significativi risparmi e migliorare la gestione dei problemi. Saremmo, però, piuttosto preoccupati se questo accorpamento si verificasse prima di aver messo in atto un miglioramento della pianificazione, della determinazione del budget, dei processi di controllo e rendiconto, perché in questo modo si svilupperebbe la possibilità di incrementare gravi perdite dovute a irregolarità. Questo è ancor più

Dokument 1. Schreiben der internationalen Revisoren der Präfektur an Papst Franziskus vom 27. Juni 2013, in dem sie Verschwendung, Bilanzlöcher, Misswirtschaft und aus dem Ruder gelaufene Kosten in den vatikanischen Finanzen aufzeigen.

rischioso nella gestione della liquidità e degli investimenti nonché in fase di approvvigionamento, fase in cui un maggiore accentramento della gestione sarebbe si vantaggioso, ma potrebbe comportare rischi talmente grandi da non giustificare tale operazione di centralizzazione. In altre aree sembra ci sia semplicemente una ritrosia a cambiare il modo tradizionale di procedere, nonostante l'enorme potenziale che ne scaturirebbe a livello di risparmio.

4. Non siamo riusciti a identificare chiare linee-guida da seguire circa gli investimenti del capitale finanziario – titoli accettabili, limite massimo (e in alcuni casi minimo) di classi differenti di pacchetti azionari, affidabili criteri di gestione del rischio, e altri aspetti simili. Questo è un grave limite e lascia troppo spazio alla discrezione dei vari amministratori, aspetto che, a sua volta, non fa che aumentare il livello generale del rischio. La situazione, che è applicabile agli investimenti di Santa Sede, Governatorato, Fondo Pensioni, Fondo Assistenza Sanitaria e altri fondi gestiti da enti autonomi, dovrebbe essere immediatamente migliorata.

Raccomandiamo con forza di effettuare una riorganizzazione dei processi finanziari adeguandoli a criteri di gestione dei rischi che si avvicinino il più possibile agli standard introdotti in alcune aree del settore finanziario globale. Gli amministratori dei vari uffici o enti devono assumersi con chiarezza la responsabilità di preparare i budget e attenersi ad essi in modo più realistico ed effettivo. Deve essere effettuata, inoltre, da parte di un organismo gestionale separato, una seria supervisione e verifica di tutti gli enti. Una terza entità dovrebbe svolgere una revisione interna e indipendente, da effettuarsi senza preavviso.

Abbiamo ripetuto sostanzialmente gli stessi commenti per anni e, in realtà, ci sono stati dei miglioramenti. Ma sono così lenti Crediamo che, quasi certamente, gli studi organizzativi attualmente in corso non possano determinare le fondamentali e necessarie riforme, a meno che queste problematiche finanziarie non vengano affrontate simultaneamente. Infatti, se il consolidamento non fosse accompagnato da un miglioramento del sistema di controllo, i rischi finanziari generali potrebbero addirittura aumentare.

Sappiamo di aver presentato forti, e in alcuni casi, severi consigli e suggerimenti. Sinceramente speriamo che Vostra Santità capisca che agiamo in questo modo in quanto spinti dall'amore per la Chiesa e dal sincero desiderio di aiutare a migliorare l'aspetto temporale del Vaticano. Siamo totalmente a disposizione di Vostra Santità o della Commissione dei Cardinali chiamati ad esaminare queste problematiche, per qualsiasi tipo di collaborazione o chiarimento dei punti sopra trattati.

Il Dott. Prato firmerà questa lettera a rappresentanza di tutto il Consiglio dei Revisori Internazionali.

Imploriamo su noi tutti e le nostre famiglie la Sua apostolica benedizione mentre ci confermiamo

della Santità Vostra umili e devotissimi figli

A Sua Santità
Papa Francesco
Felicemente Regnante

Esempi scoperti durante il lavoro di COSEA

- L'ultima revisione attuariale del Fondo Pensioni condotta nel 2011 stima un deficit di EUR 40m, l'esame condotto da COSEA mostra un deficit di almeno EUR 700-800m (**Fondo Pensioni**)

- Il reddito locativo delle unità immobiliari di Propaganda Fide potrebbe essere più alto del 50% aumentando gli affitti a valori di mercato per tutti gli affittuari esterni (**Beni Immobiliari**)

- Ci sono somme significative di denaro, proprietà e altri beni che non sono registrate nei bilanci annuali di Santa Sede: un'analisi di 4 entità campione mostra una quantità di almeno EUR 93m non registrati al 31 dicembre 2012 (**Procedure Contabili**)

- Durante gli ultimi 2 anni ci sono state perdite di EUR 1.6m per via di differenze di magazzino (beni che non sono stati trovati durante il conteggio degli stock in magazzino) (**Governatorato**)

- Un postulatore laico richiede un pagamento di EUR 40k per condurre un'investigazione iniziale prim'ancora di cominciare il processo di canonizzazione (**Causa dei Santi**)

- Di 60 clienti APSA, 60% hanno massimo 4 titoli nel loro portafoglio, quindi illustrando una totale assenza di diversificazione di investimenti e un tasso di rischio molto alto nei portafogli (**APSA**)

- Non esiste nessuno nel Vaticano che controlli il numero totale e i costi di tutti i dipendenti Vaticani (**Strategia HR**)

- ~80% dei Certificati di Deposito dell'APSA, per un valore di EUR 204m, sono investiti in 1 emittente, Banca Prossima, che porta a un alto rischio finanziario (**Gestione Patrimoniale**)

- Il Governatorato e l'APSA utilizzano 2 sistemi informatici – implementati negli ultimi 2 anni – completamente diversi per la contabilità (**Struttura Futura**)

FONTE: COSEA

Dokument 2. Kritische Punkte, die während der Untersuchungen der Cosea-Kommission an zahlreichen Fronten festgestellt und am 18. Februar 2014 dem Kardinalsrat vorgelegt wurden.

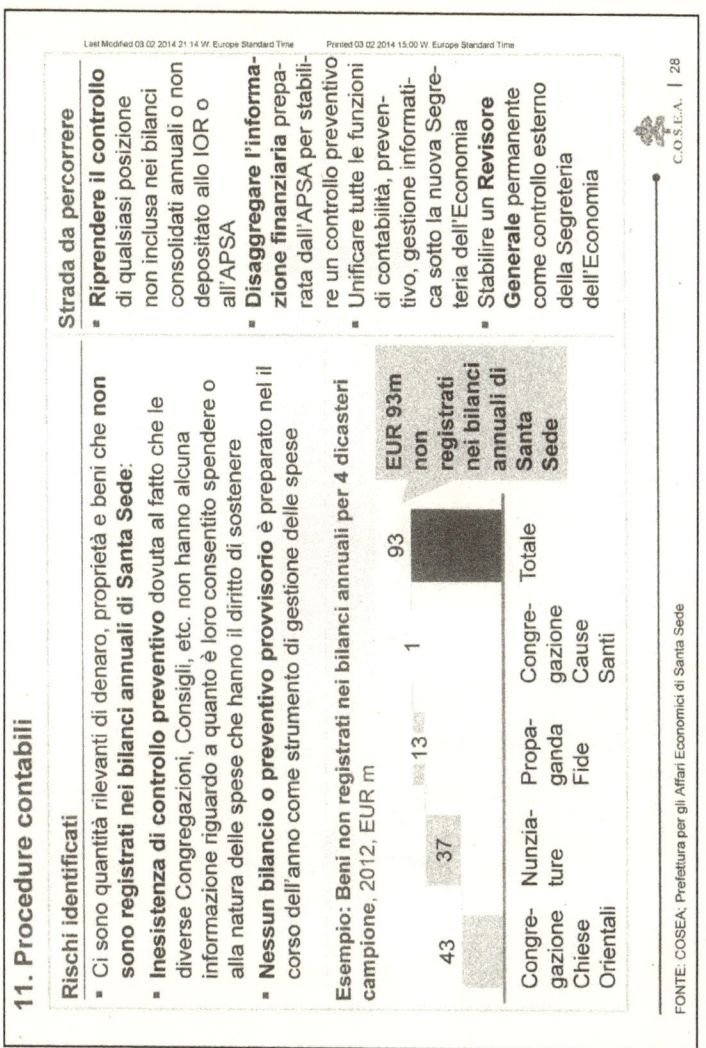

Dokument 3. Am 18. Februar 2014 dem Kardinalsrat vorgelegte Aufstellung mit ersten Zahlen zu nicht in Jahresabschlüssen erfassten Mitteln, die während der Untersuchungen der Cosea-Kommission zum Vorschein gekommen sind.

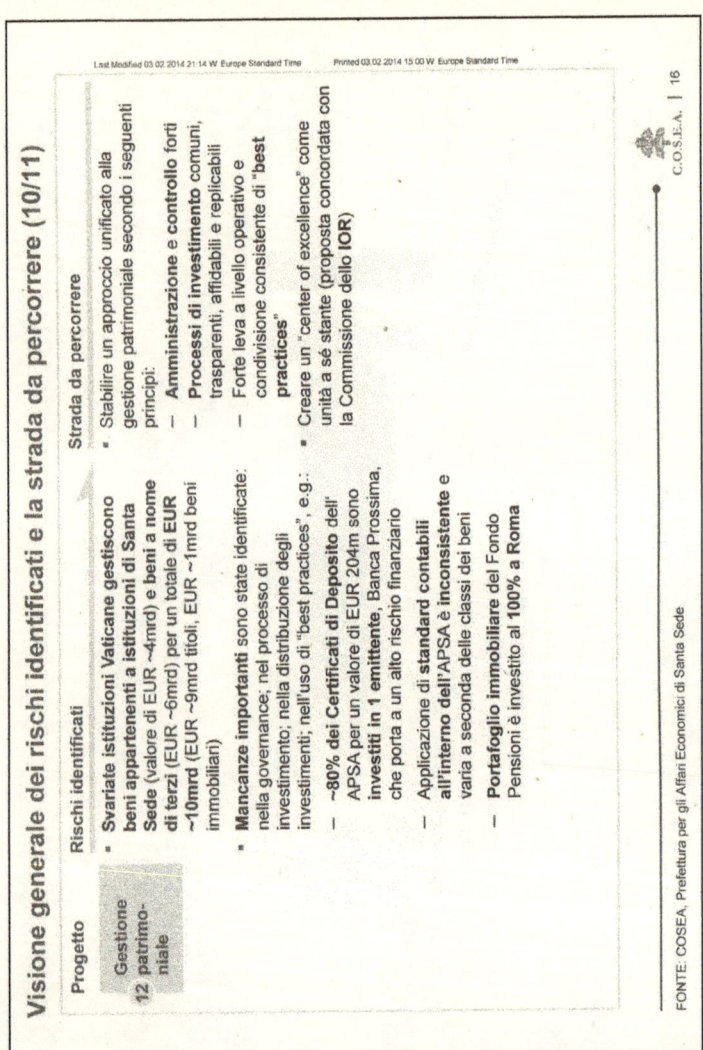

Dokument 4. Am 18. Februar 2014 dem Kardinalsrat vorgelegtes Dokument über erhebliche Risiken in der Vermögensverwaltung, die von der Cosea-Kommission festgestellt wurden.

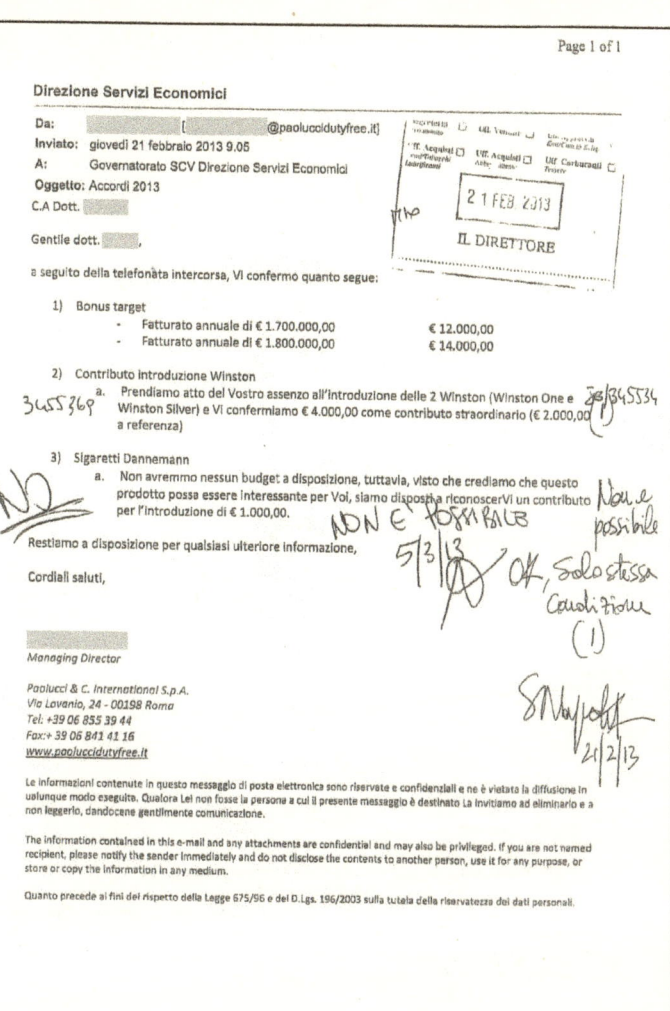

Dokument 5. E-Mail vom 21. Februar 2013 an das Governatorat über ein Angebot für den Zigarettenverkauf innerhalb des Vatikan mit Anreizen und Prämien zur Förderung des Absatzes.

PHILIP MORRIS
INTERNATIONAL SERVICES SARL Branch office

Dott. Napolitano
Direzione Servizi Economici Governatorato della Città del Vaticano 00120
Città del Vaticano
Italia

RISERVATO

Roma, 13 Marzo, 2013

Egregio Dott. Napolitano,

2013: Trade Program

Abbiamo il piacere di confermare il nostro consenso ai termini ed alle condizioni secondo le quali la Direzione Servizi Economici – Governatorato della Città del Vaticano (la "**Società**") si impegna nella conduzione di attività di merchandising (descritte all'interno della sezione 2) a favore delle sigarette (il "**Prodotto**") a marchio Philip Morris International ("**PMI**"). Per lo svolgimento di tali servizi, la Philip Morris International Services SARL – Filiale di Roma ("**PMIS – Roma**") corrisponderà alla Società un compenso secondo quanto esposto nei termini e le condizioni del presente accordo (l' "**Accordo**").

Il vostro consenso a detti termini e condizioni sarà considerato espresso salvo diversa comunicazione scritta da emettere entro e non oltre 14 (quattordici) giorni dal ricevimento del presente Accordo. Tale comunicazione dovrà pervenire a mezzo posta raccomandata come indicato all'interno della sezione 5 del presente documento.

1. Durata

Il presente Accordo decorre dal 01 Gennaio 2013 ed ha validità fino al 31 Dicembre 2013 (la "**Durata**")

2. Servizi

La Società dovrà fornire alla PMIS - Roma i servizi descritti all'interno della sezione 2 (complessivamente, i "**Servizi**").

2.1. La Società dovrà fornire mensilmente alla PMIS – Roma i seguenti dati:

(a) volume di acquisti ("COT") per ciascun marchio all'interno dei Negozi Duty Free dello Stato Vaticano.
(b) campagne promozionali competitive in corso e/o già realizzate, lancio di prodotti ed iniziative relative ai prezzi di vendita al dettaglio.

Dokument 6. Vertragsentwurf mit einer Vertretung von Philip Morris zwecks Maßnahmen zur Förderung des Zigarettenverkaufs im Vatikanstaat.

2.2. I dati e le informazioni forniti dalla Società non dovranno contenere informazioni di natura riservata, o informazioni legate ad iniziative realizzate da una Società concorrente della PMIS - Roma o da una delle Società ad essa affiliate, che non abbiano ancora trovato attuazione sul piano della vendita al dettaglio.

2.3. Le informazioni ricevute dalla Società dovranno essere mantenute riservate, ed impiegate unicamente per uso interno, salvo necessità da parte della PMIS - Roma di divulgare tali informazioni a compimento del suo tentativo, e delle Società ad essa affiliate, di contribuire alla riduzione del commercio illecito di sigarette a livello globale.

3. Corrispettivo

3.1. Per la fornitura di detti Servizi, la PMIS - Roma corrisponderà alla Società un compenso pari a €12.500 (dodicimilacinquecento euro) (il "**Corrispettivo**")

3.2. Il Corrispettivo costituirà per la Società il solo diritto al compenso da parte della PMIS-Roma relativamente alla fornitura dei Servizi. Inoltre, l'importo del corrispettivo si intende al lordo di IVA, laddove applicabile, e la Società sarà unicamente responsabile del versamento di altre tipologie di imposta, comprendente ma non limitato al pagamento dell'imposta sul reddito da lavoro, in relazione al Compenso percepito.

4. Fatturazione/ Termini di Pagamento

4.1. La Società fatturerà il Corrispettivo alla PMIS- Roma nel mese di Ottobre 2013. Il pagamento della fattura dovrà avvenire entro e non oltre 30 (trenta) giorni a decorrere dalla data di ricevimento della stessa, posto che tale fattura sia preparata ed emessa dalla Società in conformità con i seguenti requisiti:

Indirizzo di Fatturazione	la Fattura dovrà essere spedita a
Philip Morris International Services SARL - Filiale Via Santa Teresa 35 00198 ROMA Italia	PMI Service Center Europe Sp. Z.o.o, P.O. Box 96 Al. Jana Pawla II 196 31-982 KRAKOW Polonia

4.2. L'accredito del pagamento da parte della PMI – Roma dovrà avvenire sul conto corrente bancario nominativo in Germania intestato alla Società.

5. Comunicazioni

5.1. Le notificazioni e le comunicazioni relative al presente Accordo dovranno essere redatte in lingua inglese, in forma scritta ed essere trasmesse personalmente o inviate tramite raccomandata in busta preaffrancata o tramite corriere, indirizzate al destinatario agli indirizzi sopra indicati, o come altrimenti specificato dalla Parte in questione.

6. Legge Applicabile

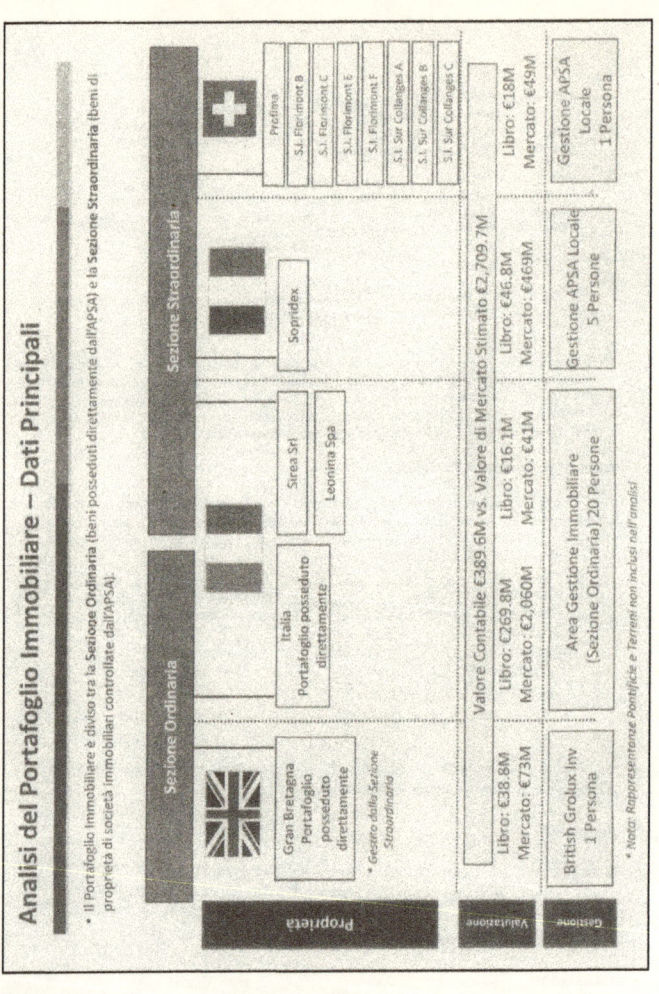

Dokument 7. Das von Promontory erstellte Diagramm zeigt das Immobilienportfolio der APSA in Europa (Frankreich, England, Schweiz und Italien).

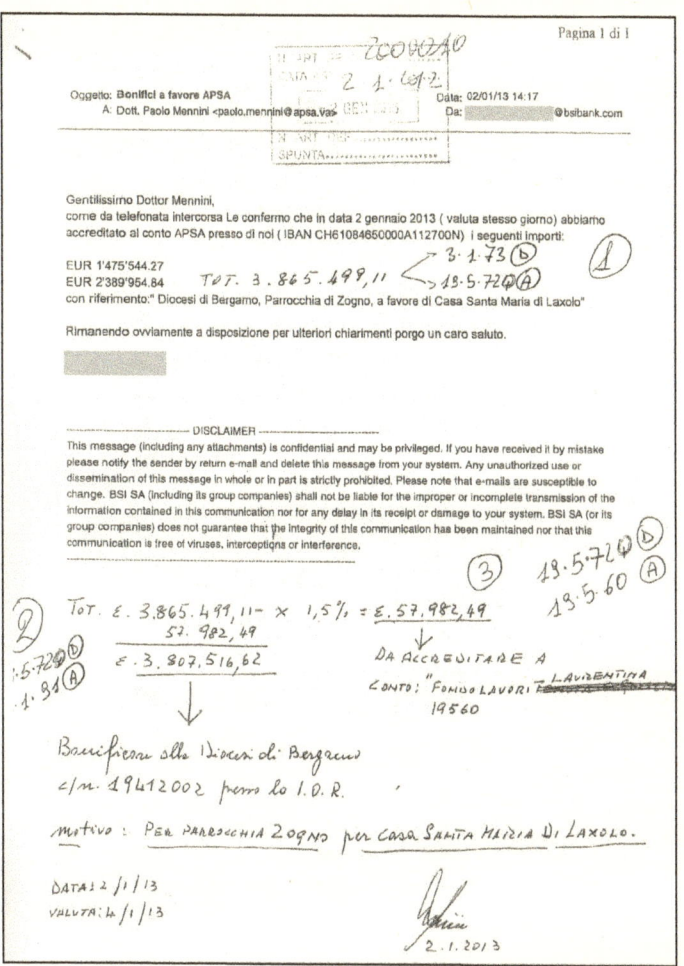

Dokument 8. E-Mail an Paolo Mennini, leitender Angestellter der APSA und Sohn der früheren rechten Hand von Erzbischof Paul Casimir Marcinkus, zu einer Transaktion von 3,8 Millionen Euro von der Schweizerischen BSI-Bank an das IOR zugunsten der Diözese Bergamo (Italien), deren Zinsen überraschenderweise auf ein Konto mit der Bezeichnung »fondo lavori laurentina« (Gelder für Arbeiten an der Laurentina), einem vatikanischen Landgut vor den Toren Roms, fließen.

MEMO

A:
DATA: 23 gennaio 2014
DA:
OGGETTO: Sintesi dell'incontro del 22 Gennaio 2014

Partecipanti:

- Sua Eminenza Card. Calcagno
- Monsignor Mistò
- Monsignor Balda
- dott. Messemer
- dott. Stattin (Oliver Wyman)

Tutti i partecipanti sono concordi nel sostenere che, sulla base della revisione attuariale condotta da Oliver Wyman, il Fondo Pensioni Vaticano presenti un funding gap molto significativo. La dimensione di questo gap è tale da mettere potenzialmente a rischio le pensioni future per i dipendenti del Vaticano.

La medesima revisione mostra tuttavia che nel breve termine il Fondo è in grado di finanziare le sue attività, il che permette di procedere con una ristrutturazione per evitare il collasso del Fondo.

Rimane, in ogni caso, necessario implementare con la massima urgenza drastiche misure per evitare che il deficit si allarghi ulteriormente

Tali misure dovrebbero includere:

- Un rafforzamento del patrimonio del Fondo per mezzo di un'iniezione di capitale da parte delle Amministrazioni Vaticane;
- una ridefinizione delle pensioni future. Un benchmark con l'attuale sistema pensionistico italiano dovrà assicurare un trattamento per i dipendenti Vaticani equiparabile a quello attualmente in uso per i dipendenti delle pubbliche amministrazioni Italiane.

Dokument 9. Ergebnisprotokoll der Sitzung zur Vorstellung des Versicherungsgutachtens der Unternehmensberatung Oliver Wyman am 22. Januar 2013.

Oliver Wyman ha avanzato una possibile soluzione che, qualora implementata, porterebbe alla chiusura del deficit del Fondo. Questa soluzione proposta dovrebbe essere utilizzata come principale riferimento nelle future discussioni.

Riguardo il Fondo di Assistenza Sanitaria (FAS) una prima analisi mostra un incremento significativo nei costi che le istituzioni Vaticana dovranno coprire nei prossimi 10 anni. Attualmente non vi è alcuna riserva di capitale per il prevedibile aumento dei costi futuri nel bilancio di FAS.

Tutti i partecipanti concordano che debba essere analizzata la possibilità di sottoscrivere una polizza assicurativa privata per tutti i dipendenti e pensionati attualmente iscritti al FAS. L'estensione della copertura offerta sarà almeno comparabile a quella offerta dallo stato italiano ai cittadini Italiani. Si dovrà inoltre tenere in conto gli effetti di natura politica nelle relazioni con lo Stato Italiano di un eventuale maggior uso dei servizi sanitari italiani da parte dei lavoratori vaticani residenti in Italia.

I partecipanti inoltre concordano che si debba creare un'unica struttura dedita alla gestione delle pensioni e delle coperture sanitarie del Vaticano. Nel Consiglio di Amministrazione di tale fondo sarà richiesta la presenza di competenze assicurative e manageriali nel campo pensionistico e sanitario. Dovranno inoltre essere presenti nel consiglio stesso 1/2 rappresentanti dei lavoratori del Vaticano.

È stato concordato di costituire un gruppo di lavoro di 4 persone sotto la guida di Monsignor Mistò. Il gruppo di lavoro non avrà alcuna carica formale è dovrà:

- identificare 4-6 nuovi membri del consiglio per il nuovo fondo unico per le pensioni e la sanità, che soddisfino i profili professionali definiti nel corso dell'incontro;

- concordare un piano d'azione per assicurare l'effettiva implementazione dei cambiamenti necessari entro la fine del 2014.

COSEA parteciperà a questo team con l'inserimento nello stesso del dott. Messemer.

Monsignore Mistò e il dott. Messemer proporranno due ulteriori membri del team entro il 18 Febbraio 2014.

Vi porgo nuovamente i miei più sentiti ringraziamenti e spero sinceramente che saremmo in grado di risolvere positivamente le sfide che ci aspettano, per il bene della Santa Madre Chiesa.

Cordialmente,

Jochen Messemer

Oliver Wyman

British Embassy Holy See

Nigel Baker
Her Majesty's Ambassador
British Embassy to the Holy See
Via XX Settembre 80/A
00187 Rome

Tel: +39 06 4220 4200-4202
Fax: +39 06 4220 4205

Email: Nigel.Baker@fco.gov.uk
gov.uk/world/holy-see

Personal and in Confidence

Reverend Monsignor
Peter Bryan Wells
Assessor, General Affairs
Secretariat of State
00120 Citta' del Vaticano

03 October 2013

Dear Mgr. Wells,

I may have mentioned to you my conversations with Lord Camoys, a senior British banking expert who also served as Consultor to APSA between 1991 and 2004.

In 2004, Lord Camoys presented Cardinal Nicora with a memorandum of recommendations for improving the financial management and structures of the Holy See and the Vatican. Given the current discussions around the role of the IOR and economic governance in the Holy See, as well as the two commissions recently established by His Holiness Pope Francis, I thought that you might find it useful to see a copy of that original memorandum.

As you will see, the memorandum is brief and focused on practical measures that could be taken to improve economic and financial governance and structures. It remains relevant to current debates. I enclose versions in Italian and English.

Lord Camoys has asked me to note that, as in 2004, the memorandum is submitted frankly and in complete fidelity to the service of the Holy See. He hopes that it might be of some personal use to you during your current deliberations. It may be worth adding that Lord Camoys believes that the original memorandum was probably filed with little action taken back in 2004.

Yours most sincerely,

Nigel Baker
Her Majesty's Ambassador

19.317

Dokument 10. Schreiben vom 3. Oktober 2013 des britischen Botschafters am Heiligen Stuhl, Nigel Baker, an Monsignore Peter Brian Wells, zur Übermittlung eines vertraulichen Memorandums über die Reform des vatikanischen Finanz- und Rechnungswesens, die auf Empfehlung des englischen Bankiers Lord Camoys umgesetzt werden sollte.

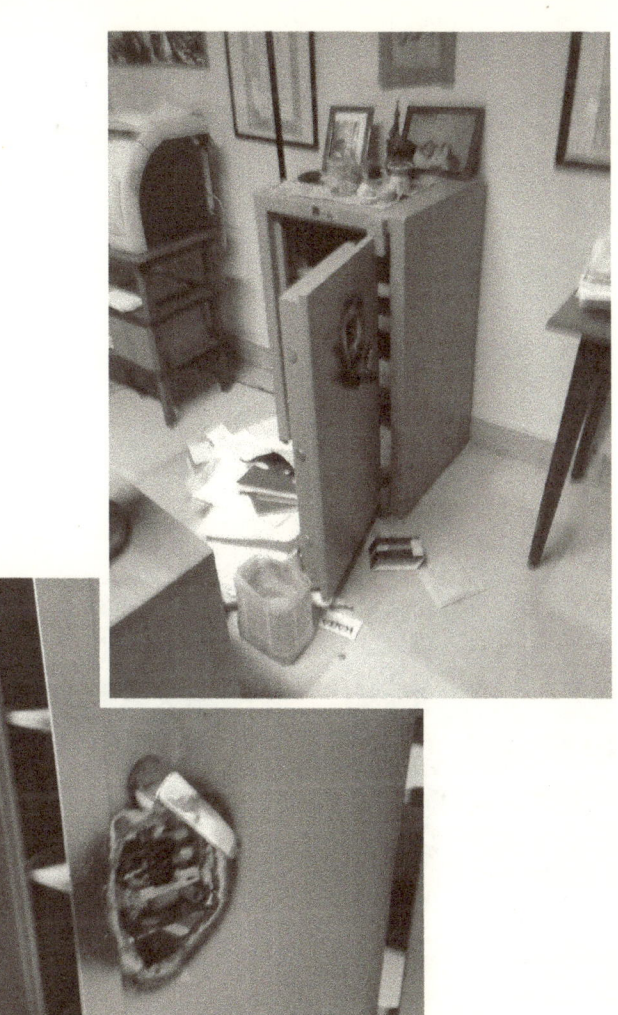

Dokument 11. Fotografien zu dem mysteriösen Einbruch in der Präfektur im Archiv der Cosea-Kommission in der Nacht vom 29. auf den 30. März 2014.

26 marzo 2014

CITTÀ DEL VATICANO ....

GOVERNATORATO

IL SEGRETARIO GENERALE

535669

Eminenza Reverendissima,

 La prego innanzitutto di accogliere le mie più vive felicitazioni per la Sua nomina a Prefetto della Segreteria per l'Economia.
 Nel contempo mi pregio di informare Vostra Eminenza che a favore degli Eminentissimi Cardinali sono previste le seguenti facilitazioni:

- l'acquisto di prodotti alimentari, in quantità compatibile con il fabbisogno familiare, presso lo Spaccio Annona e presso il Magazzino Comunità con lo sconto del 15%;
- uno sconto del 20% sul prezzo di listino limitatamente a 200 pacchetti di sigarette dei 500 complessivi assegnati mensilmente;
- uno sconto del 20% sul prezzo di listino nel settore abbigliamento;
- una assegnazione di 400 litri mensili di carburante a prezzi particolari così suddivisi:
    a) Buoni ad addebito interno (Buoni Verdi)   100lt
    b) Buoni a prezzo speciale (sconto del 15% sul prezzo in vigore)   300lt
     - da richiedere con buoni Cardinalizi (di colore bianco) da utilizzare presso gli impianti interni della Santa Sede;
     - e/o con Buoni Fuori Roma da utilizzare presso i distributori esterni alla rete AGIP dell'ENI, esclusivamente con autovetture targate SCV – CV – CD. Per dare corso a questa ultima assegnazione sarebbe utile che un Suo incaricato prendesse contatti con l'Ufficio Carburanti della Direzione dei Servizi Economici.

 Mentre rimango a disposizione per ogni ulteriore chiarimento, profitto volentieri della circostanza per confermarmi, con i sensi del mio più devoto ossequio,

          dell'Eminenza Vostra Reverendissima

              dev.mo

              F. Vérgez

A Sua Eminenza Reverendissima
Il Sig. Card. **GEORGE PELL**
Prefetto
Segreteria per l'Economia

CITTÀ DEL VATICANO

Dokument 12. Brief vom 26. März 2014 des Generalsekretärs des Governatorats, Bischof Fernando Vérgez Alzaga, an den Kardinal George Pell mit Auflistung aller den Kardinälen zustehenden Rabatte.

STUDIO DELL'AVV. MICHELE SINDONA

20121 MILANO - VIA F. TURATI, 29 - TELEFONI: 652.501/2 - 653.001/2/3
00187 ROMA - VIA V. VENETO, 54/B - TELEF. 480665 - IND. TELEG. SINDONAM - MILANO

CORRESPONDENTS OF THE BINDER SEIDMAN THORNE INTERNATIONAL GROUP

MICHELE SINDONA

VITTORIO BRAGA
FRANCO DA RE
PIETRO DE STROBEL
VITTORIO GHEZZI
GUIDO GILARDELLI
MATTEO MACIOCCO
FRANCO MANUELLI
GIOVANNI NICOLÒ
ANTONIO PEDRONI
ROSALBA PISTOLESI
MAURO RUBINO
GIOVANNI SALA
MARIO BECCARDI
MARIO SORBINI
MARIO SPEZIA
COSTANZA VEDANI

Milan, February 24th, 1970.
MS/xv

Mr. James M. Easterling, Jr.,
2121, First National Life Building,
Houston, Texas 77002.

Dear Mr. Easterling,

I have for acknowledgement your letter of January 28th, 1970.

I should be pleased if you would note that I have no office at the Vatican and it is quite by chance that I have received your letter at all.

I should like to thank you for the proposal you have put forward, but I must decline as it is not of interest to my group.

For the future please note that my associate in the United States, who is responsible for all my business there is:

> Mr. Daniel A. Porco,
> Henry W. Oliver Building,
> Mellon Square,
> Pittsburgh 22, Pa.

Very truly yours,

Dokument 13. Schreiben des Bankiers Michele Sindona aus dem Briefwechsel, der im April 2014 in einem anonymen Umschlag in der Präfektur eingeworfen wurde.

MICHELE SINDONA

Milano, 24 febbraio 1970

Eminenza Reverendissima,

ho ricevuto la lettera che Le unisco indirizzatami da Mr. James M. Easterling, c/o Pope Paul VI, The Vatican, Rome, e La ringrazio per avermela inviata.

La Segreteria di Stato mi ha già inviato in passato altre lettere pervenutemi da varie parti del mondo. Normalmente a simili lettere non rispondo anche perchè nella maggior parte dei casi si tratta di proposte di affari non interessanti o di pressioni per interventi economici.

Invece, in tutti i casi in cui le lettere mi sono state inviate "c/o the Vatican", ho ritenuto doverosamente di rispondere per chiarire che io non ho alcun recapito presso il Vaticano stesso e che solo la cortesia dei Signori di Roma mi fa pervenire tali lettere. Con ciò spero di evitare che successive missive vengano ancora a disturbare lo Stato della Città del Vaticano.

Con mia lettera 27 novembre 1969, Le facevo presente che ero molto dispiaciuto di ciò che aveva pubblicato il "Time Magazine" del 28 novembre dello stesso anno. Le confermavo anche che non avevo mai ricevuto il giornalista di Time, che non consegno fotografie a nessun giornalista e che sono contrario ad ogni forma di pubblicità e quindi di esibizionismo.

Le confermavo poi, e Le confermo ancora oggi, che sono a Sua completa disposizione per ogni intervento o chiarimento che Vostra Eminenza ritenesse opportuno.

Sino ad oggi non ho mai voluto smentire o confermare le notizie pubblicate dai giornali, sia che esse siano state positive o negative, per evitare di prestarmi al gioco

Dokument 14. Schreiben des Bankiers Michele Sindona aus dem Briefwechsel, der im April 2014 in einem anonymen Umschlag in der Präfektur eingeworfen wurde.

MICHELE SINDONA

seg. n. 2

dei giornalisti e di aumentare una pubblicità che, sicuramente, non serve a nessuno e che non è utile sopratutto a chi basa il proprio lavoro sulla riservatezza.

Oggi Le scrivo sempre più amareggiato per quanto avviene per confermarLe che sono disposto ad intervenire nelle forme che Vostra Eminenza riterrà più opportune.

Gradisca, La prego, i miei devoti ossequi,

Eminenza Reverendissima
il Signor Cardinale Sergio Guerri
Propresidente della
Pontificia Commissione per lo
Stato della Città del Vaticano
CITTA' DEL VATICANO

Dal Vaticano, 13 Febbraio 2014

SEZIONE
PER GLI AFFARI GENERALI

N.004445/G.N.

Signor Cardinale,

desidero portare a Sua conoscenza come lo stato dei Bilanci Preventivi della Santa Sede per il 2014 necessiti dell'immediata adozione di alcuni provvedimenti, utili al contenimento delle voci di spesa concernenti il Personale. Pertanto, a seguito del parere negativo circa tali Bilanci, espresso dai Revisori Internazionali della Prefettura degli Affari Economici della Santa Sede, il Santo Padre, dando disposizioni per la loro revisione secondo i criteri che Egli ha indicato il 3 luglio 2013 nella riunione del Consiglio di Cardinali per lo studio dei problemi organizzativi ed economici della Santa Sede, ha stabilito le seguenti determinazioni, valide per i Dicasteri, gli Uffici, gli Organismi della Curia Romana e le Istituzioni collegate con la Santa Sede, a partire dalla data della presente circolare e fino a nuova decisione.

Assunzioni

Sono sospese le assunzioni a tempo indeterminato e determinato di nuovo Personale, anche nei casi in cui siano rispettati i limiti della Tabella organica. Tale sospensione vale pure nell'eventualità di sostituzione di Personale cessato dal servizio. Pertanto, i dipendenti in forza non mancheranno di farsi generosamente carico, secondo le indicazioni ricevute dai Superiori, delle attività non più svolte dai colleghi.

L'inserimento definitivo in ruolo, successivo alla data della presente circolare, a seguito di regolamentare periodo di prova, non costituisce nuova assunzione.

La sospensione riguarda, altresì, i rinnovi contrattuali delle assunzioni a tempo determinato, salvo specifiche necessità da documentare accuratamente.

Per profili professionali altamente specializzati o per mansioni che è assolutamente impossibile ripartire tra il Personale in servizio, la Segreteria di Stato può valutare richieste di eccezione solo se specificatamente e adeguatamente documentate.

Incarichi professionali

Sono sospesi i conferimenti di nuovi incarichi professionali. Eventuali rinnovi sono possibili solo in caso di accertate e documentate esigenze, alle quali non possa provvedersi mediante le strutture esistenti.

Passaggi di livello

Sono bloccati i passaggi di livello e le attribuzioni di nuovi profili professionali, anche in presenza di posti disponibili nella Tabella organica.

Agli Eminentissimi Signori Cardinali
Capi Dicastero della Curia Romana
CITTA' DEL VATICANO

Dokument 15. Schreiben des Leiters des Staatssekretariats, Kardinal Pietro Parolin, vom 13. Februar 2014 an die leitenden Kardinäle sämtlicher Kurienbehörden mit der päpstlichen Anweisung, Neueinstellungen, Gehaltserhöhungen sowie den Abschluss von Beraterverträgen auszusetzen.

Trasferimenti interni

Per ricoprire i posti che si rendono vacanti nell'Organico e per favorire una migliore collocazione delle professionalità esistenti, si invita a fare maggiore uso dello strumento del trasferimento, anche temporaneo, di Personale da un Ente all'altro. Per facilitare la compilazione di elenchi contenenti i nominativi del Personale assoggettabile a mobilità, i Superiori sono invitati a fornire informazioni alla Segreteria di Stato.

Lavoro straordinario

E' vietato il ricorso al lavoro straordinario che si presenti con ricorrenza abituale nell'orario di servizio del dipendente. Il lavoro straordinario, da considerarsi quindi un'eccezione, è da adottare nei soli casi di effettiva necessità e va limitato anche con il ricorso a turni di lavoro, che comportino un risparmio non solo in termini di ore lavorate, ma anche di maggiorazioni festive e notturne.

Si esige l'osservanza puntuale delle *Norme sul lavoro straordinario e sul lavoro ordinario festivo e notturno* (1998), soprattutto per quanto attiene le autorizzazioni previe.

Attività di volontariato

Il volontariato può essere un utile strumento per far fronte a temporanee e particolari esigenze lavorative, a condizione che siano osservate rigorosamente le disposizioni normative in materia, soprattutto per quanto riguarda la spontaneità della prestazione e la gratuità della stessa.

Nell'attuale difficile momento di crisi economica, che tocca anche i Bilanci vaticani, l'applicazione delle suddette determinazioni contribuirà, in generale, a garantire il mantenimento dell'intera Comunità di lavoro al servizio del Santo Padre e della Chiesa Universale.

Mentre La ringrazio per l'apprezzata collaborazione, profitto volentieri della circostanza per confermarmi con sensi di distinto ossequio

dell'Eminenza Vostra Rev.ma
Dev.mo

+ Pietro Parolin

Segretario di Stato

PONTIFICIA COMMISSIONE
REFERENTE DI STUDIO E DI INDIRIZZO
SULL'ORGANIZZAZIONE DELLA STRUTTURA
ECONOMICO-AMMINISTRATIVA DELLA SANTA SEDE

Sintesi dell'incontro No. 7 della Commissione (21 febbraio, 2014)

Proposte finali da consegnare al Santo Padre e al Prefetto della Segreteria per l'Economia

1. Un'assenza di governance, controlli e professionalità conducono a un alto livello di rischi in **APSA**. Sono state identificate **92 raccomandazioni** per indirizzare quei rischi e sono state riassunte in un resoconto esecutivo. COSEA propone di coinvolgere le **adeguate autorità giudiziarie** ogniqualvolta le conclusioni lo richiedano.
2. Sono state preparate raccomandazioni concrete per ogni **attività commerciale** del Governatorato e una proposta per **l'organizzazione futura**. Il resoconto esecutivo includerà un'analisi qualitativa dei vantaggi e svantaggi che una **tassa sul reddito e sulle vendite (IVA)** dello Stato Vaticano possano apportare.
3. È stato preparato un resoconto esecutivo sui **rischi** dell'**approccio contabile** attuale e della strada da percorrere per adottare gli **standard contabili internazionali**.

Iniziative da sottoporre al Prefetto della Segreteria per l'Economia

4. Sarà preparata una **lista delle iniziative prioritarie** che la **Segreteria per l'Economia** dovrà adottare per iniziare l'implementazione delle riforme. A tal fine, un incontro tra la COSEA e il Prefetto della Segreteria per l'Economia sarà organizzato per presentargli le conclusioni del lavoro in dettaglio.
5. Una proposta di KPMG per condurre un esame dei conti delle **Cause dei Santi** sarà presentata a Cardinal Pell. In futuro, lavoro in questo campo dovrà essere condotto sotto la guida della Segreteria.
6. I progetti dei **Fondi Pensioni e Assistenza Sanitaria** sono stati conclusi e l'implementazione delle iniziative proposte, compresa l'immediata necessità di nominare nuovi professionisti al Consiglio d'Amministrazione, dovrà essere guidata dalla Segreteria per l'Economia.
7. La proposta per un'entità di **gestione patrimoniale** che unifichi tali attività di tutte le istituzioni relazionate alla Santa Sede, compresi i beni dello IOR e quelli appartenenti ai clienti dello IOR, è stata approvata all'unanimità dalla Commissione dello IOR a gennaio. COSEA evidenzierà al Prefetto della Segreteria per l'Economia l'importanza di includere i beni dello IOR e dei suoi clienti nella soluzione proposta in modo da realizzare le efficienze.
8. COSEA propone che un headhunter professionista sia selezionato per individuare un **Direttore per le Risorse Umane** con la rilevante esperienza.
9. Sarà chiesto al Prefetto della Segreteria per l'Economia di dare supporto quando arriverà il momento di domandare alle varie istituzioni soggette agli studi dei consulenti, di pagare per i servizi di tali consulenti. Tutte le **fatture in sospeso** dovranno essere pagate **entro la fine di marzo**.

Prossimi passi concreti e discussioni sui progetti COSEA in corso

10. Una lettera a Msgr. Camilleri e Msgr. Wells sarà preparata per chiarire questioni relative alle informazioni finanziarie che la Segreteria di Stato ha inviato alla COSEA.
11. COSEA finalizzerà entro la fine di Marzo tutti i progetti in corso:
    - Una revisione dei beni immobiliari (condotta internamente con il supporto di Promontory)
    - Una proposta per un unico centro mediatico vaticano (condotta da McKinsey)
    - Una due diligence degli ospedali Bambino Gesù (condotta da PWC) e Casa Sollievo della Sofferenza (condotta da Deloitte)

Dokument 16. Zusammenfassung der Sitzung Nr. 7 der Cosea-Kommission vom 21. Februar 2014 mit der Empfehlung, sich an die Justiz zu wenden, sobald Unregelmäßigkeiten aufscheinen.

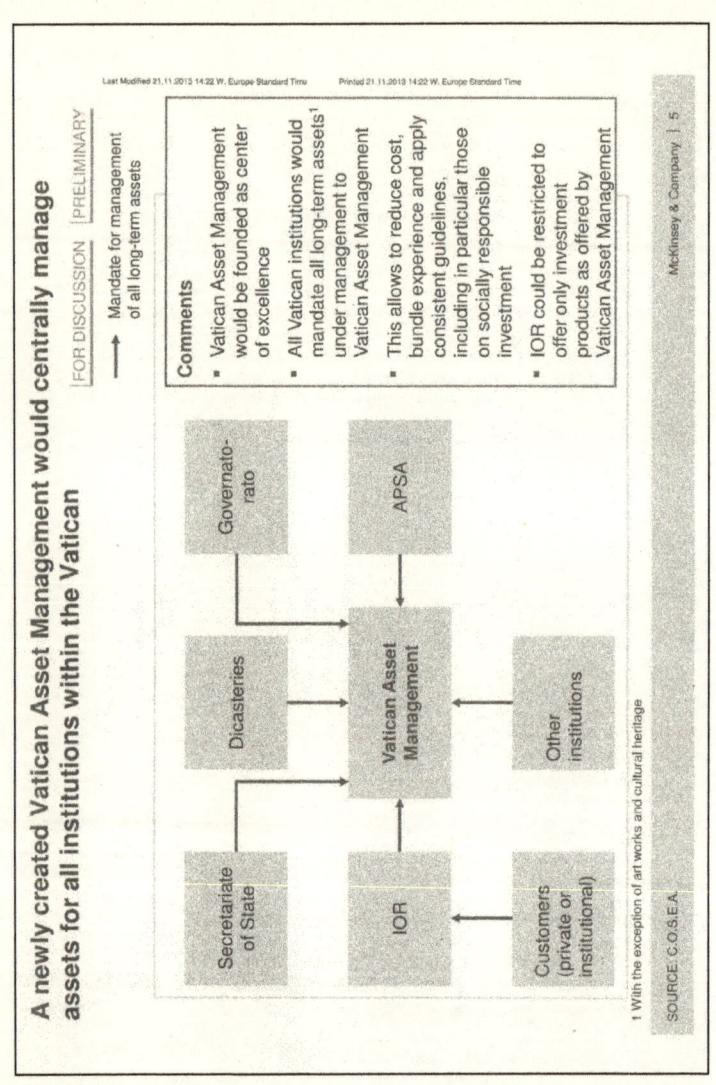

Dokument 17. Entwurf der Cosea-Kommission zur Bildung des Vatican Asset Management (VAM); von Papst Franziskus nicht gebilligt.

Dal Vaticano, 2 giugno 2014

Illustrissimo Signore,

il 19 luglio scorso ho istituito la Commissione Referente sull'Organizzazione ella struttura economico-amministrativa della Santa Sede, affidandone a Lei la Presidenza.

Le sono riconoscente per il lavoro che tale Commissione, insieme con i consulenti e tutti coloro che hanno collaborato con essa, ha svolto con dedizione e riservatezza nell'adempimento del mandato affidatoLe; in modo particolare, desidero ringraziarLa per i diversi rapporti consegnatimi al riguardo nel febbraio scorso.

Grato delle proposte avanzate da codesta Commissione circa la futura organizzazione delle strutture in parola, ritengo ora lodevolmente concluso il compito assegnatole e, pertanto, informo che ho deciso di sciogliere la Commissione Referente sull'Organizzazione della struttura economico-amministrativa della Santa Sede, a far data dal 22 maggio 2014.

Prego dunque la Signoria Vostra di voler disporre affinché il rapporto finale, insieme all'intero archivio della Commissione, mi siano trasmessi appena possibile.

Mentre ringrazio, insieme con Lei, anche gli altri componenti della Commissione, cioè il Rev.mo Segretario Mons. Lucio Angel Vallejo Balda, il Sig. Jean-Baptiste de Franssu, il Dott. Enrique Llano, il Dott. Jochen Messemer, la Sig.ra Francesca Immacolata Chaouqui, il Sig. Jean Videlain-Sevestre ed il Sig. George Yeo, di cuore imparto a tutti la mia benedizione.

Franciscus

Illustrissimo Signore
Dr. Joseph FX ZAHRA
Presidente della Commissione Referente
sull'Organizzazione della struttura
economico-amministrativa della Santa Sede
CITTÀ DEL VATICANO

Dokument 18. Dankesschreiben von Papst Franziskus vom 2. Juni 2014 an den Vorsitzenden der Cosea-Kommission Joseph Zahra.

C.O.S.E.A.

Pontificia Commissione Referente di Studio e di Indirizzo
sull'Organizzazione della Struttura Economico-Amministrativa della
Santa Sede

CONFIDENTIAL

COSEA Meeting no.3

BRAINSTORMING REPORT

■■■

Joseph F X Zahra, President (JFXZ), Mgr Lucio Angel Vallejo Balda, Secretary (LAVB), Jean-Baptiste de Franssu (JBF), Enrique Llano (EL), Jochen Messemer (JM), Francesca Immacolata Chaouqui (FC), Jean Videlain-Sevestre (JV), and George Yeo (GY).

■■■

GY: The Holy See (HS) is a unique institution: Every country at the UN has its own national interest to defend while the HS has no own interest but the moral and universal interest to improve the world. Through family of nations, HS exercises moral influence at the state level.

Question: Should the Secretary of State (SS) be like the Minister of Foreign Affairs (MFA) and PM?

SS needs to be able to make decisions despite cardinals sitting on each other's committees.

Difficult for SS to be both PM and Foreign Minister.

***

We need a Finance Ministry with full capability and budgeting office. The Prefecture for the Economic Affairs (PEA) could be turned into the FM and this filters down through the other Congregations in working with other entities to budget, meet budgets and plan for the future.

The Finance Ministry (FM) should have treasure responsibilities. Church is missionary and has to go out into the frontier, and the FM should be able to oversee the finances.

With the FM, APSA should find its place and role. Question: Should APSA continue to be a central bank? APSA has existing agreements with the Fed, the Bank of England and the German Bundesbank as a central bank. We should preserve this status because re-negotiation can be difficult.

***

Dokument 19. Protokoll der Cosea-Sitzung Nr. 3 mit Vorschlägen zur Umgestaltung des politischen und institutionellen Aufbaus des Vatikan.

The third big item is the Governorate (we should discuss these points with the HOLY FATHER): City Government with its own accounts and budgets ♦ Self sustaining and source of funds to Finance Ministry ♦ No need for Cardinals and other clerics ♦ Everything else should be nothing new: safe, clean and well managed ♦ Vatican Museums should be a separate entity.

■■■

LAVB: *** **NEW UPDATE FROM C8** *** They don't want to confuse the Curia with the Curia in a diocese. Not a Moderator Curiae but a coordinator (and a bishop, not a cardinal). He shouldn't have authority over congregations but coordinate them.

SS will lose its name to be Papal Secretary (It is worthwhile to remember that after Vatican II, Paul VI gave extra power to the Secretariat of State, which he knew very well for having worked there several years, and then it became, if you will, a bottle neck, because it has to approve everything)

All Pontifical Councils will disappear because their functions in theory are important but what is actually needed is the coordination among different Bishops Conferences (e.g. cultural affairs: Rome cannot issue teachings to influence the rest of the world).

This would make the Curia lighter and easier to manage (There is a huge imbalance of Cardinals in Rome as opposed to other regions of the world)

Admin bodies not headed by Cardinals exclusively; purely administrative body like APSA doesn't need a Cardinal.

Council of Cardinals will stay.

For the Governorate may be recover the lay Governor as it was like a Mayor, with a City Council to advice the Mayor.

■■■

EL: I'm not going to enter into a discussion whether the Governorato is the government of a State or a municipality, as I did in the previous meeting, I abandon such a discussion for the immediate purposes of this exercise.

I strongly support the concept of a ministry of finance (PEA) and the idea that it must to report to the supreme authority, in this case, either the Secretary of State, if its role is that of a Prime Ministry, or to the HOLY FATHER if the Secretary of State plays the role of a Ministry of Foreign Affairs. A Ministry of Finance has to have the ultimate responsibility of the financial control of the HS and Governorato.

■■■

JV: Practically let's see what the problems and issues are and by streamlining that part we can eradicate the disease instead of asking 200 or 300 cardinals to make this revolution.

Go through malfunctioning and get consensus of cardinals: they know about ecclesiastic life better while we know economic issues better.

We must recognize that there is the risk for us to recommend solutions that are not realistic.

■■■

FC: We have two types of issues: 1) how to reform the financial management in order to help the HOLY FATHER now; 2) there was a time when the Rome of Bernini, Michelangelo, etc. was the inspirational center of the world and the Church was the matrix of civilization: how can we have the tools to become that source of talents so that the Church can disseminate the word of God along with a clean financial system? And let's imagine to create a financial system that is an example.

■■■

JBF: We must consider both the aspects: the faith and the day to day human.

We will have to spend time on the reform and improvement of the management.

The role of laity going forward will change.

■■■

JM: Guiding principles on our organization proposal will be helpful (e.g. Separate the city and state management from the role of the Church in the world; Propaganda Fide should either do content and guidance but not be a manager of the assets for that work to the same time).

We should think about 1-3 options to be proposed.

We should be brave in what we propose. Our role should be, to propose what we think is best, the HOLY FATHER and the C8 can then - based on this proposals - come their conclusion.

We need to ensure international expertise to manage the financial - administrative part (one could even ask to only accept English speaking management in the leadership of the financial-administrative side).

■■■

LAVB: The Finance Ministry can be created because PEA doesn't have the role it needs.

I will provide a list of books at the service of the COSEA on the financial history of the Holy See.

The central idea is that SCV is for the freedom of the Pope and not for gardens and shops.

The reality is that we need money to get financial freedom.

Why the SCV? Benedict XV wanted the minimum space necessary for his freedom. Maybe we should read the minutes of the Lateran Treaty to get a better understanding.

The argument for the sovereignty was that the Pope never lost his sovereignty at the Vatican and this is a reality. We should take this into consideration and we should see how the greatest good can come out of this.

Taking into account that the Pope is Bishop and governs the Diocese of Rome, which, until 1990, was a dicastery of the Holy See.

■■■

3

JFXZ: **[CONCLUSION]** Keep vision and objectives that GY, FC, and LAVB mentioned.

Guiding principles, especially one principle about the laity. Priests should not be careerists, and instead of Prelates, professional competent lay people for some positions.

It is encouraging that our points are being listened to.

We will have a day to brainstorm on this ideas and come up with a reform. In the meanwhile also read more as LAVB proposed.

	Costi	*Ricavi*	*Risultato*	*Banche e titoli*
Radio Vaticana	26.842.870	745.634	-26.097.236	722.669
Fondazione Casa Sollievo della Sofferenza	285.109.000	267.444.000	-17.665.000	4.227.000
Segreteria di Stato 1ª Sez. Aff. Generali	5.749.109	0	-5.749.109	
Nunzi Apostolici	5.489.955	0	-5.489.955	
Tipografia Vaticana – Editrice L'Osservatore Romano	18.555.182	13.285.066	-5.270.116	3.394
Guardia Svizzera Pontificia	4.649.742	0	-4.649.742	
Op. Rom. per la Preserv. della Fede e la provv. di nuove Chiese in Roma	18.825.026,40	14.541.618,90	-4.283.408	7.435.478
Cardinali di Curia	4.243.202	0	-4.243.202	
Pontificia Delegaz. per il Santuario di Pompei	13.427.973	10.199.522	-3.228.451	9.322.910
Archivio Segreto Vaticano	2.731.060	0	-2.731.060	
Congregazione per la Dottrina della Fede	2.531.117	144.359	-2.386.758	
Segreteria di Stato 2ª Sez. Rapporti con gli Stati	2.108.285	0	-2.108.285	
Tribunale Rota Romana	2.226.290	194.753	-2.031.537	

Dokument 20. Liste der 13 Ämter, Körperschaften und Dikasterien mit den stärksten Auswirkungen auf das Kosten-Nutzen-Verhältnis der römischen Kurie (die Angaben beziehen sich auf 2010). Der auffälligste Betrag betrifft die Ausgaben von 4,2 Millionen Euro für die Kardinäle der römischen Kurie.

Dokument 1

Vatikan, 27. Juni 2013
SUB SECRETO PONTIFICIO

Heiliger Vater,
wir wissen es sehr zu schätzen, dass wir am Mittwoch, den 18. Juni, an der von Ihnen gefeierten Heiligen Messe teilnehmen durften. Insbesondere hat uns Ihre Predigt und Ihre an alle Anwesenden gerichtete, ausdrückliche Ermahnung zu mehr Mut und Offenheit beeindruckt. Diese Ihre Ermahnung hat uns zu diesem Brief bewogen. Wir sind Mitglieder des Rats der Revisoren in der Präfektur für die wirtschaftlichen Angelegenheiten des Heiligen Stuhls. Wir ergreifen mit diesem Schreiben jedoch vor allem die Möglichkeit, uns Ihnen als »Privatpersonen« und nicht als »öffentliche Personen« anzuvertrauen. Wir möchten Ihnen hiermit unsere Besorgnis bezüglich der finanziellen Situation des Vatikan mitteilen und Vorschläge für künftige Reformen machen. Das bedeutet allerdings nicht, dass der Präsident oder die Mitarbeiter der Präfektur hinsichtlich unserer Sorgen und Empfehlungen ganz oder teilweise anderer Meinung wären. Doch empfinden wir es als unsere Pflicht, Ihnen unsere Ansicht persönlich darzulegen. Gleichzeitig möchten wir die Präfektur von jeder Verantwortung entbinden, die möglicherweise aus unserer Offenheit und Ehrlichkeit erwächst, da wir uns nicht an die für Schreiben der Kurie sonst geltenden »diplomatischen Gepflogenheiten« halten. Sollten Sie unser Verhalten als anmaßend empfinden, möchten wir uns bereits vorab dafür entschuldigen.

Unserer Ansicht nach sind die drängendsten finanziellen Problembereiche folgende:

1. Der Rechnungslegung des Heiligen Stuhls und des Governatorats mangelt es an jeglicher Transparenz. Die fehlende Transparenz macht es unmöglich, eine Aussage über die tat-

sächliche finanzielle Situation sowohl des Vatikan insgesamt als auch seiner einzelnen Teile zu treffen. Das impliziert auch, dass niemand wirklich die Verantwortung für die Finanzverwaltung übernehmen kann. Hinzu kommt, dass die Abschlüsse der verschiedenen Bereiche zwar den geltenden Richtlinien entsprechen, aber nicht alle Aktivitäten des Vatikan in den Abschlüssen erfasst werden. Wir wissen lediglich, dass die von uns geprüften Zahlen eine sehr ungünstige Entwicklung erkennen lassen, und hegen den starken Verdacht, dass der Vatikan als Ganzes ein ernsthaftes, strukturelles Defizit aufweist. Diese Situation zu verbessern, verlangt erhebliche Anstrengungen, und vor allem, dass sich alle Körperschaften innerhalb des Vatikan an die Anforderungen einer ordnungsgemäßen Datenverarbeitung und Datenweitergabe halten, anstatt diese, wie derzeit üblich, zu ignorieren.

2. Die allgemeine Finanzverwaltung im Vatikan kann man bestenfalls als dürftig bezeichnen. Vor allem die Prozesse für Budgetplanung und Budgetfestlegung sind sowohl für den Heiligen Stuhl als auch im Governatorat vollkommen willkürlich, obwohl die geltenden internen Richtlinien klar definierte Mindestanforderungen enthalten. Die Finanzaufgaben sind in vielen Ämtern nicht klar von anderen Aufgaben getrennt. Das führt dazu, dass im Allgemeinen ein- und dieselbe Person für finanzielle Entscheidungen, deren Durchführung, buchhalterische Erfassung und Kommunikation an höhere Stellen verantwortlich ist. Im besten Falle kommt es hierdurch zu Beeinträchtigungen bei der Überprüfung von Unregelmäßigkeiten, der Feststellung von Fehlern und dem Erkennen von Verbesserungsmöglichkeiten und Wegen zur Erhöhung der Effizienz. Im Immobilienbereich sind diese Mängel offenkundig. Hier bemängeln die externen Wirtschaftsprüfer des Vatikan schon seit Jahren ein (fehlendes) Kontrollsystem, Schwierigkeiten bei der Einforderung der Mieten sowie andere, damit in Zusammenhang stehende Pro-

bleme. Ähnlich sieht es bei der Beschaffung von Waren und Dienstleistungen aus. Und auch der Pensionsfonds bereitet uns Sorgen, für den keine versicherungsmathematischen Analysen durch Experten vorliegen. Diese Gegebenheiten legen die Vermutung nahe, dass zumindest in Teilen des Vatikan die Einstellung »Die Regeln betreffen uns nicht« vorherrscht.

3. Die Kosten sind außer Kontrolle geraten. Das gilt insbesondere für die Personalkosten, aber auch für andere Kosten. In vielen Fällen gibt es Überschneidungen, wo eine Zusammenlegung zu erheblichen Einsparungen führen und die Problembehandlung verbessern könnte. Wenn diese Zusammenlegung allerdings erfolgt, ehe es bei Budgetplanung und Budgetfestlegung, Kontrollprozessen und Rechnungslegung zu Verbesserungen gekommen ist, befürchten wir, dass sich die durch Unregelmäßigkeiten verursachten schweren Verluste noch erhöhen könnten. Dieses Risiko besteht in besonderem Maße beim Cash Management, bei der Verwaltung von Kapitalanlagen und bei der Beschaffung. Bei der Beschaffung könnte eine stärkere Zentralisierung – die an sich vorteilhaft wäre – so große Risiken mit sich bringen, dass sie die Maßnahme nicht rechtfertigen würden. Hingegen besteht in anderen Bereichen offensichtlich nur eine gewisse generell ablehnende Haltung gegenüber Veränderungen der gewohnten Prozessabläufe, obwohl deren Einsparungspotenzial enorm wäre.

4. Was die Kapitalanlagen betrifft, ist es uns nicht gelungen, klare Richtlinien auszumachen, nach denen dabei vorgegangen wird – etwa Obergrenzen (und in manchen Fällen Untergrenzen) für verschiedene Aktienpaketklassen, zuverlässige Risikomanagementkriterien oder ähnliches. Dies ist ein schwerer Mangel, der den Anlageverwaltern zu viel Raum lässt, willkürlich zu entscheiden, und so dafür sorgt, dass sich das allgemeine Risiko noch erhöht. Diese Situation betrifft gleichermaßen die Kapitalanlagen des Heiligen Stuhls,

des Governatorats, des Pensionsfonds, des Gesundheitsfonds und weitere Geldmittel, die von autonomen Körperschaften verwaltet werden, und bedarf daher dringend einer Verbesserung.

Wir möchten daher mit Nachdruck empfehlen, die Abläufe im Finanz- und Rechnungswesen neu zu strukturieren und nach Risikomanagementkriterien auszurichten, die sich möglichst eng an den Standards orientieren, die heute in vielen Bereichen des globalen Finanzsektors üblich sind. Die Finanzverwalter der verschiedenen Ämter und Körperschaften müssen eindeutig dafür verantwortlich sein, ein realistisches, leistungsfähiges Budget zu erstellen und einzuhalten. Zudem sollte es ein gesondertes, leitendes Organ geben, das alle Körperschaften umfassend kontrolliert und überprüft. Ein Dritter sollte eine interne, unabhängige Rechnungsprüfung durchführen, die unangekündigt erfolgt.

Seit Jahren schon wiederholen wir die im Wesentlichen immer gleichen Beurteilungen, und tatsächlich gab es auch Verbesserungen. Aber sie sind so langsam! Wir glauben, fast mit Sicherheit sagen zu können, dass die derzeit laufenden Studien zur Organisation nicht geeignet sind, die grundlegenden und notwendigen Reformen anzustoßen, wenn nicht gleichzeitig auch diese finanziellen Probleme angegangen werden. Tatsächlich wäre es so, dass die allgemeinen Risiken im Finanzbereich sich sogar noch erhöhen würden, wenn die Konsolidierung nicht von einer Verbesserung des Kontrollsystems begleitet würde.

Wir sind uns dessen bewusst, dass unsere Anregungen und Empfehlungen hart und manchmal sehr weitreichend sind. Wir hoffen aber von ganzem Herzen, dass Eure Heiligkeit verstehen möge, dass unser Handeln von unserer Liebe zur Kirche und dem aufrechten Wunsch getragen ist, zu helfen und die weltliche Seite des Vatikan zu verbessern. Wir stehen Eurer Heiligkeit und dem Kardinalsrat, der mit der Untersuchung dieser Probleme beauftragt ist, jederzeit für alle Rückfragen zur Verfügung und sind jederzeit zur Zusammenarbeit bereit.

Herr Dr. Prato wird dieses Schreiben in Anwesenheit des vollständig versammelten Rats der internationalen Revisoren unterzeichnen.

Wir erbitten für uns und unsere Familien Euren päpstlichen Segen und versichern Eurer Heiligkeit unsere tiefste Ehrerbietung und Ergebenheit.

An Seine
glücklich regierende Heiligkeit
Papst Franziskus

Dokument 2

Beispiele, die der Cosea-Kommission im Laufe der Arbeit begegnet sind:

- Die letzte versicherungsmathematische Überprüfung des Pensionsfonds 2011 ging von einer geschätzten Finanzierungslücke in Höhe von 40 Mio. Euro aus; die Prüfung durch Cosea ergab eine Finanzierungslücke von 700 bis 800 Mio. Euro (Pensionsfonds)
- Die Mieteinnahmen der Immobilien der Evangelisierungskongregation könnten doppelt so hoch sein, wenn die Mieten für die externen Mieter auf Marktniveau angehoben würden (Immobilien)
- In den Jahresabschlüssen des Apostolischen Stuhls werden Barmittel, Wertpapiere und Immobilien in beträchtlicher Höhe nicht erfasst; eine stichprobenartige Überprüfung von vier Körperschaften zeigt zum 31. Dezember 2012 einen nicht ausgewiesenen Betrag in Höhe von mindestens 93 Mio. Euro (Rechnungslegungsprozesse)
- Durch fehlende Lagerbestände ergab sich in den letzten beiden Jahren ein Verlust in Höhe von 1,6 Mio. Euro (Artikel waren bei der Inventur nicht auffindbar) (Governatorat)
- Ein Laien-Postulator verlangt für erste Nachforschungen zur Einleitung eines Kanonisationsverfahrens eine Vorauszahlung in Höhe von 40.000 Euro (Selig- und Heiligsprechungen)
- Von den 60 Kunden der APSA haben 60 Prozent nur vier oder weniger verschiedene Wertpapiere im Portfolio, was auf eine vollkommen fehlende Anlagediversifikation hinweist und für das Portfolio ein sehr hohes Risiko darstellt (APSA)

- Es gibt im Vatikan niemanden, der die Anzahl und die Gesamtkosten für alle Beschäftigten des Vatikan kontrolliert (Personalpolitik)
- Circa 80 Prozent der Einlagezertifikate der APSA im Wert von 204 Mio. Euro stammen von nur einem Emittenten, der Banca Prossima, was zu einem hohen finanziellen Risiko führt (Asset Management)
- Governatorat und APSA verwenden für die Buchhaltung zwei völlig verschiedene EDV-Systeme, obwohl diese erst in den vergangenen zwei Jahren implementiert wurden (Infrastrukturausbau)

Dokument 3

1. Rechnungslegungsprozesse

Identifizierte Risiken	Zu ergreifende Maßnahmen
• Barmittel, Wertpapiere und Immobilien in beträchtlicher Höhe **werden von den Jahresabschlüssen des Apostolischen Stuhls nicht erfasst** • Es gibt keine Budgetkontrolle, da die verschiedenen Kongregationen, Räte etc. keine Informationen darüber erhalten, wie viel sie ausgeben oder welche Ausgaben sie tätigen dürfen • **Es gibt im Laufe des Jahres keine vorläufigen Jahresabschlüsse oder vorläufigen Budgets,** die als Instrument der Ausgabenkontrolle dienen könnten Beispiel: Nicht erfasste Vermögenswerte von 4 stichprobenartig ausgewählten Dikasterien, 2012, in Mio. Euro	• Zurückgewinnung der Kontrolle über alle Vermögenswerte, die in den konsolidierten Jahresabschlüssen nicht verzeichnet sind oder nicht beim IOR oder bei der APSA angelegt sind • Entsprechende Bearbeitung / Aufteilung der von der Güterverwaltung vorbereiteten Finanzinformationen, um eine Budgetplanung zu ermöglichen • Zusammenführung aller Rechnungslegungs-, Budget- und IT-Aufgaben in einem neuen Wirtschaftssekretariat • Einrichtung eines dauerhaften Rechnungshofs (Generalrevisor) als externe Kontrollinstanz für das Wirtschaftssekretariat

43	37	13	1	*93
Kongregation für die Ostkirchen	Nuntiaturen	Evangelisierungskongregation	Kongregation für die Selig- und Heiligsprechungen	Gesamt

*Insgesamt 93 Mio. Euro sind nicht in den Jahresabschlüssen des Heiligen Stuhls verzeichnet

Quelle: Cosea, Präfektur für die wirtschaftlichen Angelegenheiten des Heiligen Stuhls

Dokument 4

Überblick über die identifizierten Risiken und die zu ergreifenden Maßnahmen (10/11)

Projekt	Identifizierte Risiken	Zu ergreifende Maßnahmen

Asset Management	• Das Vermögen des Apostolischen Stuhls (laut Bilanz 4 Mrd. Euro) sowie Fremdvermögen (6 Mrd. Euro) im Gesamtwert von **10 Mrd. Euro** (9 Mrd. Wertpapiere, 1 Mrd. Immobilien) werden von **mehreren Institutionen im Vatikan** verwaltet.
	• Hinsichtlich Governance, Anlageprozessen, Portfolio-Struktur und der Anwendung von Best Practices wurden erhebliche **Mängel** festgestellt, z. B.
	  – Circa 80 % der Einlagezertifikate der APSA im Wert von 204 Mio. Euro sind bei einer einzigen ausgebenden Bank, der Banca Prossima, investiert, was zu eklatanten Ausfallrisiken führt
	  – Innerhalb der Güterverwaltung gibt es **keine einheitlichen Rechnungslegungsstandards**; sie variieren je nach Vermögensklasse
	  – Das Immobilienportfolio des Pensionsfonds ist **zu 100 % in Immobilien in Rom angelegt**
		• Umsetzung eines **einheitlichen Asset Management-Ansatzes** nach den Prinzipien:
		  – Starke **Lenkung** und **Kontrolle**
		  – Allgemeiner, transparenter, zuverlässiger und wiederholbarer **Anlageprozess**
		  – Starke **Verankerung auf operativer Ebene** und konsistente Anwendung von **Best Practices**
		• Schaffung eines eigenständigen Exzellenz-Zentrums (Vorschlag mit **IOR-Kommission** abgestimmt)

Dokument 5

Direktion Wirtschaftliche Dienste

Von: ▮▮▮▮▮
Gesendet: Donnerstag, 21. Februar 2013, 9.05
An: Governatorat Vatikanstaat Direktion Wirtschaftliche Dienste
Betreff: Vereinbarungen 2013
z. Hd. Dr. ▮▮▮▮▮
Eingangsstempel vom 21. Februar 2013

Sehr geehrter Dr. ▮▮▮▮▮
unter Bezugnahme auf das geführte Telefongespräch bestätigen wir Ihnen wie folgt:
1. Bonus Target
   - Jahresumsatz von 1.700.000,00   Euro 12.000
   - Jahresumsatz von 1.800.000,00   Euro 14.000
2. Beitrag Markteinführung Winston
   a) Wir nehmen Ihre Zustimmung zur Markteinführung der zwei Winston (Winston One und Winston Silver) zur Kenntnis und bestätigen Ihnen 4.000 Euro als Sonderbeitrag (2.000 Euro pro Referenz)
3. Dannemann-Zigaretten
   a) Eigentlich haben wir hierfür kein Budget zur Verfügung, da wir aber glauben, dass dieses Produkt für Sie interessant sein kann, sind wir bereit, Ihnen zur Einführung einen Beitrag in Höhe von 1.000 Euro zu gewähren.

Für weitere Informationen stehen wir gern zur Verfügung.
Mit freundlichen Grüßen

▮▮▮▮▮
Managing Director
Paolucci & C. International SpA.

[Handschriftlich neben Punkt 3.a.:] NEIN. Das ist nicht möglich. OK nur zu denselben Bedingungen.

Dokument 6

PHILIP MORRIS
INTERNATIONAL SERVICES SARL Branch office

An
Dr. Napolitano
Direktion Wirtschaftliche Dienste des Governatorats
der Vatikanstadt
00120 Vatikanstadt, Italien

VERTRAULICH
Rom, 13. März 2013
Sehr geehrter Dr. Napolitano,
2013: Handelsprogramm

Wir freuen uns, Ihnen unsere Zustimmung zu den Bedingungen mitteilen zu können, zu denen die Direktion Wirtschaftliche Dienste – Governatorat der Vatikanstadt (die »Gesellschaft«) sich zu absatzfördernden (in Abschnitt 2 beschriebenen) Maßnahmen für die Zigaretten (das »Produkt«) der Marke Philip Morris International (PMI) verpflichtet. Für die Durchführung dieser Leistungen gewährt die Philip Morris International Services SARL, Filiale Rom, (»PMIS Rom«) der Gesellschaft eine Vergütung gemäß den in der vorliegenden Vereinbarung dargelegten Fristen und Bedingungen (die »Vereinbarung«).

Ihre Zustimmung zu diesen Konditionen gilt als erteilt, sofern binnen 14 (vierzehn) Tagen nach Erhalt der vorliegenden Vereinbarung keine anderslautende, schriftliche Mitteilung erfolgt. Diese Mitteilung ist gemäß den Angaben in Abschnitt 5 des vorliegenden Dokuments mittels Einschreiben zuzustellen.

1. Laufzeit
   Die vorliegende Vereinbarung tritt am 01. Januar 2013 in Kraft und gilt bis zum 31. Dezember 2013 (die »Laufzeit«).

2. Dienstleistungen

Die Gesellschaft hat PMIS Rom die in Abschnitt 2 beschriebenen Dienstleistungen zu erbringen (insgesamt, die »Dienstleistungen«).

2.1 Die Gesellschaft hat jeden Monat folgende Daten an PMIS Rom zu übermitteln:
   (a) Absatzmenge (COT) für jede Marke in den Duty-Free-Läden des Vatikanstaats.
   (b) Laufende und/oder bereits durchgeführte wettbewerbsfähige Werbekampagnen, Markteinführungen von Produkten und Aktionen in Bezug auf Einzelverkaufspreise.

2.2 Die von der Gesellschaft übermittelten Daten und Angaben dürfen keine Informationen vertraulicher Art oder Informationen enthalten, die Werbekampagnen eines Mitbewerbers von PMIS Rom oder einer ihrer Tochtergesellschaften betreffen, die im Einzelverkauf noch nicht umgesetzt worden sind.

2.3 Die von der Gesellschaft erhaltenen Informationen sind als vertraulich zu behandeln und ausschließlich für interne Zwecke zu verwenden, es sei denn für PMIS Rom und ihre Tochtergesellschaften entsteht die Notwendigkeit, diese Informationen zu verbreiten, um zur Eindämmung des illegalen Zigarettenhandels weltweit beizutragen.

3. Vergütung

3.1 Für die Erbringung der genannten Dienstleistungen gewährt PMIS Rom der Gesellschaft eine Vergütung in Höhe von € 12.500 (zwölftausendfünfhundert Euro) (die »Vergütung«).

3.2 Die Vergütung stellt für die Gesellschaft den einzigen Vergütungsanspruch durch PMIS Rom in Hinblick auf die Erbringung der Dienstleistungen dar. Im Übrigen ist die Umsatzsteuer, soweit anwendbar, im Vergütungsbetrag enthalten, und die Gesellschaft ist für die Entrichtung sonstiger Steuern hinsichtlich der erhaltenen Vergütung allein verantwortlich, einschließlich, aber ohne entsprechende Einschränkung, der Einkommensteuer.

4. Fakturierung / Zahlungsziel

    4.1 Die Gesellschaft stellt die Vergütung PMIS Rom im Oktober 2013 in Rechnung. Die Bezahlung der Rechnung hat bis spätestens 30 (dreißig) Tage nach Erhalt der Rechnung zu erfolgen, sofern diese Rechnung von der Gesellschaft nach folgenden Vorgaben ausgestellt ist:
    Rechnungsanschrift: Philip Morris International Services SARL – Filiale Via Santa Teresa 35, 00198 ROMA, Italien. Die Rechnung ist zu senden an: PMI Service Center Europe Sp Z.o.o, P.O. Box 96, Al. Jana Pawla II 196, 31-982 Krakau, Polen.

    4.2 Die Überweisung der Zahlung seitens PMIS Rom hat auf das auf den Namen der Gesellschaft lautende Girokonto in Deutschland zu erfolgen.

5. Mitteilungen

    5.1 Zustellungen und Mitteilungen mit Bezug auf die vorliegende Vereinbarung haben schriftlich und in englischer Sprache zu erfolgen und sind persönlich oder mittels Einschreiben in vorfrankiertem Umschlag oder mittels Kurierdienst an die oben angegebenen Adressen zu übermitteln oder wie andernfalls von der betreffenden Partei angegeben.

6. Anwendbares Recht

Dokument 7

Analyse des Immobilienportfolios – Wesentliche Daten

Das Immobilienportfolio ist aufgeteilt zwischen der Ordentlichen Sektion (Objekte im unmittelbaren Eigentum der APSA) und der Außerordentlichen Sektion (Objekte im Eigentum von Immobiliengesellschaften, die von der APSA beherrscht werden).

	Ordentliche Sektion		Außerordentliche Sektion		
	Großbritannien	Italien	Sirea Srl	Sopridex	Profima
Eigentum	Portfolio in direktem Besitz *von der Außerordentlichen Sektion verwaltet	Portfolio in direktem Besitz	Leonina Spa		S. I. Florimont B S. I. Florimont C S. I. Florimont E S. I. Florimont F S. I. Sur Collanges A S. I. Sur Collanges B S. I. Sur Collanges C
Bewertung	Buchwert € 389,6 M geg. geschätztem Verkehrswert € 2.709,7 M				
	Buch: € 38,8 M Verkehr: € 73 M	Buch: € 269,8 M Verkehr: € 2.060 M	Buch: € 16,1 M Verkehr: € 41 M	Buch: € 46,8 M Verkehr: € 469 M	Buch: € 18 M Verkehr: € 49 M
Verwaltung	British Grolux Inv 1 Person	Bereich Immobilienverwaltung (Ordentliche Sektion) 20 Personen		Örtliche APSA-Verwaltung 5 Personen	Örtliche APSA-Verwaltung 1 Person

* Anmerkung: Päpstliche Nuntiaturen im Ausland und unbebaute Grundstücke sind in der Analyse nicht erfasst.

Dokument 8

Betreff: Überweisungen zugunsten der APSA
Datum: 02.01.13 14:17
An: Dr. Paolo Mennini paolo.mennini@apsa.va
Von: ▇▇▇▇▇▇▇@bsibank.com

Sehr geehrter Dr. Mennini,
wie telefonisch besprochen, bestätige ich Ihnen, dass wir am 2. Januar 2013 (Wertstellung vom selben Tag) auf das Konto der APSA bei uns (IBAN CH61084650000A112700N) die folgenden Beträge gutgeschrieben haben:

EUR 1.475.544,27   ⟶ 3.1.73 (D)
EUR 2.389.954,84   Gesamt 3.865.499,11 ⟵ 19.5.72 (4) (A)

Mit dem Betreff: »Diözese Bergamo, Pfarrei Zogno, zugunsten der Casa Santa Maria di Laxolo«
Für eventuelle Rückfragen stehe ich natürlich zur Verfügung und verbleibe mit einem herzlichen Gruß

▇▇▇▇▇▇▇

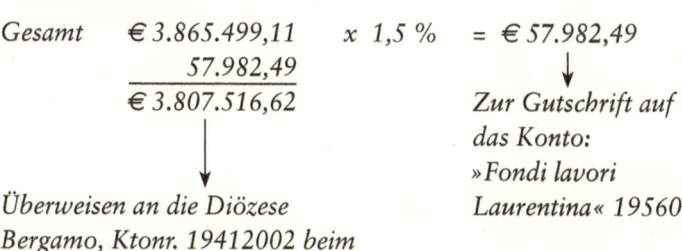

Gesamt   € 3.865.499,11   x 1,5 %   = € 57.982,49
             57.982,49   ↓
       € 3.807.516,62   *Zur Gutschrift auf*
           ↓   *das Konto:*
                                        »Fondi lavori
Überweisen an die Diözese   *Laurentina« 19560*
Bergamo, Ktonr. 19412002 beim
I.O.R.

Grund: Für Pfarrei Zogno für Casa Santa Maria di Laxolo
Datum: 2.1.13
Wertstellung: 4.1.13
Gez. [unleserlich] 2.1.2013

Dokument 9

MEMO
an:
Datum: 23. Januar 2014
von:
Betrifft: Zusammenfassung des Treffens vom 22. Januar 2014

Teilnehmer:
- Ihre Eminenz Kardinal Calcagno
- Monsignor Mistò
- Monsignor Balda
- Dr. Messemer
- Dr. Stattin (Oliver Wyman)

Alle Anwesenden sind übereinstimmend der Ansicht, dass auf der Grundlage des von Oliver Wyman erstellten versicherungsmathematischen Gutachtens konstatiert werden muss, dass der vatikanische Pensionsfonds eine erhebliche Finanzierungslücke aufweist. Das Ausmaß der festgestellten Unterfinanzierung stellt ein potenzielles Risiko für die zukünftige Altersversorgung der Vatikanangestellten dar.

Aus dem Gutachten geht jedoch auch hervor, dass die Mittel des Pensionsfonds ausreichen werden, um die kurzfristig anstehenden Zahlungen zu gewährleisten, sodass mit einer Restrukturierung begonnen werden kann, um einen Zusammenbruch des Pensionsfonds abzuwenden.

Ungeachtet dessen besteht weiterhin die dringende Notwendigkeit, einschneidende Maßnahmen zu ergreifen, um eine Zunahme des Defizits zu verhindern.

Zu diesen Maßnahmen sollte gehören:
- eine Kapitalaufstockung durch eine einmalige Finanzspritze seitens der Verwaltung des Heiligen Stuhls

– eine Neudefinition der künftigen Renten nach Maßgabe des derzeitigen italienischen Rentensystems als Obergrenze, sodass die Beschäftigten des Vatikan mit den gleichen Versorgungsleistungen rechnen können wie italienische Staatsbedienstete

Die von Oliver Wyman vorgeschlagene Lösung würde zu einer Deckung des Defizits führen. Dieser Lösungsvorschlag sollte bei der künftigen Erörterung des Problems als Hauptbezugsrahmen dienen.

Erste Analysen ergeben, dass beim Gesundheitsfonds FAS (Fondo di Assistenza Sanitaria) in den nächsten zehn Jahren für die Einrichtungen des Heiligen Stuhls mit einer erheblichen Kostensteigerung zu rechnen ist. Zurzeit sind im Budget des Gesundheitsfonds keinerlei Kapitalreserven zur Deckung der zu erwartenden Kostensteigerung vorgesehen.

Alle Anwesenden kommen darin überein, dass die Möglichkeit zu prüfen ist, für die derzeit beim FAS versicherten Angestellten und Rentner eine private Krankenversicherung abzuschließen. Die hierdurch gewährleistete Kostenübernahme sollte mindestens das Niveau der italienischen staatlichen Krankenversicherung erreichen. Auch die politischen Auswirkungen, sollte es zu einer verstärkten Inanspruchnahme des italienischen Gesundheitssystems durch auf italienischem Territorium ansässige Bedienstete des Vatikan kommen, sind in Betracht zu ziehen.

Die Anwesenden sind überdies übereinstimmend der Ansicht, dass eine Einrichtung zur Gesamtverwaltung der Altersversorgungs- und Gesundheitsfürsorgeleistungen des Heiligen Stuhls geschaffen werden sollte. Im Aufsichtsrat dieser Einrichtung sollten Persönlichkeiten mit versicherungswirtschaftlicher Expertise und Managementerfahrung im Bereich Renten und Gesundheitsfürsorge vertreten sein. Darüber hinaus sollte dieses Gremium zur Hälfte mit Vertretern der vatikanischen Angestellten besetzt sein.

Es wurde die Einsetzung einer vierköpfigen Arbeitsgruppe unter der Leitung von Monsignore Mistò vereinbart. Die Arbeitsgruppe wird über keine formellen Kompetenzen verfügen, ihre Aufgabe wird sein:
- die Benennung von vier bis sechs Mitgliedern des Aufsichtsrates für die neu zu schaffende Gesamtverwaltung der Renten- und Gesundheitsvorsorge, die den im Verlauf der Sitzung genannten Qualifizierungsmerkmalen genügen
- die Erstellung eines Aktionsplans zur Umsetzung der beschlossenen Maßnahmen bis spätestens Ende 2014.

Die Cosea-Kommission wird in dieser Arbeitsgruppe durch Dr. Messemer vertreten.

Monsignore Mistò und Dr. Messemer werden bis zum 18. Februar 2014 zwei weitere Mitglieder vorschlagen.

Mit neuerlichem Dank und in der Hoffnung, dass es uns gelingen wird, die Herausforderungen, vor denen wir stehen, zum Wohle der Heiligen Mutter Kirche zu meistern,
herzlich
Jochen Messemer

Dokument 10

3. Oktober 2013
Hochwürden Monsignore
Peter Brian Wells
Assessor, Allgemeine Angelegenheiten
Staatssekretariat, Vatikanstadt

Sehr geehrter Monsignore Wells,
vermutlich habe ich Ihnen gegenüber bereits meine Gespräche mit dem britischen Bankexperten Lord Camoys erwähnt, der von 1991 bis 2004 auch Berater der Güterverwaltung war.

Lord Camoy übergab Kardinal Nicora schon im Jahr 2004 ein Memorandum, das Verbesserungsvorschläge zu Finanzwesen und Organisationsstruktur des Heiligen Stuhls und des Vatikan enthielt. In Anbetracht der aktuellen Diskussion über die Rolle des IOR, das Finanz- und Wirtschaftswesen am Heiligen Stuhl sowie die beiden von Seiner Heiligkeit Papst Franziskus eingesetzten Kommissionen dachte ich, dass Ihnen eine Abschrift des ursprünglichen Memorandums vielleicht von Nutzen sein könnte.

Wie Sie sehen werden, enthält das kurze Memorandum praktische Maßnahmen, durch die sich Wirtschafts- und Finanzwesen sowie Organisationsstruktur verbessern ließen. Vor dem Hintergrund der aktuellen Diskussion ist das Memorandum nach wie vor aktuell. Ich füge eine italienische und eine englische Version bei.

Lord Camoy bat mich ferner, Ihnen mitzuteilen, dass er das Memorandum dem Heiligen Stuhl, wie schon 2004, aus völlig freien Stücken und aus einem Gefühl tiefer Ergebenheit überreicht. Er hofft, es könne für Sie in den aktuellen Beratungen von persönlichem Nutzen sein. Vielleicht darf ich noch darauf hinweisen, dass Lord Camoy davon ausgeht, dass das ursprüngliche Memorandum von 2004 im Wesentlichen unbeachtet zu den Akten gelegt wurde.

Nigel Baker, Botschafter Ihrer Majestät

Dokument 12

Governatorat des Vatikanstaates – Der Generalsekretär
Vatikanstadt, 26. März 2014

An Seine Eminenz
Herrn Kardinal George Pell
Präfekt
Sekretariat für Wirtschaftsangelegenheiten
VATIKANSTADT

Hochwürdigste Eminenz,
zunächst möchte ich Sie bitten, meine aufrichtige Gratulation zu Ihrer Ernennung zum Präfekten des Sekretariats für Wirtschaftsangelegenheiten entgegenzunehmen.

Gleichzeitig ist es mir eine Ehre, Ihre Eminenz davon zu unterrichten, dass zugunsten der hochwürdigsten Kardinäle die folgenden Vergünstigungen vorgesehen sind:
- Der Erwerb von Lebensmitteln in einem Umfang, der dem Bedarf des Haushalts entspricht, im Spaccio Annona oder im Magazzino Comunità mit einem Rabatt von 15 %.
- 20 % Ermäßigung auf den Listenpreis bei 200 der monatlich insgesamt 500 zustehenden Päckchen Zigaretten.
- 20 % Ermäßigung auf den Listenpreis im Bereich Bekleidung.
- Eine Zuteilung von 400 Litern Kraftstoff monatlich zu folgenden Sonderpreisen:
  a) Gutscheine zur internen Verrechnung 100 l.
  b) Sonderpreisgutscheine (15 % Rabatt auf den geltenden Preis) 300 l.
    - mit Kardinalsgutscheinen (in weißer Farbe) zu beantragen und an den Tankstellen innerhalb der Vatikanstadt einzulösen.
    - und/oder mit Gutscheinen, die an externen Tankstellen des Agip-Netzes der ENI außerhalb Roms nur mit

Fahrzeugen verwendet werden können, die ein SCV-, CV- oder CD-Kennzeichen tragen. Um die letztgenannte Zuteilung zu nutzen, wäre es gut, wenn eine von Ihnen beauftragte Person sich mit dem Kraftstoffamt der Direktion für die Wirtschaftsdienste des Governatorats in Verbindung setzen würde.

Ich stehe Ihnen für jede weitere Frage zur Verfügung und nutze gern die Gelegenheit, um mich mit ergebener Hochachtung Ihrer hochwürdigsten Eminenz zu empfehlen als Ihr ergebenster

Fernando Vérgez Alzaga

Dokument 13

Mailand, 24. Februar 1970
Herrn
James M. Easterling jr.
2121, First National Life Building
Houston, Texas

Sehr geehrter Herr Easterling,
Ihr Schreiben vom 28. Januar 1970 habe ich dankend erhalten.

Hiermit möchte ich Sie jedoch freundlichst darauf hinweisen, dass ich kein Büro im Vatikan besitze und mir Ihr Schreiben daher nur rein zufällig zugegangen ist.

Ich möchte Ihnen für Ihr Angebot danken, muss Ihnen jedoch gleichzeitig mitteilen, dass es für mein Unternehmen leider nicht von Interesse ist.

Im Übrigen ist für alle meine geschäftlichen Angelegenheiten in den Vereinigten Staaten mein dortiger Geschäftspartner zuständig:

Daniel A. Porco
Henry W. Oliver Building
Mellon Square
Pittsburgh

Mit freundlichsten Grüßen
Michele Sindona

Dokument 14

Mailand, 24. Februar 1970

Hochwürdigste Eminenz
Herr Kardinal Sergio Guerri
Pro-Präsident der
Päpstlichen Kommission für den
Staat Vatikanstadt
Vatikanstadt

Hochwürdigste Eminenz,
das an mich unter c/o Pope Paul VI, The Vatican, Rome gerichtete Schreiben von James M. Easterling habe ich, vielmals dankend, erhalten.

Das Staatssekretariat hat mir bereits früher schon Schreiben aus allen Teilen der Welt zugesandt, die an mich gerichtet waren. Normalerweise beantworte ich derartige Schreiben schon darum nicht, weil es sich größtenteils um für mich uninteressante geschäftliche Angebote oder um aufdringliche Werbung für finanzielle Engagements handelt.

Wenn solche Schreiben allerdings unter »c/o the Vatican« an mich gerichtet werden, stelle ich stets pflichtgemäß klar, dass ich kein Büro im Vatikan besitze und die Briefe nur dank der Freundlichkeit der Herren von Rom erhalte. Damit hoffe ich zu verhindern, dass der Staat Vatikanstadt durch weitere Schreiben belästigt wird.

Wie ich Ihnen in meinem Schreiben vom 27. November 1969 bereits mitgeteilt habe, bedauere ich den Artikel im *Time Magazine* vom 28. November 1969 sehr. Ich erklärte Ihnen damals bereits, dass ich keinen Journalisten der *Time* empfangen habe, grundsätzlich keine Fotos an Journalisten weitergebe und mich gegen jede Form der Öffentlichkeit und damit der Zurschaustellung verwehre.

Wie ich Ihnen schon damals erklärte und hiermit wiederhole, stehe ich, sofern Eure Eminenz dies wünschen, jederzeit gern für Auskünfte oder Klarstellungen zur Verfügung.

Bis zum heutigen Tage habe ich Zeitungsmeldungen, seien diese positiv oder negativ, allerdings weder dementiert noch bestätigt, da ich das Spiel der Journalisten nicht mitmachen wollte. Denn so erregt man in der Öffentlichkeit nur noch mehr Aufsehen, und damit ist niemandem genützt, vor allem nicht, wenn die eigene Arbeit auf Diskretion beruht.

Ich bin mittlerweile zunehmend verbittert über das, was derzeit geschieht, und möchte hiermit noch einmal betonen, dass ich zu jeder Form des Eingreifens bereit bin, die Eure Eminenz für richtig erachten.

In allergrößter Hochachtung

Michele Sindona

Dokument 15

Staatssekretariat, Abteilung für Allgemeine Angelegenheiten
Vatikanstadt, 13. Februar 2014

Sehr geehrter Herr Kardinal,
hiermit möchte ich Sie in Kenntnis setzen, dass sich aus dem derzeitigen Stand des Budgetentwurfs des Heiligen Stuhls für das Jahr 2014 die Notwendigkeit zu einigen unverzüglich umzusetzenden Maßnahmen zur Kosteneinsparung im Personalbereich ergeben hat. Infolge der negativen Beurteilung des Budgets durch die internationalen Revisoren der Präfektur hat der Heilige Vater eine Überarbeitung im Sinne der von ihm in der Sitzung des Kardinalsrats zur Untersuchung der wirtschaftlichen Angelegenheiten des Apostolischen Stuhls vom 3. Juli 2013 formulierten Vorgaben angeordnet und folgende Bestimmungen erlassen, die für sämtliche Kongregationen, Behörden und Stellen der römischen Kurie sowie die dem Heiligen Stuhl zugehörigen Einrichtungen ab sofort und bis auf Weiteres gelten.

Neueinstellungen
Vorerst werden weder befristete noch unbefristete Neueinstellungen vorgenommen; dies gilt auch in Fällen, wo die Vorgaben des Personalplans berücksichtigt sind. Der Einstellungsstopp gilt ebenfalls für die Neubesetzung nach Ausscheiden des bisherigen Stelleninhabers; die aktiven Beschäftigten werden sich nach den Anweisungen der Vorgesetzten großzügig der hierdurch frei gewordenen Aufgabenbereiche annehmen.

Nach dem heutigen Datum erfolgende Übernahmen in Festanstellung nach absolvierter Probezeit sind nicht als Neueinstellungen zu betrachten.

Der Einstellungsstopp erstreckt sich gleichfalls auf die Erneuerung befristeter Anstellungsverhältnisse mit Ausnahme von genau zu begründenden Sonderfällen.

Für Aufgaben, die außergewöhnliche Qualifikationen erfordern, sowie zur Durchführung von Maßnahmen, für die nicht auf das Stammpersonal zurückgegriffen werden kann, kann das Staatssekretariat auf ausführlich begründeten Antrag hin Sondergenehmigungen erteilen.

Honorarverträge
Der Abschluss neuer Honorarverträge wird ausgesetzt. Gegebenenfalls notwendige Neuverträge sind nur nach Prüfung und Darlegung eines durch die bestehenden Betriebsstrukturen nicht zu deckenden Bedarfsfalles möglich.

Höherstufungen
Höherstufungen sowie die Zuweisung neuer Stellenbereiche sind vorerst nicht vorzunehmen, dies auch, wo der Personalplan entsprechende Stellen vorsieht.

Versetzungen
Um frei werdende Stellen innerhalb der Stellenstruktur wiederzubesetzen und die bestehenden Qualifikationen der Mitarbeiter besser zu nutzen, wird darum gebeten, verstärkt vom Mittel einer, auch zeitlich begrenzten, Versetzung zwischen den verschiedenen Einrichtungen Gebrauch zu machen. Um eine leichtere Erfassung des hierzu infrage kommenden Stammpersonals zu gewährleisten, werden die vorgesetzten Stellen um entsprechende Angaben an das Staatssekretariat gebeten.

Bezahlte Mehrarbeit
Die wiederholte Inanspruchnahme der Überstundenregelung im Rahmen der normalen Arbeitszeit ist untersagt. Bezahlte Mehrarbeit ist als Ausnahme zu betrachten und nur in wirklich notwendigen Einzelfällen zulässig. Die Arbeitszeit sollte so gestaltet werden, dass sowohl bezahlte Mehr- als auch Feiertags- und Nachtarbeit vermieden werden.

Es gelten die *Regelungen zu Mehr-, Feiertags- und Nachtarbeit* (1998), insbesondere hinsichtlich der vorab zu erfolgenden Genehmigung.

Ehrenamtliche Tätigkeit
Das Ehrenamt kann ein wirksames Mittel darstellen, um zeitlich oder sachlich beschränkten Erfordernissen zu begegnen. Voraussetzung ist jedoch strikte Anwendung der einschlägigen Regelungen, besonders hinsichtlich der Freiwilligkeit und Kostenfreiheit der jeweiligen Tätigkeit.

Angesichts der derzeitigen wirtschaftlichen Krisenlage, die auch die Bilanzen des Heiligen Stuhls nicht unberührt lässt, wird die Umsetzung der oben genannten Maßnahmen im Ganzen einen Beitrag zum Fortbestehen der im Dienst des Heiligen Vaters und der Weltkirche stehenden Gemeinschaft leisten.

Mit Dank für Ihre geschätzte Mitarbeit
verbleibe ich als Ihr ergebenster
Pietro Parolin
Staatssekretär

Dokument 16

Päpstliche Kommission zur Untersuchung der Wirtschafts- und Finanzorganisation des Heiligen Stuhls (Cosea)

Zusammenfassung der Sitzung Nr. 7 der Kommission (21. Februar 2014)

Abschließende Vorschläge, die dem Heiligen Vater und dem Präfekten des Wirtschaftssekretariats zu übergeben sind:
1. Fehlende Governance, fehlende Kontrollen und fehlende Professionalität führen bei der APSA zu hohen Risiken. 92 Empfehlungen wurden erarbeitet, um diese Risiken zu bewältigen, und diese Empfehlungen wurden in einem Ausführungsbericht zusammengefasst. Cosea schlägt vor, sich immer dann, wenn die Schlussfolgerungen dies nahelegen, an die Justiz zu wenden.
2. Es wurden konkrete Vorschläge für die gesamte kommerzielle Tätigkeit des Governatorats vorbereitet, unter Darstellung der Vor- und Nachteile, die eine Einkommensteuer und eine Besteuerung der Umsätze (Mehrwertsteuer) im Vatikanstaat nach sich ziehen könnten.
3. Es wurde ein Ausführungsbericht zu den Risiken des derzeitigen Ansatzes in der Rechnungslegung erarbeitet sowie der zur Umsetzung internationaler Rechnungslegungsstandards zu ergreifenden Maßnahmen.

Initiativen, die dem Präfekten des Wirtschaftssekretariats vorzulegen sind:
4. Es wird eine Liste der vorrangigen Initiativen erstellt, die das Wirtschaftssekretariat ergreifen muss, um mit der Umsetzung der Reformen zu beginnen. Zu diesem Zweck soll eine Besprechung von Cosea mit dem Präfekten des Wirtschaftssekretariats stattfinden, um ihm die Schlussfolgerungen der Arbeit im Einzelnen darzulegen.

5. Ein Vorschlag von KPMG zwecks Überprüfung des Finanzgebarens der Kongregation für die Heiligsprechungsprozesse soll Kardinal Pell vorgelegt werden. Künftig sollen die Tätigkeiten auf diesem Gebiet unter der Leitung des Sekretariats geführt werden.
6. Die Projekte zu den Pensionsfonds und zur Gesundheitsversorgung wurden abgeschlossen und die Umsetzung der vorgeschlagenen Initiativen einschließlich der unmittelbaren Notwendigkeit, neue Fachleute in die Geschäftsführung zu berufen, soll unter der Leitung des Wirtschaftssekretariats erfolgen.
7. Der Vorschlag einer zentralen Vermögensverwaltung, das Asset Management sämtlicher Einrichtungen im Einflussbereich des Heiligen Stuhls zusammenführt, einschließlich der Vermögenswerte des IOR und jener, die Kunden des IOR gehören, wurde im Januar von der Kommission des IOR einstimmig angenommen. Cosea wird dem Präfekten des Wirtschaftssekretariats erläutern, wie wichtig es ist, die Vermögenswerte des IOR und seiner Kunden in die vorgeschlagene Lösung einzubinden, damit entsprechende Effizienz erreicht wird.
8. Cosea schlägt vor, dass ein professioneller Headhunter ausgewählt wird, um einen entsprechend erfahrenen Leiter für die Personalabteilung ausfindig zu machen.
9. Man wird den Präfekten des Wirtschaftssekretariats bitten, Unterstützung zu leisten, wenn es darum geht, die verschiedenen Einrichtungen, die Gegenstand der Untersuchungen durch Berater waren, zu ersuchen, für die Dienste dieser Berater zu bezahlen. Alle noch offenen Rechnungen müssen bis Ende März beglichen werden.

Nächste konkrete Schritte und Besprechungen zu den laufenden Cosea-Projekten:
10. Es wird ein Schreiben an Monsignore Camilleri und Monsignore Wells vorbereitet, um Fragen zu den Finanzinformatio-

nen zu klären, die das Staatssekretariat an Cosea geschickt hat.
11. Cosea wird bis Ende März alle laufenden Projekte zum Abschluss führen:
    - Eine Revision des Immobilienvermögens (mit Unterstützung von Promontory intern geleitet)
    - Einen Vorschlag für ein einziges vatikanisches Medienzentrum (von McKinsey geleitet)
    - Eine Due Diligence der Krankenhäuser Bambino Gesù (von PWC geleitet) und Casa Sollievo della Sofferenza (von Deloitte geleitet)

Dokument 17

Ein neu zu schaffendes Vatican Asset Management zur Vermögensverwaltung für sämtliche Einrichtungen des Vatikan

Vorläufig
→ Aufsicht und Verwaltung sämtlicher langfristiger Vermögensanlagen

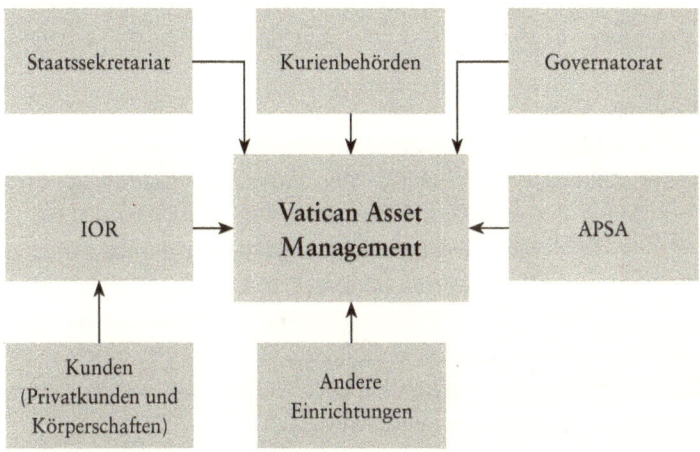

Bemerkungen
- Vatican Asset Management fungiert als Kompetenzzentrum
- Sämtliche Einrichtungen des Vatikan unterstellen ihre langfristigen Vermögensanlagen* dem Vatican Asset Management
- ermöglicht Kostenersparnis, Kompetenzbündelung und Anwendung einheitlicher Anlageprinzipien, insbesondere sozialethischer Natur
- Beschränkung des IOR-Geschäftsfelds auf die vom Vatican Asset Management entwickelten Produkte

* Ausgenommen Kunst- und Kulturbesitz

Dokument 18

Herrn
Dr. Joseph FX ZAHRA
Präsident der Berichtskommission zur Organisation
der wirtschaftlichen und administrativen Einrichtungen
des Heiligen Stuhls
VATIKANSTADT

Aus dem Vatikan, 2. Juni 2014

Verehrter Herr,
am 19. Juli vergangenen Jahres habe ich die Kommission zur Untersuchung der Wirtschafts- und Finanzorganisation des Heiligen Stuhls eingesetzt und Ihnen deren Vorsitz anvertraut.

Für die Arbeit, die diese Kommission gemeinsam mit den Beratern und all denen, die ihr zugearbeitet haben, hingebungsvoll und vertraulich in Erfüllung des ihr anvertrauten Mandats geleistet hat, bin ich Ihnen dankbar. Insbesondere möchte ich Ihnen für die verschiedenen Berichte danken, die Sie mir diesbezüglich im vergangenen Februar übergeben haben.

Für die von dieser Kommission zur künftigen Organisation der betreffenden Einrichtungen vorgebrachten Vorschläge bin ich dankbar und betrachte die ihr zugewiesene Aufgabe als lobenswert erfüllt. Daher teile ich Ihnen mit, dass ich beschlossen habe, die Berichtskommission zur Untersuchung der Wirtschafts- und Finanzorganisation des Heiligen Stuhls.

Ich bitte Sie deshalb zu veranlassen, dass mir der Schlussbericht zusammen mit dem gesamten Archiv der Kommission so bald als möglich übergeben wird.

Verbunden mit meinem Dank, der an Sie und auch an die anderen Mitglieder der Kommission geht, nämlich an den hochwürdigen Sekretär Msgr. Lucio Angel Vallejo Balda, Herrn Jean-Baptiste de Franssu, Dr. Enrique Llano, Dr. Jochen Messemer, Frau Francesca Immacolata Chaouqui, Herrn Jean Videlain-Sevestre und Herrn George Yeo, spende ich allen von Herzen meinen Segen.

Franziskus

Dokument 19

C.O.S.E.A.
Pontificia Commissione Referente di Studio e di Indirizzo sull'Organizzazione della Struttura Economico-Amministrativa della Santa Sede

VERTRAULICH

COSEA Meeting Nr. 3
Brainstorming Report

...

Joseph F. X. Zahra, Präsident (JFXZ), Monsg Lucio Ángel Vallejo Balda, Sekretär (LAVB), Jean-Baptiste de Franssu (JBF), Enrique Llano (EL), Jochen Messemer (JM), Francesca Immacolata Chaouqui (FC), Jean Videlain-Sevestre (JV) und George Yeo (GY).

...

GY: Der Heilige Stuhl ist eine einzigartige Institution: Alle Nationen bei der UN verteidigen eigene nationale Interessen, aber der Heilige Stuhl hat keine eigenen Interessen, sondern nur das moralische und universelle Interesse, die Welt zu verbessern. Über die Familie der Nationen nimmt der Heilige Stuhl auf Staatsebene moralisch Einfluss.

Frage: Sollte das Staatssekretariat gleichzeitig Außenministerium und Premierminister sein?

Die Entscheidungen des Heiligen Stuhls sollten von der Zusammensetzung der Kardinalsräte unabhängig sein.

Es ist problematisch, dass der Heilige Stuhl gleichzeitig Außenminister und Premierminister ist.

***

Wir brauchen ein Finanzministerium, das mit aller Macht ausgestattet und für das Budget verantwortlich ist. Die Präfektur für die wirtschaftlichen Angelegenheiten könnte in ein Finanzministerium umgewandelt werden, sodass alle anderen Kongregationen dem Jahresabschluss zuarbeiten und sich an dessen Vorgaben und Planzahlen halten müssen.

Das Finanzministerium sollte sollte für den Jahresabschluss verantwortlich sein. Die Kirche hat eine Missionsaufgabe und wirkt darum grenzüberschreitend, und das Finanzministerium muss über ihre Finanzen wachen.

Die Einrichtung eines Finanzministeriums würde auch bedeuten, dass Rolle und Aufgaben der APSA (der Güterverwaltung des Heiligen Stuhls) neu definiert werden müssten. Frage: Sollte die APSA weiterhin eine Zentralbank sein? Die bestehenden Vereinbarungen, die die APSA aktuell als Zentralbank mit der Fed, der Bank of England und der Deutschen Bundesbank unterhält, müssten weiterbestehen, da Neuverhandlungen schwierig wären.

***

Die dritte Frage betrifft das Governatorat (Hier müssten mit dem Heiligen Vater bestimmte Punkte besprochen werden): das Governatorat der Stadt mit seinen Konten und Abschlüssen ♦ die Selbsterhaltung und die Finanzierungsquellen des Finanzministeriums ♦ dass Kardinäle und andere Klerusmitglieder nicht notwendig sind ♦ Und andere offensichtliche Fragen wie: Sicherheit, Transparenz und Good Governance, ♦ die Vatikanischen Museen sollten eine eigene Körperschaft bilden.

■■■

LAVB: *** <u>NEUE AKTUALISIERUNG DURCH C8</u> *** Sie möchten nicht, dass die Kurie mit der Kurie im Bistum verwechselt wird. Kein Kurienleiter, sondern ein Koordinator – und ein Bischof, kein Kardinal. Er sollte keine Weisungsbefugnis gegenüber Kongregationen haben, sondern diese koordinieren.

Das Staatssekretariat sollte Päpstliches Sekretariat heißen. Und hier sollte man daran erinnern, dass Paul VI. diesem nach dem Zweiten Vatikanischen Konzil zusätzliche Machtbefugnisse verlieh. (Er kannte das Staatssekretariat gut, da er dort viel Jahre gearbeitet hatte.) Aber es erwies sich schließlich als ein Nadelöhr, weil es alles und jedes genehmigen muss.

Es sollten alle Päpstlichen Räte abgeschafft werden, da ihre Aufgaben zwar theoretisch wichtig sind, die einzige notwendige Aufgabe aber die Koordination der verschiedenen Bischofskonferenzen ist – Beispiel Kultur: Rom kann keine Lehren verbreiten, die Einfluss auf den Rest der Welt nehmen sollen.

So wäre die Kurie schlanker und besser zu lenken (Verglichen mit anderen Regionen der Welt herrscht in Rom ein großes Übergewicht an Kardinälen).

An der Spitze der Verwaltungen sollten nicht nur Kardinäle stehen: Rein administrative Organe wie die APSA benötigen keinen Kardinal.

Die Kardinalsräte werden weiterbestehen.

Das Governatorat könnte wie früher wieder von einem Laien, einem Gouverneur geleitet werden, ähnlich einem Bürgermeister, dem eine Ratsversammlung zur Seite steht.

...

EL: Ich will hier nicht, wie bei der letzten Sitzung, darüber diskutieren, ob das Governatorat die Regierung eines Staates oder eine Stadtverwaltung ist. Ich verzichte zugunsten unserer aktuellen Aufgabe darauf.

Ich befürworte unbedingt die Einrichtung eines Finanzministeriums, das direkt an die oberste Macht berichtet, das heißt: an das Staatssekretariat, wenn dieses die Funktion eines Premierministers hat, oder an den Heiligen Vater, wenn das Staatssekretariat die Funktion eines Außenministeriums hat. Das Finanzministerium muss die letzte Verantwortung für die Finanzkontrolle von Heiligem Stuhl und Governatorat haben.

...

JV: Schauen wir uns einfach an, wo in der Praxis die Probleme und kritischen Punkte liegen.

Wenn wir diese Bereiche optimieren, können wir das Übel mit der Wurzel ausreißen, besser als wenn wir 200 oder 300 Kardinäle auffordern, jetzt die Revolution zu machen.

Wir müssen bei den Missständen ansetzen und die Zustimmung der Kardinäle erhalten: Sie sind die Experten des kirchlichen Lebens und wir die Wirtschaftsexperten.

Wir müssen uns darüber im Klaren sein, dass wir Gefahr laufen, unrealistische Lösungen vorzuschlagen.

...

FC: Wir müssen uns zwei Fragen stellen: 1. Wie kann das Finanzwesen so reformiert werden, dass der Heilige Vater dadurch umgehend unterstützt wird; 2. In der Vergangenheit war Rom mit Bernini, Michelangelo etc. das geistige Zentrum der Welt und die Kirche eine zivilisatorische Kraft: Wie können wir wieder zur Quelle von Talenten werden, dank derer die Kirche das Wort Gottes verbreiten und gleichzeitig ein vorbildliches Finanzsystem gewährleisten kann? Stellen wir uns vor, wir würden ein beispielhaftes Finanzsystem entwickeln.

...

JBF: Wir müssen beide Aspekte berücksichtigen: den Glauben und das alltäglich Menschliche.

Wir werden Zeit brauchen, um die Reform umzusetzen und die Führungsstrukturen zu verbessern.

Die Rolle der Laien wird sich dadurch verändern.

...

JM: Es wäre zweckmäßig, Leitprinzipien für unseren Reorganisationsvorschlag zu definieren (Bsp.: Stadt- und Staatsverwaltung sind von der Rolle der Kirche in der Welt zu trennen; die Kongregation für die Evangelisierung der Völker kann Inhalte vorgeben und Orientierung geben, aber nicht gleichzeitig die Finanzen dieser Tätigkeit verwalten).

Wir sollten ein bis drei Vorschläge vorlegen.

Wir dürfen keine Angst haben. Es ist unsere Aufgabe, Lösungen vorzuschlagen, die wir für Verbesserungen halten. Der Heilige Vater und der Rat der C8 können daraus dann ihre eigenen Schlussfolgerungen ziehen.

Wir brauchen in Finanzwesen und Verwaltung international erfahrene Kräfte – man könnte darüber nachdenken, in Finanzwesen und Verwaltung nur Führungskräfte einzustellen, die Englisch sprechen.

...

LAVB: Es kann ein Finanzministerium geschaffen werden, weil die Präfektur für die wirtschaftlichen Angelegenheiten nicht die dafür erforderliche Position hat.

Ich werde der Cosea-Kommission eine Reihe von Büchern über die Finanzgeschichte des Heiligen Stuhls zur Verfügung stellen.

Der zentrale Gedanke ist, dass der Staat Vatikanstadt die Freiheit des Papstes ermöglicht, aber nicht für Gärten und Läden da ist.

Tatsache ist doch, dass wir Geld brauchen, um finanziell unabhängig zu werden.

Warum der Staat Vatikanstadt? Benedikt XVI. wollte einen Mindestraum an Freiheit. Vielleicht sollten wir die Lateranverträge noch einmal genauer lesen, um den Sachverhalt zu verstehen.

Für die Souveränität sprach, dass der Papst seine Souveränität im Vatikan noch nie verloren hatte. Das ist eine Tatsache. Und das sollten wir berücksichtigen und auch bedenken, welche großen Vorteile daraus erwachsen können.

Zu berücksichtigen ist auch, dass der Papst Bischof von Rom ist und das Bistum Rom leitet, das bis 1990 ein Dikasterium des Heiligen Stuhls war.

■■■

JFXZ: [SCHLUSSWORT] Wir müssen die Tatsachen und die von den Kommissionsmitgliedern erwähnten Ziele im Blick behalten.

Die Leitprinzipien, besonders zur Rolle der Laien. Priester sollten keine Karrieristen sein. Für einige Positionen wären kompetente Fachleute besser geeignet als Prälaten.

Dass wir Gehör finden, ist ermutigend.

Wir werden einen Tag für ein Brainstorming zu diesen Gedanken haben und um eine Reform zu entwickeln. Bis dahin sollten wir noch mehr lesen, wie LAVB angeregt hat.

Dokument 20

	Kosten	*Erträge*	*Ergebnis*	*Banken und Anleihen*
Radio Vatikan	26.842.870	745.634	-26.097.236	722.669
Stiftung Casa Sollievo della Sofferenza	285.109.000	267.444.000	-17.665.000	4.227.000
Staatssekretariat 1. Sekt. Allg. Angelegenheiten	5.749.109	0	-5.749.109	
Apostolische Nuntien	5.489.955	0	-5.489.955	
Vatikanische Druckerei – Verlag L'Osservatore Romano	18.555.182	13.285.066	-5.270.116	3.394
Päpstliche Schweizer Garde	4.649.742	0	-4.649.742	
Röm. Werk für die Bewahrung d. Glaubens und die Anschaffung neuer Kirchen in Rom	18.825.026,40	14.541.618,90	-4.283.408	7.435.478
Kurienkardinäle	4.243.202	0	-4.243.202	
Päpstliche Delegat. für das Heiligtum von Pompei	13.427.973	10.199.522	-3.228.451	9.322.910
Vatikanisches Geheimarchiv	2.731.060	0	-2.731.060	
Kongregation für die Glaubenslehre	2.531.117	144.359	-2.386.758	
Staatssekretariat 2. Sekt. für die Beziehungen mit den Staaten	2.108.285	0	-2.108.285	
Tribunal der Römischen Rota	2.226.290	194.753	-2.031.537	

Anmerkungen

Über dieses Buch

1 Istituto per le Opere di Religione, die sogenannte Vatikanbank.
2 Amministrazione del Patrimonio della Sede Apostolica.

1. Papst Franziskus erhebt schockierende Vorwürfe

1 Pressekonferenz des Papstes vom 28. Juli 2013.
2 Von den acht Kardinälen lebt nur einer in Rom, Kardinal Giuseppe Bertello, Präsident des Governatorats. Die anderen kommen aus Chile (Francisco Javier Errázuriz Ossa, Erzbischof von Santiago), aus Honduras (Kardinal Óscar Andrés Rodríguez Maradiaga, Erzbischof von Tegucigalpa), aus den USA (Kardinal Sean Patrick O'Malley, Erzbischof von Boston), aus Indien (Kardinal Oswald Gracias, Erzbischof von Mumbai), aus Deutschland (Kardinal Reinhard Marx, Erzbischof von München), aus dem Kongo (Kardinal Laurent Monsengwo Pasinya, Erzbischof von Kinshasa) und aus Australien (Kardinal George Pell, Erzbischof von Sydney).
3 Präsident der neuen Organisation ist Kardinal Raffaele Farina, ehemaliger Archivar und Bibliothekar des Heiligen Stuhls, Koordinator ist der spanische Bischof Juan Ignacio Arrieta Ochoa de Chinchetru, Sekretär im Päpstlichen Rat für die Gesetzestexte. Sekretär ist Prälat Peter Brian Wells, Assessor für Allgemeine Angelegenheiten im Staatssekretariat. Zu den Mitgliedern gehören auch Mary Ann Glendon, ehemalige amerikanische Botschafterin im Vatikan, und Jean-Louis Pierre Tauran, der Präsident des Päpstlichen Rates für den interreligiösen Dialog – und derjenige, der am 13. März das *Habemus papam* auf dem Petersplatz verkündete.
4 In ihrem Schreiben weisen die Wirtschaftsprüfer besonders auf erhebliche Interessenkonflikte hin, »da die Finanzaufgaben in vielen Ämtern nicht klar von anderen Aufgaben getrennt sind. Das führt dazu, dass im Allgemeinen ein- und dieselbe Person für Finanzentscheidungen, deren Durchführung, buchhalterische Erfassung und Kommunikation an höhere Stellen verantwortlich ist. Im besten Falle kommt es hierdurch zu Beeinträchtigungen bei der Überprüfung von Unregelmäßigkeiten, der Feststellung von Fehlern und dem Erkennen von Verbesserungsmöglichkeiten und Wegen zur Erhöhung

der Effizienz«. Hierfür gibt es zahlreiche Beispiele, von der Verwaltung des gigantischen Immobilienvermögens bis hin zum Pensionsfonds: »Im Immobilienbereich sind diese Mängel offenkundig«, fahren die Revisoren fort. »Hier bemängeln die externen Wirtschaftsprüfer des Vatikan schon seit Jahren ein fehlendes Kontrollsystem, Schwierigkeiten bei der Einforderung der Mieten sowie andere damit in Zusammenhang stehende Probleme. Ähnlich sieht es bei der Beschaffung von Waren und Dienstleistungen aus. Und auch der Pensionsfonds bereitet uns Sorgen, für den keine versicherungsmathematischen Auswertungen durch Experten vorliegen.«

5   Die Revisoren empfehlen dem Papst, schrittweise vorzugehen, um zu verhindern, dass die Unregelmäßigkeiten zunehmen: »Wenn diese Zusammenlegung allerdings erfolgt, ehe es bei Budgetplanung und Budgetfestlegung, Kontrollprozessen und Rechnungslegung zu Verbesserungen gekommen ist, befürchten wir, dass sich die durch Unregelmäßigkeiten verursachten schweren Verluste noch erhöhen könnten. Dieses Risiko besteht in besonderem Maße beim Cash Management, bei der Verwaltung von Kapitalanlagen und bei der Beschaffung. Bei der Beschaffung könnte eine stärkere Zentralisierung – die an sich vorteilhaft wäre – so große Risiken mit sich bringen, dass sie die Maßnahme nicht rechtfertigen würde. Hingegen besteht in anderen Bereichen offensichtlich nur eine gewisse generell ablehnende Haltung gegenüber Veränderungen der bisherigen, gewohnten Prozessabläufe, obwohl deren Einsparungspotenzial enorm wäre.«

6   Domenico Calcagno, von 2002 bis 2007 Bischof von Savona, seit 2007 Sekretär und seit Juli 2011 Präfekt der APSA, wozu er von Benedikt XVI. als Nachfolger des zurückgetretenen Kardinals Attilio Nicora ernannt wurde. Er gehört zu den Anhängern Bertones: eine umstrittene Figur, die bei verschiedenen Vorgängen eine Rolle spielt, wie wir noch sehen werden.

7   Tarcisio Bertone bleibt bis zum 15. Oktober 2013 Staatssekretär, bis er von Kardinal Pietro Parolin abgelöst wird.

8   Jorge Mario Bergoglio war von 1973 bis 1980 der jüngste Provinzial der argentinischen Provinz des Jesuitenordens.

9   Dies ist die dritte Kommission, die von Papst Franziskus eingesetzt wird, nach dem aus acht Kardinälen bestehenden Kardinalsrat, der ihn bei der Regierung der Kirche unterstützen soll (April 2013), und nach der Päpstlichen Kommission zur Berichterstattung über das IOR (Juni 2013).

10 Im Reglement der Präfektur für die wirtschaftlichen Angelegenheiten des Heiligen Stuhls heißt es: »Art. 10 Der Präfektur steht ein Kardinal als Präsident vor; unterstützt wird er von einer bestimmten Anzahl Kardinäle sowie dem Sekretär, in der Regel ein Prälat, dem obersten Rechnungsführer und den Konsultoren als Beratern ...; Art. 20 Die Präfektur bedient sich der

Mitarbeit von Konsultoren, Experten und internationalen Revisoren. Diese werden nach dem Kriterium der Kompetenz und der Erfahrung ausgewählt und leisten ihre Dienste unentgeltlich. Art. 23 Die internationalen Revisoren, von denen es fünf gibt, sind besonders Experten in der Revision von Wirtschaftsrechnungen und der Analyse von Haushaltsbilanzen. Sie werden vom Heiligen Vater für drei Jahre ernannt. Das Amt kann bis zum dritten Mandat erneuert werden.«

11 Bei den Abweichungen zwischen Planzahlen und Wirklichkeit tun sich Abgründe auf. Salvatore Colitta, Wirtschaftsprüfer von RB Audit Italia, nennt bei dem Treffen einige Beispiele: »Man kehrt noch einmal zu den Schwächen der Budgetierung zurück«, heißt es im Protokoll. »Es gibt Budgetvorhersagen, von denen um 100 Prozent abgewichen wird. Das Budget sollte mindestens halbjährlich korrigiert werden. Der Prozess der Beschaffung wurde noch nicht vollständig implementiert. Es gibt keine gelisteten Lieferanten. Es gibt keine Rahmenverträge. [...] Und in der Immobilienverwaltung gibt es unglaubliche Zahlungsrückstände, die häufig höher sind als die Forderungen. In dem System stimmt irgendetwas nicht. Ferner gibt es Unregelmäßigkeiten, denen von Mieter zu Mieter nachgegangen werden muss. Und was personelle Veränderungen betrifft, müssten die Mitarbeiterzahlen in der Rechts- und Immobilienabteilung aufgestockt werden.«

12 Die Verluste durch die Banca popolare di Sondrio wurden durch die Entscheidung eines einzigen Kardinals verursacht, wie der oberste Rechnungsführer Fralleoni laut Protokoll der Revisoren erläutert: »Das Jahr, in dem das Governatorat die Beteiligung erwarb, war Kardinal Szoka [Edmund Casimir Szoka, 1927–2014, von 2001 bis 2006 Präsident des Governatorats] Präsident des Governatorats. Er wollte mithilfe dieser Bank ein Projekt zur Zentralisierung einiger Tätigkeiten des Governatorats vorantreiben. Er glaubte, die Beteiligung würde Vorteile bringen, aber die Geschäftsbeziehungen mit dieser Bank entwickelten sich nicht wie gedacht. In diesen Jahren kam es zu Wertabschreibungen, die sich über die Jahre zu einem Wertverlust von 1.929.000 Euro summierten.« Das Sitzungsprotokoll zeigt, dass über jede einzelne heikle Frage heftig diskutiert wird. Etwa über die Frage der amerikanischen *Patrons* (Die Gruppe der *Patrons of the Art* der Vatikanischen Museen entstand im Anschluss an die große Wanderausstellung *The Vatican Collection* durch die USA und fördert heute zahlreiche Restaurierungsarbeiten der vatikanischen Sammlung): »Cullell«, so das Protokoll, »wirft das Problem der amerikanischen *Patrons* auf, die die Museen bei Projekten unterstützen. Der Fonds, in den das Geld fließt, ist ein Dollar-Fonds. Wie werden diese Einnahmen bilanziert? Werden sie auf mehrere Jahre aufgeteilt, also abgeschrieben? Fralleoni erläutert, dass diese Mittel

dafür verwendet wurden, um im Bereich der Museen tätiges Personal mit befristeten Verträgen zu bezahlen. Auch aus diesem Grund werden diese in liquider Form vorgehalten und nicht in andere Aktivitäten investiert. Nach Ansicht von Fralleoni wäre es richtig, sie in die Bilanz aufzunehmen und zwar nicht als Einnahme in der Gewinn- und Verlustrechnung, sondern als schrittweise abgeschriebenes Kapital.« Cullell ist dagegen anderer Meinung: »Wenn die Beiträge der *Patrons* nicht als ein Posten verbucht werden, wird die allgemeine Rechnungslegung verfälscht.«

13 Als Taifa-Reiche werden die Kleinstaaten in Spanien bezeichnet, die nach dem Zerfall des Kalifats der Umayyaden im Jahre 1031 entstanden und eine Periode totaler Anarchie einleiteten.

14 Im März 2013 eröffnete der Kardinal dem gerade erst ernannten Papst, dass mit der Rechnungslegung der Basilika etwas nicht stimmen könne. Sein Verdacht fiel auf Prälat Bronislaw Morawiec, den Kämmerer der Basilika. Die Ermittlungen des Kirchenanwalts Gian Pietro Milano ergaben später, dass Morawiec 210.000 Euro von einem Konto der Basilika bei der Vatikanbank abgehoben hatte, weil er angeblich eine Immobilienvermittlung durch die schweizerische Integrate Trade Consulting SA bezahlen musste, deren Identität aber nie festgestellt werden konnte. »Es ist zweifelsfrei zu schweren Unregelmäßigkeiten und fiktiven Scheingeschäften gekommen«, so Milano. Zudem fehlte jegliche Dokumentation über ein- und ausgehende Korrespondenz. Morawiec wurde zu drei Jahren Haft wegen Veruntreuung und Gebrauch einer gefälschten Urkunde verurteilt. An dieser Stelle sei darauf hingewiesen, dass Santa Maria Maggiore zu den vermögendsten Kirchen gehört, mit Tausenden Wohnungen, Grundstücken und anderen Besitzungen. Die 210.000 verschwundenen Euro sind nicht die einzige Unregelmäßigkeit, derer Morawiec verdächtigt wurde. Der Prälat wurde auch angeklagt, einen Bildband in Auftrag gegeben zu haben, der die Basilika fast eine Million Euro kostete.

2. Die Heiligenfabrik

1 Prälat Peter Brian Wells ist unter anderem Sekretär der von Papst Franziskus eingesetzten und im Juni 2013 konstituierten neuen Kommission zur Berichterstattung über das IOR.

2 Joseph F. X. Zahra aus Malta ist Wirtschaftsexperte und Mitbegründer von Misco, einer in Malta, Zypern und Italien tätigen Consulting-Gruppe. Der ehemalige Direktor der Zentralbank von Malta (1992–1996) und frühere Präsident der Bank of Valletta (1998–2004) leitete zudem den Ausschuss zur Euro-Einführung in Malta 2008. Zum Vatikan kam er 2010 als Vorstands-

mitglied der Stiftung Centesimus Annus Pro Pontifice. Seit 2011 arbeitet er für die Präfektur.

3   Jochen Messemer, Jahrgang 1966, ist promovierter Volks- und Betriebswirt und lebt in Düsseldorf. Der ehemalige McKinsey-Partner (1993–2003) arbeitete zugleich für verschiedene Organisationen der katholischen Kirche in Deutschland. Seit 2003 gehört er zum leitenden Management der Munich Re, einem weltweit führenden Rückversicherer. Seit 2009 arbeitet er als Revisor der Präfektur für die wirtschaftlichen Angelegenheiten des Heiligen Stuhls.

4   Laut Chirograph, der von Papst Franziskus unterzeichneten Gründungsurkunde, verfolgt die Kommission mehrere Ziele: »Die Kommission sammelt Informationen, berichtet dem Heiligen Vater und arbeitet mit dem Kardinalsrat zur Untersuchung der organisatorischen und wirtschaftlichen Angelegenheiten des Apostolischen Stuhles zusammen, um institutionelle Reformen des Heiligen Stuhls vorzubereiten, die das Ziel haben, bestehende Organisationen zu vereinfachen und zu rationalisieren und eine bessere Planung der wirtschaftlichen Angelegenheiten aller vatikanischen Verwaltungen zu ermöglichen.« Sie fördert die Umsetzung dieser Ziele »durch fachliche Beratung und strategische Lösungen zur Verbesserung, um die Vergeudung von Ressourcen zu vermeiden, die Transparenz der Beschaffungsprozesse für Waren und Dienstleistungen zu erhöhen, die Verwaltung des beweglichen und unbeweglichen Vermögens zu optimieren, fundierte Entscheidungen in finanziellen Angelegenheiten zu ermöglichen, die korrekte Anwendung der Rechnungslegungsgrundsätze zu gewährleisten und dafür zu sorgen, dass Berechtigte Zugang zu den Leistungen der Gesundheits- und sozialen Vorsorge haben.«

5   Cosea: Commissione Referente di Studio e di Indirizzo sull'Organizzazione della Struttura Economico – Amministrativa della Santa Sede.

6   Der spanische Prälat Lucio Ángel Vallejo Balda wurde am 12. Juni 1961 in Villamediana de Iregua (La Rioja) in eine vor allem in der Landwirtschaft tätige Mittelschichtfamilie hineingeboren. Im Alter von acht Jahren trat er ins Seminar ein und studierte später Philosophie und Theologie. Im September 2011 wurde er zum Sekretär der Präfektur für die wirtschaftlichen Angelegenheiten des Heiligen Stuhls ernannt.

7   Marco Politi, *Franziskus unter Wölfen*, Freiburg 2015.

8   George Yeo, Jahrgang 1954, machte mit der Mitte-Rechts-Partei PAP (People's Action Party) in Singapur politische Karriere. Von 1991 bis 2011 war er Minister für Information und Künste (1991–1999), Gesundheitsminister (1994–1997), Handels- und Industrieminister (1999–2004) und Außenminister (2004–2011). Nach dem Sieg der Mitte-Links-Regierung

2011 zog er sich aus der Politik zurück. Vor seiner politischen Karriere war er Offizier der Luftwaffe, von 1985 bis 1986 Generalstabschef der Luftwaffe sowie von 1986 bis 1988 Direktor für Gemeinsame Operationen und Planungen im Verteidigungsministerium. Er genoss eine katholische Bildung und studierte Ingenieurswissenschaften am Christ's College in Cambridge. Obwohl er ein Verfechter der Internet-Zensur ist, hat er die Computerisierung und Digitalisierung in seinem Land, auch jenseits des Internets, vorangetrieben. Die Zensur betrachtet Yeo »als Umweltschutzmaßnahme im Cyberspace«. Im Jahr 2000 sagte er gegenüber dem *Wall Street Journal*: »Die Zensur ist Teil der Erziehung [...]. Durch die symbolische Zensur kann man einem noch jungen Verstand vermitteln, dass es gewisse Standards von Richtig und Falsch gibt.« (Quelle: Fonte affariitaliani.it)

9 George Pell, Erzbischof von Sydney, gehört zudem dem Rat der acht Kardinäle (C8) an, den Papst Franziskus im April 2013 gegründet hat, um die Kurie zu reformieren – und die römische Vorherrschaft zu brechen.

10 In seiner Biografie für den Vatikan heißt es: »Präsident der Beratungsfirma Incipit und vormals Geschäftsführer von Invesco Europa, Mitglied des weltweiten Invesco-Lenkungsausschusses. Bevor er zu Invesco kam, war er Direktor der französischen Groupe Caisse de Dépôts et Consignations. Auf ein betriebswirtschaftliches Studium an der ESC in Reims, Frankreich, folgte ein Abschluss in European Business Administration an der britischen Middlesex University und ein Postgraduiertenstudium in Versicherungsmathematik an der Universität Pierre und Marie Curie in Paris. Früher Vizepräsident und heute Präsident der EFAMA (European Fund Asset Management Association) und Aufsichtsratsmitglied bei Tages Llp und Carmignac Gestion. Zudem sitzt er im Vorstand verschiedener Wohltätigkeitsorganisationen in Europa und den USA. Seit Juli 2014 steht er der Vatikanbank vor.

11 Evangelina Himitian, *Francesco. Il Papa della gente*, Mailand 2013.

12 Das vorläufige Dokument wird nach und nach vervollständigt. Seine endgültige Fassung vom 18. Februar 2014 enthält alle Direktiven des Papstes seit Sommer 2013.

13 Auszug aus dem Dokument »Commission Meeting No. 1/13« der Cosea-Kommission.

14 Die Postulatoren betreuen die Akten der Heilig- und Seligsprechung.

15 Congregazione delle Cause dei Santi, *Le Cause dei Santi*, LEV 2011, S. 395 ff.

16 So das »vorläufige Dokument« der Kommission, das am 18. Februar 2014, nach sechs Untersuchungsmonaten, für die Kardinäle und den Heiligen Vater angefertigt wurde. Die Cosea-Kommission schlägt vor, »ein klares, kohärentes Verfahren festzulegen, nach welchem die Mittel der Heiligsprechungsverfahren und des Fonds für die ärmeren Diözesen zu verwalten sind.«

17 Ebd.
18 Ebd.
19 Ebd.
20 Ebd.
21 Diesen Betrag nennt Prälat Valleja Balda auf der Sitzung vom 14. September 2013 gegenüber mehreren Cosea-Mitgliedern.
22 Kurze Zeit später, am 30. November 2013, wird Rolando Marranci, nicht unumstritten, Generaldirektor der Vatikanbank. Federico Lombardi, Pressesprecher des Heiligen Stuhls, kündigte die Neubesetzung so an: »Mit der Ernennung von Marranci endet das Interimsamt, das Präsident Ernst von Freyberg nach dem Rücktritt von Generaldirektor Paolo Cipriani und dessen Stellvertreter Massimo Tulli übernommen hatte.« Cipriani und Tulli waren im Juli 2013 zurückgetreten. Die Vorwürfe betreffen 23 Millionen Euro, die angeblich von der Bank Credito Artigiano an die J. P. Morgan in Frankfurt (20 Millionen) und die Banca del Fucino (3 Millionen) transferiert wurden.
23 Den beiden Postulatoren, die so viele Heilig- und Seligsprechungsprozesse führen.
24 Er spricht von sich in der dritten Person.
25 Kardinal Angelo Amato.
26 Wie aus dem »Vertraulichen Bericht über beim Meeting Nr. 3 getroffene operative Entscheidungen« der Cosea-Kommission, Punkt 1, eindeutig hervorgeht.

3. Die Geheimnisse des Peterspfennigs

1 Ansprache von Papst Franziskus vor Seminaristen, Novizinnen und Novizen vom 6. Juli 2013. http://w2.vatican.va/content/francesco/de/speeches/2013/july/documents/papa-francesco_20130706_incontro-seminaristi.html.
2 Marco Politi, *Franziskus unter Wölfen*, Freiburg 2015.
3 Bertone hat diese Zahl stets bestritten und spricht von »nur« 350 Quadratmeter. Einige italienische Tageszeitungen sind der Sache nachgegangen und bestätigen die Angabe allerdings. So schrieb Francesco Anonio Grana in *Il Fatto* vom 3. Dezember 2014: »Die beachtliche und von diesem hartnäckig in Abrede gestellte Quadratmeterzahl von Bertones Wohnung war schon häufiger Gegenstand kontroverser Diskussionen. Tatsächlich wurden für den Kurienkardinal zwei Wohnungen zusammengelegt, in der einen lebte die Witwe des 2009 verstorbenen ehemaligen Kommandeurs der Vatikanischen Gendarmerie, Camillo Cibin, in der anderen Monsignore Bruno Bertagna, der 2013 in einem Krankenhaus in Parma starb und bis 2010

stellvertretender Vorsitzender des Päpstlichen Rates für die Gesetzestexte war. Die Quadratmeterzahl, die herauskommt, wenn man sämtliche der zahlreichen Räume zusammenrechnet, ist mathematisch unangreifbar und bietet wenig Fläche für einfache Erwiderungen. Selbst wenn der Kardinal stets heftig reagiert, wenn er darauf hingewiesen wird, dass er sich, zumindest was seine Wohnsituation angeht, mit der vom Geist der Armut bestimmten Politik des neuen Papstes nur schwerlich in Einklang befindet.«

4 Die von Maciel an Seminaristen seiner Kongregation begangenen pädophilen Handlungen wurden mehr als ein Jahr lang kirchenrechtlich untersucht. Schließlich bestrafte ihn die Glaubenskongregation am 19. Mai 2006 mit dem Verzicht auf jede öffentliche Amtsausübung und verpflichtete ihn zu einem zurückgezogenen Leben in Gebet und Buße. Die Entscheidung wurde von Papst Benedikt XVI. persönlich erlassen.

5 In der Nachbarschaft des Palazzo del Sant'Uffizio wohnen fast ausschließlich Kardinäle und hochrangige Prälaten: Kardinal Francesco Coccopalmerio, Vorsitzender des Päpstlichen Rats für die Interpretation von Gesetzestexten (265 m²); Ratzingers ehemaliger Privatsekretär Monsignore Josef Clemens (226 m²); Kardinal Paul Josef Cordes, Chef der Disziplinarkommission der römischen Kurie (259 m²); Bischof Giorgio Corbellini (204 m²) sowie Kardinal Elio Sgreccia, 87 Jahre, einer der weltweit bekanntesten Bioethiker (149 m²).

6 http://www.vatican.va/roman_curia/secretariat_state/obolo_spietro/documents/index_ge.htm.

7 http://www.vatican.va/roman_curia/secretariat_state/obolo_spietro/documents/actual_ge.html.

8 Ansprache von Benedikt XVI. an den Circolo San Pietro vom 28. Februar 2006, in welcher er festhält: »Diese Geste hat nicht nur einen praktischen, sondern auch einen deutlichen symbolischen Wert als Zeichen der Einheit mit dem Papst und der Sorge für die Bedürfnisse der Brüder und Schwestern.« http://w2.vatican.va/content/benedict-xvi/it/speeches/2006/february/documents/hf_ben-xvi_spe_20060225_circolo-s-pietro.html.

9 Der Text des päpstlichen Lehrschreibens *Deus Caritas est* ist u. a. nachzulesen auf: http://w2.vatican.va/content/benedict-xvi/de/encyclicals/documents/hf_ben-xvi_enc_20051225_deus-caritas-est.html.

Noch unmissverständlicher betonte den karitativen Zweck des Peterspfennigs Johannes Paul II. in seiner Ansprache an den Circolo San Pietro vom 28. Februar 2003: »Ihr kennt die wachsenden Anforderungen des Apostolats, die Bedürfnisse der kirchlichen Gemeinschaften, insbesondere in den Missionsländern, sowie die Hilfsanträge, die uns von Völkern, Einzelpersonen und Familien in schwierigen Lebenssituationen erreichen. Viele erwar-

ten vom Apostolischen Stuhl eine Unterstützung, die sie anderswo oft nicht finden können. Vor diesem Hintergrund stellt der Peterspfennig eine wirksame Beteiligung am Evangelisierungswerk dar.«
http://w2.vatican.va/content/john-paul-ii/de/speeches/2003/february/documents/hf_jp-ii_spe_20030228_circolo-san-pietro.html.

10 Die Liste der Einrichtungen, Stiftungen und Gesellschaften, die von der Kommission um Angaben gebeten wurden, aber bis dato nicht geantwortet hatten, ist lang. Im Schreiben an Kardinalstaatssekretär Parolin bittet die Kommission um folgende Unterlagen:
»Bilanz (o. ä.) und Statut nachstehender Einrichtungen:
- Kinderkrankenhaus Bambino Gesù
- Stiftung Casa Sollievo della Sofferenza
- Päpstliche Basilika San Paolo Fuori le Mura
- Petersdom / Dombauhütte von St. Peter (Statuten liegen uns nicht vor)

Weiterhin liegen uns keine Informationen zu Finanz- und Rechnungswesen folgender Einrichtungen vor:
- Päpstliches Missionswerk (uns liegt nur die Veröffentlichung der Einnahmen vor)
- Mittel für die Postulatoren der Heiligsprechungsverfahren (detaillierte Angaben zu den Konten beim IOR / Einzelbilanzen)
- Gesamtbilanz 2012 der Pia Opera (Einrichtung der Propaganda Fide) – hier liegen uns nur Einzeldaten, aber keine Gesamtbilanz vor
- Päpstliche Pfarrei Castel Gandolfo
- Päpstliche Pfarrei S. Anna in Vaticano
- Pönitentiare des Lateran
- Pönitentiare von S. Maria Maggiore
- Pönitentiare von St. Peter
- Päpstliches Knabenseminar des Bistums Rom
- Benedikt XVI.-Stiftung für Ehe und Familie
- Johannes Paul II.-Stiftung für die Sahelzone
- Johannes Paul II.-Stiftung für die Jugend
- Matthäus-Stiftung zum Gedenken an Kardinal Van Thuan
- Autonome Stiftung pädiatrische Fürsorgestelle S. Marta
- Pius XII.-Stiftung für das Laienapostolat
- Stiftung für die kirchlichen Kulturgüter und kulturellen Aktivitäten
- Hl. Josephina Bakhita-Stiftung
- Erzengel Michael-Stiftung
- Kardinal Salvatore de Giorgi-Stiftung
- Stiftung für Wissenschaft und Glaube
- Ennio Francia-Fonds

11 Der Finanzprofi von McKinsey hat noch mehr Fragen. Zum Beispiel die Ausgaben für die päpstlichen Nuntiaturen betreffend: »Sind in den 5,5 Millionen außerplanmäßigen Aufwendungen auch die Anschaffungskosten der Gebäude der Nuntiaturen enthalten (zum Beispiel für die Nuntiatur in Russland)? Alle Gebäude der Nuntiaturen werden von der APSA zum Preis von 1 Euro gehalten. Wie wird das verbucht? Wenn man die Beträge bedenkt, die das Staatssekretariat für die Anschaffung dieser Liegenschaften aufwenden muss, handelt es sich um eine weitere Schenkung zugunsten der APSA? Was passiert, wenn die Immobilie veräußert wird? Wer erhält den Erlös? Warum variiert die Bezeichnung der Konten des Peterspfennigs je nachdem, bei welchem Finanzinstitut sie geführt werden? So lautet zum Beispiel im Jahr 2012 ein Konto über 20 Millionen auf ›Peterspfennig‹, eines über 264 Millionen auf ›Staatssekretariat‹, ein weiteres über 95 Millionen heißt wiederum anders.«

12 Es handelt sich um das Pendant der gleichnamigen deutschen Gesellschaft, die im Herbst 2008 gegründet wurde, mit Sitz in München und einem Konto bei der exklusiven Privatbank Hauck & Aufhäuser, die Filialen in Luxemburg, der Schweiz und Deutschland unterhält. Gianluigi Nuzzi, *Seine Heiligkeit*, München 2012, S. 109.

4. Im Vatikan klicken die Handschellen

1 Wie man in einer an Kardinal Calcagno adressierten Mitteilung Paolo Menninis vom 23. Oktober 2013 nachlesen kann, begann die Entwicklung der APSA zur Zentralbank im Jahr 1940. »In einem Schreiben vom 10. Juni [1940] ersuchte der damalige Leiter der ›Sonderabteilung‹ Bernardino Nogara über den Apostolischen Nuntius in Washington, Monsignore Cicognani, um die Eröffnung eines Verwahrkontos für die zuvor in London gelagerten Goldreserven der Sonderabteilung, welche er mit Genehmigung durch das US-Finanzministerium auch erhielt. Die Abwicklung der Goldtransaktionen geschah über eine Handelsbank, und zwar J. P. Morgan in New York. Mit Datum vom 15.2.1954 lehnte die Federal Reserve die Eröffnung eines in US-Dollar geführten Kontos ab, insofern die Vorgaben der FED derartige Vergünstigungen allein den Zentralbanken vorbehalten. Mit Schreiben vom 2. und 8.3.1976 gewährte die Federal Reserve Bank mit ausdrücklicher Genehmigung ihres Präsidenten Paul Volcker sowie des Gouverneursrates des Federal Reserve Systems der APSA ebenfalls ein US-Dollarkonto mit ›full account facilities‹, also einschließlich der Möglichkeit zu Erwerb und Verwahrung von Wertpapieren. Beiden Schreiben waren die ausschließlich für Zentralbanken vorgesehenen Geschäftsbedin-

gungen beigegeben.« Bezüglich der Bank für internationalen Zahlungsausgleich heißt es in Menninis Aktennotiz: »Die APSA hat die dort gelagerten, physischen Goldreserven veräußert, führt das Depot jedoch weiter und verfügt dort gegenwärtig über ein laufendes Konto in US-Dollar.« Mit Datum vom 2. Oktober 1989 knüpfte die Sonderabteilung der APSA auch Geschäftsbeziehungen zur Bank von England, »mit einem Schreiben, in dem sie um die Eröffnung eines Verwahrkontos für Goldreserven ersucht, wie dies in der Regel anderen Zentralbanken gewährt wird, und verweist dabei auf die entsprechenden, bereits bestehenden Geschäftsbeziehungen zur Federal Reserve Bank in New York, der Bank für internationalen Zahlungsausgleich in Basel sowie der Weltbank in Washington. In einem Antwortschreiben der Bank von England vom 2. November 1989 wird der APSA zu den üblichen Konditionen das Recht zur Eröffnung eines Gold-Verwahrkontos sowie eines Kontos in Pfund Sterling gewährt. Vor Kurzem erhielten wir von der Bank von England die neuen Geschäftsbedingungen zugesandt, in denen der Zugang der Zentralbanken zu ihren Goldeinlagen in Barrenform geregelt und unserer Stelle die Zuerkennung des Status einer Zentralbank bestätigt wird.«

2   De Franssu in einer E-Mail an Kardinal Calcagno, den Leiter der APSA vom 22. Januar 2014.
3   Zitiert aus dem Vorbericht über die Arbeit der Cosea-Kommission vom 18. Februar 2014 für die Sitzung der sogenannten C8-Gruppe, dem Gremium von acht Kardinälen, das Papst Franziskus bei den Reformen unterstützt.
4   Ebd.

5. Sünden und Laster in der Kurie

1   Marco Politi, *Franziskus unter Wölfen*. Freiburg 2015.
2   Nicolini gab dem formlosen Dokument den Titel »Ein wenig Geschichte« und fasste darin alle bisher vom Governatorat betriebenen Veränderungsversuche zusammen.
3   Nicolini hebt in seinem Bericht zahlreiche »Schwachpunkte« des Projekts hervor. Angesichts des »nahezu völligen Fehlens einer angemessenen Personalverwaltung« seien verschiedene Maßnahmen zu treffen. Unter anderem nennt er »die Erarbeitung eines mittel- und langfristigen Plans, mit dem Ziel eines deutlichen Personalabbaus, Anreize für das Personal, um die steigende Zahl von Krankmeldungen zu bekämpfen, und den Einsatz von Überstunden als Instrument der Verwaltung und nicht als Zusatzverdienst für die Angestellten«.

4 Die Gruppe wird während der Besprechung vom 12. Oktober gebildet und steht unter der Leitung von Enrique Llano. Weiter gehören ihr Zahra, Monsignore Vallejo Balda und Jean Videlain-Sevestre an, wie dem Dokument mit den in der Sitzung getroffenen »operativen Entscheidungen« zu entnehmen ist.

5 Von den anderen Tankstellen, die im Eigentum des Vatikan stehen, befinden sich drei in der Gemeinde Rom, eine unweit der päpstlichen Villen von Castel Gandolfo, und eine weitere in der Nähe von Radio Vatikan.

6 Die endgültige Fassung trägt das Datum vom 18. Februar 2014 und beschreibt den Fortgang der Untersuchungen der von der Cosea-Kommission betriebenen 13 Projekte.

7 Ebd.

8 Ebd.

9 Am 21. September 2014 im Gespräch mit dem Autor.

10 Ebd.

11 Aus verschiedenen Berichten von EY nach Auswertung der Aussagen leitender Angestellter des Governatorats. Viele Daten wurden von Monsignore Paolo Nicolini, dem Leiter der Museen, anlässlich der Besprechung am 18. November 2013 um 16.30 Uhr beigebracht. Der geprüfte Vertrag mit dem privaten Betreiber der Gastronomiebetriebe lief zum 31. Dezember 2013 aus: »Im Laufe des Jahres 2014 ist eine neue Ausschreibung zur Auswahl des Betreibers geplant.«

12 Das Dokument fährt fort: »EY empfiehlt folgende Maßnahmen zur Verbesserung des Kontrollumfelds und zur Minimierung der operativen und/oder wirtschaftlichen Risiken der kommerziellen Tätigkeiten:
In Bezug auf die Dienstausweise: Richtlinien und Voraussetzungen für die Ausgabe überdenken; den Status der befristeten Ausweise überprüfen; die Nutzungsbeschränkungen festlegen.
In Bezug auf die Betreiber / Verträge mit Subauftragnehmern: Vereinbarung über eine vorläufige Verlängerung laufender Verträge bis zur Schaffung einer neuen Partnerschaftsstrategie und eines zuverlässigen Vergabeverfahrens. Bei den kommerziellen Aktivitäten sollte das Augenmerk weg von den Erträgen und der Erwirtschaftung von Gewinnen und hin zu einer Basisversorgung gelegt werden. Zu diesem Zweck wurden für jede Geschäftstätigkeit eigene Maßnahmen vorgesehen:
Supermarkt: Zielkundschaft bestimmen und Produktsortiment verkleinern; außerdem eine alternative Nutzung für den Supermarkt in Betracht ziehen.
Kraftstoffe: Zielkundschaft bestimmen; außerdem Zahl und Standorte der Tankstellen überprüfen und Partnerschaft mit einem Drittanbieter in Erwägung ziehen.

Apotheke: Zielkundschaft bestimmen und Produktsortiment verkleinern.
Bekleidung und Unterhaltungselektronik: Zielkundschaft und Produktsortiment bestimmen; langfristig kann diese Tätigkeit aufgegeben werden.
Tabak: Zielkundschaft bestimmen; Preise erhöhen (mit italienischen Preisen gleichziehen); langfristig kann diese Tätigkeit aufgegeben werden.
Parfümerie: Preise erhöhen (mit italienischen Preisen gleichziehen); Zielkundschaft bestimmen und einen zulässigen Höchstbetrag für den Inhaber des Ausweises festlegen; langfristig kann diese Tätigkeit aufgegeben werden.«

13 Die E-Mail ist an einen Leitenden Angestellten des Governatorats gerichtet und von einem Manager des privaten Unternehmens unterschrieben.

14 Auch der andere Plan des Präsidenten, Kardinal Bertello, das Governatorat neu zu organisieren, ist keinen Schritt vorangekommen. Der Kardinal hatte mehrmals »eine neue Struktur« für das Governatorat befürwortet, »mit der es schlanker und funktionaler würde, wenn an die Stelle der 23 Direktionen und Zentralämter eine aus 10 Direktionen bestehende Organisation tritt.«

6. Das gewaltige Immobilienvermögen des Vatikan

1 Das Schreiben an Benedikt XVI., in dem Erzbischof Viganò sein Vorgehen verteidigt und Kardinalstaatssekretär Bertone attackiert, dokumentiert, wie dramatisch es damals zuging. »Heiliger Vater, leider sehe ich mich gezwungen, Eure Heiligkeit wegen einer nicht nachvollziehbaren, ernsten Lage anzurufen, die die Leitung des Governatorats und meine Person betrifft. [...] Meine Versetzung aus dem Governatorat würde bei denen, die da glauben, man könne zahlreiche Praktiken der Korruption und des Amtsmissbrauchs abstellen, die sich in der Führung verschiedener Abteilungen seit Langem eingenistet haben, tiefe Verunsicherung und Bedrückung auslösen. [...] Ich gebe Eurer Heiligkeit auch den Brief zu Händen, den ich an den hochwürdigsten Kardinalstaatssekretär adressiert habe, damit Sie nach Ihrem erlauchten Willen darüber verfügen. Mir ist nur am Wohl der Heiligen Kirche Christi gelegen. Mit aufrichtigen Gefühlen tiefster Verehrung, Euer Heiligkeit ergebenster Sohn.« Wenige Tage später übergibt Viganò Benedikt XVI. persönlich eine vertrauliche Notiz über seine Tätigkeit. Hier ein Auszug: »Als ich am 16. Juli das Amt im Governatorat übernommen habe, war ich mir der Risiken, die ich dort einging, sehr wohl bewusst. Aber ich hätte nie gedacht, dass ich mit einer so desaströsen Lage konfrontiert würde. Ich habe den Kardinalstaatssekretär bei mehreren Gelegenheiten darauf hingewiesen und ihm deutlich gemacht, dass ich es aus eigener Kraft nicht schaffen würde: Ich brauchte seine ständige Unterstützung. Die Finanzen des Governatorats, die schon durch die weltweite Krise stark angeschlagen waren, ver-

schlechterten sich durch Verluste von über 50 bis 60 Prozent, auch durch die Unerfahrenheit derer, die sie bewirtschaftet hatten. Um Abhilfe zu schaffen, hatte der Kardinalpräsident die Leitung der beiden Staatsfonds faktisch einem Finanz- und Wirtschaftsausschuss überantwortet, der aus einigen Großbankiers bestand. Aber die vertraten dann mehr ihre als unsere Interessen. So verursachten sie beispielsweise im Dezember 2009 bei einer einzigen Transaktion für uns einen Verlust von über zweieinhalb Millionen Dollar. Ich meldete die Angelegenheit dem Staatssekretär und der Präfektur für die wirtschaftlichen Angelegenheiten, die die Existenz des genannten Ausschusses übrigens als illegal ansieht. Während meiner ständigen Teilnahme an ihren Sitzungen habe ich versucht, dem Vorgehen der Bankiers Einhalt zu gebieten, und musste ihnen zwangsläufig häufig widersprechen. Über die Tätigkeit des Ausschusses kann Professor Gotti Tedeschi gut Bericht erstatten. Er gehörte ihm bis zu seiner Berufung ins IOR an und weiß genau darüber Bescheid, wie sehr ich mich bemüht habe, das Wirken des Ausschusses unter Kontrolle zu halten.« (Beide Stellen zitiert nach Gianluigi Nuzzi, *Seine Heiligkeit*, München 2012, S. 74–75)

2   Die Kongregation für die Evangelisierung der Völker (früher: Propaganda Fide) ist das päpstliche Dikasterium, das weltweit die katholischen Missionswerke leitet. Die Kongregation zählt derzeit 61 Mitglieder, darunter Kardinäle, Bischöfe und Erzbischöfe. Leitender Präfekt ist der im Mai 2011 von Benedikt XVI. ernannte Kardinal Fernando Filoni.

3   Die Schätzung umfasst das unbewegliche Vermögen der APSA (etwa 45 Prozent der gesamten Anschaffungswerte), den Pensionsfonds (circa 17 Prozent) und Propaganda Fide (etwa 10 Prozent).

4   Wer möchte, dass die Wohnung auf Kosten der APSA vollständig saniert wird, muss einen Aufschlag von 15 Prozent zahlen, der sich auf 10 Prozent vermindert, wenn man zu einer Teilsanierung optiert oder der Vormieter die Sanierung bereits vorgenommen hat.

5   Die Angaben im Audit von RB beziehen sich auf den 30. September 2013.

6   Die Angaben im Audit von RB beziehen sich auf den 21. Mai 2013.

7   Aus dem von Kardinal Calcagno übersendeten Bericht geht der zunehmende Machtverlust der APSA hervor: »Infolgedessen ist eine schleichende Auszehrung und Verwässerung der institutionellen Rolle der APSA festzustellen, der zusehends ihre Aufgaben entzogen wurden, und die Kenntnis davon erhalten hat (und noch immer erhält), dass immer mehr Ämter am Heiligen Stuhl sich den Verwaltungsaufgaben der APSA (Art. 172 der *Pastor Bonus*) entziehen. All dies vermindert unweigerlich die Fähigkeiten des Dikasteriums für jene Spielräume, die ihm auf den ›Finanzplätzen‹ gewährt werden können, und öffnet Freiräume für eine Verwaltungsführung, die praktisch

jeder Kontrolle entzogen ist und zuweilen auch Anlass zu ›Verlegenheiten‹ im Zusammenhang mit Geldanlagen außerhalb des IOR boten.«

8   Hieran erinnert auch ein Artikel, der im Januar 1977 in der Wochenzeitung *L'Europeo* veröffentlicht wurde: »Am 6. August 1976 nimmt der Heilige Stuhl von den Geschwistern Mollari eine beachtliche Schenkung entgegen. Es handelt sich um ein 22 Hektar großes Gelände mit landwirtschaftlichen Gebäuden im Weiler »La Mandria« an der Via Laurentina Nr. 1351. Zu dieser Schenkung gibt es zwei Neuigkeiten. Zum einen ist das Wertgutachten, so wie in vielen anderen Fällen auch, unglaubwürdig: nur 500 Millionen [Lire]. Zum zweiten zwingt der Erlass von Staatspräsident Leone den Heiligen Stuhl, innerhalb der nächsten fünf Jahre alles wieder zu verkaufen.«

9   Der am 24. Juli 2014 erschienene Bericht trägt die Überschrift »Un Vaticano da 10 miliardi« (Ein 10 Milliarden schwerer Vatikan).

10 »Diversa SA wurde im August 1942 in Lugano gegründet«, schreibt Fittipaldi, »während man in El Alamein gegen Stalingrad ankämpfte, und steht heute unter dem Vorsitz von Gilles Crettol, einem schweizerischen Anwalt, der die Interessen des Papstes jenseits der Alpen betreut. Sein Name taucht in beinah allen diesen schweizerischen Gesellschaften auf.«

11 Am 31. Juli 2013 sollte Profima 98.000 Schweizer Franken für Dienstleistungen an Drittfirmen zahlen, etwa an PwC für die Rechnungsprüfung (26.924 Franken), und 70.000 an die Buchprüfungsexperten von SFG, ohne die Kosten für die Domizilierung der Finanzgesellschaft Diversa SA bei der Treuhandgesellschaft Jordan außer Acht zu lassen. Während die sechs Geschäftsführer keinen einzigen Franken an Sitzungsgeldern erhielten, bekam Gilles Crettol im Jahr 2012 36.000 Franken.

12 Nach am 31. Januar 2014 erhobenen Daten bekommt Chairman Robin Herbert ein Bruttoentgelt von 12.357 Pfund, während die vier Direktoren, zu denen einst auch Mennini gehörte, jeweils 8240 Pfund erhalten.

7. Das Rentenloch

1   Tabelle der Beiträge zum Pensionsfonds und Tabelle der Renten nach dem 1. Januar 1993 aus dem vorläufigen Jahresabschluss.

2   Mit der drohenden Zahlungsunfähigkeit der Diözese Berlin konfrontiert, erklärte die Deutsche Bischofskonferenz sich bereit, die Unternehmensberatung McKinsey hinzuzuziehen und den Leiter der McKinsey-Niederlassung München, Thomas von Mitschke-Collande, mit der Neuordnung der Berliner Finanzen zu betrauen; wie übrigens später auch der Finanzen der Bischofskonferenz selbst mit dem Ziel, Kosten und Personal einzusparen.

Vgl. hierzu den Artikel »La curia di Francesco, paradiso delle multinazionali« von Sandro Magister auf *Espressonline* vom 17. Januar 2014.

3   Aus dem Protokoll der Sitzung der Cosea-Kommission vom 21. Juni 2012.

4   Messemer fährt fort: »Betrachtet man die Beiträge der aktiven Beschäftigten (durchschnittlicher Barwert des Beitragsaufkommens – derzeitige Beschäftigte) werden diese 494 Millionen Euro bringen; das sind gut 288 Millionen weniger als benötigt werden, um die errechnete Verbindlichkeit von 782 Millionen für die aktiven Beschäftigten zu decken. Es ist anzunehmen, dass diese Differenz aus dem Nettovermögen und von den künftigen Beschäftigten finanziert werden soll und dass diese großteils aus einer mathematischen Rückstellung in Höhe von circa 180 Millionen Euro auf dem Gewinn- und Verlustkonto gedeckt werden soll. In einfachen Worten, die Beiträge der künftigen Beschäftigten müssten sich auf circa 575 Millionen Euro belaufen, während man die Verbindlichkeiten für dieselbe Personengruppe mit lediglich 395 Millionen Euro annimmt. Um es noch deutlicher zu sagen: Die Beiträge der künftigen Beschäftigten werden rund 180 Millionen Euro der Renten (Verbindlichkeit) der gegenwärtig Beschäftigten finanzieren. Zieht man die aus Kostengründen notwendige Personalverringerung in Betracht, verringert diese jedoch die finanzielle Basis für künftige Beiträge zum Pensionsfonds – diese Annahme erscheint daher nicht realistisch. [...] Was am dringendsten durchgerechnet werden muss, ist das Verhältnis von Aktiva und Passiva in der Rentenkasse. Derzeit sind wir nicht in der Lage anzugeben, ob die Erträge aus den laufenden und zukünftigen Aktiva (ausgehend von einer Risiko-Gewinn-Abschätzung) stabil genug sind, um den zur Deckung der Verbindlichkeiten erforderlichen Gewinn zu gewährleisten. Der Zinssatz für diese Berechnung liegt derzeit bei ungefähr 4,7 Prozent. Man sollte daran erinnern, dass der aktuelle Zinssatz für zehnjährige deutsche Staatsanleihen 1,3 Prozent beträgt. Ein Blick auf den aktuellen Zinssatz für 20-jährige Swaps verrät ebenfalls, dass wir uns in einer Phase dramatisch sinkender Zinsen befinden, in der ein angenommener, garantierter Zinssatz von 5 Prozent als mehr als optimistisch erscheinen muss. Erschwerend kommt hinzu, dass ein Drittel der Aktiva des Pensionsfonds in seinem Immobilienvermögen besteht. Welche Art Immobilien? Gibt es Anlagen, deren Wertentwicklung sich in Zukunft auf die Bilanzstruktur auswirken könnte?«

5   Schon in der Kommissionssitzung vom 21. Juni 2012 hatte Messemer deutliche Worte gefunden. Im Protokoll heißt es: »Dr. Messemer hofft, dass innerhalb von zwei Jahren eine gesamtheitliche Sicht der wirtschaftlichen und finanziellen Aktivitäten des Vatikan vorliegen wird, damit unschöne Überraschungen vermieden werden können. [...] Deshalb ist es seiner Ansicht

nach im Bezug auf den Pensionsfonds besonders wichtig, eine exakte Risikoabschätzung vorzunehmen und präzise versicherungsmathematische Berechnungen zu erstellen. Hierzu hält Herr Dr. Messemer folgende Maßnahmen für unverzichtbar:

1) Das Rentensystem für die neu eingestellten Mitarbeiter muss auf ein Beitragsverfahren umgestellt werden.
2) Die Tatsache, dass der Pensionsfonds sich in einem Investitionsumfeld bewegt, für das mit einem Zinssatz von 2 bis 3 Prozent zu rechnen ist, muss Berücksichtigung finden.
3) Das exakte Verhältnis zwischen Aktiva und Passiva muss verifiziert werden. Hier gibt es Modelle, an denen man sich orientieren kann.
4) Das Risiko des Vertragspartners muss stets berücksichtigt werden. Keine größere Versicherungsgesellschaft kann es sich leisten, diesen Aspekt außer Acht zu lassen. Bei Abschluss eines Versicherungsvertrags mit einer Bank muss die Solidität dieser Bank zuvor geprüft werden.
5) Was den Beschäftigten zugesagt wird, muss auch gehalten werden. Dies gilt für den Gesundheitsfonds ebenso wie für die Gesundheitsversorgung.
6) Dem Misstrauen und der Kritik der Medien mit Ruhe und Gelassenheit begegnen und keine allzu große Besorgtheit über die Vorgänge zu erkennen geben.«

Messemers Meinung schlossen sich auch andere in der Runde an: »Dr. Prato geht noch einmal auf den Pensionsfonds und die beiden Systeme ein, nämlich das umlagefinanzierte und kapitalgedeckte Beitragssystem, die nach Einführung des zweiten für die neu eingestellten Beschäftigten beide bestehen würden. Aufgrund der geringen Personalfluktuation der Vatikanangestellten wäre es besser, einen Stichtag festzulegen, an dem tout-court für alle Beschäftigten auf das kapitalgedeckte Beitragssystem umgestellt wird, um Spannungen innerhalb der Belegschaft durch das Nebeneinander beider Verfahren zu vermeiden. Dr. Messemer ist der Ansicht, dass die Trennung beider Verfahren die unmittelbarere Lösung darstellt. Es ist problematisch, auf das neue System umzustellen, wenn man das alte noch nicht richtig verstanden hat. Ein weiterer Grund zur Besorgnis sind die Überweisungen von einem System zum anderen, um zu erreichen, dass die neuen Pensionen die alten bezahlen.«

6 Im Einzelnen sieht der Entwurf vor:
1) Die Personalabteilungen sämtlicher zum Heiligen Stuhl gehörenden Einrichtungen, gleich in welcher Art ihre Zugehörigkeit zum Heiligen Stuhl geregelt ist und welchen Grad an Selbstständigkeit sie de facto oder de iure zum jetzigen Zeitpunkt genießen, werden unter dem Dach einer einzigen Verwaltungseinheit zusammengeführt, auf welche sämt-

- liche entsprechende Funktionen übergehen; letztere können für einen beschränkten Zeitraum ganz oder teilweise an andere übertragen werden.
- Die offizielle Bezeichnung der Abteilung lautet Personalverwaltung des Heiligen Stuhls, übergeordnete Kurienbehörde ist die Präfektur.
- Sie wird geführt vom Direktor Personalwesen, dem die Leitung und Koordinierung sämtlicher derzeit mit Personalfragen befasster Stellen der einzelnen Einrichtungen obliegt.
- Die Personalverwaltung besteht aus zwei Abteilungen – eine für die fest angestellten Mitarbeiter mit unbefristeten Verträgen und eine weitere für sonstige Mitarbeiter von Einrichtungen des Heiligen Stuhls gleich welchen Beschäftigungsverhältnisses, wozu auch ggfs. unentgeltlich beschäftigte Mitarbeiter zählen.
- Die Gültigkeit sämtlicher derzeit bestehender Regelungen der einzelnen Stellen bleibt hiervon unberührt, sofern diese mit höherrangigen Rechtsnormen und, wie nicht eigens betont werden muss, den allgemeinen Grundsätzen von Gleichheit und Gerechtigkeit nicht im Widerspruch stehen.

7   Aus dem Protokoll der Kommissionssitzung vom 19. Dezember 2012.
8   Auflistung der Finanzierungsrisiken für den Kardinalsrat vom 17./18. Februar 2014.
9   Ebd.
10 Ebd.
11 Aus dem »Bericht zum vorläufigen Jahresabschluss 2013 und zur Vorabbilanz 2014«.
12 Weiter sind 35 Millionen in Standardanleihen bei der Barclays Bank Plc angelegt, 25 Millionen bei der Commerzbank und ebenfalls 25 Millionen in Anleihen von General Electric; 12,3 Millionen entfallen auf französische Staatsanleihen und 8 Millionen auf die Eléctricité de France. Zu den größten Aktienpaketen zählen die des Fernleitungsnetzbetreibers für Erdgas SNAM (38.326 [Aktienanteile]) im Wert von 143.000 Euro, BASF mit 141.000 Euro, der italienische Ölkonzern ENI mit 127.000 Euro und der italienische Energieversorger ENEL (22.800 [Aktienanteile]) mit 64.000 Euro; in Aktien der Royal Dutch Shell sind 73.000 Euro angelegt. Eine bedeutende Anzahl an Wertpapieren: Für den Pensionsfonds steigt die Investition in Anleihen, wodurch sich 11,2 Millionen im Voranschlag für 2014 ergeben (davon 10,6 in Euro und 0,6 in US-Dollar) gegenüber den 10,9 Millionen im vorläufigen Jahresabschluss 2013.
13 Aus dem »Bericht zum vorläufigen Jahresabschluss 2013 und zur Vorabbilanz 2014«.

14 Im Sommer 2014 gibt Papst Franziskus grünes Licht für die Reform der Verwaltung des beweglichen und unbeweglichen Vermögens des Heiligen Stuhls. Das gesamte immense Vermögen des Vatikan soll von nun an von einer zentralen Stelle verwaltet und überwacht werden, nach Kriterien der katholischen Morallehre, an deren Festlegung laufend gearbeitet wird. Kernpunkt dieser Neuordnung der vatikanischen Finanzen ist eine Reform von IOR, APSA, Propaganda Fide, Pensionsfonds und Governatorat. Zusammengefasst werden soll die Vermögensverwaltung unter dem Dach des VAM (Vatican Asset Management). Die Neustrukturierung soll schrittweise erfolgen. Nach Ansicht des Papstes bedeutet mehr Zentralisierung auch mehr und bessere Kontrolle, denn genau daran hatte es bisher gemangelt. Eine Zentralisierung der Strukturen wird jedoch auch zu einer Konzentration der Macht bei einer einzigen Stelle und in der Hand weniger Kurienfunktionäre und Kardinäle führen, im schlechtesten Falle also zu noch mehr Misswirtschaft.

8. Angriff auf die Reform

1 »Schätzungen zufolge hielt die Kirche Ende der sechziger Jahre zwischen zwei und fünf Prozent des italienischen Aktienmarkts. 1968 [...] brach der letzte Widerstand gegen die Dividendenbesteuerung weg. Der Vatikan musste Rückstände von umgerechnet mehr als einer Milliarde Euro (nach heutigem Wert) nachbezahlen. Um das Vermögen des Vatikan dem Zugriff des italienischen Fiskus zu entziehen, vertraute Papst Paul VI. den Transfer seiner Unternehmensbeteiligungen ins Ausland einem Geistlichen und einem Laien an. Der weltliche Manager war ein liebenswürdiger Sizilianer mit besten Kontakten in die Vereinigten Staaten; Montini kannte ihn bereits seit seiner Zeit als Erzbischof in Mailand. Sein Name war Michele Sindona. Er brachte das Kapital der Mafia ein. Der Geistliche, der von Finanzgeschäften nicht viel verstand und ein Freund der Vereinigten Staaten war, hieß Paul Marcinkus. [...] Sindona wurde 1920 in Patti in der bitterarmen Provinz Messina geboren. Nach der Schulzeit bei den Jesuiten beendete er 1942 sein Jurastudium, kurz vor der Landung britisch-amerikanischer Truppen auf Sizilien. Er knüpfte Kontakte zum Mafiaboss Baldassarre Tinebra, von dem er Zitrusfrüchte und Weizen erhielt, um sie der alliierten Militärregierung zu verkaufen. Während Sindona im Finanzamt von Messina arbeitete, wurde er mit dem italienischen Steuersystem vertraut und ging nach Mailand, um dort 1947 eine Steuerkanzlei zu eröffnen. Die Empfehlungsschreiben des Erzbischofs von Messina halfen ihm, ein immer dichteres Beziehungsnetz zu knüpfen. Sindonas Spezialität war die Steuerhinterziehung und die doppelte

Rechnungsstellung. Ihn konsultierten Unternehmen und Freiberufler, die sich dem Zugriff des Finanzamtes entziehen wollten. Und Sindona half ihnen, indem er seine Beziehungen zum Ausland nutzte. Bereits 1950 gründete er seine erste Briefkastenfirma in Liechtenstein: die Fasco AG. Zu seinem Kundenkreis zählten jedoch auch die New Yorker Mafiafamilien Inzerillo und Gambino, die von der Unverfrorenheit und gleichzeitigen Diskretion dieses Sizilianers beeindruckt waren. Ihm vertrauten sie ihre Drogendollars an. Sindona expandierte weiter. Durch Vermittlung Massimo Spadas, des Sekretärs der IOR, kaufte er die Mailänder Banca Privata Finanziaria, ehemals Moizzi & C. 1959 tätigte er ein Geschäft, das für seine weitere Laufbahn von entscheidender Bedeutung war: Mithilfe des damaligen Erzbischofs von Mailand, Giovanni Battista Montini, fand er ein Grundstück und erhielt die dafür benötigten Mittel (in Höhe von 400.000 Dollar), um das Altenheim Casa della Madonnina zu gründen. Sindona wurde zum Finanzberater der Kurie befördert. [...] Beide knüpften eine enge Geschäftsbeziehung und bauten ein weitverzweigtes Finanzgeflecht auf. Sindona trat an Geistliche wie Pasquale Macchi heran, die rechte Hand des Papstes schon seit dessen Zeit als Erzbischof von Mailand, aber auch an adlige IOR-Manager wie Massimo Spada sowie an Luigi Mennini und Pellegrino de Strobel, die Führungsspitze des IOR. [...] Die sechziger Jahre waren für Sindona eine Zeit grenzenlosen Wachstums. Seine Geschäfte mit den Vereinigten Staaten, dem Vatikan und Italien florierten. Als Berater des italoamerikanischen Mafiabosses Joe Adonis aus der Familie Don Vito Genovese fand der sizilianische Bankier die geeigneten Kanäle, um die Gelder der Mafia zu waschen. Er kaufte dem IOR die Schweizer Finabank ab und seine Erfolge auf den Finanzmärkten wurden sogar in der amerikanischen Presse gefeiert. In den Vereinigten Staaten arbeitete er mit David M. Kennedy zusammen, dem Präsidenten der Continental Illinois Bank und späteren Finanzminister der Regierung Nixon. Und er wurde Mitglied bei Propaganda Due (P2), der mächtigsten Freimaurerloge von Licio Gelli.« (Gianluigi Nuzzi, *Vatikan AG*, Salzburg 2010, S. 39, 40, 60)

2 Maria Antonietta Calabrò, *Corriere della Sera*, 11. Juli 2014.
3 *Diario Vaticano/La nuova curia prende forma così*, 22. Oktober 2013, www.chiesa.espressonline.it.
4 Antonio Spadaro, Francesco, in »La Civiltà Cattolica«, 19. September 2013. Deutsch zitiert nach: *www.kath.net/news/42933*. In dem Interview unterstreicht der Papst: »Die Diener der Kirche müssen barmherzig sein, sich der Menschen annehmen, sie begleiten – wie der gute Samariter, der seinen Nächsten wäscht, reinigt, aufhebt. Das ist pures Evangelium.«

5 Eugenio Scalfari, *La Repubblica*, 1. Oktober 2013. Deutsch zitiert nach: www.zenit.org.
6 Parolin übernimmt das Amt in Abwesenheit, da er in der Abteilung für Leber- und Gallenchirurgie des Krankenhauses von Padua liegt, und tritt sein Amt erst am 18. November an. Seine Aufgaben werden zwischenzeitlich von den Büroleitern wahrgenommen.
7 Bertone nahm mehrfach zu den »Anschuldigungen« Stellung, mit denen er überhäuft wurde, etwa in Syrakus am Heiligtum der weinenden Madonna: »Natürlich gab es viele Probleme, vor allem in den letzten beiden Jahren. Ich wurde mit Anschuldigungen überhäuft ... Ein Netzwerk aus Krähen und Schlangen ... Doch das darf nicht darüber hinwegtäuschen, dass meine Bilanz insgesamt positiv war.« »Ich hatte meine Fehler«, sagt er, aber »ich habe immer alles gegeben« und man könne nicht sagen, dass er »nicht versucht hätte, der Kirche zu dienen«. »Es scheint zwar so, als könne der Staatssekretär alles entscheiden und steuern, aber das stimmt nicht«, erläuterte Kardinal Bertone. »Manche Vorkommnisse sind mir entgangen, weil diese Probleme in den Verwaltungen bestimmter Personen unter Verschluss waren und diese Personen sich nicht mit dem Staatssekretariat in Verbindung gesetzt haben.« (*Ansa*, 1. September 2013)
8 Eine ähnliche Ansicht vertritt das Cosea-Mitglied Enrique Llano Cueto: »Ich befürworte unbedingt die Einrichtung eines Finanzministeriums (PEA), das direkt an die höchste Autorität berichtet, das heißt: an das Staatssekretariat, wenn dieses die Funktion eines Premierministers hat, oder an den Heiligen Vater, wenn das Staatssekretariat die Funktion eines Außenministeriums hat. Das Finanzministerium muss die letzte Verantwortung für die Finanzkontrolle von Heiligem Stuhl und Governatorat haben.«
9 Auch Francesca Chaouqui meldet sich zu Wort: »Wir müssen uns zwei Fragen stellen: 1. Wie kann die Finanzverwaltung so reformiert werden, dass dem Heiligen Vater sofort geholfen wird; 2. In der Vergangenheit war das Rom von Bernini, Michelangelo etc. der kulturelle Mittelpunkt der Welt und die Kirche eine zivilisatorische Kraft: Wie können wir uns die Mittel beschaffen, um zu einer Quelle von Talenten zu werden, dank derer die Kirche das Wort Gottes verbreiten kann und gleichzeitig ein sauberes Finanzsystem hat? Nehmen wir uns vor, ein Finanzsystem zu entwickeln, das beispielgebend ist.«

9. Krieg im Vatikan, erster Akt:
Blockierte Budgets und Störfeuer aus der Kurie

1   Vgl. Marco Politi, *Franziskus unter Wölfen*, Freiburg 2015.
2   Von Governatorat und Heiligem Stuhl.
3   Aus Spendengeldern.
4   Der oberste Rechnungsführer sieht auch für das Governatorat schwierige Zeiten kommen: »Man könnte meinen, hier sei alles gesund; dem ist aber nicht so! Es gibt dort, wie erwähnt, Rückstellungen, die genauer überprüft werden müssten, wenn man die beträchtliche Höhe des Betrages bedenkt (9,8 Millionen für Innenarbeiten). Auch der Finanzbereich bedürfte einer buchhalterischen Überprüfung, auch wenn die Erträge hier gering sind. Bei den Vatikanischen Museen stehen wichtige Baumaßnahmen an, was eine Kostensteigerung rechtfertigen würde. Zugleich steigen aber auch die Personalkosten stetig; gleiches gilt für die Gendarmerie. Die Rückstellungen für zweifelhafte Forderungen wurden nicht nach präzisen oder definierten Kriterien gebildet. Sie dienen offenbar allein dem Zweck, auszuloten, wie viel sich tunlichst noch in den Budgetentwurf schreiben lässt.«
5   Das Budget des Governatorats macht Prato ebenfalls skeptisch: »Auch die bei der Präfektur unter der Rubrik ›Verschiedene Dienstleistungen‹ verzeichneten 11 Millionen Euro für die Tätigkeit einiger hoch spezialisierter Fachleute lässt erkennen, wie ›großzügig‹ das Governatorat mit Geld umgeht, ohne die Vorgaben der Präfektur oder die kritische Gesamtsituation zu berücksichtigen. Im Bereich Kultur und Forschung fällt besonders die vorgesehene Steigerung der Ausgaben auf mehr als das Doppelte des Üblichen ins Auge. Hierauf haben die zuständigen Abteilungen der Präfektur mit aller Deutlichkeit hingewiesen. Wie will man dagegen vorgehen?«
6   Cullell will auch wissen, wer sich hinter der Bezeichnung *Patrons of Art* verbirgt. Kyle erklärt ihm daraufhin, es handle sich um »Vereinigungen amerikanischer Wohltäter, zu denen auch er selbst und seine Gattin zählten, welche Geld zur Erhaltung von Kunst spendeten und selbst darüber entscheiden könnten, wofür dieses verwendet wird (z. B. für die Restaurierung eines bestimmten Kunstwerks)«. Weiter heißt es: »Die Gelder werden auf ein bestimmtes Konto überwiesen, Dr. Kyle vermag indes nicht zu sagen, ob die Spenden in irgendeiner Weise erfasst und buchhalterisch behandelt werden. In der Regel erhalten die Geldgeber eine sehr professionelle Dokumentation über das jeweilige zu restaurierende Kunstwerk sowie regelmäßig Bericht über den Fortgang der Arbeiten.«
7   Aus dem Protokoll der in den Räumen der Präfektur abgehaltenen Sitzung der internationalen Revisoren vom 18. Dezember 2013.

8   1931 ins Leben gerufen, beschäftigt Radio Vatikan heute circa 400 Mitarbeiter aus 60 verschiedenen Ländern und sendet in 38 Sprachen.
9   Nichts Neues unter der Sonne.
10 Anfang Mai 2014 wurde eben aus wirtschaftlichen Gründen die historische Sendeanlage in Santa Maria di Galeria nördlich von Rom, von der aus jahrzehntelang das Mittelwellenprogramm von Radio Vatikan für Europa und das Mittelmeergebiet auf der Wellenlänge 1530 kHz ausgestrahlt wurde, abgerissen. Als Begründung wurden Kostenerwägungen angegeben.
11 Der langjährige Pressesprecher des Vatikan.
12 Im Zeitraum Januar–Oktober 2013 wurden von den 1278 an den Zeitschriftenhandel gelieferten Exemplaren der italienischen Ausgabe 423 verkauft, der Rest, 855 Stück, also 70 Prozent, als Remissionsexemplare zurückgenommen.
13 Im päpstlichen Motu proprio zur Einrichtung eines Sekretariats für Kommunikation vom 26. Juni 2015 heißt es weiter: »Unter dem Dach der neuen Behörde werden zur festgesetzten Zeit folgende Stellen zusammengefasst: der Päpstliche Rat für soziale Kommunikationsmittel, das Presseamt, der Internetdienst, Radio Vatikan, Vatikanisches Fernsehzentrum, der *Osservatore Romano*, die Vatikandruckerei, die Bildstelle sowie die Vatikanische Verlagsbuchhandlung.«
14 In einer langen E-Mail hält Zahra die Problempunkte fest, die am dringendsten gelöst werden müssen. Dabei spricht er Bereiche an, auf die wir in diesem Buch bereits näher eingegangen sind, wie die Zusammenlegung der vatikanischen Personalbüros und die Altersvorsorge. Hier die wichtigsten Passagen aus Zahras Schreiben an Parolin:
    »1) Pensionsfonds: Über die Bedeutung und Dringlichkeit dieser Frage besteht Einigkeit. Ich denke, auch der Gesundheitsfonds (Health Services Fund) gehört hierher. Mit Kardinal Calcagno und Monsignor Mistò, in deren Zuständigkeitsbereich der Gesundheitsfonds fällt, haben wir bereits vereinbart, dass sie die Zusammensetzung der jeweiligen Gremien überprüfen. Dort muss mehr Professionalität, Fachkompetenz und Erfahrung einziehen, wenn sich etwas ändern soll.
    2) Vereinheitlichung des Personalwesens: Wir sind übereinstimmend der Ansicht, dass eine Zusammenführung der verschiedenen vatikanischen Personalstellen auf den Weg gebracht werden muss. Zunächst benötigen wir eine Datenbank mit den Angaben sämtlicher Angestellter, um die bestehenden Personalkapazitäten genauer auswerten zu können. Ziel ist, im Rahmen der anstehenden Reformen Weiterbildungs- und Personalentwicklungsmaßnahmen vornehmen und die Personalmobilität erhöhen zu können. Wir werden einen Personalberater finden, der für eine

befristete Zeit hier sein wird, um diesen Prozess zu begleiten. Diese Person könnte beim Staatssekretariat beschäftigt werden. Die Datenbank sollte unbedingt den gesamten Vatikan und nicht nur das Staatssekretariat umfassen.

3) Ausscheiden von Signor Mennini [aus den ausländischen Immobiliengesellschaften der APSA]: Heute Vormittag hatten wir einen Termin mit Kardinal Calcagno, der mit der Ernennung von Signor Franco Della Sega einverstanden ist. Die APSA wird diese Kandidatur weiterbetreiben. [...]

4) Mittel zur Deckung der Kosten der Cosea-Kommission: Die Forderung des Staatssekretariats, ein Budget für die Kommission aufzustellen, haben wir intern diskutiert. Die von uns beantragten Mittel sollen dazu dienen, die mit der Kommissionsarbeit verbundenen Ausgaben (Reise- und Beherbergungskosten, Fahrten, Mahlzeiten, Dolmetscher, Handykosten usw.) zu bestreiten. Selbstverständlich gilt auch für die Cosea-Kommission das Transparenzprinzip, deshalb habe ich dem Beauftragten des Heiligen Vaters für die Kommission, Alfred Xuereb, mitgeteilt, dass er eine monatliche Spesenabrechnung von uns erhalten wird. Xuereb ist damit einverstanden. Diese Regelung entspricht dem Grundgedanken des päpstlichen Chirographs für die Arbeit unserer Kommission und den darin enthaltenen Bestimmungen. Wir haben außerdem in unserem Schreiben mitgeteilt, dass wir unverzüglich nach Beendigung der Arbeit der Kommission eine vollständige Abrechnung unserer Spesen legen werden. Darüber hinaus haben wir beschlossen, unsere Kostenstellen auch von einer externen Firma prüfen zu lassen. Wir würden es sehr begrüßen, wenn Sie unter diesem Gesichtspunkt die Cosea-Kommission durch eine teilweise Kostenübernahme unterstützen könnten.«

15 Giuseppe Profiti, ein Mann aus dem Bertone-Lager, war sieben Jahe lang Direktor des Kinderkrankenhauses Bambino Gesù in Rom, bevor er in verschiedene Finanzaffären verwickelt wurde und im Januar 2015 zurücktrat. Im Prozess um manipulierte Ausschreibungen für Klinikkantinen in Genua in zweiter Instanz freigesprochen, wird derzeit gegen ihn im Zusammenhang mit der Pleite der Casa della Divina Providenza ermittelt, einer von einem Schwesternorden geführten Klinik für psychisch Kranke im süditalienischen Bisceglie.

16 Fehlende Zahlen und Unterlagen zu Konten des Heiligen Stuhls sowie Finanzierung der Cosea-Kommission (vgl. Anm. 12).

17 Zur Genehmigung der Rechnungsführung versammeln sich verschiedene kirchliche Würdenträger: Joachim Meisner, damals noch Kölner Erzbischof; Roger Mahony, Erzbischof von Los Angeles; Severino Poletto, Erzbischof

von Turin; Lluís Martínez Sistach, Erzbischof von Barcelona; und, obgleich sein Name auf der Einladung zu dieser Sitzung nicht aufscheint, Juan Luis Cipriani Thorne, Erzbischof von Lima.

18 Außer Parolin erhalten den Kardinalspurpur: Lorenzo Baldisseri, Titularerzbischof von Diokletiana und Generalsekretär der Bischofssynode; der emeritierte Erzbischof von Regensburg, Gerhard Ludwig Müller, Präfekt der Glaubenskongregation; Beniamino Stella, Titularerzbischof von Midila, Präfekt der Kongregation für den Klerus; Vincent Gerard Nichols, Erzbischof von Westminster (Großbritannien); Leopoldo José Brenes Solórzano, Erzbischof von Managua (Nicaragua); Gérald Cyprien Lacroix, Erzbischof von Québec (Kanada); Jean-Pierre Kutwa, Erzbischof von Abidjan (Elfenbeinküste); Orani João Tempesta, Erzbischof von Rio de Janeiro (Brasilien); Gualtiero Bassetti, Erzbischof von Perugia-Città della Pieve (Italien); Mario Aurelio Poli, Erzbischof von Buenos Aires (Argentinien); Andrew Yeom Soo-jung, Erzbischof von Seoul (Südkorea); Ricardo Ezzati Andrello S.D.B., Erzbischof von Santiago de Chile (Chile); Philippe Nakellentuba Ouédraogo, Erzbischof von Ouagadougou (Burkina Faso); Orlando B. Quevedo O.M.I., Erzbischof von Cotabato (Philippinen) sowie Chibly Langlois, Bischof von Les Cayes (Haiti).

19 Ersuchen um Finanzierung der Ausgaben der Cosea-Kommission.

20 Die Girokonten des Staatssekretariats betreffend.

21 Mk 10,43.

22 Vgl. den Artikel von Stefania Falasca, »Parolin – mit dem Evangelium für eine Diplomatie des Friedens« in der Ausgabe der Tageszeitung *Avvenire* vom 8. Februar 2014.

10. Krieg im Vatikan, zweiter Akt: Die Revolution von Papst Franziskus und der Aufstieg von Kardinal Pell

1 Das Cosea-Dokument (mit dem bezeichnenden Titel *Proposed Coordination Structure for Economic-Administrative Functions*) stellt die Kurie der Zukunft mit all den neuen Ämtern vor, die Papst Franziskus den Kardinälen am 24. Februar vorstellt.

2 Wie sich deutlich aus der Zusammenfassung der Besprechung Nr. 7 der Cosea-Kommission vom 21. Februar 2014 ergibt.

3 Der Erzbischof von Köln war zuvor wegen eines unglücklichen Ausspruchs ins Kreuzfeuer der Kritik geraten, weil er bei einer Veranstaltung des »Neokatechumenalen Weges« gesagt hatte: »Eine Familie von euch ersetzt mir

drei muslimische Familien.« Vertreter der muslimischen Verbände hatten sich daraufhin empört. Der Kardinal verteidigte sich mit dem Hinweis: »Meine Wortwahl war in diesem Fall vielleicht unglücklich«, aber es war »keineswegs meine Absicht, Menschen anderen Glaubens damit zu nahe zu treten«. Vier Tage nach der Sitzung des Kardinalsrates trat der Kardinal wegen Erreichens der Altersgrenze als Erzbischof von Köln ab. Zum neuen Leiter dieses Erzbistums ernannte Franziskus darauf den 58-jährigen Rainer Maria Woelki, einen der jüngsten lebenden Kardinäle, der bis dahin das Metropolitanbistum Berlin geleitet hatte.

4   Bis zum 12. März 2014 war er auch Vorsitzender der spanischen Bischofskonferenz und wurde dann von Erzbischof Ricardo Blázquez Pérez abgelöst.
5   Er ist am 17. April 2015 gestorben.
6   Die anderen Mitglieder sind der Tansanier Polycarp Pengo, Vorsitzender des Symposiums der Bischofskonferenzen Afrikas und Madagaskars; der Metropolitan-Erzbischof von Mexiko-Stadt Norberto Rivera Carrera; der Südafrikaner Wilfrid Fox Napier; der peruanische Erzbischof Juan Luis Cipriani Thorne; der Inder Telesphore Placidus Toppo, Vorsitzender der indischen Bischofskonferenz; Jorge Liberato Urosa Savino, Erzbischof von Caracas (Venezuela); und John Tong Hon aus Hongkong.
7   Als Metropolitan-Erzbischof von Sydney und Primas Australiens.
8   Bergoglio nimmt auch auf die Finanzaufsichtsbehörde AIF (Autorità di informazione finanziaria) Bezug, das Organ zur Kontrolle der Geldwäschebestimmungen, welches zur Transparenz der Finanzen eingerichtet wurde: »Ich hoffe, unter Mithilfe aller kommt es [das Wirtschaftssekretariat] voran und verhilft allen zu mehr Transparenz und Vertrauen. Für mich war die Geste des Heiligen Stuhls mit der Einrichtung der AIF ein schönes Beispiel. Heute haben wir hohe Glaubwürdigkeit bei den Regierungen über Moneyval [den Geldwäscheausschuss des Europarats] dank der Arbeit von Kardinal Nicora im AIF, jetzt geht es darum, mit dieser Kommission dasselbe zu tun.«
9   Andrea Tornielli ist ein gut informierter, italienischer Vatikanexperte der Tageszeitung *La Stampa*.
10 So unter anderem während der Sitzung des Wirtschaftsrats vom 2. Mai 2014, als er sagte: »Bei dieser Gelegenheit möchte ich dem Kardinal Pell für seine Bemühungen, seine Arbeit und auch für seine Hartnäckigkeit eines australischen Rangers danken. Danke, Eminenz!«
11 Erzbischof von Lima in Perù, Mitglied des Opus Dei.
12 Aus dem Schreiben Alfred Xuerebs an Kardinal Domenico Calcagno Anfang April 2014.
13 Pell wurde 1941 in Ballarat im Südosten Australiens unweit von Melbourne geboren. Sein englischstämmiger Vater, ein Schwergewichtsboxer und nicht

praktizierender Anglikaner, überlässt die Erziehung der Mutter, einer frommen irischen Katholikin. 1987 wird Pell zum Weihbischof von Melbourne ernannt, zehn Jahre später wird er auf Wunsch von Johannes Paul II. Erzbischof und Metropolit dieser Stadt. Im Jahr 2001 übernimmt er dieselbe Funktion in Sydney und wird Primas von Australien.

14 Emiliano Fittipaldi, »I lussi del moralizzatore« (Der Luxus des Moralisierers), *L'Espresso*, 5. März 2015.
15 Aus der Lectio magistralis über Alcide De Gasperi in Pieve Tesino (Provinz Trient), am 18. August 2015.
16 Ebd.

Register

Abbondi, Alfredo 31, 42, 57
Abril y Castelló, Santos 19, 36, 134, 168, 250, 270, 279
Adonis, Joe 186, 370
Amato, Angelo 44, 46 f., 54, 57, 59, 147, 256, 357
Ambrosi, Andrea 49, 51 ff., 56
Ambrosi, Angelica 54
Ambrosoli, Giorgio 186
Anemone, Diego 258
Ansaldo, Marco 126 f.
Arinze, Francis 147, 179
Arrieta Ochoa de Chinchetru, Juan Ignacio 50, 351

Bagnasco, Angelo 265
Baker, Nigel 191, 294, 329
Baldisseri, Lorenzo 147, 375
Balducci, Angelo 258
Bartelucci, Enrico 120
Bassetti, Francesco 123
Bassetti, Gualtiero 375
Becciu, Giovanni Angelo 80, 102
Benedikt XVI. (Joseph Ratzinger), Papst 14 ff., 21, 25 f., 31 ff., 37 ff., 51 f., 63 f., 66, 74 f., 78 f., 82, 84, 86, 106 ff., 120, 124, 130 ff., 149 ff., 155, 166, 193 f., 197, 208, 214, 244, 249, 260 f., 263, 272, 275, 348, 352, 358 f., 363 f.
Benelli, Giovanni 186
Bertagna, Bruno 357

Bertello, Giuseppe 18, 109, 131, 220, 239, 269, 279, 351, 363, 374
Bertone, Tarcisio 13, 18 f., 25, 37 ff., 44, 63, 67, 75, 78, 82, 107, 131, 137, 159, 166, 189, 192 ff., 213, 244, 256, 271, 279, 352, 357, 363, 371
Bin Laden, Osama 90
Blázquez Pérez, Ricardo 376
Brandmüller, Walter 265
Brenes Solórzano, Leopoldo José 375
Bruguès, Jean-Louis 17, 148
Burke, Raymond Leo 64, 134, 146, 256, 264

Caffarra, Carlo 265
Calabrò, Maria Antonietta 93, 370
Calcagno, Domenico 18, 23, 50, 82 ff., 93 f., 96 f., 102, 137, 150 ff., 175 ff., 220 f., 240 f., 247 f., 266, 269, 279, 326, 352, 360 f., 364, 373 f., 376
Calcagno, Giuseppe 157
Calcagno, Mariangela 157
Caloia, Angelo 140
Calvi, Roberto 11, 86, 88, 186, 188, 192 f.
Camaldo, Francesco 258 f.
Carriquiry Lecour, Guzmán 149, 151 f., 188
Casey, Danny 253
Castillo Lara, Rosalio José 25

Chaouqui, Francesca Immacolata 40, 218, 276, 306, 343 f., 371
Cibin, Camillo 357
Cicognani, Amleto 360
Ciocca, Claudia 69
Cipriani, Paolo 357
Cipriani Thorne, Juan Luis 240, 248, 375 f.
Clemens, Josef 148, 358
Clinton, Bill 271
Coccopalmerio, Francesco 147, 358
Cody, John Patrick 11
Colitta, Salvatore 33 f., 114, 353
Comporti, Carlo 69
Corbellini, Giorgio 148, 358
Cordes, Paul J. 148, 358
Correale, Silvia 49, 52, 54
Crettol, Gilles 365
Crociata, Mariano 257
Cullell, Josep M. 32, 35 f., 209, 353 f., 372

Dardozzi, Renato 25
De Bonis, Donato 11
De Felici, Stefano 51
de Franssu, Jean-Baptiste 40, 92, 96 f., 248, 279, 306, 342, 344, 361
de Franssu, Louis Victor 270 ff.
De Paolis, Velasio 63, 146, 264
De Pedis, Renatino 258
de Romblay, Baudouin 160
de Strobel, Pellegrino 11, 88, 370
Della Sega, Franco 374
Deskur, Andrzej Maria 131
DiNardo, Daniel N. 248

Ellis, John 251
Errázuriz Ossa, Francisco Javier 351
Ezzati Andrello, Ricardo 375

Falasca, Stefania 375
Farina, Raffaele 50, 275, 279, 351
Filoni, Fernando 364
Fittipaldi, Emiliano 160, 365, 377
Fogarty, Timothy 94 f., 97
Fralleoni, Stefano 33, 52, 54 f., 204, 207, 209
Franziskus (Jorge Mario Bergoglio), Papst 12 f., 15 ff., 22 ff., 29, 31 ff., 35 ff., 45, 50, 56 f., 59, 61 f., 64 f., 67, 72 f., 81 f., 84 ff., 91, 93, 99, 102 ff., 110, 112, 114, 116 f., 119 f., 122 ff., 126, 129 ff., 138, 141, 145, 149 ff., 157, 164, 166 ff., 175, 178 f., 184 f., 188 ff., 193 ff., 197, 201, 204, 208, 218, 220, 222, 225, 228 ff., 238 f., 243 f., 247 ff., 253, 255 f., 258 ff., 263 f., 267 ff., 275 ff., 282, 304 f., 315, 329, 343, 351 f., 354 ff., 361, 369, 372, 375 f.
Freyberg, Ernst von 50, 52, 89 f. 270, 357

Gabriele, Paolo 16, 38, 79
Galantino, Nunzio 257
Gambino, John 186, 370
Gänswein, Georg 51 f.
Gasparri, Pietro 87
Gelli, Licio 186, 370
Genovese, Vito 186, 370
George, Francis Eugene 233
Giusto, Andrea 84
Glendon, Mary Ann 351
Gomes, Andrés 124
Gotti Tedeschi, Ettore 78, 98, 107, 271, 273, 364
Gracias, Oswald 351
Grana, Francesco Antonio 357
Gratteri, Nicola 273

Gregor XIII., Papst 17
Grocholewski, Zenon 64, 146, 256 f.
Guerri, Sergio 186, 333

Hanke, Gregor Maria 265
Herbert, Robin 365
Himitian, Evangelina 356
Hunziker, Michelle 86

Ipolt, Wolfgang 265

Johannes XXIII. (Angelo Roncalli), Papst 54, 185
Johannes Paul I. (Albino Luciani), Papst 11 f., 80, 156
Johannes Paul II. (Karol Wojtyla), Papst 18, 37, 47, 106, 135, 149, 185, 197, 214, 233, 249, 257, 272, 358 f., 377

Karl I. 54
Karl II. 192
Kennedy, David M. 370
Koch, Kurt 63, 147
Kutwa, Jean-Pierre 375
Kyle, John F. 32, 36, 209, 212, 216, 248, 372

Lacroix, Gérald Cyprien 375
Lajolo, Giovanni 92, 107
Langlois, Chibly 375
Lefebvre, Marcel 257
Leone, Giovanni 365
Levada, William Joseph 64, 146
Liberati, Carlo 159
Llano, Enrique 41, 124, 248, 306, 342, 344, 362, 371
Lombardi, Federico 102, 216, 243, 357
Ludwig, Eugene A. 271

Macchi, Pasquale 370
Maciel Degollado, Marcial 63, 358
Magister, Sandro 366
Mahony, Roger Michael 375
Maio, Nicola 41
Maradiaga, Óscar Andrés Rodríguez 193 f., 197, 250, 254, 351
Marcinkus, Paul Casimir 11, 85 f., 88, 91, 98, 186, 230, 291, 369
Marini, Alessandro 156
Marini Elisei, Paride 155
Marranci, Rolando 51 ff., 357
Marrazzo, Antonio 51 ff.
Martínez Sistach, Lluís 375
Marx, Reinhard 248, 351
McCaul, Elizabeth 95 f.
Meisner, Joachim 233, 241, 374
Mennini, Luigi 11, 85, 88
Mennini, Paolo 85, 91 ff., 160, 291, 325, 360 f., 365, 370, 374
Messemer, Jochen 32, 34, 36, 39, 164 ff., 169, 177, 198, 209, 248, 306, 326, 328, 342, 344, 354, 366 f.
Milanese, Marco 160
Milano, Gian Pietro 354
Milone, Libero 255
Mistò, Luigi 96, 148, 177, 247, 326, 328, 373
Mitschke-Collande, Thomas von 365
Molinari, Mario 85, 365
Mollari, Domitilla 156, 365
Mollari, Giuseppina 156, 365
Mollari, Letizia 156, 365
Mollari, Luigi 156, 365
Monaco, Paola 166
Mondani, Paolo 271
Monsengwo Pasinya, Laurent 351
Morawiec, Bronislaw 134, 354

Müller, Gerhard Ludwig 147, 264 f., 375
Murphy-O'Connor, Cormac 192
Mussolini, Benito 87

Napier, Wilfrid Fox 248, 376
Napolitano, Sabatino 120 f., 321
Nichols, Vincent Gerard 375
Nicolini, Paolo 106, 361 f.
Nicora, Attilio 93, 155, 159, 192, 329, 352, 376
Nogara, Bernardino 360
Noli, Luigi 87

O'Malley, Sean Patrick 351
Orlandi, Emanuela 258
Ortolani, Umberto 186 f.
Ouédraogo, Philippe Nakellentuba 375
Ouellet, Marc 64, 146

Paglia, Vincenzo 51 f.
Pappalardo, Salvatore 53
Parolin, Pietro 67, 70 ff., 102, 193 f., 213, 219 f., 222, 224 ff., 229, 235 ff., 243, 245 f., 256, 265 ff., 279, 301, 337, 352, 359, 371, 373, 375
Paul VI. (Giovanni Battista Montini), Papst 52, 80, 187, 197, 346, 369
Pell, George 40, 102, 125 f., 184, 187, 231 ff., 238 ff., 249 ff., 265 f., 270, 277, 279, 297, 330, 339, 351, 356, 375 ff.
Pengo, Polycarp 376
Perlasca, Alberto 68 f.
Piacenza, Mauro 146, 256
Pironio, Eduardo Francisco 269
Pius XI. (Achille Ratti), Papst 161
Poletti, Ugo 11, 258

Poletto, Severino 375
Poli, Mario Aurelio 375
Politi, Marco 355, 357, 361, 372
Pozzo, Guido 257
Prato, Maurizio 32, 36, 207, 209, 212, 214, 315, 367, 372
Profiti, Giuseppe 223, 226, 374
Proietti, Angelo 159

Quevedo, Orlando Beltran 375

Re, Giovanni Battista 249
Rebagliati, Carlo 83
Ricard, Jean-Pierre Bernard 233, 248
Rivera Carrera, Norberto 248, 376
Rodé, Franc 63, 146, 264
Rosmini, Antonio 47
Rossi, Nello 113
Rouco Varela, Antonio María 233
Ruini, Camillo 21, 264
Ruiz, Lucio Adrián 218

Sapienza, Leonardo 257
Sarah, Robert 147, 264
Saunders, Peter 251
Scalfari, Eugenio 190, 371
Scarano, Nunzio 86 ff., 140
Scherer, Odilo Pedro 233, 245, 256
Schlickewei, Ulrich 69, 96
Sciacca, Giuseppe 130 ff., 136, 256
Sciorilli Borrelli, Filippo 68, 76 ff., 124, 219
Scola, Angelo 233, 244 f., 257
Scott, John 41
Sebastiani, Sergio 64, 146
Sgreccia, Elio 358
Sindona, Michele 11, 186 ff., 268, 298 f., 332, 334, 369 f.
Socci, Antonio 56

Sodano, Angelo 25, 106, 194, 207, 214
Spada, Massimo 370
Spadaro, Antonio 190, 370
Spiteri-Gonzi, Marthese 39
Stattin, Erik 176 f., 326
Stella, Beniamino 375
Stonor, Thomas 192
Stoppa, Giorgio 97
Szoka, Edmund Casimir 353

Taffarel, Vincenza 12
Tauran, Jean-Louis Pierre 168, 351
Tempesta, Orani João 222, 375
Tinebra, Baldassarre 369
Tong Hon, John 248, 376
Toppo, Telesphore Placidus 376
Tornielli, Andrea 236, 376
Tremonti, Giulio 160
Trincia, Pablo 83
Tulli, Massimo 357

Urosa Savino, Jorge Liberato 376

Vallejo Balda, Lucio Ángel 31, 306, 342, 344, 354, 362
Vallini, Agostino 21, 29 f., 81, 233, 241, 248
Vegliò, Antonio Maria 146, 256
Vérgez Alzaga, Fernando 125 f., 248, 269, 297, 331
Vermiglio, Francesco 248, 271

Versaldi, Giuseppe 18 f., 31 f., 43 f., 47, 50, 56, 66, 102, 109, 147, 154, 163, 170, 173 ff., 202 ff., 208, 210 ff., 220, 224, 239 f., 257, 269, 279
Videlain-Sevestre, Jean 41, 58 f., 198, 306, 343 f., 362
Viganò, Carlo Maria 38, 98, 106 ff., 131, 191, 363
Viganò, Dario Edoardo 218
Villot, Jean-Marie 11, 156
Voderholzer, Rudolf 265

Wells, Peter Brian 37, 80, 167, 191, 270, 294, 329, 339, 351, 354
Withoos, Mark 184 f.
Woelki, Rainer Maria 376

Xuereb, Alfred 56 f., 67, 72, 105 f., 185, 219, 231, 248, 374, 376

Yeo, George 40, 195, 248, 306, 343 f., 355 f.
Yeom Soo-jung, Andrew 375

Zahra, Joseph F. X. 32, 35 f., 38 f., 42 ff., 47 ff., 56 ff., 69, 71 f., 77, 94 ff., 150, 169, 183, 187, 199, 206, 209, 211, 219, 222, 225 f., 228, 247 f., 270 f., 276, 279, 305 f., 342, 344, 354, 362, 373
Zanardi, Francesco 83
Zdarsa, Konrad 265

Der Verlag dankt Christine Ammann, Walter Jori und Achim Wurm für ihre ausgezeichnete Arbeit und die unglaubliche Geschwindigkeit, in der sie dieses Buch übersetzt haben, das zeitgleich mit dem italienischen Original erscheint, und im Besonderen Katja Klement, die mit ihrer juristischen und sprachlichen Expertise einen wertvollen Beitrag zu diesem Buch geleistet hat.